The

MUSLIM EMPIRES

of The Ottomans, Safavids and Mughals

穆斯林帝國

從十四世紀到二十世紀初，

鄂圖曼、薩法維、蒙兀兒帝國稱霸歐亞大陸的百年盛事

STEPHEN F. DALE

史蒂芬・戴歐———著　苑默文———譯

僅以本書獻給Roderic Maurice Kauai Dale
他是一位丈夫、父親、兄弟、科學家和翩翩紳士

目次

王朝列表[1]

一、鄂圖曼王朝（OSMANLIS/OTTOMANS）：1260-1923[2]

傳說中的祖先：烏古斯汗（中亞）

奧斯曼（Osman〔Uthman〕）[3] 1290-1324

奧爾罕（Orhan〔Orkhon〕） 1324-1362

穆拉德一世（Murat I〔Murad〕） 1362-1389

巴耶濟德（Bayezit〔Bayezid〕） 1389-1402

穆罕默德一世（Mehmet I〔Muhammad〕） 1413-1421

穆拉德二世（Murat II〔Murad〕） 1421-1424/1446-1451

穆罕默德二世（Mehmet II〔Muhammad〕Fatih）

1441-1446/1451-1481

巴耶濟德二世（Bayezit II〔Bayezid〕） 1481-1512

冷酷者塞利姆一世（Selim I Yavuz, “the Grim,” ） 1512-1520

立法者蘇萊曼（Süleyman I, Kanuni） 1520-1566

塞利姆二世（Selim II） 1566-1574

1. 見C. E. Bosworth, The Islamic Dynasties (Edinburgh University Press, 1967)。中文版：艾德蒙德．博斯沃茲《伊斯蘭朝代簡史：七世紀至二十世紀的穆斯林政權》（臺灣商務印書館，2016年）。

2. 編按：中文譯音在前，隨後是土耳其語發音，掛號中為阿拉伯語發音。

3. 原書注：鄂圖曼王朝即是以開國者的名字土耳其發音鄂圖曼命名的。

穆拉德三世（Murat III〔Murad〕）	1574-1595
穆罕默德三世（Mehmet III〔Muhammad〕）	1595-1603
阿赫邁德一世（Ahmet I〔Ahmad〕）	1603-1617
奧斯曼二世（Osman II〔Uthman〕）	1617-1622
穆斯塔法二世（Mustafa II）	1617-1618/1622-1623
穆拉德四世（Murat IV〔Murad〕）	1623-1640
易卜拉欣一世（Ibrahim I）	1640-1648
穆罕默德四世（Mehmet IV〔Muhammad〕）	1648-1687
蘇萊曼二世（Süleyman II）	1684-1691
阿赫邁德二世（Ahmet II〔Ahmad〕）	1691-1695
穆斯塔法二世（Mustafa II）	1695-1703
阿赫邁德三世（Ahmet III〔Ahmad〕）	1703-1730
馬赫穆德一世（Mahmut I〔Mahmud〕）	1730-1754
鄂圖曼三世（Osman III〔Uthman〕）	1754-1757
穆斯塔法三世（Mustafa III）	1757-1774
阿卜杜勒哈米德一世（Abdülhamit I〔Abd al-Hamid〕）	1774-1789
塞利姆三世（Selim III）	1789-1807
穆斯塔法四世（Mustafa IV）	1807-1808
馬赫穆德二世（Mahmut II〔Mahmud〕）	1808-1839
阿卜杜勒馬吉德一世（Abdülmecit I〔‘Abd al-Majid〕）	1839-1861
阿卜杜勒阿齊茲（Abdülaziz〔‘Abd al-‘Aziz〕）	1861-1876
阿卜杜勒哈米德二世（Abdülhamit II〔‘Abd al-Hamid〕）	1876-1909

穆罕默德五世（Mehmet V〔Muhammad〕） 1909-1918

穆罕默德六世（Mehmet VI〔Muhammad〕） 1918-1922

二、薩法維王朝：1501-1722(1732)

阿爾達比勒的謝赫・薩菲丁（shaikh safi al-din of ardebil）[4] 1252-1344

伊斯瑪儀一世（Isma'il I） 1501-1524

塔赫馬斯普一世（Tahmasp I） 1524-1576

伊斯瑪儀二世（Isma'il II） 1576-1578

穆罕默德・胡達班達（Muhammad Khudabanda〔Sultan Muhammad Shah〕） 1578-1588

沙・阿巴斯一世（Shah 'Abbas I） 1588-1629

沙・薩菲一世（Shah Safi I） 1629-1642

沙・阿巴斯二世（Shah 'Abbas II） 1642-1666

薩菲二世／蘇萊曼一世（Safi II〔Sulaiman I〕） 1666-1694

沙・蘇丹・胡塞因一世（Shah Sultan Husain I） 1694-1722

塔赫馬斯普二世（Tahmasp II）[5] 1722-1732

4. 原書注：薩法維蘇菲道團的創立者

5. 原書注：無實權的傀儡國王

三、蒙兀兒王朝：1526-1858

帖木兒 1336-1405

成吉思汗 1160-1226

帖木兒王朝攻打中亞、伊朗和阿富汗 1405-1506

札希爾丁．穆罕默德．巴布爾（Zahir al-Din Muhammad Babur）

1526-1530

納斯爾丁．胡馬雍（Nasir al-Din Humayun） 1530-1540/1541-1555

賈拉魯丁．阿克巴（Jalal al-Din Akbar） 1556-1605

努爾丁．賈漢吉爾（Nur al-Din Jahangir） 1605-1628

希哈布丁．沙．賈汗（Shihab al-Din Shah Jahan） 1628-1658

穆希丁．奧朗則布（Muhyi-al-Din Aurangzib〔‘Alamgir I〕）

' 1658-1707

沙．阿拉姆一世，巴哈杜爾．沙（Shah ‘Alam I Bahadur Shah）

1707-1712

穆伊茲丁．賈汗達爾（Mu‘izz al-Din Jahandar） 1712-1713

法魯赫西亞爾（Farrukh-siyar） 1713-1719

納斯爾丁．穆罕默德（Nasir al-Din Muhammad）[6] 1719-1748

阿赫邁德．沙．巴哈杜爾（Ahmad Shah Bahadur） 1748-1754

阿齊茲丁．阿拉姆吉爾二世（Aziz al-Din ‘Alamgir II） 1754-1760

賈拉魯丁．阿里．祝哈爾．沙（Jalal al-Din ‘Ali Jauhar Shah ‘Alam II）[7]

1760-1788/1788-1806

穆因丁・阿克巴二世（Mu'in al-Din Akbar II） 1806-1837

希拉吉丁・巴哈杜爾・沙二世（Siraj al-Din Bahadur Shah II）[8] 1837-1858

6. 原書注：一七三九年之後，帝國已經萎靡成王國。

7. 原書注：自一八〇一年開始由英國控制。

8. 原書注：英國在一八五八年滅亡了蒙兀兒王朝。

術語

- **adab（阿拉伯語）「艾達卜」**：儀禮。舉手投足的文雅禮儀，也包括文學和歷史知識在內的政治學問，adab通常是宮廷伴侶要具備的必要能力。
- **ahl-i kitab（阿拉伯語／波斯語）「有經人」**：也就是猶太人和基督徒。
- **akçe（突厥語）阿克謝**：一直流通至西元十七世紀的鄂圖曼銀幣。
- **Akhbaris（阿拉伯語）阿赫巴里**：什葉派烏里瑪，屬於拒絕伊智提哈德（ijtihad）的傳統主義或是原教旨主義者。
- **akhlaq（阿拉伯語）**：一種對倫理或政治理論專著的通稱，這些著作通常是源自希臘來源。
- **'Ashura（阿拉伯語）阿舒拉日**：伊斯蘭曆的一月十日。什葉派穆斯林在這一天紀念和哀悼先知穆罕默德的孫子胡笙於卡爾巴拉戰役（西元六八〇年）中殉難。
- **askeri（阿拉伯語）阿斯凱里**：字面意思是「士兵」。是鄂圖曼帝國的政府管理階級，其中包括斯帕希騎兵、耶尼切里和烏里瑪在內的軍事階層。
- **atabe （突厥語）阿塔伯克**：監護人或「指導人」，字面意思是「一位be 的父親」。

- **beğ（突厥語）貝（或稱別克、伯克）**：突厥貴族或是官員，後來演變成一種尊稱。
- **be lik（突厥語）公國**：在安納托利亞地區的各個小規模烏古斯埃米爾國／公國。
- **Bhakti（梵語）巴克蒂**：奉愛，獻身於印度教。和伊斯蘭教中的蘇菲主義在精神上有相似之處。
- **Caliph (Khalifa)（阿拉伯語）哈里發**：字面意思是「繼承人」。在伊斯蘭教中，哈里發是先知穆罕默德在政治上的繼承人。
- **caravanserai（波斯語）商隊客棧**：通常是一個有圍牆的休旅場所，供旅行中的客商使用。
- **Chaghatai（蒙古語）察合台**：成吉思汗次子的名字，他繼承了河中地區的領地。
- **chahar bagh（波斯語）四花園或波斯花園**：一種由四個部分、流水、果樹和芳香植物構成的花園；常常是舉行貴族雅集的地點。
- **Chinggis Qan（突厥語／蒙古語）成吉思汗**：蒙古帝國的創立者；波斯語的發音是Chingiz Khan。
- **dar al-Islam（阿拉伯語）**：「伊斯蘭之境」，也就是指由穆斯林統治的地方。
- **Deccan（梵語）德干**：「南方」，泛指信德以南領土的詞彙，比方海德拉巴的印度—穆斯林城市。
- **devshirme（突厥語）德夫希爾梅制度**：鄂圖曼人徵召（dev ir）基督教家庭的男孩為帝國服務。

- **dhimmi（阿拉伯語）齊米**：波斯語為Zimmi，是指在穆斯林的國家裡得到容許或保護的人，通常是猶太人和基督徒，也被稱為「有經人」，他們都擁有穆薩（摩西）的經典。
- **diwan（波斯語）**：宮廷；經濟部；詩集。
- **farr（波斯語）**：在前伊斯蘭時代裡伊朗國王的「天命」，薩法維和蒙兀兒王朝的統治者都在統治中援引這項概念。
- **ghaza（阿拉伯語）**：戰爭或突襲，尤其發生在穆斯林和非穆斯林的邊境上。
- **ghazal（阿拉伯語）加札勒**：四行至十四行的波斯語或突厥語詩歌。
- **ghulam（阿拉伯語）古拉姆**：軍隊奴隸。在法律上屬於奴隸，但是這種皈依奴隸在政治和軍事背景中可能會產生握有巨大影響力和權勢的個人。
- **guru（梵語）古魯**：宗教老師。
- **hadith（阿拉伯語）聖訓**：即被認可的先知穆罕默德的行宜和教誨。聖訓和《古蘭經》是伊斯蘭律法兩個最重要的法源。
- **hajj（阿拉伯語）哈芝或朝覲**：穆斯林去麥加朝聖。
- **hammam（阿拉伯語）公共浴室**：通常建在清真寺旁邊。
- **Hind（波斯語／阿拉伯語）信德地區**：北印度，印度河以東的領土。
- **‘id 或 ‘Id al-fitr（阿拉伯語）開齋節**：象徵萊麥丹月（Ramadan，伊斯蘭曆九月）齋戒結束的節日。

- **ijtihad（阿拉伯語）伊智提哈德**：即理性的神學闡釋。
- Il-Khans (Ar./T./M.) Mongol rulers of Iran
- **ilmiyye（阿拉伯語）**：宗教學者階層，鄂圖曼帝國裡對官方烏里瑪的稱呼。
- **Imam（阿拉伯語）伊瑪目**：什葉派穆斯林的領導；也是在清真寺中領拜的人。
- **Iqta’（阿拉伯語）伊克塔**：一份為換取軍事支持而賜予的地產或者是一整個省分。
- **Iran（波斯語）伊朗**：前伊斯蘭時代裡對伊朗高原和周邊地區領土的稱呼；這個稱呼在蒙古時期復甦。
- **Iranians（波斯語）伊朗人**：在伊朗的使用印歐語的人口；也是民族和文化名詞。
- **ishraqi（阿拉伯語）**：光照學說、照明學說，和蘇赫拉瓦迪（al-Suhrawardi）有關的新柏拉圖主義思想；強調直覺勝過邏輯。
- **Isma‘ilis（阿拉伯語）伊斯瑪儀派**：他們是相信有七個（而不是十二個）正當伊瑪目的什葉派穆斯林，也被稱為七伊瑪目派。
- **iwan（波斯語），eyvan（突厥語）伊宛（阿伊旺）**：開闊的入口；是清真寺和瑪德拉沙（伊斯蘭宗教學院）常見的建築特色。
- **jagir（波斯語）**：土地餉，在蒙兀兒印度支持軍隊的軍事賜予地。
- **jihad（阿拉伯語）吉哈德**：努力或奮鬥：jihad al-akbar，大吉哈德，是指更重要的或精神性的奮鬥；jihad al-saghir，小吉哈德，次等重要的奮鬥或是對非穆斯林、異端發動的軍事征戰。

- **jizya（阿拉伯語）吉茲亞稅**：根據宗教法規對非穆斯林徵收的人頭稅。
- **kadi asker（阿拉伯語／突厥語）「軍法官」**：在鄂圖曼早期的伊斯蘭教法高級法官。後來的地位低於伊斯蘭謝赫。
- **kalam（阿拉伯語）**：穆斯林學術研究中的神學。
- **kannun/Qanun（阿拉伯語）**：行政規定、帝國敕令或法律，不屬於沙里亞法（伊斯蘭教法）。
- **khan 或 qan（突厥語）可汗、汗**：通常是突厥人或蒙古人的中亞統治者。
- **khangah（波斯語）罕納卡**：即蘇菲道堂、修道院，是蘇菲舉行儀式和聚會的地方；和tekke意義相同。
- **khutba（阿拉伯語）呼圖白**：聚禮日（星期五、主麻）的祈禱詞；穆斯林社會裡，在呼圖白中提到統治者的名字，以及以統治者之名鑄幣是擁有統治權威的兩個象徵。
- **kulliye（阿拉伯語）庫利耶**：鄂圖曼帝國的清真寺建築群，通常包括瑪德拉沙、公共浴室，以及廚房或圖書館之類的其他公共設施。
- **laqab（阿拉伯語）**：穆斯林的榮譽頭銜，比方說「庫特布丁」（Qutb al-Din）或「信仰之柱」。
- **madhhab（阿拉伯語，波斯語是mazhab）**：方法，學派。例如哈奈菲學派（Hanafi Madhab）或是沙菲儀學派（Shafi‘i Madhab）。在遜尼派中有四大教法學派。

- **madrasa（阿拉伯語）瑪德拉沙**：伊斯蘭宗教學院，通常建在清真寺的旁邊。
- **Mahdi（阿拉伯語）馬赫迪**：「那位受指導的」（Guided One），或者是未來的伊斯蘭教的確認者，有時候在什葉派伊斯蘭中被認為和隱遁伊瑪目有關。
- **maidan（波斯語）**：空場，競技場，廣場。
- **majlis（阿拉伯語）**：呼朋引伴的集會，酒、詩文、音樂的雅集；也被稱為suhbat。
- **maktab（阿拉伯語）**：穆斯林小學。
- **malikhane（阿拉伯語／波斯語）**，鄂圖曼帝國的讓稅制度，始於西元十七世紀。
- **mamluk（阿拉伯語）馬穆魯克**：軍事奴隸，另見ghulam條。
- **mansabdars（阿拉伯語／波斯語）曼薩布達**：蒙兀兒軍事和文官系統菁英，他們大多數人都有臨時性的賜予地（jagir）。他們的身分類似於鄂圖曼帝國中的斯帕希。
- **masjid（阿拉伯語）**：清真寺。
- **Mawarannahr（阿拉伯語）**：即河中地區（Transoxiana）或中亞西部。
- **mihrab（阿拉伯語）米哈拉布**：清真寺中標示麥加方向（朝向）的凹壁。
- **millat（阿拉伯語）米利特**：宗教社群；鄂圖曼帝國的猶太人和基督徒所使用的名稱。

- **mirza（阿拉伯語）米爾札**：即蒙兀兒王子，例如巴布爾・米爾札。
- **muezzin（阿拉伯語）**：穆安津、宣禮員，在清真寺中負責宣禮的人。
- **muhtasib（阿拉伯語）**：市場管理員；維持城市社會秩序的警官。
- **mujtahid（阿拉伯語）智台希德**：穆闡釋穆斯林神學的學者，尤其是在伊朗。
- **muqarnas（阿拉伯語）穆卡爾納斯**：有幾何設計的壁飾，位於支柱和穹頂的相交處。
- **murid（阿拉伯語）**：宗教學生，尤指蘇菲。
- **murshid（阿拉伯語）**：導師，尤指蘇菲。
- **mutawalli（阿拉伯語）穆塔瓦利**：義產的法律執行人。
- **nama（波斯語）**：書、文本、論文，例如Shah-nama，即《列王記》（王書）。
- **nasihat（阿拉伯語）**：建議，例如nasihat-nama，即《君王寶鑑》、提供諷諫的專門著作。
- **nauruz（波斯語）努魯茲節**：春分日，波斯新年，在波斯文化影響強烈的社會中十分流行、前伊斯蘭時期的節日。
- **nedim（阿拉伯語）**：宮廷夥伴，顧問；穆斯林宮廷中的特定職位。
- **nisba（阿拉伯語）**：標示故鄉或是長居地的人名後綴，例如，某人的名字後綴是Isfahani（伊斯法哈尼），就代表此人來自伊斯法罕。

- **Oghuz（突厥語）烏古斯**：源自河中地區的突厥部落。
- **ortaqs（突厥—蒙古語）斡脫**：合夥商人；在突厥—蒙古菁英人士和商人之間的商業協定。
- **Peripatetic Philosophy（亞里斯多德派哲學，逍遙派哲學）**：亞里斯多德和他同時代人的哲學學派，他們到處「周遊」並在雅典的演說場所中講學。
- **pir（波斯語）**：蘇菲導師，另見shaikh條。
- **pishtaq（阿拉伯語）皮斯塔克**：建築物立面上的入口。
- **qadi（阿拉伯語）**：Qazi（波斯語），Kadi（突厥語）：穆斯林宗教法官。
- **qalandar（波斯語）**：雲遊的蘇菲。
- **qasida（阿拉伯語）**：頌詩，通常比加札勒的篇幅更長。
- **qazaq（突厥語／蒙古語）**：沒有王位的統治者，或是政治上無立足之地者。
- **raj（梵語）：統治**；因此拉賈（raja）即統治者，maharaja，偉大統治者、大君，或皇帝。
- **ruba'i（阿拉伯語）魯拜詩**：一種四行詩歌，類似日本俳句。
- **sahra-nishin（阿拉伯語／波斯語）**，沙漠或草原上的居民，游牧民。
- **shah（波斯語）沙：國王或統治者**；帕迪沙（padishah），偉大的國王；shahanshah，王中之王，皇帝。
- **shahid（阿拉伯語）舍希德**：殉教者，信仰的「見證者」。

- **shaikh（阿拉伯語）謝赫**：部落中的長老，或是蘇菲導師；也是表示尊敬的稱謂。
- **shaikh al-Islam（阿拉伯語）伊斯蘭謝赫**：最高宗教權威；在鄂圖曼帝國後期比軍法官的地位更加重要。
- **shari'a（阿拉伯語）沙里亞**：字面意思是「正途」；伊斯蘭律法，主要法源是《古蘭經》（神給先知穆罕默德的神啟）和聖訓（彙編起來的先知穆罕默德行止和教誨）。
- **Shi'as（阿拉伯語）什葉派**：相信領導社群的正當權力應該由先知穆罕默德傳給他的女婿和堂弟阿里（'Ali），並經由阿里的血脈傳給此後諸位伊瑪目的穆斯林。
- **silsila（阿拉伯語）**：字面意思是鏈條、序列；政治王朝或是精神性傳承的同義詞，例如蘇菲道團中的傳承鏈。
- **sipahi（波斯語）**：斯帕希騎兵、騎士、軍人；他們在傳統上是鄂圖曼帝國軍人，握有提瑪爾（timar，支持騎兵的土地）。和蒙兀兒王朝中的曼薩布達相似。
- **Sufism（阿拉伯語）**：蘇菲派、蘇菲主義。是由蘇菲導師或謝赫領導的穆斯林宗教道團系統，他們不強調正統上的宗教實踐，更注重尋找個人的救贖；強調人和真主之間的愛，於是常常被描述為「奉獻者」或是「神祕主義者」，他們使用音樂甚至舞蹈的方式誘發精神上的狀態。
- **suhbat（阿拉伯語）**：見majlis條。
- **sultan（阿拉伯語）蘇丹**：獨立的統治者，不主張宗教上的統治正當性。

- **Sunni（阿拉伯語）遜尼**：字面意思為傳統。大多數穆斯林的傳統，尊敬四位正統哈里發作為先知穆罕默德合法政治繼承者的地位，並且相信先知穆罕默德是「封印使者」，在他之後不會再有先知。
- **tafsir（阿拉伯語）**：經註，對《古蘭經》的評論和注釋。
- **Tajik（波斯語）塔吉克**：指代民族上或文化上的伊朗人。
- **Tatar（蒙古語）韃靼人**：成吉思汗時蒙古各部中的一支。
- **tekke（突厥語／阿拉伯語）**：來自takya；khangah的同義詞。
- **Temür（突厥語）帖木兒**：突厥征服者，卒於西元一四〇五年。波斯語為Timür-i leng，英語為Timür the Lame（跛腳帖木兒，Tamerlane）。
- **timar（波斯語）提瑪爾**：在鄂圖曼帝國的一種賜予地，用來交換軍事上的服務，和蒙兀兒王朝的jagir相似。
- **Timurids**：帖木兒王朝、帖木兒家族，指帖木兒的子孫後代。
- **türbe（阿拉伯語）**：鄂圖曼帝國裡的墳墓。
- **Turk（突厥語）突厥**：指代任何一個源自河中地區（或更廣義的中亞地區）說突厥語的民族。有時這個詞是「鄉下的」的同義詞。
- **Turki（突厥語）突厥語**：指帖木兒家族成員使用的突厥語言；今日有時候被稱為「老烏茲別克語」。
- **‘ulama（阿拉伯語）烏里瑪**：字面意思是「飽學的」，即穆斯林宗教學者。i.e. in the Islamic sciences

- **ulucami（突厥語／阿拉伯語）**：大寺，鄂圖曼帝國中舉行星期五聚禮的清真大寺。
- **umma（阿拉伯語）烏瑪、溫麥**：穆斯林社群。
- **Upanishads（梵語）**：奧義書，梵語文本中最後的形而上學文本，是西元前的吠陀（Vedas）經書的一部分。奧義書中的泛神論對於非印度人也有廣泛吸引力，其中包括一些穆斯林和美國的超驗主義者。
- **vizier或wazir（阿拉伯語）維齊爾**：部長，尤其用於鄂圖曼帝國中的大維齊爾（宰相）。
- **wahdat al-wujud（阿拉伯語）**：「存在歸一」（unity of being），由伊本．阿拉比（Ibn ʻArabi）最早提出的思想。
- **waqf（阿拉伯語）**：義產、瓦合甫，指穆斯林的慈善捐獻，可以是金錢形式，也可以是不動產，用來支持和維護公共福祉，例如修建和維護清真寺、學校、澡堂等等，或是指受到保護的家族財產。
- **yasa, yasak（突厥語／蒙古語）札撒**：傳統的突厥或蒙古法律。
- **zamindar（波斯語）**：在蒙兀兒印度的印度教徒、穆斯林地主或是族長耆老。一個獨立或自治的個人，有時和鄂圖曼帝國的地方仕紳大員（ayyan）類似。
- **zimmi**：見dhimmi

前言

這本書是劍橋大學出版社的麥瑞歌・阿克蘭（Marigold Acland）女士委託我執筆的，和其他撰寫本系列書籍的幾位學者一樣，也要感謝她的鼓勵和她對伊斯蘭研究所持有的興致和豐富知識。在華盛頓特區國家人文基金會的研究獎學金，以及俄亥俄州立大學提供配套資金的支持下，讓我能夠利用我美好的一整年休假研究時間完成本書。

在這本書的編著期間，我從投身於各種學科之眾多學者的工作成果中獲益匪淺，不可能在這裡將他們一一列舉出來。在本書的腳註和書目裡，便可以看出我在知識方面獲得的巨大幫助，但除了這些之外，我還想特別感謝康奈爾・弗萊澈（Cornell Fleischer），是他把我引入土耳其和鄂圖曼歷史的研究領域；我還要特別感謝我在鄂圖曼研究方面的同事卡特・芬德利（Carter Findley）和珍・海瑟薇（Jane Hathaway）；還有古麗露・內吉波格魯（Gülru Necipo lu）對鄂圖曼建築史的文化研究；以及蘇萊雅・法魯克伊（Suraiya Faroqhi）對鄂圖曼社會史的諸多研究工作。哈米德・阿爾加（Hamid Algar）向我介紹波斯和現代伊朗歷史，小約翰・馬森・史密斯（John Masson Smith Jr.）

教我如何使用文件和錢幣來研究前現代伊朗和中東歷史。此外，我還特別感謝魯迪・馬特希（Rudi Matthee）關於薩法維王朝的著作，以及保羅・洛森斯基（Paul Losensky）對薩法維和蒙兀兒時代波斯語詩歌的啟發性研究。我早先曾跟隨尤金・F・伊爾希克（Eugene F. Irschick）學習印度歷史，並以已故的約翰・理查茲（John Richards）的工作成果作為起點，開始研究蒙兀兒的歷史。我還受益於穆札法爾・阿拉姆（Muzaffar Alam）和整個印度歷史學家群體的工作成果，他們對蒙兀兒時期的歷史進行了開創性的研究，尤其是塔潘・雷喬杜里（Tapan Raychaudhuri）、伊爾凡・哈比卜（Irfan Habib）、阿塔爾・阿里（Athar Ali）和印度—波斯文學學者阿布杜・嘎尼（Abdu'l Ghani）。阿米娜・歐卡達（Amina Okada）對蒙兀兒藝術的研究成果，也塑造了我看待皇家工坊裡的繪畫的方式。

有三位學者花時間閱讀和評論了本書的初稿，他們將會看到其中許多寶貴建議都納入定稿之中。這三位學者是蒙兀兒建築歷史學家凱瑟琳・阿舍爾（Catharine Asher）、研究巴赫蒂亞里（Bakhtiyari）游牧民和現代伊朗歷史的專家吉恩・蓋思韋特（Gene Garthwaite）和以研究早期蒙兀兒王朝歷史中的女性而聞名的魯比・拉爾（Ruby Lal）。本書因為有了他們的幫助而大獲改觀。

我還要感謝三間出版機構允許我引用它們的版權資料，分別是普林斯頓大學出版社允許我使用康奈爾・弗萊澈的《鄂圖曼帝國的文官和知識分子》（*Bureaucrat and Intellectual in the Ottoman Empire: The Historian Mustafa Ali 1541-1600*, 1986）；現在擁有《鄂圖曼抒情詩》（*Ottoman Lyric Poetry, ed. and trans. Walter G*. Andrews, Najaat Black, and Mehmet Kalpakli, [Austin: University of Texas Press, 1997]）一書版權的華盛頓大學出版社，以及准許我使用《歡迎費加尼：薩法維—蒙兀兒韻體抒情詩中的模仿和詩歌個性》（Paul E. Losensky, *Welcoming Fighani: Imitation and Poetic Individuality in the Safavid-Mughal Ghazal,* Costa Mesa, CA: Mazda, 1998）的馬茲達出版社。

本書獻給我已故的兄弟Roderic M. K. Dale。

語言和轉寫

語言

鄂圖曼帝國、薩法維帝國和蒙兀兒帝國主要使用三種語言。第一：閃語系的阿拉伯語，它是阿拉伯人的母語，也是伊斯蘭世界的宗教和科學語言；第二：印歐語系的波斯語，它是伊朗人的母語，是安納托利亞、中亞、印度北部和中部受過教育穆斯林的通用語言，也是這三個帝國裡穆斯林的重要文學語言；第三：突厥語，由大約三十四種相關語言組成的一個大家族，有時被有爭議性地稱為「阿爾泰語」。這三種語言都以阿拉伯字母書寫，但用在波斯語中的時候，產生了新的字母，從而能反映波斯語的發音。這種字母十分不適合標示包括鄂圖曼語在內的突厥語，所以鄂圖曼語或其他突厥語方言中的一些字母與波斯語或阿拉伯語中的音值不同。

轉寫（音寫）

一般而言，阿拉伯語、波斯語和土耳其語的單詞都是按照《國際中東研究期刊》（International Journal of Middle East Studies）使用的轉寫系統拼寫的。然而，對於一些約定俗成的用法也有例外，比如，Mughal為Mughul，蒙兀兒大臣的名字被轉寫為Abu'l Fazl而不是Abu'l-Fadl等其他少數例外情況。這種用法部分反映出慣用發音，而這三種語言的發音都屬於三個不同的語系，彼此間有明顯的不同。在此僅舉一個簡單的例子，穆斯林宗教法官的通用名稱一般寫成qadi，反映其最初的阿拉伯語發音。然而正如我們所看到的，這個詞在土耳其共和國採用的拉丁字母系統中通常寫成kadi，而在波斯語中，這個詞則常依其發音寫成qazi。而且在土耳其和波斯語中，qadi中a的發音與阿拉伯語不同。每種語言的使用者都修改了宗教術語的原始發音。熟悉其中一種或多種語言的讀者可以按照自己的發音理解。其他的讀者則更不必擔心，因為它最重要的是字面意思，或是後面術語表中列出的意思。

序言

自西元一四五三年至一五二六年間，穆斯林在地中海、伊朗和南亞建立了三個主要國家，分別是鄂圖曼帝國、薩法維帝國和蒙兀兒帝國。到了西元十七世紀初，這些王朝後代控制的領土，涵蓋從巴爾幹和北非一直延伸到孟加拉灣的穆斯林世界大部分地區，並囊括一億三千萬至一億六千萬人口。此時，這些王朝的成員透過許多堡壘、清真寺、市場和陵墓等建築展示他們毫不掩飾的自信，這些矗立至今的建築物是他們軍事力量、財富、王權自豪感、宗教承諾和精緻美學的象徵。在西元一六四三年，蒙兀兒皇帝沙．賈汗完成了這個穆斯林帝國時代最後一座特殊建築——泰姬瑪哈陵[1]，將這些統治者令人驚嘆的光輝建築成就推向巔峰。這是穆斯林在十八、十九和二十世紀失去的世界。在我們今日所處的二十一世紀裡，許多穆斯林回首這段帝國的過去，將其

1. 這座陵墓建築群的修建工程始於西元一六三二年，於一六四三年大致完工，但裝飾工作一直延續到西元一六四七至四八年。Ebba Koch, *The Complete Taj Mahal* (New York: Thames and Hudson, 2006), 97-100.

與當代世界穆斯林社群失去的權力、財富、影響和文化輝煌相比較，仍然會深感痛心。

這些帝國之所以重要，是因為它們代表和取得的輝煌成就及其複雜性提醒我們，穆斯林文明與以基督教為主的歐洲文明一樣，不僅僅等於僵化的信仰和狹隘教條的解釋。在君王的回憶錄和紀念碑中，在詩人的歌詞中，在藝術家的璀璨畫作中，這些帝國歷史和文化展現的世界，是那些只熟悉狹隘神職人員艱澀觀點的中東穆斯林，或是只沉浸在大眾媒體簡單、歪曲觀點中的西方觀察家幾乎無法想像的。

鄂圖曼帝國、薩法維帝國、蒙兀兒帝國這三大帝國作為一個整體，各自的角色也十分重要，與多樣化但是互有關聯的那些西歐各國一樣，這三大帝國在更廣泛的伊斯蘭文明中構成了一個帝國文化區，其中包括東南亞和撒哈拉以南的部分非洲地區。這些比鄰帝國中的穆斯林共同繼承了政治、宗教、文學和藝術傳統，共享的遺產又因個人的聯繫得以鞏固。人們能夠沿著連接伊斯坦堡、伊斯法罕和德里的完善、受保護的貿易路線進行交流。[2]商人、詩人、藝術家、學者、宗教雲遊者，軍事顧問和哲學家都能在相對容易的情況下沿著這些商隊線路移動，並且跨越政權的邊界。

雖然這些帝國的歷史照亮了一個共同的、複雜又多元的文化體，但也提醒我們，穆斯林帝國不僅是「穆斯林的」，它們也是「帝國」。這代表好幾個意義。首先，伊斯蘭教在其政策、機構和宮廷文化中發揮了重要的作用，但並非在所有時候都具主導作用。

鄂圖曼、薩法維和蒙兀兒國家在這裡被稱為穆斯林帝國，因為它們是由穆斯林王朝統治的，這些王朝的君主接受先知穆罕默德帶來的啟示，並在不同程度上遵守伊斯蘭教的教義。[3]統治者真誠的虔信或自身的開明興趣，抑或混合這些不同動機，提供他們贊助伊斯蘭的宗教和社會機構的動力。在這一點上，他們與歐洲或亞洲的統治者沒有區別；他們是複雜卻又獨特的個體，而不是當今宗教辯論中出現的刻板印象。

有些君主特別虔誠，試圖將他們心中對尊崇《古蘭經》社會的看法強加給他們的臣民，但鄂圖曼人、薩法維人和蒙兀兒人也像當代歐洲基督教君主一樣，是王朝的統治者，他們首先和最終關心的是他們家族的安全、繁榮和壽命。儘管許多人認為官方的虔誠和宗教贊助與政治生存有著不可分割的聯繫，但這些王朝的大多數成員奉行的政策和建立的機構主要都是為了延續王朝的統治，而不是為了取悅真主或是宗教學者階層。這

2. Francis Robinson有一篇重要的論文指出這些帝國類似的政治機構和共享的商業傳統，文中仔細劃分了它們共同享有的宗教知識。Francis Robinson, "Otomans-Safavids-Mughals: Shared Knowledge and Connective Systems," *Journal of Islamic Studies* 8, No. 2 (1997), 151-84.

3. Iqtidar Alam Khan對於蒙兀兒王朝的這種特徵持不同意見，他更傾向於描述為「印度的」而不是「穆斯林的」。Iqtidar Alam Khan, "State in Mughal India: Re-Examining the Myths of a Counter-Vision," *Social Scientist* 29, No. 1/2 (January–February 2001), 16-45.

地圖1 西元一七〇〇年的穆斯林各帝國

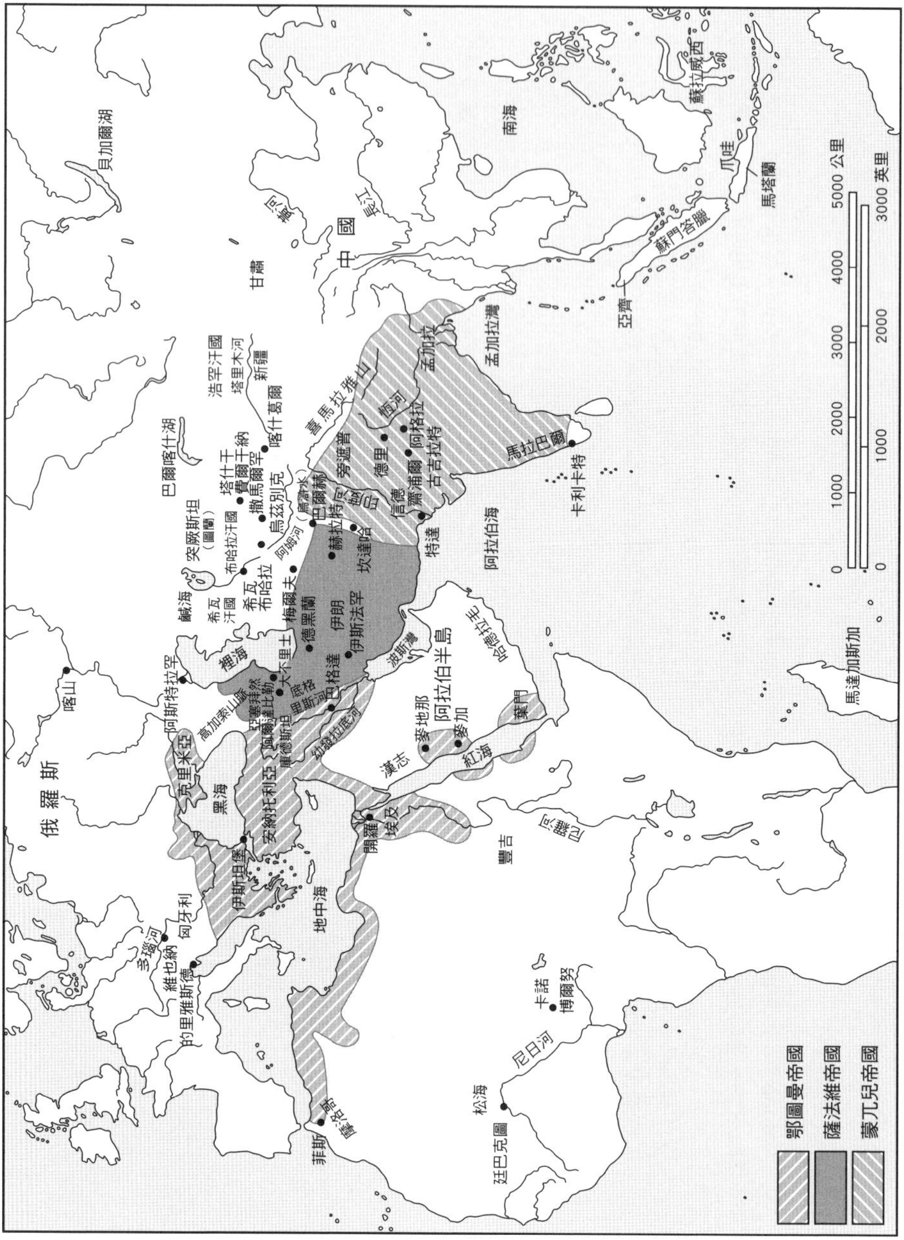

一點讓一些臣民，特別是神學家感到不滿，許多人認為（有時候會公開地指出）帝國的行政法規，與源自《古蘭經》和先知穆罕默德的傳統宗教法不相容。[4]

這樣的統治者和他們的謀士也清晰地意識到伊斯蘭時代以前的伊朗、羅馬和突厥—蒙古的帝王傳統，這些傳統傳遞了統治正當性的概念，以及在廣袤領土上、廣受多元臣民人口尊重的做法和先例。因此，這三個王朝的成員皆引用了前伊斯蘭時期伊朗帝王的命名頭銜，如沙（Shah，國王）、帕迪沙（Padishah，偉大國王）或王中之王（Shahanshah），並且操弄源自前伊斯蘭時期的伊朗薩珊王朝（西元二二六—六五一年）留下的王權思想。占領君士坦丁堡（西元三三〇年至一四五三年間是拜占庭或東羅馬帝國的首都）後，鄂圖曼人也醉心於凱撒（Kaysar或Caesar）的頭銜。擁有君士坦丁堡這座城市，影響了鄂圖曼人自認是「大帝國傳統的繼承人」的觀念，並一直流傳到今日土耳其穆斯林心中。蒙兀兒人作為中亞的統治者，從傳承成吉思汗和帖木兒後裔的血脈上，主張自己擁有的統治正當性，中亞突厥的傳統構成了三個帝國統治者共同的遺產。大多數鄂圖曼帝國、薩法維帝國和蒙兀兒帝國的君主還贊助了共同的文學和藝術文

4. 尤其是Cornell H. Fleischer在其著作中的討論，相當具開創性。見*Bureaucrat and Intellectual in the Ottoman Empire: The Historian Mustafa Âli (1541-1600)* (Princeton University Press, 1986), 253-72。

化，因為有部分屬於世俗，特別虔誠的人有時因此批評這些文化。

在我們探討的案例中，「帝國」一詞意謂著這些穆斯林君主與其他時期的文明一樣，統治著由多元人口構成的廣袤領土。就這些帝國來說，這種多樣性包含著不同的種族、社會群體和宗道團體，其中最明顯的是突厥人、伊朗人、印度人和阿拉伯人；務農者、土地菁英、游牧民、神學家、商人和城市工匠，以及不同種族、社會身分和職業的穆斯林和基督徒，還有猶太人、具有多種宗教信仰的印度人，以及可能是伊朗人或印度人的瑣羅亞斯德教徒（Zoroastrian）。

在那些穆斯林統治者的國家裡，宗教身分的問題尤其重要。這些國家的統治者會贊助穆斯林神學家，蒙兀兒帝國的皇帝賈漢吉爾（西元一六〇五—一六二七年在位）稱宗教學者群體為「祈禱的軍隊」。[5] 伊斯蘭世界存在內部的教義差異，而且在這些國家裡，也生活著大量的非穆斯林人口。在伊斯蘭世界和這三個帝國中，教義和／或教派的差異有時與政治、種族或社會的差異相吻合。最明顯的例子就是遜尼派和什葉派之間的分別，這種分別既是神學上的，也是政治上的，正如遜尼派的鄂圖曼人和什葉派的伊朗薩法維人之間展現出的敵對關係。遜尼派和什葉派社區的內部，在政府批准或認可、在情感上更為端莊克制的正統伊斯蘭教，與在社會不同群體中流行的、有時甚至是狂熱，或會為社會帶來破壞的千禧年（末世）主義信仰之間，也存在著分歧。

除了穆斯林中的教義和教派劃分外，這三個帝國還包括大量不同的非穆斯林人口，穆斯林統治者出於一些實際的、有時是個人的原因包容或歡迎他們。作為一個歐亞國家，鄂圖曼帝國包括了各種教派的基督教人口，同時也歡迎、接納被不寬容的基督教西班牙君主驅逐的猶太人。在征服埃及之前，鄂圖曼帝國統治下的基督徒人數是多於穆斯林的。在伊朗也有大量的基督徒少數族群，以及印度教徒、瑣羅亞斯德教徒和猶太教徒，蒙兀兒人則始終統治著主要由印度教徒構成、以非穆斯林為主的人口，但也包括其他不勝枚舉的宗教群體。非穆斯林群體中的成員以各種重要的政治、經濟角色（帝國貴族、奴隸、有影響力的妻子，或是商人）參與三個穆斯林王朝的帝國統治。

鄂圖曼帝國、薩法維帝國和蒙兀兒帝國，在這裡稱為穆斯林帝國，但是也可以用其他方式描述，有些描述尤其貼切。有三個最為常見的標籤，提供這三個帝國類別上的解釋：「世襲—文官體系」帝國、「火藥」帝國和「現代早期」帝國。「世襲—文官體系」是最有用的標籤，因為它描述了這三個國家在其歷史上不同時期一個真實而且重要的功能層面。意即這三個王朝政府的運行形式，涉及兩個馬克斯・韋伯理想化的個人和

5. Jahangir, *Tûzuk-i-Jahângîrî or Memoirs of Jahângîr*, trans. Alexander Rogers and ed. Henry Beveridge (New Delhi: Munshiram Manoharlal, repr. 1978), 10.

非個人或文官統治要素。[6] 鄂圖曼人在征服君士坦丁堡以後，從早期的世襲國家演變成一個中央集權、高度文官體系化的奴僕帝國。薩法維王朝和蒙兀兒王朝在其歷史上也都表現出這兩種特徵，薩法維王朝的文官體系化和中央集權程度最低，而蒙兀兒王朝在馬克思．韋伯的理論譜系中占據核心位置。它擁有複雜的文官機構，但始終保持著高度的個人統治。

至於「火藥」和「現代早期」兩個彷彿西歐硬幣正反兩面的術語[7]，很難套用在這三個帝國身上，也無法貼切地解釋這些國家性質或其社會組織。火藥武器（包括火砲和火槍）是鄂圖曼帝國戰勝歐洲人和非歐洲人的關鍵因素，儘管在後來的戰役中這些伊朗和印度王朝的成員在不同程度上成功運用火藥武器，但在建立薩法維或蒙兀兒國家的過程中並未發揮重要作用。經常有人提及「火藥武器引發了某個穆斯林帝國組織根本性變化」的暗示性想法，但卻很少受到有系統地證明，而且這三個國家也尚未應用到這些火藥武器。對於薩法維帝國來說，「火藥帝國」的標籤尤其值得懷疑，因為他們從未真正熱中使用重型火砲。

「現代早期」（early modern）一詞甚至更有問題，因為它涉及任何特定時刻對於現代性一詞標準的痛苦爭論，「現代性」這個詞經常被隨意使用，而非嚴格用於解釋國家的性質。無論是羅馬帝國、前伊斯蘭的伊朗（波斯）帝國或是蒙古帝國，可以在更早的帝國中找到許多被引用來說明「早期」現代性的因素：亞洲或歐亞的長途貿易、商業資本主義、中央集權或理性。[8]用「現代早期」來歸類或解釋鄂圖曼帝國長達六百多年國祚的概念，是個特別難以安放的術語。究竟要將這個詞放在一四五三年鄂圖曼人占領君士坦丁堡之前，還是其十六世紀的「黃金時代」，或是一八〇〇年的「早期現代」呢？

比起上述有爭議的標籤，更加重要的是帝國的興衰問題。希臘—伊斯蘭哲學歷史學家伊本・赫勒敦（Ibn Khaldun，西元一四〇六年卒），是最重要的穆斯林王朝國家理

6. 根據馬克斯・韋伯提出的差異特性為穆斯林帝國做出詳盡而清晰的論述。Stephen P. Blake, "The Patrimonial-Bureaucratic Empire of the Mughals," *Journal of Asian Studies* 39, No. 1 (November 1979), 77-94.

7. William H. McNeill在一本小冊子中，對此概念做出歸納和總結。William H. McNeill, *The Age of Gunpowder Empires 1450-1800* (Washington D.C.: American Historical Association, 1989)。關於把「現代早期」歷史作為一個具備定義功能之歷史時期的精采論述，見Joseph F. Fletcher, "Integrative History: Parallels and Interconnections in the Early Modern Period 1500-1800," in Beatrice Manz ed., *Studies on Chinese and Islamic Central Asia: Collected Articles of Joseph Fletcher* (Aldershot: Variorum, 1995), 1-35。

8. 尤見Jack Goldstone的論文："The Problem of the Early Modern World," *Journal of the Economic and Social History of the Orient* 41, No. 3 (1998), 249–84, and Peter Van Der Veer, "The Global History of Modernity," *Journal of the Economic and Social History of the Orient* 41, No. 3 (1998), 285-94。

論家，他利用的分析方法主要來自亞里斯多德被統稱為《工具論》（Organon）的邏輯著作。[9] 伊本．赫勒敦相當在意那些游牧民出身、統治北非和西班牙王朝歷史興衰循環問題的解釋。然而，他否定理解歷史變革時，短暫的政治和軍事事件的重要性，並堅信只有透過研究潛在的社會、心理和政治因素才能理解歷史變革，因而對鄂圖曼帝國、薩法維帝國和蒙兀兒帝國的命運提出了根本問題。在本書中，專門討論政治史的章節側重於個別統治者。這是一種文本編排上的策略，為的是在有限的篇幅裡介紹複雜王朝歷史的重要脈絡。強調這些重點並不代表鄂圖曼帝國、薩法維帝國或蒙兀兒帝國的君主，無時無刻都掌握著自己的命運和帝國的命運。雖然在建立和塑造帝國的特徵時，個別統治者的智慧和活力往往至關重要，然而，伊本．赫勒敦不僅有先見之明地認識到，一個王朝，後來的成員，其社會和政治環境及心理不可避免將與他們的祖先不同；此外他還意識到，無論是帝國的建立者還是其後代，都受到各種社會、政治和經濟力量的影響，而這是他們無法控制的。

這是一本在文化上相關、商業上有聯繫的三個帝國簡史，講述它們的建立，它們的權力、經濟影響和藝術創造力的高峰，以及它們的衰亡。這本書關注的重點是君主和貴族菁英階層——他們獨特的亞文化（subculture）與同時代的義大利梅迪奇家族，或者許多其他社會裡的相同統治階級，擁有的看似不和諧的因素：無情的殘暴、自我放縱和成熟的審美情趣。[10] 這本書必然會忽視或輕視某些主題，特別是城市和農村非貴族穆斯林家庭的日常生活、宗教儀式和社交生活，以及他們因貧窮、疾病和戰爭而縮短的生命。本書對女性和非穆斯林社區的成員的關注較少，儘管他們都在其社會中發揮了巨大的影響力。在這些王朝的歷史中，皇家女性的政治影響力尤其明顯，無論是在後宮（haram）裡或外，她們作為宗教和慈善機構的富有贊助者扮演了重要角色。這些女性中，特別是薩法維和蒙兀兒王朝的皇室成員，許多人都受過良好的教育，並撰寫宗教專著或創作詩歌。非穆斯林社區的成員在本書中得到的關注也相對較少，除非他們在這三個國家中扮演著關鍵商業功能，以及在蒙兀兒帝國的行政、政治和軍事作用，還有一些

---

9. 在精采絕倫的著作《歷史緒論》（*The Muqaddimah*）中，伊本·赫勒敦提出一種解析式的歷史研究方法，並利用這種方法論提出一個歷史循環理論，以解釋在北非和西班牙混亂、循環往復的部落王朝歷史。見*The Muqaddimah,* trans. and ed. Franz Rosenthal (Princeton University Press, 1980), 3 vols. 另見*Muhsin Mahdi, Ibn Khaldun' s Philosophy of History* (London: George Allen and Unwin, 1957) and Stephen Frederic Dale, "Ibn Khaldun, the Last Greek and First Annaliste Historian," *International Journal of Middle East Studies* 38 (2006), 431-51。

10. 關於放縱，穆斯林統治者最為直言不諱的主張是「放縱是王權之所以存在的前提」，這句話出自西元十一世紀格拉納達的柏柏人（Berber）埃米爾，伊本·布魯金（Ibn Buluggin），他以修辭言論為自己在宮廷中對男童的放縱行為辯護：「難道王權或財富不就是為了享樂和妝點用的嗎？」*The Tibyân*, ed. and trans. Amin T. Tibi, (Leiden: Brill: 1986), 192.

印度人成為了帝國裡的貴族。[11] 最後，由於篇幅的限制，我們無法詳盡介紹這些帝國的所有建築，也無法討論到庭園。本書著重的重點建築是清真寺和陵墓，省略了堡壘、宮殿、市集，甚至是蒙兀兒帝國興建的新城市；在三大帝國的王室和貴族生活中，只能順帶提及具有重大社會、文化意義的花園建築。

書中內容和其他主題的資料來源也有很大的不同。鄂圖曼帝國精心設計的中央文官系統紀錄一直被保存在伊斯坦堡，這個城市最後一次遭到圍困和掠奪是在一四五三年，而大多數薩法維和蒙兀兒帝國的行政文件則是在十八、十九世紀的政治動盪、反覆的戰爭和破壞中遭到毀損。同樣的，鄂圖曼政權解體後，那些倖存下來的地方法庭文書紀錄比在伊朗和印度保存下來的要多得多；在印度，亞熱帶氣候是造成文書破壞的一部分原因。這些法庭文件裡不僅保留著婦女的聲音，還保留了原本不為人知的農民和商人的聲音。相比之下，蒙兀兒人產製了特別豐富的自傳和歷史文獻，對於男女的個人性格和動機提供不尋常的洞見；而在伊朗，什葉派學者的宗教辯論產生大量的論文專著和小冊子，為該國的宗教學者及其組織的態度提供許多可供參考的佐證。在本書的各個章節中，也必然反映出那些目前可取得研究每個帝國現存史料性質。

土耳其、伊朗、印度和西方的出色學者群體既運用帝國檔案記錄，也運用地方記載、旅行紀錄和回憶錄、宗教著作、詩歌和藝術寫下文章和書籍，為這個綜合性的研究題目打下了智性的基礎。在本書的腳註中，這些文章和著作各自代表未來研究的指南，但是任何這樣的研究都應該從研究伊斯蘭歷史和這些特定帝國歷史的兩本百科全書開始，以下兩本貢獻卓著的百科全書是所有相關研究領域的學生都應該擁有的：《伊斯蘭百科全書》（*The Encyclopaedia of Islam*）包含關於伊斯蘭信仰、社會和歷史各個方面的文章，其中關於鄂圖曼帝國歷史的文章尤其豐富；《伊朗百科全書》（*The Encyclopaedia Iranica*）仍繼續推出新卷本，是極好的資料來源，不僅涉及前伊斯蘭和伊斯蘭伊朗，還涉及印度—波斯歷史，包括蒙兀兒帝國的歷史。二〇一〇年出版的多卷本《新劍橋伊斯蘭教史》（*The New Cambridge History of Islam*）也包含大量關於這些帝國，以及伊斯蘭文明更廣泛的年代和主題文章供讀者參閱。

---

11. 有關於鄂圖曼、伊朗、蒙兀兒女性的重要研究如下：Leslie Peirce, *The Imperial Haram: Women and Sovereignty in the Ottoman Empire* (New York: Oxford University Press, 1993); Guity Nashat and Lois Beck, *Women in Iran from the Rise of Islam to 1800* (Urbana, Illinois: University of Illinois Press, 2003); and Ruby Lal, *Domesticity and Power in the Early Mughal World* (Cambridge University Press, 2005)。關於這些國家的宗教少數群體，此書亦有所討論：Suraiya N. Faroqhi ed. *The Cambridge History of Islam*, III, *The Later Ottoman Empire 1603–1839* (Cambridge University Press, 2006); Aptin Khanbaghi, *The Fire, the Stone and the Cross: Minority Religions in Medieval and Early Modern Iran* (London: I.B. Tauris, 2006), and Father Pierre du Jarric, S.J., *Akbar and the Jesuits: An Account of the Jesuit Missions to the Court of Akbar* (London: Routledge, 1926)。另見Suad Joseph et al., *The Encyclopaedia of Women in Islamic Cultures* (Leiden: Brill, 2003-6)。

第一章

西元十至十六世紀的
印度、伊朗
和
安納托利亞

簡述

鄂圖曼帝國、薩法維帝國和蒙兀兒帝國的締造者，長期以來以政治分裂、宗教差異、絢麗燦爛的希臘—伊斯蘭哲學、伊朗行政傳統和文化規範的普遍影響，以及突厥—蒙古人的軍事優勢為特徵的領土上建立自己的國家。如果不了解這些遺產，便無法了解這些因素在西元十四世紀初的鄂圖曼國家和兩個世紀後薩法維和蒙兀兒國家建立前的幾百年間，是如何影響印度北部、伊朗和安納托利亞的歷史，不可能理解這三個帝國的持續性或創新。

阿拔斯哈里發國（'Abbasid Caliphate，西元七五〇—一二五八年）的衰落和最終滅亡，是兩項變化之首，在十至十六世紀之間改變了這些相鄰地區裡的政治格局。[1] 西元八世紀時，穆斯林統治者管理的巨大帝國從西班牙一直延伸至中亞，擁有多元種族和不同的宗教信仰；到西元十世紀的時候，阿拔斯王朝的哈里發已經失去了對其首都巴格達乃至更遠方穆斯林統治領土的控制。雖然阿拔斯王朝保留了作為遜尼派穆斯林世界合法領袖的地位，但在十世紀中期，來自伊朗北部的什葉派王朝白益王朝（Buyids，西元九四五—一〇五五年在位統治）占領巴格達及其附近的領土，而獨立的各個穆斯林王朝（其統治者通常被稱為蘇丹），控制了哈里發國家大部分曾統治過的省分。[2]

這種政治上的分裂是這個時代的第二項主要政治現象。「蘇丹」（Sultan）這個耐人尋味的詞彙來自於阿拉伯語，表示權力，這些蘇丹的權力完全來自於他們在軍事上的能力，它缺乏哈里發作為穆斯林「烏瑪」（umma，社群）的世襲政治領袖之正當性。然而，哈里發在名義上伊斯蘭統治權的神聖性和威望，促使這些地區的大多數蘇丹紛紛把自己描繪成「阿拔斯王朝」的代理人，以尋求各自的統治正當性。他們請求在位的哈里發授予他們權力，並在他們鑄造、發行的硬幣上印上哈里發的名字，以顯示他們對偉大伊斯蘭事業的效忠和承諾。這些自詡為「哈里發的僕人」的蘇丹，通常會以意識形態包裝他們對非穆斯林的戰爭，要麼是ghaza（戰爭，即在穆斯林前線上的英雄戰爭），要麼就是jihad（吉哈德，即為擴大穆斯林主權地區伊斯蘭之境〔dar al-Islam〕而進行

1. Ira Lapidus在他的著作中提出綜合性的伊斯蘭世界的政治和宗教歷史。Ira Lapidus, *A History of Islamic Societies* (Cambridge University Press, 2nd edn. 2002).
2. 到了西元十世紀初，這個進程已經足以激發出穆斯林學者編寫出政治理論著作，以合理化哈里發的衰落，並替各自為政的穆斯林蘇丹提供統治正當性。其中一位學者al-Mawardi（西元一〇五二年卒）就在他的著作中提出獨立統治的必要性，這些事情已經在阿富汗和伊朗的加茲尼王朝（Ghaznavid）蘇丹和其他地區性的穆斯林統治者身上存在了。見Erwin J. Rosenthal, *Political Thought in Medieval Islam* (Cambridge University Press, 1968), 27–37 and 243, n. 62。

地圖2 阿拔斯哈里發國的東部省分

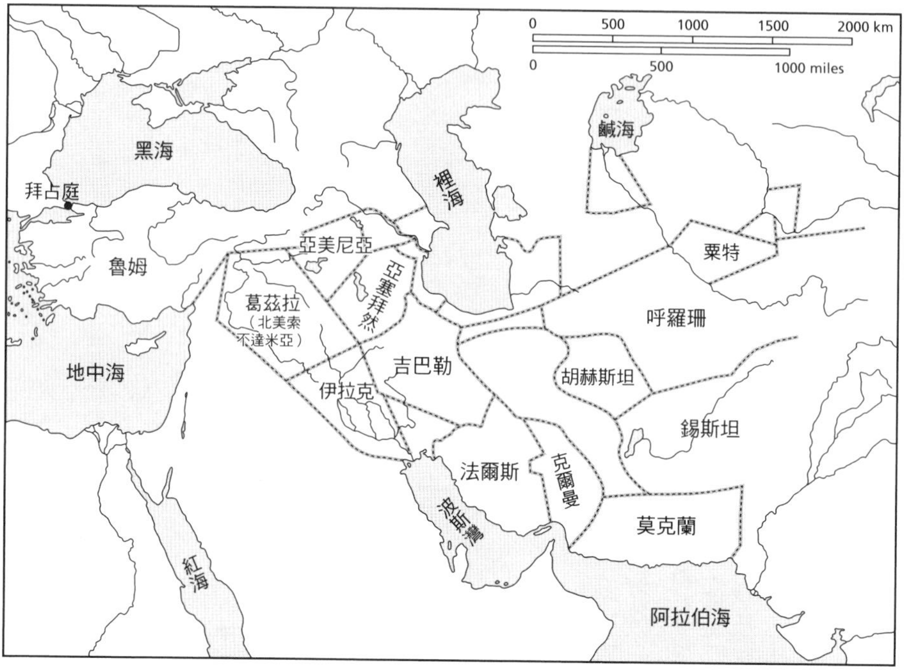

的努力或運動）。在安納托利亞、伊朗和印度，這些獨立的地方統治者大多是突厥人，但也有伊朗人和阿富汗人在這些地區建立王朝。

在這幾個世紀裡，伊斯蘭世界的特點還在於宗教的複雜性：遜尼派和什葉派兩大教派的劃分、遜尼派和什葉派內部的實踐差異，以及對於救贖的態度和對於正統實踐與個人虔誠的相對重要性也有顯著不同。在穆斯林人口中，遜尼派占大多數，阿拔斯王朝的哈里發是遜尼派，大多數地區的統治者也是如此。遜尼派（阿拉伯語的意思是「遵循傳統」）承認前四位哈里發的正當性，他們是先知穆罕默德「得到正確引導的」的政治繼承人，並將這四位正統哈里發及其繼承人——大馬士革的歐麥亞哈里發（Umayyad Caliphs，西元六六一－七五〇年）和巴格達的阿拔斯哈里發——視為穆斯林世界政治完整性的守護者。在遜尼派穆斯林眼中，哈里發是普通的凡人，顯然不是擁有獨特的宗教地位或神授通徹能力的人。遜尼派通常會遵循四個伊斯蘭教法學派的其中之一——這有時候會是一些宗派矛盾的根源，但這些差異與遜尼派和什葉派之間的區別相比微不足道。[3]

什葉派分布在葉門、黎巴嫩、伊拉克和伊朗等地，並且控制著一些地區，特別是在埃及，好戰的什葉派法蒂瑪王朝（Fatimid dynasty）自從西元十世紀末以來一直控制著那裡，並一直統治到西元一一七一年。法蒂瑪王朝的蘇丹和其他什葉派一樣，不承認前三位哈里發、阿拔斯王朝或其他遜尼派統治者的正當性，因為他們認為只有先知穆罕默德的堂弟和女婿、第四位「得到正確引導的」哈里發阿里（ʻAli）的後代才能成為穆斯林社會的真正領袖。什葉派相信阿里及其後代（即伊瑪目）具有唯一正當性，這反映出

3. 這座陵墓建築群的修建工程始於西元一六三二年，大致於一六四三年完工，但裝飾工作一直延續到西元一六四七至四八年。Ebba Koch, The Complete Taj Mahal (New York: Thames and Hudson, 2006), 97-100.

他們認為阿里的血統繼承了闡釋來自真主最終啟示《古蘭經》其深奧涵義的獨特能力。讓什葉派穆斯林分歧最重要的問題是正當伊瑪目的數量，大多數的什葉派最終同意有十二個伊瑪目，而包括法蒂瑪王朝在內的伊斯瑪儀派（Isma'ilis）則主張只有七個。[4]

在阿拔斯王朝崩潰和鄂圖曼帝國、薩法維帝國和蒙兀兒帝國崛起之間，有一種流行的伊斯蘭形式傳播整個遜尼派和什葉派伊斯蘭世界，被稱為蘇菲主義（Sufism），這種思想深刻地影響了鄂圖曼、薩法維和蒙兀兒社會。[5] 據說，「蘇菲」這個名稱是以其早期一些淡泊世俗享樂的苦修者所穿的粗羊毛衫（suf）命名的，蘇菲派所教授的是一種伊斯蘭形式的「新教」。之所以說它有種「新教」的感覺，是因為蘇菲派並不強調在清真寺裡舉行傳統的公共禮拜，傾向於與宗教導師（Pir或Shaikh）進行面傳口授，後者可以引導或激發他們對於真主的熱情，達到精神性的結合和個人的救贖。這種對等的愛——人類對真主，真主對人類——是蘇菲崇拜的特徵。許多宗教導師為他們的弟子提供在清真寺禮拜中未能體驗到、深深滿足的虔誠體驗，可以從他們的詩歌中理解蘇菲的信仰，這些作品擁有伊斯蘭世界最優美的詩歌水準。由於許多蘇菲會將這些詩歌唱出來，它們得以共同代表一種穆斯林的讚美詩。有兩位最重要的蘇菲，他們的思想和著作深深影響了安納托利亞、伊朗和印度的穆斯林。安達盧西亞（穆斯林西班牙）的穆罕默德·伊本·阿拉比（Muhammad Ibn al-'Arabi，西元一一六五—一二四〇年），一般簡稱為伊本．阿拉比；以及伊朗的賈拉魯丁．穆罕默德．魯米（Jalal al-Din Muhammad Rumi，西元一二〇七—一二七三年）。伊本．阿拉比也被稱為al-shaikh al-akbar，即「最偉大的大師」，他認為真主是唯一的現實，這一點很有影響力，他用「存在歸一」（wahdat al-wujud, Unity of Being）這句話來概括，而魯米則因其以優美的波斯語寫成的虔誠詩篇而聞名。[6]

宗教學者階層的一些成員——神學家、清真寺負責人、宗教教師和宗教法官，他們統稱為「烏里瑪」（'ulama），即那些在伊斯蘭知識和實踐方面有「學問」的人，他們也可能是蘇菲。然而，也有許多烏里瑪對蘇菲主義不屑一顧，甚至明確譴責蘇菲實踐非伊斯蘭的實踐，原因是蘇菲常常對他們的老師表現出非凡的敬意，這似乎有導師崇拜

---

4. Farhad Daftary探討了中世紀最重要的四伊瑪目派（伊斯瑪儀派）在埃及、敘利亞和伊朗的情況。Farhad Daftary, *Ismailis in Medieval Muslim Societies* (London: I. B. Tauris, 2005).

5. 在介紹蘇菲主義的眾多著作中，見William Chittick, *Sufism* (Oxford: One World Publications, 2000); Carl Ernst, Teachings of Sufism (Boston: Shambhala Publications, 1999); and Annemarie Schimmel, *Mystical Dimensions of Islam* (Chapel Hill: The University of North Carolina Press, 1975)。

6. 對於這兩位大師的介紹，見William C. Chittick, *Ibn Arabi: Heir to the Prophets* (Oxford: One World Publications, 2007) and Franklin Lewis, *Rumi: Past and Present, East and West* (Oxford: One World Publications, 2005)。

之嫌，或者是因為他們在讚頌的時候使用音樂，而大多數烏里瑪認為，這麼做在《古蘭經》中被明確譴責的。事實上，每一個蘇菲道團的做法從保守、克制的默禱、狂喜、情緒化的歌舞等等，是不一而足、各不相同的。然而，儘管正統派對蘇菲主義的各個方面提出批判，但這種形式的虔誠以獨立的精神性傳承或是導師命令的形式迅速傳播到整個伊斯蘭世界，許多蘇菲派領袖與穆斯林君主有著密切的個人聯繫；它還在農村和城市的穆斯林人口中發揮了強大的社會甚至政治影響。有的時候，就像薩法維帝國的例子一樣，這些精神性的世系演變成政治性的王朝。

如果說許多穆斯林教士懷疑或者公開敵視蘇菲主義，那麼大多數的烏里瑪也是深深反對哲學的，因為哲學可能像基督教歐洲那樣，隱晦或明確地挑戰神啟宗教的預設。在阿拔斯王朝的哈里發曼蘇爾（'Abbasid Caliphs al-Mansur，七五四—七五五年在位）、哈倫·拉施德（Harun al-Rashid，西元七八六—八〇九年在位）和曼蘇爾的孫子馬蒙（al-Ma'mun，西元八一三—八三三年在位）的統治期間，許多希臘、印度和伊朗的哲學和科學文獻被翻譯成阿拉伯語。雖然醫學和天文文獻因實際用途而受到青睞，但柏拉圖、亞里斯多德、蓋倫（Galen）等人的許多作品也得以翻譯，巴爾瑪克家族（Barmakids，為阿拔斯王朝服務的伊朗大臣世家）在這方面的影響尤其大。

在此之前，伊朗人曾接觸過希臘哲學，尤其是在基督徒關閉雅典的柏拉圖學院後，促使許多希臘思想家移居到伊朗；而伊朗知識分子也成為傳播和推進希臘哲學思想的思想領袖。[7] 幾乎所有前蒙古時代（pre-Mongol）的希臘—伊斯蘭哲學和科學思想主要知識分子都是伊朗人，而伊朗人在薩法維時期也利用此知識遺產創造出複雜的什葉派神學。這種由伊朗人主導思想學說的主要例外是穆斯林西班牙的學者伊本・魯世德（Ibn Rushd，西元一一九八年卒）對亞里斯多德作品的總結，受到哲學家和歷史學家伊本・赫勒敦的研究。

哲學只是伊朗人影響力的其中一面，他們還影響了整個伊斯蘭世界的藝術、文化和思想，特別是鄂圖曼帝國、薩法維帝國和蒙兀兒帝國。在先知穆罕默德去世後的第一個世紀裡，伊斯蘭教絕大多數時候是屬於阿拉伯人和阿拉伯語的事業，但是在西元七五〇年阿拔斯王朝掌權的「革命」之後，伊朗人和突厥人以不同的方式開始扮演伊斯蘭世界的重要角色。在伊朗的穆斯林，如巴爾瑪克家族，他們是背景深厚的前薩珊帝國（二二六—六五一年）遺留下來的世家，阿拔斯王朝將穆斯林國家的首都從大馬士革遷至巴格達以後，身為訓練有素的行政人員這個世家成為引人注目的存在，而新首都巴格

7. 對希臘—伊斯蘭哲學思想發展的總結，見Majid Fakhry, *A History of Islamic Philosophy* (New York: Columbia University Press, 3rd edn. 2004), chapters 1 and 2。

達位於歷史上受伊朗帝國控制和文化存在之處。後來，伊朗人在各地的突厥王朝裡履行關鍵的文官職能，隨著阿拔斯王朝哈里發的權力在西元九世紀末和十世紀的萎靡，一些伊朗家族開始建立起獨立的王朝。

這些早期波斯人的伊斯蘭王朝中，最具影響力的是位於河中地區布哈拉（Bukhara in Mawarannahr）的薩曼王朝（Samanids），該地區位於中亞，在西方史料中被稱為「Transoxiana」（源自拉丁語，同樣指河中地區）。薩曼王朝是由一個擁有土地的伊朗穆斯林家族建立的，這個家族的成員最早是在九世紀初的阿拔斯王朝哈里發手下擔任總督；到西元八九二年時，他們已成為完全的統治者。他們的統治在河中地區和伊朗開啟了一段被稱做「波斯間奏曲」、令人難忘的時期。這段在突厥人和蒙古人入侵伊朗之前的時期，穆斯林創造了伊朗文化的復興，並以「新波斯語」（也就是以阿拉伯字母書寫的波斯語）來著書立說、表達思想。[8] 當地著名的伊朗人，行政人員、學者家族以及伊朗詩人和畫家發展了新的波斯—伊斯蘭文化，從西元十世紀到十六世紀，伊朗人和他們的文化代理人創作出大量富影響力的政治和歷史文學、詩詞、藝術以及宗教和科學專著，構成鄂圖曼、薩法維和蒙兀兒王朝坐擁遺產的基石。[9] 在印度、中亞和鄂圖曼穆斯林智性和文化生活的各個方面，伊朗人享有的聲譽和影響力是怎麼強調都不為過的。甚至連君士坦丁堡的鄂圖曼帝國征服者穆罕默德二世（Mehmet the Conqueror）也「顯示出他對波斯語言和文學，以及大體上對波斯精神的明顯偏愛……由於對波斯人的喜愛，讓波斯人獲得重要的政府職位，最終成為他在宮廷中受寵的夥伴，這一切自然引起了本土突厥人的嫉妒和不滿。」[10]

約莫就在伊朗人重新確立波斯穆斯林的認同時，突厥人開始以第三個種族和語言身分出現在伊斯蘭世界的舞台上。一如伊朗人在文化和知識生活中的影響，從十世紀開始，突厥人在穆斯林領土上軍事和政治的重要性如何強調都不為過，因為他們在安納托利亞、伊朗和印度的大部分地區統治了長達好幾個世紀的時間。在十六世紀末鄂圖曼帝國的文官暨歷史學家穆斯塔法・阿里（Mustafa Âli）看來，「突厥人和韃靼人（蒙古人）」主導了世界史的第三階段，也就是阿拔斯王朝哈里發消亡後的時代。在談論到這

8. 「波斯間奏曲」（Persian Intermezzo）是流亡海外的俄羅斯學者Vladimir Minorsky提出的術語。見"La domination des Dailamites," Publications de la Société des Etudes Iraniennes, no. 3 (Paris 1932), 21。

9. 多卷本的《劍橋伊朗史》中討論了前伊斯蘭時期和伊斯蘭時期伊朗歷史的所有層面，關於薩法維王朝及其重要的帖木兒家族前輩，見Peter Jackson and Laurence Lockhart, *The Cambridge History of Iran*, vol. 6, *The Timurid and Safavid Periods* (Cambridge University Press, 1986)。關於伊斯蘭時期之前和之後的伊朗簡史，見Gene R. Garthwaite, *The Persians* (Oxford: Blackwell, 2005)。

10. Franz Babinger, *Mehmed the Conqueror and His Time,* trans. Ralph Manheim, ed. William C. Hickman (Bollingen University Press, 1978), 472.

個時代時，穆斯塔法．阿里寫道：

這個時期的故事由韃靼人構成，還有所有關於烏古斯（Oghuz）、帖木兒（Tīmūrid）和成吉思（Cengizid）家族的事務。從故事的開始到結束，那些精明的掠奪者一直馳騁於史書記載中；從這個花園裡，就像一朵嬌豔欲滴的花，綻放出那些值得稱道的精華——他們便是鄂圖曼家族。[11]

作為鄂圖曼人，這些突厥人將鄂圖曼突厥語（Ottoman Turkish）發展成繼阿拉伯語和新波斯語之後，中東穆斯林的第三種文學語言。

中亞的突厥人在西元八世紀穆斯林征服河中地區後被吸納進伊斯蘭世界，接下來的兩個世紀裡，許多突厥人皈信了伊斯蘭教，但直到後來的阿拔斯時期，他們才成為伊斯蘭世界中央地區的重要存在。突厥人以兩種方式進入伊斯蘭世界：軍事奴隸和游牧民。早在西元九世紀，突厥奴隸成為一支重要的穆斯林軍事力量，當時尚未成為哈里發的穆阿坦綏姆（al-Mu'tasim，西元八三三—八四二年在位）在巴格達建立了一支由大約三千名突厥奴隸組成的軍團，希望他們能夠形成一支忠誠、有紀律的軍隊核心，以補充且部分取代曾經領導阿拉伯穆斯林展開征服、向來不太可靠的阿拉伯部落武裝組織。在後來的幾個世紀裡，被稱為「古拉姆」（ghulam）或「馬穆魯克」（mamluk）的突厥奴隸經常被訓練，成為在地方王朝裡履行同樣職責的武裝力量，他們的王朝統治者試圖組織一支只忠於在位蘇丹的可靠軍隊。然而，每一個採用這些傭兵的王朝都在養虎為患，到十世紀末時，伊朗人的薩曼王朝軍事奴隸在阿富汗東部城市加茲納（Ghazna）建立了最早的穆斯林「奴隸」蘇丹國，將該城市作為穆斯林征服北印度的基地。[12]

在建立加茲尼王朝（Ghaznavid）政府體系的同時，突厥游牧民族以部分伊斯蘭化的身分，大量從河中地區遷徙到中東地區。這些部落組成一個龐大的、鬆散的半伊斯蘭化烏古斯突厥聯盟，他們開始向伊朗東北部的加茲尼王朝領土進軍，並迅速壓倒蘇丹國的防線。在西元十世紀末和十一世紀初，他們湧入伊朗高原，名義上由其主導部落之一的塞爾柱（Saljuq）所領導的。在不到一個世紀的時間裡，以塞爾柱為首的烏古斯部落在伊朗建立國家，這些部落的後裔不僅是薩法維國家的先祖，也為薩法維王朝提供主要的軍事力量。早在十世紀時，一些烏古斯部落便開始襲擊拜占庭人的邊境地區，西元

11. 摘自Fleischer, *Bureaucrat and Intellectual*, 278.
12. 關於在伊斯蘭時期的伊朗、印度和鄂圖曼帝國的這項關鍵制度，見Halil Inalcık, "Ghulâm," *Encyclopaedia of Islam*, II, Brill Online。

一〇七一年，一支由塞爾柱人領導的烏古斯輕騎兵部隊擊敗了拜占庭皇帝羅曼努斯四世·狄奧吉尼斯（Romanus IV Diogenes）。此後，烏古斯突厥人便開始在安納托利亞大量定居，其中一個家族最終在那裡建立了鄂圖曼帝國。[13]

蒙古人也在西元十三和十四世紀時入侵、摧殘並統治了伊朗和安納托利亞的部分地區，但最終在伊朗、安納托利亞和印度留下了最深刻、持久政治影響力的還是突厥人——他們首先是以突厥奴隸的身分到來，然後是烏古斯部落，最後是西元十四、十五世紀的突厥人帖木兒及其後代建立的帖木兒王朝。這個王朝在這些地方留下了最為深刻、長久的政治影響。在帝國之前的時代裡伊朗人因其行政和文化影響而具備重要性，在前帝國時代和後來的歷史中，也由各種具有突厥血統的人構成安納托利亞、伊朗和印度的主要軍事和政治菁英階層。突厥人，或在薩法維王朝（一個不完全的突厥王朝）的案例中，從西元十世紀開始就一直統治著伊朗，並一直延續到一九二一年；突厥人也從十二世紀開始統治安納托利亞直到今天，並從十世紀末開始統治印度北部，斷斷續續地持續到一五二六年，在這之後，突厥人以帖木兒家族的形式（但在印度通常被稱為「蒙兀兒」）又統治了北印度中心地帶達兩百年之久。[14]

加茲尼王朝和穆斯林在印度的統治起源

加茲尼王朝（約西元九九八—一〇四〇年）是突厥蘇丹國最早的例子，它的穆斯林統治者支持遜尼派伊斯蘭教並贊助波斯文化。其統治者是「古拉姆」出身，建立起一個覆蓋河中、伊朗和印度部分地區的國家。[15] 他們還在印度西北部開創了穆斯林的統治，比蒙兀兒帝國的建立早了五個世紀。

加茲尼人國家的開創者名叫馬赫穆德（Mahmud），他曾是一名突厥古拉姆，為布哈拉的波斯—伊斯蘭薩曼王朝效力。作為布哈拉的統治者，遜尼派的薩曼王朝橫跨河中

---

13. John Andrew Boyle, *The Cambridge History of Iran, V, The Saljuq and Mongol Periods* (Cambridge University Press, 1968). 關於鄂圖曼作為一個帝國的注釋詳解，見Karen Barkey, *Empire of Difference: The Ottomans in Comparative Perspective* (Cambridge University Press, 2008)。

14. 「蒙兀兒」一詞常見的英語拼寫「Mughal」更準確的拼法是「Mughul」，這個詞就是波斯語的「蒙古」。蒙兀兒帝國開創者巴布爾的父系祖先是帖木兒，母系祖先可以追溯至成吉思汗。這個統治印度的王朝因此經常被貼上更準確的「帖木兒—蒙兀兒」標籤。

15. 關於這個王朝最重要的作品是Clifford Edmund Bosworth, *The Ghaznavids: Their Empire in Afghanistan and Eastern Iran, 994-1040* (Edinburgh University Press, 1963)。

地區的伊朗和突厥世界的邊界。他們在軍事行動中獲得突厥俘虜，或是在當地奴隸市場裡購買突厥奴隸，控制這些奴隸市場並對其徵稅的能力也使薩曼人獲得可觀的收入。薩曼王朝的統治者讓這些突厥人歸信遜尼派伊斯蘭教，教他們說自己的語言——波斯語，並把他們訓練成士兵。就像後來的鄂圖曼帝國的奴隸部隊——新軍（Janissaries，耶尼切里）一樣，薩曼王朝的古拉姆很快就成為國家內部一個強大、半自治的派系。

西元九六二年，薩曼王朝的突厥奴隸指揮官阿爾普特勤（Alptegin），在薩曼王朝的王位繼承爭奪中支持了失敗的一方。阿爾普特勤雖然是穆斯林，他的名字仍舊是當時典型的突厥英雄名字，意思是「勇敢的冠軍」，他帶著他的部隊一起逃到遙遠的薩曼邊疆城市加茲納，此地位於喀布爾西南方半天路程之處。起初，他和他的軍官組成一個小規模、臨時性的突厥奴隸士兵寡頭政權。但在西元九九七年，阿爾普特勤的繼承人之一蘇布克特勤（Subuktegin）去世時，他將權力遺贈給他的兩個兒子，其中一個兒子馬赫穆德在西元九九八年成為加茲尼王朝的唯一統治者，他的發跡過程體現了這段時期位於巴格達以東，阿拔斯王朝象徵性領土的大致發展趨勢。同時代的人將馬赫穆德和他的後代稱為蘇丹，這是後來的加茲尼統治者在其硬幣上使用的稱號。這些軍事奴隸不僅建立了一個王朝，而且新統治者的名字馬赫穆德是一個阿拉伯語、伊斯蘭化的名字，這也說明了加茲尼人的伊斯蘭身分認同對於這個王朝的重要性，因為這個王朝的成員除了軍事能力外，幾乎不具備任何其他的正當性。

在政治方面，馬赫穆德（西元九九八—一〇三〇年在位）掌握高度集中的突厥軍事專制政權，但在文化方面，他認為自己是薩曼王朝的波斯—伊斯蘭文化的繼承者。[16] 在突厥游牧民族聯盟喀喇汗王朝（Qarakhanids）於西元九九九年攻克河中地區，並占領薩曼王朝首都布哈拉後，馬赫穆德將其領土野心放在伊朗東北部和中部的農業和城市中心。他利用附近印度的財富來資助他征服伊朗，在十世紀末和十一世紀初對印度次大陸進行一連串的掠奪，蹂躪了旁遮普地區，並在他生命的最後階段深入西部恆河河谷地區的卡瑙吉（Kannauj）。儘管馬赫穆德對印度除了劫掠外從未表現出更多的慾望，但在他生命的最後階段，他仍在旁遮普的拉合爾（Lahore）建立一支加茲尼王朝的駐軍，這是首次在印度北部出現的主要穆斯林居住地。

馬赫穆德和他的古拉姆同伴是專業的戰士和征服者，但他們也是穆斯林。因此，馬赫穆德把自己描述為阿拔斯王朝哈里發忠實的遜尼派穆斯林僕人，從而使他的征服獲得正當性。他把自己描繪成一個嘎茲（ghazi，穆斯林前線戰士），因為他在印度對印度

16.「馬赫穆德」這個阿拉伯名字的意思是「表揚的」、「值得稱頌的」。藉由採用阿拉伯名字，馬赫穆德強調自身的伊斯蘭認同勝過突厥人的認同。

教城市或寺廟進行掠奪，例如在古吉拉特的索姆納特（Somnath）著名的印度教寺廟。[17]馬赫穆德還以白益王朝伊朗人的什葉派信仰和支持遜尼派的阿拔斯王朝哈里發為由，對伊朗和伊拉克的白益領土進行攻擊。

不僅透過虔誠的遜尼派穆斯林身分，馬赫穆德還藉由對伊朗著名知識分子（無論是詩人還是其他學者）的贊助獲得統治的正當性。他在具有波斯文化特色的薩曼環境中長大，並在國家的管理中使用波斯語。對伊朗人的贊助，無論是伊朗詩人還是伊朗科學家，都是長期屬於波斯文化圈的地方穆斯林統治者展示其文化水準的固有方式。雖然馬赫穆德的王朝源自平民，首都也與世隔絕，但他還是設法脅迫或吸引他那個時代最重要的兩位伊朗學者：科學家比魯尼（al-Biruni，西元九七三—一〇四八年）和詩人菲爾多西（Firdausi，約西元九四〇—一〇二〇年）的到來。

比魯尼是來自河中地區的伊朗人，是穆斯林世界尚未工業化前最重要的三、四位科學家之一。與他同時代的伊朗哲學家和醫生伊本・西納（Ibn Sina，約九八〇—一〇三七年）、時代稍晚的數學家和詩人歐瑪爾・海亞姆（Omar Khayyam，西元一〇四八—一一二三年），以及十三世紀的伊朗什葉派神學家和科學家圖西（al-Tusi，西元一二〇一—一二七四年）一樣，比魯尼也是一位希臘—伊斯蘭學者，他對科學的概念和方法承接自亞里斯多德的自然哲學。[18]他寫了一百多篇論文，有些是用波斯語寫的，但大多數是用穆斯林的第一種科學語言——阿拉伯語書寫的，主題包括天文學和礦物學。比魯尼住在旁遮普居時，用三角函數準確地估算了地球的周長。在印度的長期逗留期間，他學會了梵文，並寫下十九世紀之前對印度及其婆羅門上層種姓文化最準確也最富同理心的描述。[19]

與他同時代的文學家詩人菲爾多西，也是同樣重要的人物，因為他的波斯語長詩《列王記》（*Shah-nama*，王書）對當時的波斯世界產生了不可估量的深遠影響，包括

17. 關於索姆納特和馬赫穆德出征的許多故事，見Romila Thapar, *Somanatha* (London and New York: Verso, 2005)。

18. 他的全名是阿布・雷汗・比魯尼（Abu Rayhan al-Biruni）。伊本・西納的一般稱呼是阿布・阿里・西納（Abu Ali Sina），主要因為醫學著作，他在西方以「阿維森納（Avicenna）」的稱呼聞名。歐瑪爾・海亞姆，或者叫吉亞斯丁・阿布・法塔赫・歐瑪爾・伊本・易卜拉欣・海亞姆・尼沙布里（Ghiyas al-Din Abu'l Fath 'Umar ibn Ibrahim Khayyam Nishaburi）是一名數學家，因為愛德華・費茲傑羅（Edward Fitzgerald）把他的「rubaiyat」體裁四行詩改寫成著名的《魯拜集》，使得他在十九世紀的英國聞名遐邇。納斯爾丁・圖西（Nasir al-Din Tusi）是多才多藝的什葉派博學家，他編寫了關於希臘—伊斯蘭科學和什葉派神學的著作，並且在伊朗的蒙古統治者的贊助下進行天文活動。

19. Ainslee Embree編輯了這部鴻篇巨著的節選版。見Muhammad ibn Ahmad Biruni, *Târikh al-Hind,* ed. Ainslee Embree (New York: Norton, 1971)。

地圖3 西元一〇三〇年的加茲尼帝國

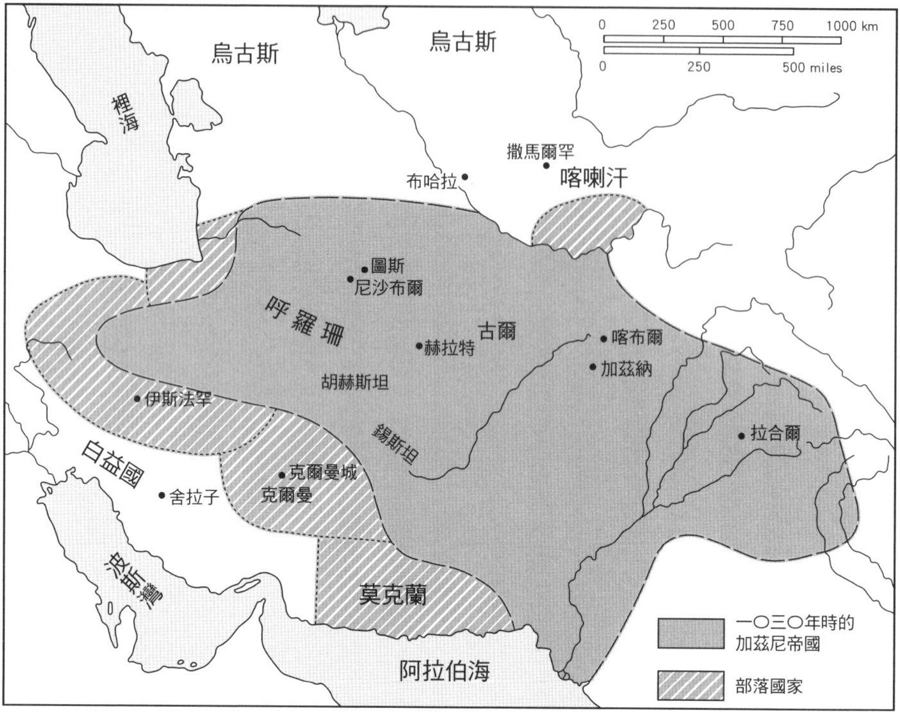

河中地區、伊朗、阿富汗和旁遮普地區。[20] 菲爾多西來自伊朗東北部被稱為呼羅珊（Khurasan）的薩布札瓦（Sabzawar），他曾在附近的尼沙布爾（Nishapur）學習，那裡也是歐瑪爾・海亞姆的出身地。菲爾多西的韻體長篇史詩以前伊斯蘭教的波斯薩珊語撰寫的書面資料和口頭傳統為基礎，講述了伊斯蘭時期以前伊朗君主的戰鬥、個人衝突和愛戀，有些是傳說，有些是可以查證的歷史。《列王記》立即成為伊朗人崇敬的文化記憶，並成為後來河中地區、伊朗、印度和安納托利亞的英雄或其他君主詩篇故事的範本。《列王記》中出現的伊朗人名，也出現在這些地區後來的王朝統治者之中，被視為具有正當性的頭銜，後來的作家通常從該文本中挖掘箴言、警句，《列王記》的文化權威在這個地區的地位僅次於《古蘭經》。

後來的加茲尼王朝也贊助了伊朗文人。其中包括具影響力的蘇菲派詩人薩納伊·加茲納維（Sana'i Ghazanavi，西元一〇四五—一一三一年）、宮廷頌詩作者馬斯烏迪·薩阿德·薩勒曼（Mas'ud-i Sa'd Salman，西元一〇四六—約一一二一年）和歷史學家貝哈齊（Bayhaqi，西元九九五—一〇七七年），他所編撰的加茲尼王朝晚期歷史著作受到希臘醫生和哲學家蓋倫等人的影響。[21] 後面提到的這三位文人都是伊朗人，他們的作品

---

20. 近期出色的英文譯本是Dick Davis的 *Shahnameh: The Persian Book of Kings* (New York: Viking Penguin, 2006)。這位詩人的全名是阿布·卡西姆·曼蘇爾·圖西（Abu'l Qasim Mansur Tusi）。菲爾多西是他的筆名，在波斯語裡，firdaus的意思是花園或是葡萄園。

21. J. T. P. de Bruijn在他的著作中分析了薩納伊·加茲納維的作品，見*Of Piety and Poetry: The Interaction of Religion and Literature in the Life and Works of Hakîm Sanâ' î of Ghazna* (Leiden: Brill, 1983)；Sunil Sharma則探討了薩勒曼的文學創作：*Persian Poetry at the Indian Frontier: Mas 'ud Sa' d Salman of Lahore* (New Delhi: Permanent Black, 2000)；關於貝哈齊，見Ranin Kazemi未出版的碩士論文："Morality and Idealism: Abu'l-Fazl Bayhaqi's Historical Thought in Tarikh-i Bayhaqi," Ohio State University, 2005。

提高波斯—伊斯蘭文化的聲望，就薩勒曼而言（他的家族從伊朗的哈馬丹〔Hamadan〕移民到旁遮普的拉合爾），這有助於將波斯語確立為印度西北部的主要通用語言。另一個於加茲尼王朝時代定居在拉合爾的重要波斯語作家是學者阿里．胡吉維里（Ali Hujwiri），他撰寫關於蘇菲主義的歷史著作《隱微的啟示》（*Kashf al-Mahjub*，約一一二〇年）是現存第一部以波斯語寫的蘇菲論文專著。[22]

有越來越多的伊朗文人和宗教學者在拉合爾現身，這也顯示了在十一世紀中葉之後，加茲尼王朝的政治命運已經惡化到何種程度。雖然馬赫穆德在一〇三〇年去世時仍控制著從伊朗東南部到旁遮普的領土，但他對伊朗東北部富饒、具有戰略意義的呼羅珊地區的控制，卻已受到烏古斯突厥人的威脅，這些人由不同的部落成員組成，其中許多人只是在名義上效忠於塞爾柱人，即烏古斯的主要部落。西元一〇四〇年，塞爾柱軍隊擊敗了一支加茲尼軍隊，迫使後者撤出呼羅珊地區，回到他們在阿富汗和印度的地盤，在隨後的一一六三年，塞爾柱人又奪取了加茲納，使加茲尼王朝幾乎只剩下旁遮普地區的領土。[23] 後來的加茲尼王朝君主則居住在拉合爾，他們吸引了更多以前可能定居在加茲納的伊朗知識分子，當拉合爾成為衰弱的加茲尼王朝首都的這一天，也象徵著第一個以北印度為基地的穆斯林國家的建立。

然而，在最初時，本土的印度統治者認定這是「突厥的」（Turushka）國家，而不是伊斯蘭的國家。這是印度人的看法，但加茲尼國家的軍隊是穆斯林組成的多民族軍隊。馬赫穆德的統治結束時，軍隊裡的伊朗、印度人和阿富汗士兵，可能已經與突厥士兵一樣多了。銘文中出現的「Turushka」一詞為加茲尼統治者的雙重身分認同提供了啟示：其一是民族和語言外顯而自豪的自我形象，其二是真誠的信仰，但也是向阿拔斯王朝哈里發和更廣泛的伊斯蘭世界做出精心策劃的正當性宣示。[24] 雖然有越來越多的說波斯語的詩人聚集於拉合爾，但顯然沒有印度人相信他們是被伊朗人入侵的。

加茲尼王朝在拉合爾的統治，為印度北部帶來一連串在漫長而不穩定的穆斯林王朝，這些王朝被統稱為德里蘇丹國（Delhi Sultanate），他們的早期統治者被稱為德里的奴隸蘇丹。這些王朝的不穩定性反映在他們未能建立起像後來的鄂圖曼、薩法維和蒙兀兒王朝擁有的那種穩定、有魅力、持久的統治正當性。德里蘇丹延續了加茲尼國家的

---

22. R.A. Nicolson, *The Kashf al-Mahjûb: The Oldest Persian Treatise on Sufism* (London: Luzac, 1976).
23. 見C. E. Bosworth, *The Later Ghaznavids. Splendour and Decay: The Dynasty in Afghanistan and Northern India 1040-1166* (Edinburgh University Press, 1977)。
24. Peter Jackson, *The Delhi Sultanate: A Political and Military History* (Cambridge University Press, 1999), 125 and 130. Peter Jackson的著作被稱做德里蘇丹國一連串王朝的政治和軍事史的權威之作。

行政和文化特徵，是一個中央集權的軍事專制國家，其成員使用波斯語作為其主要行政語言之一。這些統治者贊助使用波斯語的文人，建造清真寺和其他與伊斯蘭虔誠和社會福利有關的公共建築，並從阿拔斯王朝的哈里發那裡尋求正當性，這種情形至少延續到西元一二五八年最後一位阿拔斯哈里發被蒙古人殺害之前。儘管加茲尼王朝的直接繼承者和剋星是一個伊朗—穆斯林王朝（古里王朝〔Ghurids〕，於一一八六年攻陷拉合爾），但另一個突厥穆斯林奴隸王朝卻於西元一二〇六年在北印度中心地帶德里，牢牢建立了穆斯林的勢力。

德里的「奴隸蘇丹」

古里王朝的軍隊由突厥古拉姆——一名伊利巴里部的突厥人（Ilbari Turk）艾伊巴克（Aibak）指揮，他和女婿伊勒杜米什（Iltutmish，西元一二一一—一二三六年在位）正是在北印度的中心地帶穩固建立起穆斯林權力之人，他們都以突厥人的名字為人所知。伊勒杜米什和他的父親一起建造了北印度最早的幾座清真寺，他得到阿拔斯王朝哈里發穆塔西爾（al-Muntasir）的正式承認，穆塔西爾授予這位突厥人穆斯林榮譽頭銜（laqab）Nasir Amir al-Mu'minin，意思是「信士的指揮官之捍衛者」。[25] 伊勒杜米什安排他的子女繼承自己的職位，建立新的王朝。但是，除了這種天高皇帝遠的哈里發承認和不穩定的軍事友誼之外，他的後代一直受到由突厥和阿富汗軍官組成的變動聯盟威脅。這些人先是承認他的四位繼承人，然後又將其廢黜，最後確定了第五位繼承人，他被稱為納斯爾丁（Nasir al-Din，即「信仰的衛士」，西元一二四六—一二六六年在位），這是個一望即知並非突厥語的阿拉伯穆斯林尊稱。

納斯爾丁在一二五六年至一二六六年間短暫地穩定了政權，並在另一位「古拉姆」巴爾班（Balban，一二六六—一二八七年在位，納斯爾丁的副手兼最終殺死他的凶手）的幫助下，不遺餘力地在印度北部守住突厥穆斯林的橋頭堡，對抗他們最可怕的印度教對手——一群拉傑普特王公（Rajput rajas），這些拉傑普特的後代將會激烈地抵抗蒙兀兒人的初步統治。納斯爾丁和他的古拉姆巴爾班還成功地保衛了印度的西北邊疆，抵禦蒙古人。當時的蒙古人已經統治了河中、伊朗和阿富汗，並定期向印度次大陸派先遣小部隊，甚至發動遠至德里的襲擊。然而，儘管第一個真正的印度—穆斯林王朝在軍事上取得了成功，卻屈服於突厥軍官和卡爾吉家族（Khalji family）成員的派系內鬥，他們

25. Robert Hillenbrand, "Political Symbolism in Early Indo-Islamic Mosque Architecture: The Case of Ajmir," *Iran* 26 (1988), 105–17. 阿傑梅爾（Ajmir）清真寺的建造位置可能在一間耆那修道院之上。

篡奪了國家的控制權，並於一二九〇年建立了一個新的王朝。[26]

到這個時候，突厥人在北印度已經持續統治很長一段時間，足以具有某種形式的集體統治正當性。當卡爾吉家族推翻伊利巴里家族時，德里的一些居民顯然對新的統治者感到不滿，因為他們認為新來者不是突厥人。事實上，卡爾吉人很可能是長期定居在阿富汗的突厥人，但對他們身分的困惑準確地反映了這個家族及其支持者缺乏可證實的相關資訊。無論卡爾吉家族是突厥人還是阿富汗人，他們都在德里蘇丹國歷史上的血腥內鬥中開啟短暫的王朝。新蘇丹賈拉魯丁・卡爾吉（Jalal al-Din Khalji）在一二九六年被他的姪子阿拉烏丁（'Ala al-Din）謀殺；阿拉烏丁隨即將賈拉魯丁的所有男性親屬都弄瞎、監禁或處決。阿拉烏丁在最初這段時日裡採用的凶殘手段，雖然與之前許多德里蘇丹的凶殘在本質上並無區別，卻預言著他的軍事獨裁統治具有非凡的殘暴、活力和軍事成就。阿拉烏丁在西元十三世紀末和十四世紀初成功擊退一連串察合台蒙古人頗富威脅性的進攻，並將突厥穆斯林的統治權向西擴展到拉賈斯坦（Rajasthan）和古吉拉特，向南擴展到被稱為德干（Deccan）的印度中部地區。[27] 他的統治手段還預告了後來的蒙兀兒人對拉傑普特首領採取的政策，他迎娶了手下敗將印度教王公的女兒，並允許這些人作為他的支派附庸以進行統治。

非穆斯林臣民的地位

此人儘管以凶殘著稱，卻對本土印度教徒統治者採取看似寬容的政策，反映出印度農村人口稠密，充滿數以千計、根深柢固的地方統治者，各自具備不同的重要性，對指揮人數相對較少的穆斯林軍隊的征服者來說十分棘手。在英國人殖民統治之前，沒有任何一個南亞政府有能力剷除許多自治或獨立的統治者，也無法有效解除印度農村的武裝。德里蘇丹和他們的蒙兀兒後繼者都不得不做出無數妥協，以便統治印度北部，或者至少控制住城市和主要的交通幹線，並征服農村的統治者。以印度教徒為主的印度從未被穆斯林人口征服和淹沒，但安納托利亞人數相對較少的希臘東正教人口確實發生了這種情況，自從一〇七一年塞爾柱突厥擊敗拜占庭軍隊，安納托利亞持續經歷烏古斯部突厥人的移民潮。

---

26. Jackson, *Delhi Sultanate*, 82–5.
27. 察合台蒙古人是在阿拉烏丁在位時抵達德里郊外的。Peter Jackson詳細講述了蒙古人後來的侵擾，見"The Mongols and the Delhi Sultanate in the Reign of Muhammad Tughluq (1325–51)," *Central Asiatic Journal* 19, nos. 1-2 (1975), 118-57。

德里蘇丹國和後來的蒙兀兒帝國都是軍事占領的代表。與印度教人口和其他本土的非穆斯林印度人口相比，加茲尼或蘇丹國統治時期入侵或定居印度的突厥、阿富汗和伊朗穆斯林總人數相當少，主要是士兵、文官、知識分子、烏里瑪、蘇菲和商人。十四世紀的印度—波斯歷史學家兼朝臣齊亞爾丁．巴拉尼（Zia al-Din Barani）也認知到這個現狀，在官場失意、滿心憤懣的晚年，他煩躁地抱怨著生活在德里的「拜偶像者」（他如此描述印度教徒）數量之多、富裕程度之高，在他看來，德里是穆斯林國家的首都，不是突厥人的首都。

作為一個接受傳統的宗教學問和adab（字面意思為「儀禮」）素養訓練，深諳伊斯蘭史和波斯文學知識的穆斯林巴拉尼，在西元一三五八至五九年《君王寶鑑》類的著作中批評了德里社會的若干層面。他批評的事情包括將職位授予出身低微的穆斯林，以及對哲學派別的容忍。他以虔誠的正統口吻說道，哲學派別是「正確宗教的敵人和先知的敵人」。然而，與巴拉尼的主要批評對象——興盛的印度教徒相比，十四世紀的德里街頭，穆斯林哲學家的數量無疑微不足道。他抱怨說，德里的蘇丹向印度人徵稅，但除此之外卻讓他們處於和平狀態，在他看來，這種政策顯示這些統治者對伊斯蘭教缺乏承諾：

> 打倒異教徒、偶像崇拜者和多神教徒的意願並未充盈（印度）穆斯林國王的心。考量到異教徒和多神教徒是進貢者和受保護者（Zimmi）的事實，異教徒在其首都德里被授予光榮、傑出、受到寵愛和顯赫的地位……穆斯林國王不僅允許，而且還樂於看到異教徒、多神教徒、偶像崇拜者和崇拜牛糞（sargin）的人建造起像宮殿一樣的房子，穿上錦緞般的衣服，騎上鑲有金銀飾物的阿拉伯馬……他們被稱為rais（大王）、ranas（小王）、thakurs（戰士）、sahahs（銀行家）、mehtas（執事）和pundits（祭司）。[28]

巴拉尼的抱怨除了顯示印度教徒統治者和本地武士、商業和宗教階層持續存在，還讓我們知道，在政治現實和稅收政策方面，德里的蘇丹首先是君主，其次才是一名穆斯林。大多數的蒙兀兒、鄂圖曼，甚至狂熱的什葉派薩法維統治者也傾向對他們的非穆斯林臣民徵稅，而不是試圖強行改變或消滅他們。這麼做對於印度—穆斯林君主來說是一個必須付出昂貴代價的想法，因為他們治下有著龐大的非穆斯林人口。對於猶太人和基督教徒來說，這種政策是有文本（即《古蘭經》）依據的，他們是dhimmi（齊米，波斯

---

28. Mohammed Habib, *The Political Theory of the Delhi Sultanate* (包含Ziaud Din Barani's *Fatawa-i Jahandari* of c. 1358-9 AD譯本) (Allahabad: Kitab Mahal, 1961), 48.

地圖4 西元一四〇〇年的德里蘇丹國

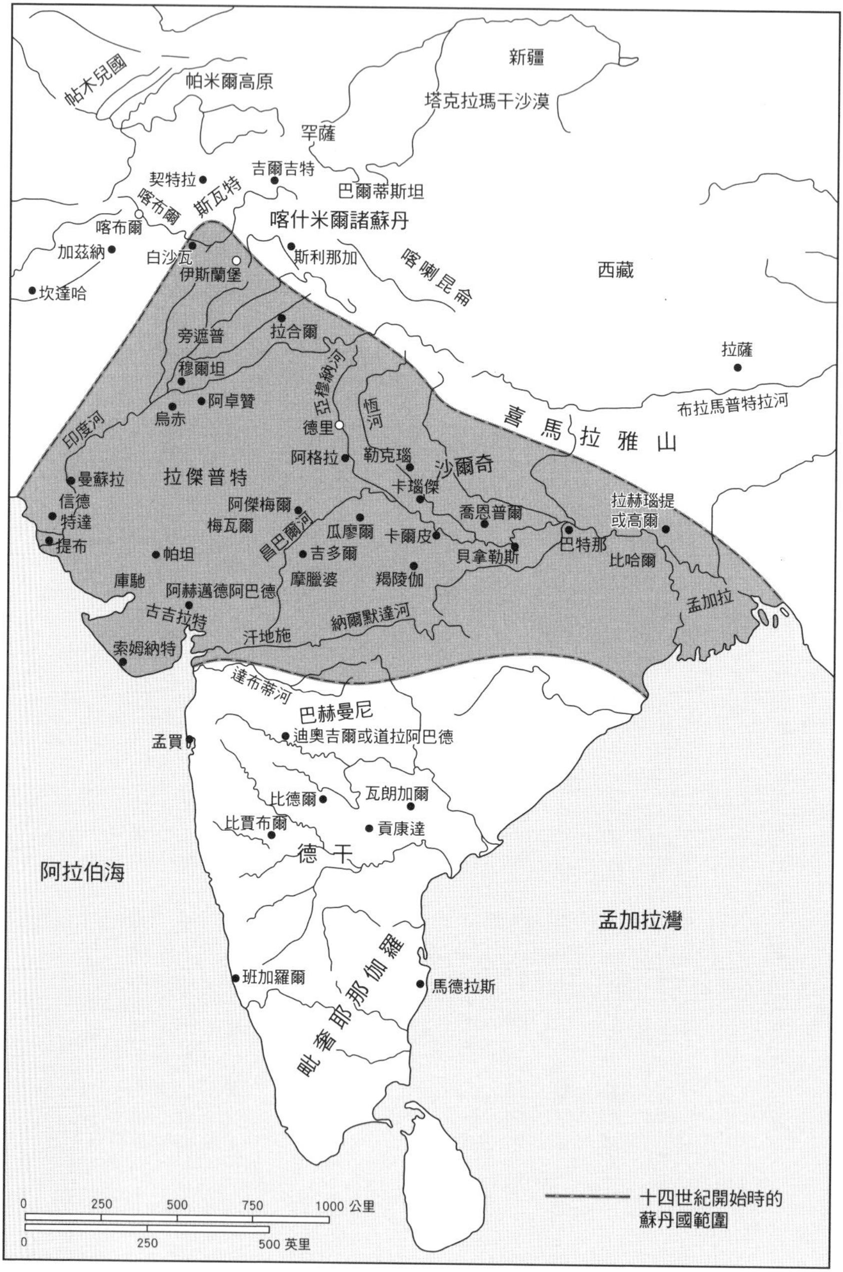
新疆
帕米爾高原
帖木兒國
塔克拉瑪干沙漠
罕薩
吉爾吉特
契特拉
巴爾蒂斯坦
喀布爾
斯瓦特
喀什米爾諸蘇丹
喀布爾
加茲納
白沙瓦
伊斯蘭堡
斯利那加
喀喇昆侖
西藏
坎達哈
旁遮普
拉合爾
拉薩
穆爾坦
亞穆納河
恆河
阿卓贊
烏赤
布拉馬普特拉河
喜馬拉雅山
印度河
德里
阿格拉
勒克瑙
沙爾奇
曼蘇拉
拉傑普特
卡瑙傑
信德
特達
阿傑梅爾
喬恩普爾
拉赫瑙提
或高爾
梅瓦爾
昌巴爾河
瓜廖爾
卡爾皮
提布
吉多爾
巴特那
貝拿勒斯
帕坦
比哈爾
庫馳
摩臘婆
羯陵伽
阿赫邁德阿巴德
孟加拉
古吉拉特
納爾默達河
汗地施
索姆納特
達布蒂河
巴赫曼尼
孟買
迪奧吉爾或道拉阿巴德
瓦朗加爾
比德爾
比賈布爾
貢康達
德干
阿拉伯海
孟加拉灣
毗奢耶那伽羅
班加羅爾
馬德拉斯
0 250 500 750 1000 公里
0 250 500 英里
十四世紀開始時的
蘇丹國範圍

語：zimmi），意為「受保護的人」和「有經人」（ahl-i kitab，指擁有經典的人），也就是指在穆薩（摩西）的宗教傳統中擁有神啟經典的人。在印度，這個類別往往不會考慮經典的一致性，擴展到印度教徒、佛教徒、耆那教和其他非穆斯林的身分上。除了單純奉行現實做法，對非穆斯林徵收的特別稅，即所謂的「吉茲亞稅」（jizya），為德里蘇丹和後來擁有大量非穆斯林社區的統治者帶來大量的資金。在鄂圖曼帝國的情形尤其如此，如果巴拉尼生活在那裡，他同樣會發現，作為穆斯林，鄂圖曼帝國的統治者也十分需要從其大量的非穆斯林（主要是基督教）宗道團體的稅收中獲得收入。

經濟和行政管理

除了透過向非穆斯林徵稅、從事商業活動和掠奪富裕的印度教公國所帶來的收入，土地收入還提供了大部分支持德里蘇丹的軍隊資金，這是最大的一筆國家開支。正如許多前現代的農業國家一樣，蘇丹藉由軍事封建（military feudalism）的形式提供軍隊資金，這種形式在穆斯林的伊朗、印度和安納托利亞被稱為「伊克塔」（iqta’）制度。伊克塔被授予農業土地甚至是整個省份，其收入將會被劃撥給軍隊支用。這些軍隊可能是突厥人、阿富汗人、伊朗人或是其他族群組成的。[29] 由於缺乏這個時期的行政紀錄，我們無從描述此制度在實際層面是如何運作，或是如何隨著時間的推移而演變。理論上，正如同所有軍事—封建制度，在位的蘇丹控制著這些撥款或分配，並可以隨意將總督和官員從一個地區調到另一個地區。而在實務上，精力充沛的蘇丹，如阿拉烏丁・卡爾吉，據說收回撥款、自己收取土地收入，並以現金支付軍隊，但這些報告可能著重洞察統治者集權野心，而不是對其財政管理實際運作的描述。在另一個極端上，不那麼用心或君權不那麼強大的統治者允許iqta'dars（類似於地方豪強或節度使）的存在，即這些被賦予的權力和金錢的持有者，演變成自動沿襲的附庸國或是獨立的區域王朝。

德里的蘇丹管理著一個軍事占領區，他們不斷努力，試圖將領土擴展到邊境富裕地區。除了支持關鍵的軍事機構，這些人還試圖建立國家的行政基礎設施，以及支持十七世紀蒙兀兒皇帝賈漢吉爾後來在其回憶錄中所說的「祈禱的軍隊」。他們試圖實現這些目標的方法，其中之一是鼓勵有才能和有聲望的外國穆斯林移民到印度，且假定這些人沒有令人頭痛的在地聯繫。遊歷天下的摩洛哥旅人伊本・巴圖塔（Ibn Battuta，西元一三〇四—一三六八年）就曾在他的遊記中描述了西元一三三四年時，當這些外國移民抵達印度西北部邊境城鎮，阿拉烏丁・卡爾吉的一位繼承人穆罕默德・賓・圖格魯克（Muhammad bin Tughluq）是如何熱情地歡迎他們：「印度的國王……有尊重陌生人的習慣……因為他更喜歡他們，而不是印度人。」[30]

當時，大量的外國人湧入印度，部分原因是印度的農業和商業財富，與鄰近的阿富汗、伊朗和中亞地區的相對貧乏，產出兩者間的結構性對比。在西元十三和十四世紀，蒙古人對這些鄰近地區的破壞性入侵和貪婪的管理，也促使許多居民動身到印度或安納托利亞避難。最後，德里蘇丹使用波斯語，也鼓勵了來自伊朗、阿富汗和河中地區使用波斯語的文人和宗教學者階層前來推銷他們的知識才能，或找到行政人員和宗教官員的工作，比如來印度擔任「哈迪」（qadis）——沙里亞法（shari'a，穆斯林宗教法）的法官。波斯語並不是德里蘇丹人使用的唯一語言。除了使用突厥方言外，他們有時還說印地語的前身Hinduvi，或是其他本土地區語言，比方孟加拉語。然而，波斯語作為印度北部重要的穆斯林通用語（lingua franca）逐步在印度普及，為其成為蒙兀兒帝國唯一的官僚和宮廷貴族印度—穆斯林文化語言創造了條件。

---

29. 此處和後文中所謂的「軍事封建」是指提供士兵、文官等人理論上的臨時軍事封地（采邑），以替代薪水，並不是歐洲封建制度中的契約關係。

30. H. A. R. Gibb, *The Travels of Ibn Battuta: A.D. 1325–1354* (Cambridge University Press for the Hakluyt Society, 1971), 595 and 671.

波斯－伊斯蘭文化

波斯－伊斯蘭文化（Perso-Islamic culture），也就是以波斯語表達的伊朗前伊斯蘭和伊斯蘭文化，在十四世紀德里的城市、識字的穆斯林人口中穩固地建立起來，這種情況可以在兩個印度穆斯林的身上看到：說波斯語的蘇菲導師（pir）尼札姆丁・奧里亞（Nizam al-Din Awliya，西元一二四二－一三三五年）以及他的弟子之一，多產的波斯語詩人暨音樂家阿米爾・霍斯露・迪赫拉維（Amir Khusrau Dihlavi，西元一二五三－一三二五年）。尼札姆丁・奧里亞是奇什蒂蘇菲道團（Chishti Sufi order）的成員，該道團起源於古爾地區（Ghor），也就是赫拉特（Herat）以東的孤立山區，位於現在阿富汗西部，是加茲尼王朝的古里敵人的故鄉。尼札姆丁一生大部分時間都在德里度過，可說是伊斯蘭實踐範例個人化版本，這是一種精神信服、社會參與的信仰，但這個道團的人通常不會向非穆斯林印度人口傳教。事實上，儘管奇什蒂道團在彌合穆斯林和印度教社區之間的鴻溝方面享有盛譽，並沒有積極地宣教改宗，但一些道團成員在蘇丹的軍隊進攻印度教國家時也會隨軍出征，讓戰役可以獲得宗教上的正當性。然而，在他們自己的社會中，奇什蒂道團成員努力成為道德楷模，並經常發揮社會和政治批評的功能。這個道團的成員常常會拒絕擔任政府任命的法官職位，認為這種法律任命本身就是一種腐敗，儘管該道團的弟子，如齊亞烏丁・巴拉尼（Zia al-Din Barani）並不是一向都如此謹慎。

尼札姆丁・奧里亞是印度和各地許多其他蘇菲導師的典型，因為他把蘇菲主義的重要性提升到正統實踐之上，把愛的力量提升到理性之上。他的虔誠做法與十四世紀伊朗西北部薩法維道團的導師或謝赫相似，他們的後代在西元一五〇一年建立了薩法維國家。[31] 尼札姆丁・奧里亞曾寫道：「烏里瑪是理性的擁護者；苦行者（蘇菲）是愛的擁護者……真主的列位使者則是在愛或理性上同樣強大。」尼札姆丁・奧里亞和他的弟子（murid）試圖在他們的社區音樂表演中產生強烈的情感虔誠。他說道：「在我們誦讀《古蘭經》和聽音樂的實踐中，信徒會體驗到一種精神上的幸福狀態，它可能表現為天光、神祕狀態和身體上的效果。」[32] 大多數正統的烏里瑪譴責把音樂作為崇拜手段

---

31. 另可見Kishwar Rizvi未出版的博士論文“Transformations in Early Safavid Architecture: The Shrine of Shaykh Safi al-din Ishaq Ardebeli in Iran (1501-1629)”, Department of Architecture, Massachusetts Institute of Technology, 2000.。這篇論文的內容並非僅限於建築，有一部分內容是關於薩法維蘇菲道團的歷史，以及對於謝赫儀式實踐的研究。

32. Bruce Lawrence trans. and ed. *Nizam al-Din Awliya: Morals for the Heart* (New York: Paulist Press, 1992), 233 and 121.

的做法，同時也拒絕尼札姆丁認為具有精神價值的詩歌。然而，充滿情感的蘇菲崇拜在批評聲中仍然很受人歡迎。二十一世紀，尼札姆丁的德里陵墓仍在舉行出生紀念活動（'urs），其特色是以音樂演繹十三世紀重要的蘇菲賈拉魯丁．魯米和德里詩人阿米爾．霍斯露．迪赫拉維的神祕主義波斯語詩歌。[33]

與尼札姆丁．奧里亞相比，讚美詩歌的作者和蘇菲詩人阿米爾．霍斯露．迪赫拉維則更能體現出德里蘇丹國期間波斯－伊斯蘭文化的繁榮。[34] 阿米爾．霍斯露的父親是逃離蒙古人統治的突厥人，母親是印度穆斯林，他則是印度人，以波斯語創作各種富有創造力和成就的讚美詩、抒情詩、敘事詩和蘇菲詩，使他在整個波斯世界裡享譽。時至今日，即使在有波斯文化沙文主義的伊朗文人中，阿米爾．霍斯露也仍然是一位備受讚譽的詩人。他神祕的加札勒（ghazal，或稱抒情詩）[35]，在尼札姆丁位於德里的陵墓傳唱活動裡，大家通常會利用世俗之愛的意象作為精神性的隱喻，例如他的一首加札勒詩中的以下幾句，其中的「愛人」就是對神的隱喻：

呀！奇妙的狂喜之眸，哦，曼妙的長髮。
呀！奇妙的拜酒者，哦，曼妙而調皮的愛人。
當他拔出利劍的時候，我低下頭來，

跪以待斃。

呀！他的恩惠是多麼奇妙，我的服從是多麼奇妙！[36]

阿米爾・霍斯露還寫了許多讚美卡爾吉王朝及其繼任者圖格魯克王朝的詩歌，在這些詩歌中，他稱讚自己的家園印度是「人間天堂」，有這些統治者的存在而使印度變得更加美好，相較之下，波斯的呼羅珊省不是太冷，就是太熱。他還是和印度樂手一同表演的音樂家，而且將印度教的泛神論和伊斯蘭教的一神論做出情感上較正面的比較，也

33. 見Desidero Pinto, "The Mystery of the Nizamuddin Dargah: The Accounts of Pilgrims," in Christian W. Troll ed. *Muslim Shrines in India* (Oxford University Press, Delhi, 1989), 112–24，以及Muhammad Ishaq Khan關於印度蘇菲的概括介紹，"Sufism in Indian History," 出處同上，275-91。

34. Sunil Sharma寫過一本書介紹這位重要的印度—波斯詩人：*Amir Khusrau: The Poet of Saints and Sufis* (Oxford: Oneworld, 2005)。另見Muhammad Wahid Mirza精采的文人傳記*The Life and Works of Amir Khusrau* (Delhi: Idarah-i Adabiyat-i Delli, repr. 1974)。

35. 譯者註：ghazal這個詞在阿拉伯語詞源中是指「瞪羚」，有引申為「美麗」的意思，英語裡的瞪羚一詞gazelle的詞源也是如此。

36. Regula Burkhardt Qureshi英譯，出自她的著作Sufi *Music in India and Pakistan* (Cambridge University Press, 1986), 23-4。

讚美梵語是和波斯語一樣美麗的優雅語言。對他來說，也許奇什蒂蘇菲不僅讓他認識到印度家園的美麗、是他唯一所識的土地，也認識到印度非穆斯林文化的活力。

蘇丹國的衰亡

與阿米爾·霍斯露令人難忘的詩句不同，他讚美的德里蘇丹國並沒有長久地存在下去。在詩人的一生中，德里蘇丹國不斷經歷同室操戈的王位糾紛和血腥的宮廷篡權陰謀。例如，在西元一三二〇年，一個皈信伊斯蘭教的印度人謀殺了最後一位卡爾吉王朝統治者，幾個月後，他又被另一個突厥人，為卡爾吉王朝服務的官員吉雅斯丁·圖格魯克（Ghiyas al-Din Tughluq，一三二〇—一三二五年在位）廢黜。伊本·巴圖塔將他在德里遇到的吉雅斯丁兒子和繼任者穆罕默德·賓·圖格魯克描述為「執迷於送禮和殺人不手軟的國王」，藉由描述蘇丹贈送給寵臣的奢華禮品以及他對任何質疑其權威的人（包括烏里瑪成員）的嚴厲懲罰來闡述意見。然而，雖然穆罕默德·賓·圖格魯克有時會折磨頑固的穆斯林宗教學者，但也以令人驚嘆的虔誠而聞名，包括鼓勵興建紀念性的宗教建築，以及支持強制執行正統遜尼派做法。在他統治期間，甚至還迎接了保守的阿拉伯神學家伊本·泰米亞（Ibn Taymiyya，西元一二六三—一三二八年）的學生來到德里，伊本・泰米亞主張以字面意思理解《古蘭經》，他也是吉哈德的倡導者，他的觀點十分受到二十世紀穆斯林原教旨主義者的推崇。[37]如同早期的蘇丹，穆罕默德・賓・圖格魯克尋求哈里發對其權威的認可，蒙古人在一二五八年殺害了最後一位阿拔斯王朝的哈里發，他向埃及冒名頂替的哈里發送出一份贈禮，後者也很樂意以授予他權力做為回報。

伊本・巴圖塔目睹了穆罕默德・賓・圖格魯克統治時期的殘暴和炫目成就。他對這個人的印象十分深刻，在穆罕默德・賓・圖格魯克的早年時期，他可能是德里蘇丹國歷史上最強大的統治者。然而，他的嚴酷統治包括在一三二七年下令將他的首都——連同其商業、宗教和行政菁英階層，一起遷往印度中部德干地區的迪奧吉爾（Deogir，或道拉阿巴德〔Daulatabad〕）。這個命令造成巨大的混亂，並危及他對印度次大陸上其他地區的控制；在他統治期間，爆發了十幾場嚴重叛亂。人民對他的統治和僵化觀念的不滿促成來自德干的一群什葉派穆斯林，即巴赫曼尼家族（Bahmanis）決定在那裡宣布建立新的穆斯林蘇丹國。當伊朗的薩法維人在西元一五〇一年掌權，巴赫曼尼人與之建立起密切的關係，促成許多伊朗學者在西元十六、十七世紀移居到巴赫曼尼蘇丹國。巴赫曼尼蘇丹國的建立，也開啟了一批獨立穆斯林國家在德干地區的發展，這些國家的獨立

37. H. Laoust, "Ibn Taymiyya, Taki al-Din Ahmad," *Encyclopaedia of Islam* II, Brill Online.

地位後來挑戰了蒙兀兒帝國在這地區的野心。

德里蘇丹國餘下的歲月之所以令人難忘，主要來自不間斷的軍事行動和反覆發生的爭位篡奪事件而構成的淒慘歷史，這段時期並未出現影響力重大的作家或宗教思想家。十四世紀晚期很可能被稱為印度穆斯林的黑暗時代。在穆罕默德·賓·圖格魯克去世後，他的後代繼續在德里統治，但都沒有能力行使權威，使許多地方豪強獲得獨立統治者的地位。這時期的高峰是突厥征服者帖木兒在一三九八年入侵印度並洗劫了德里，他在波斯語中被稱做Timür-i leng，意思是「跛腳帖木兒」（Temür the Lame），進而成為英語中的Tamerlane。當帖木兒的鐵騎大軍浩浩蕩蕩地出現在印度西北部的地平線上時，圖格魯克王朝的晚期統治者已經沒有能力保衛印度的邊境了，與早期蘇丹擊退蒙古人的成功形成鮮明對比。在帖木兒掠奪和迅速撤出印度的十年內，德里蘇丹失去對主要省分的控制，包括西部的古吉拉特和中部恆河平原的喬恩普爾（Jawnpur）。

到西元十五世紀上半葉，蘇丹國已經不再是一個連貫的國家了，一四五一年，阿富汗人巴赫魯勒·洛迪（Bahlul Ludi），奪取了旁遮普省總督（圖格魯克的兒子）的權力，在德里建立另一個短暫的王朝，這是一個不穩定的阿富汗部落聯盟。阿富汗部落內訌對新生洛迪王朝的危害，不亞於軍事派系對德里蘇丹國的危害，阿富汗部落和家族之間的爭端給了帖木兒的一個後代機會：札希爾丁·穆罕默德·巴布爾（Zahir al-Din

Muhammad Babur）於一五二六年入侵北印度，並在印度次大陸建了帖木兒家族後代的統治，就是蒙兀兒王朝。

伊朗的大塞爾柱國：突厥穆斯林的統治和波斯文化

在加茲納的馬赫穆德開始計畫性地掠奪印度北部後，烏古斯部落和部族從河中地區向東南方擴展到呼羅珊。這個相對水草豐美和繁榮的地區包括現在伊朗東北部和阿富汗西部的領土。起初，許多烏古斯人在布哈拉的薩曼王朝和其他定居王朝中擔任軍事附屬人員[38]，這是中亞和中東歷史上經常出現的游牧民族執業現象。然而，他們的遷徙逐漸成為一種潛移默化的入侵，由烏古斯部落占主導地位之一的塞爾柱人帶領，但並不被塞爾柱人所控制。

西元一〇二九年，加茲納的馬赫穆德試圖阻止牧民在伊朗尋找豐美的牧草，擊敗塞

38. 譯者註：白桂思、魏義天等學者研究了這類「從士武裝」或「私兵」執業現象，這類人在漢文史籍中作「赭羯」或「柘羯」，源自波斯語čākar

爾柱人領導的烏古斯騎兵小隊。然而，他的勝利只是一場徒勞，因為這場勝利的影響是讓各種烏古斯部族分散到整個呼羅珊地區和伊朗北部。在接下來的十年裡，塞爾柱人向加茲尼王朝提出第一次的請願，要求他們可以允許烏古斯游牧民在呼羅珊地區放牧，即使此時獨立的烏古斯部落成員已經進一步擴散到伊朗高原。就像大多數游牧民族一樣，他們的牲畜傷害了農業，並出兵掠奪毫無防備的村莊和城鎮。西元一〇四〇年，馬赫穆德的兒子馬斯烏德（Masʿud）在與塞爾柱領導的烏古斯部隊對壘的戰鬥中失敗，如今加茲尼王朝只剩下他們在阿富汗和印度的財產，塞爾柱人及其同盟的烏古斯部落則開始更大規模地遷入伊朗。到了西元十一世紀中葉，烏古斯部落的人開始向拜占庭的東方邊境逼近，一〇五五年，塞爾柱人第一次占領巴格達，他們在那裡受到沒有實權、亟欲擺脫什葉派白益人控制的阿拔斯王朝哈里發歡迎。[39]

塞爾柱在一〇四〇年擊敗加茲尼人時，深遠而徹底地改變了印度、伊朗和安納托利亞的歷史。首先，他們把後期加茲尼王朝變成一個以南亞為主的王朝，而不再是一個中亞和伊朗的王朝。其次，當阿拔斯哈里發成為什葉派白益王朝的傀儡人質，以及埃及的伊斯瑪儀什葉派法蒂瑪王朝向整個伊斯蘭世界派遣傳教士，積極推銷其什葉派觀點時，塞爾柱人的勝利重振了伊朗和安納托利亞遜尼派伊斯蘭教的效果。當他們進入伊朗，大多數烏古斯人似乎至少是在名義上已經成為穆斯林，遵從哈奈菲教法學派（Hanafi madhhab或Hanafi school[40]），該教法學派當時在河中地區、阿富汗和伊朗十分盛行。[41]雖然沙菲儀教法學派（Shafi'i madhhab）在伊朗也很重要，但哈奈菲學派的遜尼伊斯蘭信仰在這幾個世紀成為伊朗、安納托利亞和北印度的主要版本，後來更成為鄂圖曼帝國和蒙兀兒印度官方認可的教法學派。再者，烏古斯部落成員的湧入大幅增加伊朗和安納托利亞的游牧民數量，對這兩個地區的軍事、經濟、社會和政治歷史產生重要的長期影響。最後，塞爾柱人的征服開始了伊朗和安納托利亞的突厥化，使伊朗、敘利亞北部和安納托利亞的民族構成發生根本性的變化，這種變化在十三和十四世紀蒙古人入侵和占領伊朗、伊拉克和安納托利亞東部期間仍然持續增強。

賽爾柱人代表了一個與加茲尼王朝不同的例子，展示了中亞突厥人如何伊斯蘭化和

39. David Morgan的著作提供讀者從加茲尼王朝至薩法維王朝統治崩潰前的伊朗政治和行政歷史，清晰而且不時妙語如珠。見David Morgan, *Medieval Persia 1040–1797* (London: Longman, 1988)。

40. 譯注：madhhab一詞的意思是「辦法、方法」，各個教法學派提供的是信徒在實踐伊斯蘭教時對一些具體問題（如離婚、遺產分配等）的處理辦法。

41. Heinz Halm和Angelika Schefter製作了西元十世紀末的穆斯林教法學派地理分布圖："The Islamic Law Schools up to the end of the Samanid Dynasty," *Tübinger Atlas des Vorderen Orients* (TAVO) (Wiesbaden: Dr. Ludwig Reichert Verlag, 1977), vol. VII, 7。

波斯化。在西元十世紀初，阿拉伯旅行家伊本・法德蘭（Ibn Fadlan）曾造訪河中地區的烏古斯部落營地，他當時發現這些人是不講規矩的野蠻人，但是當他們進入到呼羅珊地區時，至少領袖已經成為穆斯林了。[42]實際上，塞爾柱領袖已經不再把自己視為突厥人的可汗（khan），而是遜尼派穆斯林的統治者，在社會上和政治上都是如此。當第一位塞爾柱領袖圖格里勒（Tughril，西元一〇三八－一〇六三年在位）於一〇三八年進入尼沙布爾這座重要的伊朗城市時（就在他大破加茲尼軍隊的兩年前），他讓清真寺在聚禮日的呼圖白（khutba，講道詞）中提到他自己的阿拉伯語（伊斯蘭化）稱號──「崇高統治者」（Sultan al-Muʻazzam），從而賦予他占領這座伊朗重要城市的正當性[43]。他曾與被當作傀儡的阿拔斯王朝哈里發接觸過，就像哈里發以前承認加茲尼王朝一樣，現在則承認他是正當的穆斯林君主。後來，當圖格里勒於西元一〇五五年進入巴格達時，哈里發授予他一連串令人印象深刻的榮譽稱號，頌揚突厥人對阿拔斯統治者的效忠，從而使塞爾柱在伊斯蘭土地上享有比作為烏古斯部的酋長更廣泛的正當性。

圖格里勒和他的塞爾柱親屬，透過與加茲尼人相同的伊朗文化門戶進入伊斯蘭世界。從一開始，擁有突厥人名字的塞爾柱統治者就將波斯語作為管理的主要語言。更準確的說法是，他們用波斯語行政人員來管理他們的雛形政府，因為圖格里勒和他的兒子阿勒普・阿爾斯蘭（Alp Arslan）都有可能是文盲（無論是哪種語言）。在塞爾柱事務中體現出波斯人強大影響力的人物，是一位著名、富有、擁有巨大影響力的大臣，他以「國權的監管者」（Nizam al-Mulk）的名號著稱。這位尼札姆．穆勒克（西元一〇一八—一〇九二年在位）是一個來自呼羅珊地區的圖斯（Tus）的伊朗人，他的父親曾為加茲尼王朝服務，在加入塞爾柱王朝之前，他也曾為加茲尼王朝效力過一段時間，在加入阿勒普．阿爾斯蘭麾下之後，他在西元一〇六〇年成為了呼羅珊的總督，此後他的影響力變得越來越大。在接下來的三十年裡，他如同塞爾柱王國的實際統治者，利用先前在加茲尼王朝的經驗，作為統治塞爾柱國的藍本。

尼札姆．穆勒克和塞爾柱行政機構

尼札姆．穆勒克為沒受過教育又缺乏經驗的塞爾柱蘇丹阿勒普．阿爾斯蘭（西元一〇六三—一〇七三年在位）和他的繼任者馬利克．沙（Malik Shah，西元一〇七三—

42. Bosworth, *The Ghaznavids*, 216-18.
43. 譯者註：在星期五舉行的聚禮中，伊瑪目會提及統治者的名字，並為統治者的統治安定祈禱，因此在穆斯林社會中，提及統治者的名字也成為獲得統治正當性認可的象徵。

一〇九二年在位）撰寫一篇題為《統治之書》（*Siyasat-nama, Book of Government*）的專著。[44] 尼札姆·穆勒克在指導塞爾柱人學習伊朗統治術的精髓時，與從猶太教皈依伊斯蘭教的伊朗人拉希德丁（Rashid al-Din），在十三世紀末對統治伊朗的蒙古人而言，兩者發揮相同的作用。在一個著名的段落中，尼札姆·穆勒克直言不諱地建議，儘管烏古斯部落的人造成一些破壞，但塞爾柱人仍然應該要安撫那些基本上還未開化的遠房親戚和盟友。他的建議闡明了任何一個部落王朝在試圖轉變為定居式的中央集權國家時都會遇到的困難。後來的塞爾柱王朝、乃至他們的蒙古、鄂圖曼繼承者以及薩法維王朝，都會發現自己很難控制那些珍視自身獨立性的部落盟友。塞爾柱統治者從來未能完全解決這個問題，而薩法維王朝在這方面也只獲得部分成功。尼札姆·穆勒克對烏古斯人進行觀察和研究，認為所有的烏古斯部落，包括塞爾柱人在內，理論上都是同一個祖先的後代：

> 雖然土庫曼人引起了一定的困擾，而且他們人數眾多，仍然對王朝有著長期的索求。因為在王朝建立之初，他們服務周到，吃了不少苦頭，而且他們還以親屬關係為紐帶……他們持續受到雇用，得以學會使用武器並在服務中受到訓練。然後他們將與其他人一起定居下來，不再厭惡定居生活。[45]

除了行政方面的角色，尼札姆・穆勒克在伊斯蘭歷史上以大力譴責什葉派、加強遜尼派的制度基礎而聞名，這部分是對法蒂瑪埃及展開伊斯瑪儀派傳教活動的回應。他有理由對激進的什葉派感到擔憂。他最終遭到法蒂瑪王朝在伊朗的代理人哈桑・薩巴赫（Hasan-i Sabbah）暗殺，後者於西元一一九〇年占領了裡海附近的阿拉穆特堡（castle of Alamut，波斯語，意為「鷹巢」）。尼札姆・穆勒克在呼羅珊、伊朗北部和伊拉克建立許多間瑪德拉沙（madrasa，宗教學院），以使遜尼派穆斯林的宗教培訓系統化。在這些被通稱為尼札米亞學院（Nizamiyyas）的瑪德拉沙中，最為著名的一座是在西元一〇四七年於巴格達啟用的。

類似的機構早先也存在於伊朗和阿拉伯世界，但它們是在塞爾柱人的贊助下才獲得極大的發展。在後來的幾個世紀裡，安納托利亞、伊朗和印度穆斯林的統治者普遍都會建立伊斯蘭學院（瑪德拉沙），作為他們在主要城市建立的虔誠基金會（義產）的一部分。他們不僅贊助宗教學院，還支持清真寺、公共浴室（hammam）以及公共廚房。大

44. Nizam al-Mulk, *The Book of Government or Rules for Kings: The Siyar al-Muluk or Siyâsat-nâma of Nizâm al-Mulk*, trans.Hubert Drake (London and Boston: Routledge and Keegan Paul, 1969), 102.

45. Nizam al-Mulk, *The Book of Government*, 41.

多數宗教學院的教職人員只需潛心鑽研宗教科目：研究《古蘭經》、聖訓（hadith，關於穆罕默德的行為或言論的彙編）、阿拉伯語語法和伊斯蘭教律法。然而，在某些情況下，特別是當統治者的興趣更廣泛時，這些學院也成為哲學或科學研究的中心。在十五世紀上半葉，撒馬爾罕的總督烏魯伯（Ulugh Beg）——帖木兒的後代，就是這樣的一個人。他對天文學和數學的興趣促使他贊助致力於研究這些學問的學院，實際上，在烏魯伯的贊助下，撒馬爾罕成為了工業化之前的伊斯蘭世界裡最後一個重要的天文學中心。

在伊朗的蘇菲和神學家

諷刺的是，就在尼札姆．穆勒克為正統遜尼派伊斯蘭教提供強大的制度基礎之時，一位自由奔放的蘇菲，阿布．賽義德．伊本．阿布．海爾（Abu Sa'id ibn Abi'l Khair，西元九六七－一〇四九年），不僅推廣重要的蘇菲機構——罕納卡（khangah，也稱修道堂、蘇菲小屋，是蘇菲的聚會場所），還刺激了伊斯蘭神祕主義的普及，使蘇菲主義在宗教學院和以清真寺為中心的教育和崇拜活動之外蓬勃發展，也受到一些批評。[46]阿布．賽義德是呼羅珊的尼沙布爾居民，他並沒有創立精神譜系（silsila），但在伊朗、河中、阿富汗和印度北部的波斯語世界中，他成為神祕傳統的化身。在這種傳統中，導師或謝赫嚴格指導他們的穆里德（murid，精神門徒）的奉獻，使他們能夠實現與真主在精神上的結合。在阿布．賽義德的一個弟子編寫的第一本已知的蘇菲傳記中，他被描繪成一個像十四世紀德里的尼札姆丁．奧里亞一樣的人，他拒絕「知識」或理性知識——神學和伊斯蘭法，而是支持進行陷入癲狂狀態的精神交流。阿布．賽義德宣揚的泛神學說拒絕麥加朝覲（hajj）的重要性，而是傾向於內向的、精神性的旅行。

就像後來的一些蘇菲，例如德里的奇什蒂．尼札姆丁．阿利亞，以及伊朗西北部薩法維蘇菲道團的創始人謝赫．薩菲，阿布．賽義德也用音樂演繹波斯語的虔誠詩歌以達到理想的神祕狀態。[47] 他還偏向自我放縱，認為禁慾是新手弟子的適當紀律，但像他這樣已經達到高級精神境界的人，可以沉迷於豐盛的飲食，並在他的門徒無拘無束的舞蹈中獲得快樂，這些活動使鄰近的正統烏里瑪成員感到震驚。[48] 事實上，阿布．賽義德宣稱，他所宣揚的學說代表了《古蘭經》的八分之七，《古蘭經》的神祕涵義只有「透

46. R. A. Nicolson, *Studies in Islamic Mysticism* (Cambridge University Press, repr. 1967), 2.
47. 同上，23 and 29。
48. 同上，29-37。

地圖5 伊朗的大塞爾柱國家，以及西元一〇九二年時魯姆和克爾曼的塞爾柱國家

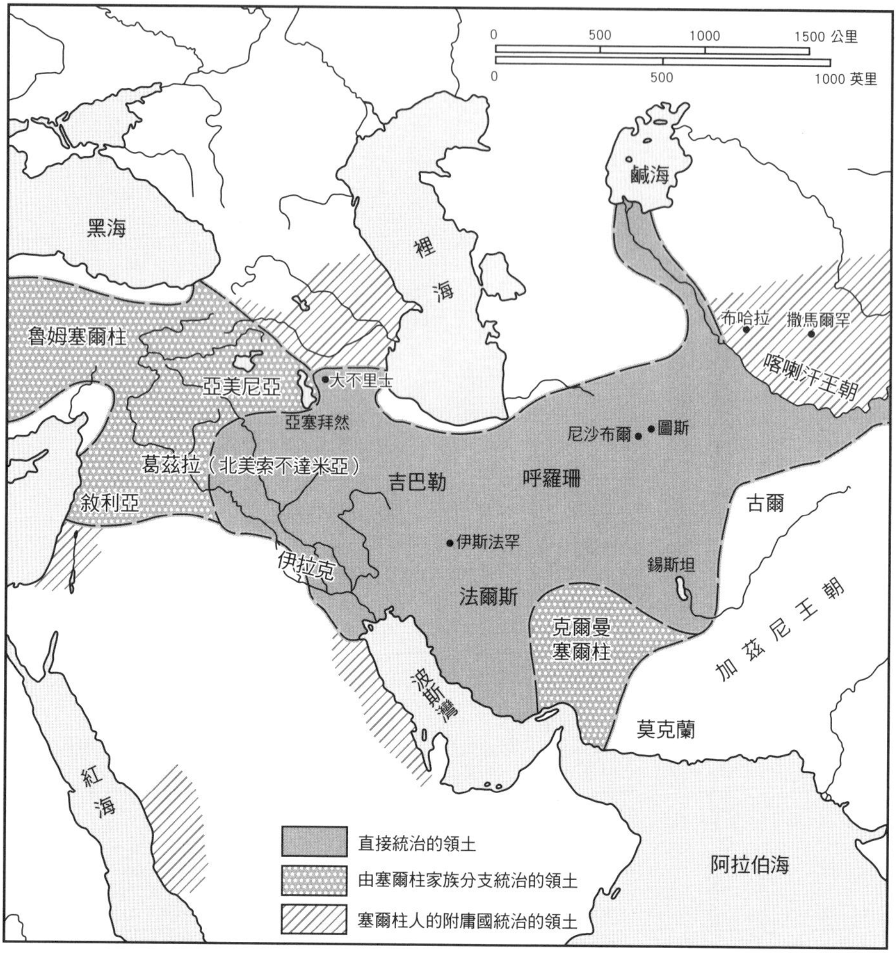

過幻象而非聽說」才能知曉，也就是說，只有蘇菲，而不是神學家，才能知曉其中的奧妙。[49]

阿布・賽義德的學說和實踐激怒了呼羅珊的一些烏里瑪，在鄂圖曼帝國、薩法維帝國和蒙兀兒帝國建立之前和之後，他成了神祕主義傳統的典範，在伊朗、河中地區、印度和安納托利亞廣受歡迎，並具有社會和政治上的影響力。藉由調和神祕主義和伊斯蘭正統思想的主流，使蘇菲主義得到更廣泛的尊重的人是穆罕默德・嘎札利（Muhammad al-Ghazali，西元一〇五八—一一一一年，另譯「安薩里」），他也是來自呼羅珊地區的伊朗人，是展現出伊朗人（尤其是來自呼羅珊地區的伊朗人）所擁有之精神和哲學活力的又一例證。這些思想家對鄂圖曼帝國以及對哲學參與程度低得多的蒙兀兒人的作用，就像希臘人之於羅馬人。[50] 正如經常提到，來自呼羅珊地區的重要思想家所顯示，在蒙古人入侵之前的數百年間，有一批富影響力的哲學家、科學家、文學家、神學家和蘇菲，來自尼沙布爾、圖斯、薩布札瓦和該地區其他的城鎮和村莊。這個「呼羅珊群體」

---

49. 同上，59-60。

50. Majid Fakhry, "The Systematic Refutation of Neo-Platonism: Al-Ghazali," and"Synthesis and Sytematization – Al-Ghazali and Ibn 'Arabi," *A History of Islamic Philosophy,* 223-39 and 253-62.

說明了根深柢固的知識傳統如何持續存在於一個地區，並產生出一代又一代的重要學者和作家。

穆罕默德·嘎札利和尼札姆·穆勒克同樣來自圖斯，也長期生活在尼沙布爾，尼沙布爾是他同代人歐瑪爾·海亞姆以及半個世紀前的阿布·賽義德的家鄉。嘎札利後來搬到巴格達，最終被尼札姆·穆勒克選中，在這位塞爾柱王朝大總管開設的尼札米亞宗教學院裡任教。他是當時最聲名顯赫的理論家，在其作品《哲學家的矛盾》（*Tahafut al-falasifa*）中，他用亞里斯多德的邏輯學攻擊希臘—伊斯蘭知識分子的哲學（falsafa），這一類的穆斯林知識分子也曾受到德里的齊亞爾丁·巴拉尼（Zia al-Din Barani）譴責。從這時起，穆斯林神學家在他們的爭論中開始普遍使用亞里斯多德式的對偶推理法。不過，嘎札利在晚年對神學（或者更準確地說，對職業烏里瑪的物質主義）感到失望，並認為克制的蘇菲神祕主義是一條有效的救贖之路。嘎札利與否定集體禮拜和其他方面的正統做法重要性的阿布·賽義德和其他蘇菲不同，他認為這種信仰的外部表達和對伊斯蘭教法正道的遵守，是伊斯蘭德行生活的重要層面。嘎札利的神學成為後來大多數遜尼派穆斯林思想家公認的正統思想。51

大塞爾柱國：部落和國家

穆罕默德・嘎札利的神學、阿布・賽義德的蘇菲主義和尼札姆・穆勒克的宗教學院，對圖格里勒及其後代在河中地區、伊朗、伊拉克以及安納托利亞（西元一〇七一年後）征服的伊斯蘭社會，產生了深遠而持久的影響。隨著烏古斯人對這些地區的征服，出現了兩個朝代。第一個王朝被稱為「大塞爾柱」（the Great Saljuqs），代表烏古斯人在河中地區、伊朗和伊拉克的征服。大塞爾柱王朝一直統治著這些地區，但在一〇九二年馬利克・沙去世前，並不一定是直接控制。雖然尼札姆・穆勒克試圖將塞爾柱家族和他們名義上的烏古斯盟友改造成類似於加茲尼中央軍事專制主義的樣子，但是「大塞爾柱」這個稱號有誤導之虞，他們從未真正從一個突厥部落寡頭轉變成伊朗帝國王朝。從未建立過長久性的首都這一點，便反映出他們的活動一直帶著游牧性質。

這個王朝受到兩個問題困擾：部落的集體統治權傳統和烏古斯部落人的數量，塞爾柱家族從未有效控制過這些烏古斯人。集體統治權是中亞游牧民王朝的典型特徵（例如

51. 「鄂圖曼帝國的宗教學者群體將他（加札利）視為他們的大師。」Halil Inalcik, *The Ottoman Empire: The Classical Age 1300–1600* (London: Phoenix Press, repr. 1988), 175。

塞爾柱家族和後來的蒙古人），在實務上這意謂著兩件事。統治家族的男性成員對被征服的領土擁有共同的權利，當家族領袖去世時，雖然通常會優先考慮年長者，但家族的每個男性成員都有平等的權利來競爭繼承權。大塞爾柱蘇丹將他們的許多征服地以半自治的形式分配給家庭成員，這些封地就如同後來在德里的伊克塔土地常常出現這些領地總是有可能成為野心勃勃的王公的微型宮廷核心。早期的塞爾柱人成功地建立一種特殊的長子繼承制，從無子的圖格里勒傳位給他的姪子阿勒普．阿爾斯蘭，再到阿勒普．阿爾斯蘭的兒子馬利克．沙，他們就能建立起一個王朝的血統，但叔伯或兄弟之間往往會爭奪繼承權，馬利克．沙去世以後，敵對家族的要求將大塞爾柱國家撕成了碎片。

儘管塞爾柱聯盟存在這些既有的問題，但前三位統治者（圖格里勒、阿勒普．阿爾斯蘭和馬利克．沙）還是能夠在一定程度上控制河中地區西部、呼羅珊和伊朗中部的重要農業地區及主要城市。他們的方法之一是越來越依靠古拉姆，而不是部落中向來靠不住的成員：等於重演早期阿拔斯王朝的政策。馬利克．沙的阿拉伯—波斯名字的意思是「所有權」（malik）和「帝王統治」（shah），隱含著某種程度的帝國野心，他為實現尼札姆．穆勒克將突厥的塞爾柱部落寡頭強人統治轉變為波斯—伊斯蘭、加茲尼式國家的目標認真付出努力。至少在西元十一世紀，大塞爾柱地區享有一定程度的繁榮，統治者在主要貿易路線上建造的商隊客棧（caravansarais）對此多所助益。

與伊斯蘭世界其他地區的城市一樣，塞爾柱人的城市並不享有法律上的自治權，但呼羅珊和伊朗中部的主要城市中心，例如赫拉特、尼沙布爾、圖斯、伊斯法罕和舍拉子這些城市看起來都十分繁榮，儘管它們有時候會受到遜尼派和什葉派之間，甚至是不同遜尼派法律學派成員之間爆發的宗派暴力干擾。尼沙布爾尤其繁榮，這是一座前蒙古時代極為重要的呼羅珊大城，在十二世紀末一直是塞爾柱人的主要鑄幣地點和伊朗東北部地區的主要商業中心，這也許是尼沙布爾能夠成為眾多伊朗傑出知識分子家鄉的因素之一。猶太人、基督徒和瑣羅亞斯德教徒在大塞爾柱國時期也能持續在相對和平的環境裡生活，這些社區的成員有時會在塞爾柱人的行政部門裡任職，什葉派穆斯林同樣如此。河中地區和伊朗的基督教社區在塞爾柱人的時代逐漸衰落，十四世紀時幾乎被帖木兒消滅了。猶太人和基督徒在巴格達的人口較多，但即使在那裡，他們也始終是少數群體，地位從未能夠和德里蘇丹國中占多數的印度教人口相提並論。

在擊敗加茲尼王朝的不到七十五年後，「大」塞爾柱人的國家就四分五裂了，家族派系競爭和烏古斯部落叛亂的混亂局面造成國家分崩離析。當馬利克・沙於西元一〇九二年去世時，各種突厥阿塔伯克（atabe，一種突厥人的稱謂，字面意思是「『beğ』的父親」或意譯為「王子的監護人」）相互爭奪對各省的控制權，引發中央政府的衰弱和收入萎縮的惡性循環。[52] 到十二世紀初時，馬利克·沙的國家，或者更準確地說，尼札姆·穆勒克的政府，分裂成兩大塊：位於東部的呼羅珊和河中地區，以及西部的伊朗北部、西部以及伊拉克，這些地區本身也飽受自相殘殺的家族衝突困擾。西元一一五三年，烏古斯叛亂打擊了河中和呼羅珊地區最後一位有效的塞爾柱統治者桑賈爾（Sanjar，西元一一五七年卒），促使該王朝權威最終在東部崩潰，過程中，這個極具戰略地位的地區的經濟受到嚴重破壞。隨後，各個花剌子模沙（Khwarazm Shahs）填補了河中地區、呼羅珊和伊朗中部的權力真空，延續約四分之三個世紀。花剌子模是阿姆河匯入鹹海的肥沃河口，而其統治者（沙）以塞爾柱王朝的突厥總督身分開始形成王朝。在不同的案例中，花剌子模的王朝可能會存活得更久一些，但是一二一九年，花剌子模的在位君主與成吉思汗爆發衝突，西元一二一九至一二二三年間，蒙古人入侵並摧毀花剌子模國，並把河中和呼羅珊地區的主要城市夷為平地。

在西部，穆罕默德·伊本·馬利克·沙幾個兒子之間的繼承糾紛，在烏古斯聯邦內部相互爭鬥部族中形成長久的內戰狀態，到十二世紀中葉，家族成員之間的競爭和地方統治者的自信，已經讓塞爾柱人在西部的統治煙消雲散了。其中值得注意的是阿拔斯王朝的哈里發，他們利用這個機會在本世紀的最後二十年裡在伊拉克重新確立自己的權威。塞爾柱人在敘利亞和巴勒斯坦的軍事統治地位甚至在更早的時候就已經消失了。當西元一〇八六年馬利克．沙奪取阿勒坡，並任命安提阿（Antioch）和耶路撒冷的總督後不久，第一次十字軍入侵的歐洲人便展開對沿海要塞的攻擊，並在十一世紀末從其突厥人的古拉姆指揮官手中奪取安提阿。在隨後的幾年裡，塞爾柱王子和古拉姆之間的激烈爭吵，讓肥沃的新月地帶出現法蒂瑪王朝、十字軍和突厥統治者的大雜燴，他們時而結盟，時而相互攻伐。[53] 到西元一一二三年時，大塞爾柱人已經失去對敘利亞的控制，在敘利亞人口中留下新的突厥民族元素（就像在伊朗一樣）作為他們的遺產。

---

52. 這個突厥語詞彙通常是寫為「beg」，並按照這個拼法發音，但有時也寫為「bey」。在現代土耳其語裡，軟化的土耳其語音g是一個拉長的元音，寫成ğ。另外一個土耳其字母和發音是一個沒有點的「ı」，寫作「ı」，發音接近美式英語中的「uh」。

53. 一本非常有趣的人物自傳裡出現了很多關於這類戰爭的內容。見Phillip H. Hitti trans., *An Arab-Syrian Gentleman and Warrior in the Period of the Crusades: Memoirs of Usamah Ibn Munqidh* (New York: Columbia University Press, 2000)。

伊朗和安納托利亞的魯姆（羅馬）塞爾柱和伊兒汗蒙古

與塞爾柱人在敘利亞混亂而短暫的統治相比，塞爾柱家族的成員，大塞爾柱馬利克・沙的表兄弟於一〇七一年阿勒普・阿爾斯蘭在曼齊克特（Manzikert，馬拉茲格爾〔Malazgird〕）戰役擊敗拜占庭軍隊後不久，在安納托利亞中部的孔亞（Konya，即科尼亞）建立了重要的塞爾柱魯姆蘇丹國（Sultanate of Rum）。[54] 然而，獨立的烏古斯部落成員甚至在塞爾柱人勝利之前，就已經對拜占庭（也就是東羅馬在安納托利亞的領土）發起突襲。在西元十一世紀，突厥人抵達愛琴海和馬爾馬拉海沿岸，這是小亞細亞地區突厥化的開端，最終形成一個鄂圖曼人的國家。西元一四五三年，鄂圖曼征服了君士坦丁堡。

在孔亞，處於萌芽狀態中的塞爾柱國家最初只是眾多突厥公國（begliks）之一，這些突厥小公國隨著拜占庭帝國的防線在塞爾柱軍隊和烏古斯突襲者的衝擊下分崩離析，從而出現在安納托利亞的中部和西部。鄂圖曼人的起源就是一個這樣的小公國，但在十一世紀末和十二世紀裡，塞爾柱人才是安納托利亞最強大的烏古斯人的王國。他們在一一四七年擊敗拜占庭人對孔亞的反攻，並在一一七六年擊退了一支十字軍。藉由這些勝利，塞爾柱人鞏固了他們在孔亞的權力，並實際終結了拜占庭人對安納托利亞中部和東部的控制。

擊敗十字軍的攻擊後，塞爾柱人領導一連串南下的戰役，得以抵達地中海。西元一一九〇年，弗雷德里克．巴巴羅薩（Frederick Barbarossa）與另一支十字軍部隊洗劫了孔亞，但這並未對塞爾柱人造成不可逆轉的傷害。一二〇七年，塞爾柱人奪取安塔利亞（Antalya），與具影響力的威尼斯商人取得聯繫。到一二一四年，他們還征服了黑海上的錫諾普（Sinope），開始從連接安納托利亞、北方的克里米亞和埃及的亞歷山卓，利潤豐厚的海上貿易中獲利，這些利潤一部分來自南北貿易，是從克里米亞發往敘利亞和埃及的突厥奴隸買賣：這些人將會成為軍事奴隸，並像其他古拉姆和馬穆魯克一樣，最終反叛他們的主人，在埃及建立馬穆魯克王朝（西元一二五〇—一五一七年）。

南北貿易的整體重要性，反映在塞爾柱人或其封臣建造的商隊客棧數量上——到十三世紀末時已經超過兩百間。這些商隊客棧十分安全，有時候是極具匠心、精心設計

54. 一位歷史上的伊朗蒙古歷史學家對塞爾柱的歷史進行了十分有趣的研究，見Rashîd al-Dîn ibn Tabîb, *The History of the Seljuq Turks from the Jâmi 'al-tawârikh: An Il-Khanid Adaptation of the Saljûq-nâma of Zâhir*, trans. Kenneth A. Luther and Clifford Edmund Bosworth (Richmond, UK: Curzon, 2001)。

的建築物，它們大多沿著南—北貿易路線建造，這些路線中有許多是已發展成熟的舊拜占庭帝國貿易網路，連接塞爾柱首都孔亞與黑海、地中海港口。[55]從有利可圖的陸路貿易中獲得的財富為塞爾柱統治者提供了大部分收入，他們在西元十三世紀初期用這些財富建造令人印象深刻的穆斯林宗教建築和宮殿。在建設方面，他們從與拜占庭人簽訂的和平條約得到助益，使他們在西部邊境獲得四十年的和平。

最後一批獨立的魯姆塞爾柱統治者，名字都取自詩人菲爾多西的《列王記》，如凱・卡烏斯一世（Kai Kaus I，西元一二一一—一二二〇年在位）、凱・庫巴德一世（Kai Kubad I，西元一二二〇—一二三七年在位）和凱・霍思露二世（Kai Khusrau II，西元一二三七—一二四六年在位）。從這種表面現象就可以看到，塞爾柱家族這個分支和加茲尼王朝及其大塞爾柱國親屬一樣，都是波斯—伊斯蘭文化的一部分。從他們的行政管理、宮廷生活以及塞爾柱統治時期產生的宗教和文學作品中，都可以看出伊朗文化的影響，儘管他們經常出於各種目的使用突厥語。使用突厥語最重要的時機，在軍事事務和與鄉村人口打交道時，無論對象是農民或者遊牧民。在這個時候，一些突厥公國的領袖，比如卡拉曼尼人（Karamanids），會在他們的管理過程中使用突厥語。阿拉伯語也是這些公國與馬穆魯克和敘利亞較小的統治者進行外交聯繫的必要技能（只有宗教學者和科學家在日常生活中也使用阿拉伯語）。[56]魯姆塞爾人也和他們的伊朗表親們一樣，在安納托利亞支持哈奈菲教法學派的遜尼伊斯蘭教。無論烏古斯人是否保留了中亞薩滿信仰（shamanist beliefs）的痕跡，在宗教方面，安納托利亞的塞爾柱人成為由國家支持的遜尼派伊斯蘭教的延伸力量，烏古斯人從河中地區帶來的遜尼派伊斯蘭教，在他們占領伊朗時得以鞏固。隨著蒙古入侵穆斯林學者紛紛逃亡到塞爾柱境內，安納托利亞的遜尼派伊斯蘭的宗教基礎設施也得以加強。

塞爾柱安納托利亞的蘇菲主義和大眾流行的伊斯蘭教

賈拉魯丁・魯米（西元一二〇七—一二七五年）就是這些躲避蒙古人入侵的其中一個難民，他的父親是一位有影響力的伊朗遜尼派學者。這位學者離開阿富汗北部的巴爾赫（Balkh）躲避蒙古人時，和父親一起來到孔亞。更早之前，富影響力的安達盧西

55. D. E. Roxburgh, ed., *The Turks, A Journey of a Thousand Years* (London: Royal Academy of Arts, 2005), 108–9.

56. Mehmet Fuat Köprülü, *The Saljuqs of Anatolia: Their History and Culture According to Local Muslim Sources*, trans. and ed. Gary Leiser (Salt Lake City: University of Utah Press, 1992), 32.

亞（西班牙南部）蘇菲伊本．阿拉比，也曾於西元一二〇五年至一二一一年在孔亞生活過幾年。賈拉魯丁．魯米是安納托利亞的波斯—伊斯蘭宗教影響的代表人物，他在西元一二四〇年時成了一名蘇菲，但在之後的幾年裡，他也仍然是一名公共傳教士和遜尼派學者。一二四四年時，他遇到一位流浪的神祕主義者——大不里士的沙姆斯丁（Shams al-Din of Tabriz），他狂熱的神祕主義深深影響賈拉魯丁的思想，使他將自己的生命投入到一種濃烈的蘇菲主義崇拜中。[57] 魯米創作的波斯語神祕主義詩歌集（diwan）可能是有史以來影響力最大的同類作品，他的大部分創作，就像後來的蘇菲詩人的作品一樣（例如阿米爾．霍思露．迪赫拉維的作品），都是用來吟唱的。他的弟子被稱為毛拉納道團成員（Mevlevis），以演奏莊嚴的旋轉舞蹈而為人所知，這種舞蹈是刺激精神狀態的一種手段，在與神的結合中達到無我狀態的頂點。正如他所寫的：

當魯特琴聲響起，
死亡天使慟哭落淚，
我們的心油然升起
從死灰中復甦。
這些深埋的激情，

曾被淹沒，如同死去，
如今則像那魚兒，
從噴湧而來潮水中高高地躍起。[58]

魯米在這裡所說的「深埋的激情」是指他對真主，也就是「被深愛的神」的愛，這在他的另一首詩作中也有所描述：

祂來了，像一輪天空從未見過的明月，無論是夢是醒，
祂都冠戴著永恆的火苗，洪水也無法將它熄滅。
呀！主啊！我的靈魂在祢愛的壺中遨遊，
擊潰了我肉身泥土的居宿。[59]

57. A. J. Arberry, *Classical Persian Literature* (London: George, Allen & Unwin, 1967), 222.
58. 同上，222。
59. 同上，233。

魯米的個人形象體現出的是波斯貴族的、城市遜尼派的面貌，那些居住在郊野地區的突厥人的虔誠心在此時才剛剛處於萌芽階段，但他們可能已經擁有感情上的虔敬感。[60]

塞爾柱統治者以支持諸如賈拉魯丁．魯米這種克制的上層遜尼派城市道團著稱，他們擔心並鎮壓那些狂熱、流行於大眾之間的宗教挑戰，避免威脅其不堪一擊的穩定性。最嚴重的一次社會宗教叛亂是西元一二四〇年的巴巴伊（Baba'i）叛亂，在這次叛亂中，烏古斯部落的人聽信一位名叫巴巴．伊斯哈格（Baba Ishak）的極端學說，此人甚至願意被稱為「Rasul Allah」，即「真主的使者」。那些不識字的烏古斯部落成員通常不會就遜尼派和什葉派伊斯蘭教的神學細節展開辯論，而往往會被這種富有個人魅力的宗教人物所吸引，也許是因為這種人與他們熟悉的中亞薩滿（shamans，巫醫）相似。巴巴．伊斯哈格的運動，使用了迎合貧困牧民的社會話語來反對那些相對富裕的城市穆斯林，似乎預言著未來的薩法維王朝將在十五世紀末出現混合蘇菲和什葉派學說激起的安納托利亞突厥部落聯盟。這種相似之處不僅體現在兩個運動的學說、領導階層和部落民追隨者上，也體現在他們的紅色纏頭巾上，薩法維人的支持者因此被稱為「齊茲爾巴什」（Qizilbash），也就是突厥語的「紅頭」。

塞爾柱統治者用了「法蘭克」傭兵才勉強鎮壓住巴巴伊運動。然而，人們普遍認為，這股運動留存在後來的貝克塔什蘇菲道團（Bektashi Sufi order）中，道團創始人哈吉・貝克塔什（Haji Bektash）和許多蘇菲一樣從呼羅珊來到安納托利亞，呼羅珊不僅是前蒙古時代伊朗哲學和科學的發源地，也誕生過許多流行的伊斯蘭小宗派。哈吉・貝克塔什在十三世紀的某個時候來到安納托利亞，他所宣揚的學說在很多方面與其他伊朗蘇菲相似；尤其不屑於正統的實踐方式。[61] 然而，他的教義並未對塞爾柱人構成威脅，因為他的追隨者到十四世紀才慢慢凝聚成制度化的道團，又過了兩個世紀才變得舉足輕重。

---

60. Mehmet Fuat Köprülü於一九二三年以鄂圖曼土耳其語寫成的著作概括了郊野和城市人口之間的不同：Mehmet Fuat Köprülü, *Islam in Anatolia after the Turkish Invasion*, trans. and ed. Gary Leister(Salt Lake City: University of Utah Press, 1983), 11。作者在其中指出城市裡的突厥人，例如後期的鄂圖曼人，會把自己和他們的遠郊表親區分開來。一位孔亞的十三世紀時的蘇丹將城市裡的突厥人稱為「信魯米學說的」（Rumis），把游牧的突厥人稱為「突厥人」（turks），「turk」這個詞在作形容詞使用時表達的意思是「簡單的」、「鄉野的」（Köprülü, *The Saljuqs of Anatolia*, 60）。蒙兀兒帝國的創立者札希爾丁・穆罕默德・巴布爾曾對十五世紀末、十六世紀初的鄉村和城市定居人口與中亞草原居民做過類似的區分。

61. 和德國學者Goldziher一樣，Mehmet Fuat Köprülü也指出了蘇菲運動和基本什葉派信仰之間的相似性：*Islam in Anatolia after the Turkish Invasion*, 64 n. 22。

貝克塔什道團與他們的巴巴伊教派前輩一樣，在某些方面與後來的薩法維道團很相似。他們宣揚一種特別關注阿里這位第四任哈里發暨第一任伊瑪目的什葉派伊斯蘭教，並對烏古斯的農民特別具吸引力。他們還戴著獨特的四折或十二折的頭巾，後者是紀念最大的什葉派社區所崇敬的十二位伊瑪目；另一項特點是納入基督教元素，包括寺院和聖餐等儀式。貝克塔什道團在鄂圖曼歷史上也發揮特殊的作用，是鄂圖曼帝國的奴隸部隊「耶尼切里軍團」（新軍）的專屬蘇菲道團；帝國早期時，大多數人在被徵召、皈信伊斯蘭之前都是基督徒。他們作為鄂圖曼帝國流行的蘇菲道團，意義更為廣泛。十七世紀，他們在鄂圖曼領土上建造了數以千計的蘇菲道堂（稱為tekke或khangah），並維持了一批虔誠信徒，兩個世紀後，這批信徒可能占鄂圖曼帝國穆斯林人口中的百分之二十。[62]

正當塞爾柱人開始享受他們在安納托利亞中部和東部的統治時，受到來自伊朗的威脅，西元一一九四年，花剌子模沙擊敗最後一個大塞爾柱人，從而消滅了這個王朝。雖然這些東突厥統治者後來占領了伊朗高原的大部分地區，但他們太專注於河中地區，並未試圖將統治擴展到安納托利亞，尤其是在蒙古人於一二一九年抵達了他們的家門口，此後就更無暇他顧。蒙古人不僅摧毀花剌子模沙的王朝，還改變了伊朗和安納托利亞的歷史。除了造成湧入安納托利亞的難民潮，蒙古人的入侵對這些地區和整個伊斯蘭世界的歷史也產生重大影響，但是，蒙古入侵對北印度的影響要小得多，因此北印度也和安納托利亞一樣，成為穆斯林難民的避難所。

成吉思汗和伊朗的伊兒汗蒙古

蒙古人代表了一種與烏古斯人完全不同、破壞性更強的游牧力量。蒙古人最初是典型的牧民突襲者，在成吉思汗的帶領下，蒙古人將部落之間的襲擊變成薩滿神靈騰格里（Tengri，即頭頂上的天，「天神」）認可的帝國原則。與之前的烏古斯人不同，蒙古人既不喜歡、也不尊重伊斯蘭文化或任何其他文明的宗教或倫理文化，比烏古斯人更不熟悉城市，甚至可說是敵視城市。雖然他們對西河中地區的第一輪襲擊，似乎只是在征服中國的目標中一段小插曲，但在與花剌子模沙發生衝突後，蒙古人以戰爭時特有的破壞性殘暴征服了河中和呼羅珊。

在西元一二二三年大致結束的第一波征服中，那些拒絕投降的城市被夷為平地，除了有用的工匠外，居民都遭到屠殺。偉大的城市中心，如河中地區的撒馬爾罕、阿富汗

62. Inalcık, *The Ottoman Empire: The Classical Age*, 199.

北部的巴爾赫、赫拉特和呼羅珊地區的尼沙布爾都被摧毀，呼羅珊的農業經濟至少暫時成了廢墟。就在一二四三年時（介於蒙古人首波進攻和一二五五－一二五六年蒙古人強勢回歸之間），伊朗北部的一名蒙古指揮官入侵安納托利亞，並擊敗塞爾柱人；但這回與之前在伊朗的戰役不同，蒙古人在安納托利亞並沒有破壞塞爾柱人的領土，而是滿足於透過塞爾柱封臣治理該地區，直到一二七七年才直接控制政府。

蒙古人入侵的第一階段對伊朗造成破壞，摧毀呼羅珊地區諸多城市的活力。這些城市曾是許多重要學者和科學家的家園，入侵時也將伊朗城市和烏古斯人口中的難民趕到安納托利亞。在結束塞爾柱蘇丹國獨立地位的同時，這次入侵也為許多突厥公國提供更多的行動自由，特別是那些位於安納托利亞西部，處於塞爾柱和蒙古在孔亞的權力邊緣的公國。蒙古人第二階段的征服由成吉思汗的孫子之一旭烈兀．汗（Hulagu Khan）領導，導致其他同樣重要的後果。西元一二五六年，旭烈兀首先攻擊並摧毀伊斯瑪儀教派的據點阿拉穆特堡，隨後轉戰巴格達，殺死最後一位阿拔斯王朝的哈里發，從而滅亡伊斯蘭世界象徵性的政治中心。在敘利亞的其他戰役中，蒙古人最終於一二六〇年被埃及的新奴隸王朝——馬穆魯克人擊退後，旭烈兀和他的繼承者在伊朗西北部定居下來，成為一個地區性的蒙古王朝「伊兒汗王朝」（Il-Khans，伊利汗）。它與中國的蒙古王朝「元朝」同期，元朝最著名的統治者是忽必烈汗（Qubilai Khan）。

伊兒汗的歷史分為兩個時期。蒙古人起初並非以定居為主的社會典型統治者，而是以掠奪者的角色在長達持續幾十年的部落突襲中蹂躪伊朗的城市和農村經濟。然而，在一二九五年時，合贊．汗（Ghazan Khan，西元一二九五－一三〇四年在位）以新皈依的穆斯林身分登上王位，開啟轉變蒙古為定居王朝的過程，收入依賴系統化的稅收，而不是肆意掠奪。輔佐合贊．汗的主要大臣是拉希德丁（Rashid al-Din，西元一二四七－一三一八年），他扮演的職能類似尼札姆．穆勒克之於塞爾柱人，也類似於謀臣耶律楚材在蒙元中國所扮演的角色。[63] 再一次，伊朗行政官員輔佐對政府行政管理事務知之甚少，或從未受過訓練的游牧民統治者。合贊．汗、他的繼任者完者都（Uljaitu）和拉希德丁顯然能夠結束蒙古人最惡劣的統治，但他們不可能知道這些改革政策會執行地多麼徹底和深遠。皈依伊斯蘭教後，穆斯林伊兒汗開始對佛教徒、基督徒

63. 見Rashîd al-Dîn ibn Tabîb, *The Successors of Genghis Khan* (New York: Columbia University Press, 1971); Igor de Rachewiltz, "Personnel and Personalities in North China in the Early Mongol Period," *Journal of the Economic and Social History of the Orient* 9, no. 1-2 (November 1966), 88–104; Reuven Amitai Preiss and David Morgan, *The Mongol Empire and its Legacy* (Leiden: Brill, 1999); and Thomas T. Allsen, *Culture and Conquest in Mongol Eurasia* (Cambridge University Press, 2001)。

和猶太人進行迫害，這種事從未發生在不干涉宗教事務、薩滿崇拜的前任統治者身上。但最終，無論是合贊．汗還是他的繼任者，都沒能轉變伊兒汗王朝為一個長壽的定居王朝。西元一三三六年，這些蒙古人又陷入與摧毀塞爾柱人一樣的部落內戰。

蒙古人在伊朗的統治留下的正面遺產，僅限於個人層面的學術成就。在這時期，有三名伊朗人享受到受僱於蒙古人的好處，他們創作了重要的作品。其中包括兩位歷史學家，拉希德丁本人和阿塔．馬利克．祝瓦尼（Ata Malik Juvaini，西元一二八五年卒），他們的作品都是透過深入了解蒙古人行政系統而寫出的。就拉希德丁的例子而言，他對整個蒙古帝國，包括對中國都有特別詳細的了解。第三個人是納斯爾丁．圖西（西元一二〇一—一二七四年），他是一位什葉派神學家、科學家和天文學家，旭烈兀在伊朗西北部亞塞拜然的蒙古首都附近的馬拉蓋（Maragha）為他建了一座天文台。圖西是另一個來自呼羅珊圖斯的伊朗學者，他在蒙古人入侵之前曾於尼沙布爾研究什葉派思想和希臘—伊斯蘭哲學。他後來居住在巴格達和阿拉穆特，成為什葉派穆斯林前去和蒙古人接洽的使者，最終成了旭烈兀的隨從之一。他是那個時代最多產的學者，他的什葉派神學作品受到他的呼羅珊人前輩伊本．西納新柏拉圖學說的影響，在什葉派的薩法維伊朗擁有極大的影響力。

蒙古人在伊朗留下一連串曇花一現、省級規模的王朝，這些王朝沒有能力抵抗下一次由突厥－蒙古人帖木兒（一四〇五年卒）帶來、毀滅性的中亞入侵。帖木兒從西元一三八一年起，開始以撒馬爾罕為基地攻打伊朗的土地，在一四〇二年時，也就是在他去世的三年以前，在安卡拉戰役（Battle of Ankara）中重挫新生的鄂圖曼國家，但並未將其摧毀。帖木兒的繼任者在十五世紀的大部分時間裡統治著河中地區和伊朗，並且與他們的祖先相反，帖木兒家族的後繼統治者在某種程度大力贊助和推動波斯－伊斯蘭文化。十五世紀時，最後一位帖木兒王朝統治者，赫拉特的蘇丹・胡塞因・白卡拉（Sultan Husain Baiqara，西元一四六九－一五〇六年在位）成為伊斯蘭藝術、文學和歷史寫作黃金時代的縮影，為三個穆斯林帝國都造成影響。然而，這些帖木兒王朝的統治者雖然是偉大的審美鑑賞家，但面對政治卻無能為力，在十五世紀的下半葉，他們為了控制河中和伊朗展開內部爭鬥。由於他們的不團結，另外兩個穆斯林帝國最終與復興的鄂圖曼國家一同崛起，後者還在一四五三年征服君士坦丁堡。

在伊朗，西部兩個新的烏古斯半游牧王朝，填補了衰落的帖木兒王朝留下的真空。他們被叫作黑羊（Qara Quyunlu）和白羊（Aq Quyunlu）王朝，再次顯示部落性質的王朝要成功過渡到長壽的定居國家是多麼困難的一件事。西元十五世紀末時，這兩個王朝已經被薩法維王朝擠到邊緣。薩法維王朝是白羊王朝的親戚，但這個家族的領袖帶來一個有魅力的什葉派蘇菲道團，對安納托利亞東部的烏古斯部落具有凝聚的吸引力。然後，就在沙・伊斯瑪儀（Shah Isma'il）於一五〇一年在大不里士建立薩法維國家的三年後，札希爾丁・穆罕默德・巴布爾也從河中地區混戰的政治亂局中脫穎而出，占領了喀布爾，並最終將喀布爾當作西元一五二五至二六年入侵北印度和建立蒙兀兒帝國的基地。

第二章

穆斯林帝國的興起

突厥—蒙古、波斯—伊斯蘭的國家

鄂圖曼帝國、薩法維帝國和蒙兀兒帝國是在西元十四世紀和十六世紀之間出現的。每個國家成立的確切日期是十分需要強調的事，對於鄂圖曼人來說尤其如此，他們是遜尼派穆斯林，作為一個對其他公國或拜占庭帝國構成威脅的統治者，在完全獲得獨立之前，他們曾經有很長一段時間是一個小烏古斯公國的領袖。在奧斯曼（Osman，卒於一三二四年）的領導下，鄂圖曼人在西元一三〇〇年前後從他們的蒙古主公手中獨立出來。這個年份方便記憶，但一三〇二年他們在君士坦丁堡東南的伊茲尼克（iznik）附近擊敗拜占庭軍隊後，才算取得重要地位。[1] 考慮到以自己的名義鑄造和發行錢幣是穆斯林擁有君主權力的兩個象徵之一（另一個象徵是在星期五的聚會禮拜中宣布自己的名字），鄂圖曼是在西元一三二六年才成為一個完全自覺的獨立國家，當時奧斯曼的兒子奧爾罕（Orhan，西元一三二四—一三六二年在位）發行的硬幣上有這樣的銘文：「偉大的蘇丹，奧斯曼之子奧爾罕，願真主使其國祚永延。」[2] 從那時起到一四五三年征服君士坦丁堡，鄂圖曼人藉由不斷的戰爭演變成跨歐亞的蘇丹國統治者，他們於一三二六年在布爾薩（Bursa）建立了第一個亞洲或安納托利亞首都，一四〇二年後在色雷斯（Thrace）的埃迪爾內（Edirne）建立了第二個歐洲或巴爾幹地區首都。

到鄂圖曼帝國征服君士坦丁堡時，部分是突厥人、最初是遜尼派的薩法維家族已經成為位於伊朗西北部阿爾達比勒（Ardabil）富影響力的蘇菲導師了。在西元十五世紀餘下的時間裡，他們經歷了兩個重大變化。首先，在某個不確定的日期，這些遜尼派的蘇菲轉變成什葉派，其次，到十五世紀末時，該道團已經變成一個軍事化的組織。此外，薩法維道團在西元一五〇〇年時的領導者伊斯瑪儀（西元一五〇一—一五二六年在位）也擁有重要的政治世襲背景，因為他是伊朗西北部和安納托利亞東部的統治王朝「白羊王朝」突厥人的母系後代。到一五〇〇年時，伊斯瑪儀已經成功地利用一位宣揚千禧年主義什葉派思想的蘇菲導師的精神魅力，吸引安納托利亞東部和伊朗西北部的烏古斯家族和部落的支持。在一五〇一年時，他占領了大不里士，這裡是前白羊王朝的首都。此事件象徵薩法維王朝在伊朗開始活動，在十年時間以內，伊斯瑪儀便征服了伊朗的大部分高原地區。

在同一年，也就是西元一五〇一年，帖木兒的五世後代、遜尼派穆斯林巴布爾（西

---

1. Halil Inalcık, "Osman Ghâzî's Siege of Nicea and the Battle of Bapheus," in *Essays in Ottoman History* (Istanbul: EREN, 1998), 55–84.
2. evket Pamuk, *A Monetary History of the Ottoman Empire* (Cambridge University Press, 2000), 30.

元一五二六—三〇年在位）被烏茲別克人從帖木兒的首都撒馬爾罕趕了出來。烏茲別克人代表的是一個由蒙古人領導，但以突厥人占多數的部落聯盟，在西元十五世紀末從西部的草原地帶遷入到河中地區。到一五〇一年時，烏茲別克人已經完成征服河中地區，消滅了在該地區挑戰其霸主地位的所有帖木兒後裔。一五〇四年，巴布爾以受到追剿的逃難者身分逃出河中地區，控制了遙遠的帖木兒王朝邊哨城市喀布爾，並接下來的二十年持續統治此地。一五二五至二六年，他以喀布爾為基地入侵印度，並在德里的城北擊敗阿富汗人的洛迪王朝，一般認為這是蒙兀兒帝國的起始日，實質上是帖木兒王朝在阿富汗和印度的復興。

奧斯曼、伊斯瑪儀和巴布爾是鄂圖曼國家、薩法維國家和南亞帖木兒國家的創始人，他們是前幾個世紀的突厥—蒙古、波斯—伊斯蘭政治和文化遺產的共同繼承者。這三個人的血統至少都有一部分可以追溯到早期的突厥指揮官或統治者身上。奧斯曼與傳說中的中亞烏古斯領袖烏古斯汗有關，伊斯瑪儀與白羊王朝的突厥人有關，巴布爾則是與帖木兒有關。這三個人的母語都是中亞突厥語方言的某種形式，或者，在伊斯瑪儀的例子中，突厥語是他的幾種母語之一：奧斯曼說烏古斯突厥語，伊斯瑪儀說亞塞拜然語（Azerbaijani或Azeri），巴布爾說突厥語或察合台語。這三個人在他們的戰役和征服中都率領著突厥軍隊，鄂圖曼帝國的軍隊由古拉姆補充，古拉姆在土耳其語中稱為yeni cheri，字面意思是「新人」，即後來通稱的耶尼切里軍團。帖木兒軍隊則擁有大量蒙古分隊。

奧斯曼、伊斯瑪儀和巴布爾這三個人至少在形式上都是遵守教規的穆斯林，皆受到蘇菲主義的強烈影響，以薩法維人為例，他們本身也是蘇菲，這三個人和他們的後代都忠實地資助烏里瑪和穆斯林宗教機構（包括清真寺、馬德拉沙和蘇菲導師的陵墓）。作為穆斯林戰士和統治者，他們三人與基督徒、印度教徒作戰（鄂圖曼帝國的戰爭對象還包括基督徒或伊朗什葉派異端）並在硬幣上將自己描繪成「嘎茲」，即為信仰而戰的英雄戰士。這三個人都在不同程度上掌握波斯語，波斯語在伊朗、北印度和安納托利亞的穆斯林之間，是享有盛譽的通用語言。他們還熟悉波斯語詩歌，包括蘇菲詩歌和以波斯語書寫的歷史書，他們將這樣的詩歌視為個人創作、虔誠表達和王朝頌揚的範本。

對中亞帖木兒王朝的正當性和文化威望的重視，成為隱藏在這些人共同遺產裡的一種指引。帖木兒王朝在一四〇五年帖木兒去世和一五〇六年赫拉特的蘇丹胡塞因．白卡拉（西元一四六七—一五〇六年在位）去世的期間統治著河中地區。[3] 儘管帖木兒十

3. 鄂圖曼和薩法維宮廷都很想要以帖木兒的連結來鞏固他們統治者的正當性，而且都對胡塞因．白卡拉的宮廷持有敬重。Fleischer在他的著作中討論了鄂圖曼人對於帖木兒的敬重和草原傳統：*Bureaucrat and Intellectual in the Ottoman Empire*, 276 and 283-92。Sholeh A. Quinn在論文中闡述薩法維王朝的歷史學家將他們的王朝與帖木兒和帖木兒王朝聯繫時所作的努力："Notes on Timurid Legitimacy in Three Safavid Chronicles," *Iranian Studies* 31, No. 2 (Spring 1998), 149-58。

分殘暴，曾在一三八〇年代占領伊朗，在一三九八年洗劫德里，並在一四〇二年擊敗了鄂圖曼蘇丹巴耶濟德（Bayezid），但是帖木兒王朝畢竟享有無可爭議的王朝威望，因為他們是最後一位偉大的突厥—蒙古征服者的後裔。帖木兒較後期的繼位者，尤其是胡塞因．白卡拉，在赫拉特樹立起一個貴族文學、藝術文化以及歷史寫作的標準。這些王朝的創始人和他們大多數的直系後裔，都將其視為伊斯蘭宮廷文化的決定性「黃金時代」。

然而，正如同一時期的歐洲國家可以被視為一種共同文明的不同變體，鄂圖曼人、薩法維人和帖木兒蒙兀兒人在許多重要層面都有明顯的不同。最重要的是，他們在截然不同的地理和文化環境中有著不同的歷史經歷；薩法維支持什葉派而不是遜尼派伊斯蘭教。對每個王朝的成員對於如何獲得統治正當性的理解，有助於突出其中的一些差異。在各王朝統治者的心目中，或者在對其阿諛奉承的史家口中，他們統治正當性的本質會隨著時間的推移而演變。然而，起初無法宣稱自己是著名的征服者或著名統治王朝後裔的鄂圖曼人，卻逐漸積累了成功的魅力，而薩法維王朝，尤其是創始人伊斯瑪儀，擁有宗教上的聖潔魅力，至於蒙兀兒王朝——正如他們經常提醒自己的——享有王朝威望的魅力。

魅力和統治正當性

在一些編年史家，甚至可能是統治者自己的心中，早期的鄂圖曼人獲得正當性並擁有政治魅力，這是因為他們多年來在與其他烏古斯公國的鬥爭中取得巨大成功，與拜占庭帝國的鬥爭中更是如此。拜占庭帝國在十四世紀時已經是一個空殼了，但仍是一個帝國王朝，不僅是原來羅馬帝國的一個分支，本身更是延續了一千多年的東羅馬帝國。[4]奧斯曼在一三〇二年初步擊敗拜占庭軍隊，這無論在鄂圖曼人眼中和穆斯林世界其他國家眼中，都是具有巨大意義的事件，穆斯林世界的早期領袖就曾夢想並試圖征服拜占庭。在許多穆斯林，特別是受過教育的神學家心目中，鄂圖曼人軍事上的成功也賦予他們作為英雄戰士的正當性。在其他方面，「從伊斯蘭和游牧民族政治傳統的角度來看，鄂圖曼帝國的正當性是極其薄弱的……他們的成功……更多要歸功於效率而不是意識形態。」[5]一些早期的鄂圖曼作家在沒有特別證據的情況下聲稱，鄂圖曼人是塞爾

4. 在引用馬克斯·韋伯的理論時，Said Amir Arjomand指出：「典型的情況是，權力會產生領袖魅力，而且……長久地執掌權力本身，就是自我賦予統治正當性的過程。」*The Shadow of God and the Hidden Imam* (Chicago: University of Chicago Press, 1984), 6.
5. Fleischer, *Bureaucrat and Intellectual in the Ottoman Empire*, 276.

杜人的合法繼承人，而且在某些種族和宗教方面他們是合法的；但這種說法顯然只是一種事後諸葛。[6] 相反的，一些十六世紀的編年史家的論點是，鄂圖曼人之所以具正當性，只是因為他們出現得早，統治得久。當穆罕默德二世進入君士坦丁堡時，他們已經統治了兩百五十年。在整個王朝的歷史上，這仍然是他們自我認同的重要因素，而且從人們看待政治魅力的心理學層面思考，這理由也很重要。[7] 即使在鄂圖曼蘇丹首先征服君士坦丁堡，後來又征服埃及、聖城麥加和麥地那，從而不僅成為凱撒，也成為事實上的哈里發、成為伊斯蘭的保護者，進而成為了整個穆斯林世界的保護者之後，也仍舊如此。

薩法維王朝在攻擊喬治亞的基督徒和其他非穆斯林時，同樣將自己認定為嘎茲，但他們擁有更強的和獨特的宗教性的魅力。這種魅力包含令人迷醉之預言的誘惑力，十四世紀的穆斯林哲學歷史學家伊本．赫勒敦認為，這種特質可以將游牧部落團結在一起，形成異常有凝聚力和持久力的聯盟。[8] 儘管可以確定薩法維人擁有相當長的精神世系，但是與鄂圖曼人相比，他們的王朝歷史非常短。薩法維王朝起源於蒙古人入侵伊朗後的亂局中，薩法維王朝的導師利用他們的財富和聲望，在阿爾達比勒獲得更多的土地和影響力。這個小城鎮位於高加索山脈以南肥沃的穆干草原（Mughan steppe）上，與中世紀的喬治亞基督教王國相鄰。在遜尼派和什葉派的界限遠不及十七世紀那麼涇渭分明的時候，薩法維人逐漸擺脫他們早期以遜尼派為主的身分。他們接受了一種特殊的什葉派信仰，這種信仰反映伊斯蘭教、薩滿思想、基督教和伊朗宗教觀念的複雜組合，隨著蒙古人統治的瓦解，這些宗教思想在伊朗和安納托利亞的土地上四處流傳。

與鄂圖曼人和蒙兀兒人不同——他們的征服在最初階段是相對簡單的王朝帝國主義行為，而薩法維人的活動則演變成一個武裝道團，其正當性來自於蘇菲和什葉派的雙重宗教身分，據目前所知可以確定，他們的正當性只是一定程度上來自伊斯瑪儀身上具有的白羊王朝母系血統。作為蘇菲導師，他們對門徒施加了同樣強大的、幾乎是專制的權威，這也是許多宗道團體的特點。他們疏遠了許多正統的烏里瑪——因為他們的弟子視薩法維人為無懈可擊的救贖之路。此外，作為什葉派伊瑪目的代表，薩法維人還提供一種千禧年主義的吸引力，在他們眼中，伊瑪目是穆斯林社區唯一合法的領袖，最後一位伊瑪目早已隱遁，將在未來某個未知的時刻回歸，令人想起基督的再次降臨。薩法維

6. 關於鄂圖曼人的統治正當性如何在變動的時期裡發生變化以適應需求，見Colin Imber在著作中的精準描述。*The Ottoman Empire* (Basingstoke and New York: Palgrave Macmillan, 2002), 120-7.

7. 這種心理，正是馬克斯・韋伯在討論這種藉由成功獲取統治正當性的現象時所指出的。見本章註四。

8. Ibn Khaldun, *The Muqaddimah*, I, 319-22.

王朝的雙重宗教身分，在伊朗西北部和安納托利亞東部農村沒受過多少教育的烏古斯部落中產生強大的吸引力，他們的一些祖先曾被巴比（Babism）或貝克塔什道團吸引。這正是伊本．赫勒敦所指出的那種吸引力，可以鞏固分裂的部落聯盟，否則這些部落就會相互掠奪和殺戮。正是這種呼籲，使先知穆罕默德在七世紀團結阿拉伯半島上的敵對部落。

與薩法維王朝和後來的鄂圖曼王朝相比，蒙兀兒王朝並未主張自己擁有宗教上的魅力，但是他們和他們的穆斯林同胞一樣，在印度與非穆斯林發生軍事衝突後，也會在他們的硬幣上和其他地方將自己稱為「嘎茲」。蒙兀兒王朝僅被認為是一個印度或南亞王朝，他們擁有帝王權力的時間只比薩法維王朝長一點；但當札希爾丁．穆罕默德．巴布爾於西元一五二六年一月率領軍隊進入印度西北部時，他將自己的入侵說成是重新建立帖木兒王朝的主權，也就是帖木兒當初在一三九八年充滿破壞性而短暫的入侵。[9]在他和他的後代眼中，帖木兒的血統證明了他們的統治是正當的，是聖潔的，儘管他們也經常在家譜世系圖、宮廷歷史和繪畫中援引巴布爾母系的蒙古血統。

因此，蒙兀兒王朝擁有三個穆斯林王朝中最負盛名的血統，而且巴布爾本人也曾談到，在一五〇四年時，當他穿過阿富汗山區逃亡時，烏茲別克人在身後緊追不捨，打算除掉這個難以捉摸的帖木兒難民，僅是這血統就賦予他極大的政治魅力，幫助他得以生存。在他對此事件的描述中，約有兩萬至三萬名以前控制著阿富汗東北部昆都士（Kunduz）的欽察突厥（Kipchak Turk）的蒙古追隨者投奔巴布爾，他們之所以追隨他，除了他擁有無上榮耀的突厥—蒙古血統外，並沒有其他明顯的原因。巴布爾當時帶領著一支由大約兩百四十名男女老少組成的殘破人馬四處逃亡。他有打敗仗的歷史，擁有的武器不多，沒有控制任何領土，也缺乏能在未來建立起一個王國的前景。只有這種統治正當性的救命力量才能解釋巴布爾報告發生在喀布爾北部阿富汗河岸上的事情：

> 大的、小的、好的、壞的伯克（貝克，beğs）和他們的隨從，一批一批地帶著他們的家人和牛群開始從他們那邊（霍斯・陸沙〔Khusrau Shah〕和他的隨從）來到我們這裡。
>
> 在第二天的撇申（中午時的禮拜）和沙目（日落時的禮拜）之間，這些人中已經沒有一個留在他（霍斯陸沙）的跟前了。[10]

---

9. 蒙兀兒帝國在一七三九年後就不再是帝國了，但是其統治者仍然住在德里，起先是地區性的統治者，然後是政治傀儡，直到一八五七年為止。

10. Stephen F. Dale, *The Garden of the Eight Paradises: Bâbur and the Culture of Empire in Central Asia, Afghanistan and India* (1483–1530) (Leiden and Boston: Brill, 2004), 131.

有了這些軍隊，巴布爾得以征服喀布爾的統治者，逐漸恢復自己的權勢，最終在二十年後成功入侵了北印度。

鄂圖曼人：突厥人和嘎茲

鄂圖曼人（Ottomans）的政治生活始於一個安納托利亞公國（beğliks）家族，來自烏古斯酋長的後裔，在烏古斯人遷入和入侵拜占庭安納托利亞後發跡。他們從未忘記自己的突厥血統，或那些住在鄉下的突厥人親戚，但是鄂圖曼人及其住在伊斯坦堡的貴族逐漸發展出複雜的宮廷文化，讓他們視「突厥人」為土裡土氣的鄉下佬。鄂圖曼帝國的菁英階層成員後來通常把「突厥」這個詞作為波斯語和印歐語的rusta'i，即拉丁化的rustic（鄉下的）的同義詞，蒙兀兒帝國創始人巴布爾在討論中亞和阿富汗農村的「游牧人口」（sahra-nishin）時也使用這個詞——它不是族裔標籤，而是社會類別的標籤。

自古至今，這種社會性的勢利傲慢是世故都市人的典型特徵，儘管如此，鄂圖曼人對自己是突厥人的認同一直保存在歷史中，並在一九二〇年代以一種新的形式出現。一九二三年，穆斯塔法．凱末爾（Mustafa Kemal）建立了明確的突厥（土耳其）民族國家，首都設在突厥人的中心地帶安卡拉，而不是國際都會伊斯坦堡。凱末爾在一九三五年得到「阿塔圖克」（Atatürk）的稱號，意思是「土耳其人之父」。即使在西元一四五三年征服君士坦丁堡之前，鄂圖曼人的國家就已經成為多民族的帝國，但是穆斯林突厥人一直被視為忠誠的核心。在鄂圖曼帝國征服了大片巴爾幹領土後，突厥人開始在那裡定居，試圖鞏固鄂圖曼帝國控制這片主要為基督徒、歐洲文化之領土。鄂圖曼帝國的蘇丹和民事、軍事和宗教菁英使用一種精心設計、部分波斯化的、形式複雜的突厥方言進行交流和寫作，這種語言被稱為鄂圖曼語。鄂圖曼語在語法上是一種突厥語，不是波斯語，當然也不是阿拉伯語。

如果說這種「突厥性」（Turkishness）的感受長達七個世紀，那麼鄂圖曼帝國在公眾形象中，有種統治正當性的原始層面也同樣古老，就是嘎茲的概念。凱末爾不僅是阿塔圖克（突厥人之父），至少在一九三五年之前，他還被稱為凱末爾·阿塔圖克·嘎茲。這位勇士一儒幾個世紀前的鄂圖曼人，在第一次世界大戰期間和之後擊敗了歐洲人——他打敗了英國人、法國人和希臘人。這種戰士（嘎茲）理想的文化記憶在現代土耳其文化中以多種形式存在，包括近年有一支美式足球隊命名為「嘎茲勇士隊」（Ghazi Warriors）。[11]

---

11. Mark St. Amant, *New York Times* (3 June 2007), p. 9. The Bo aziçi or Bosphorus team is called "The Sultans."4.

地圖6 西元一四五一年前的鄂圖曼帝國

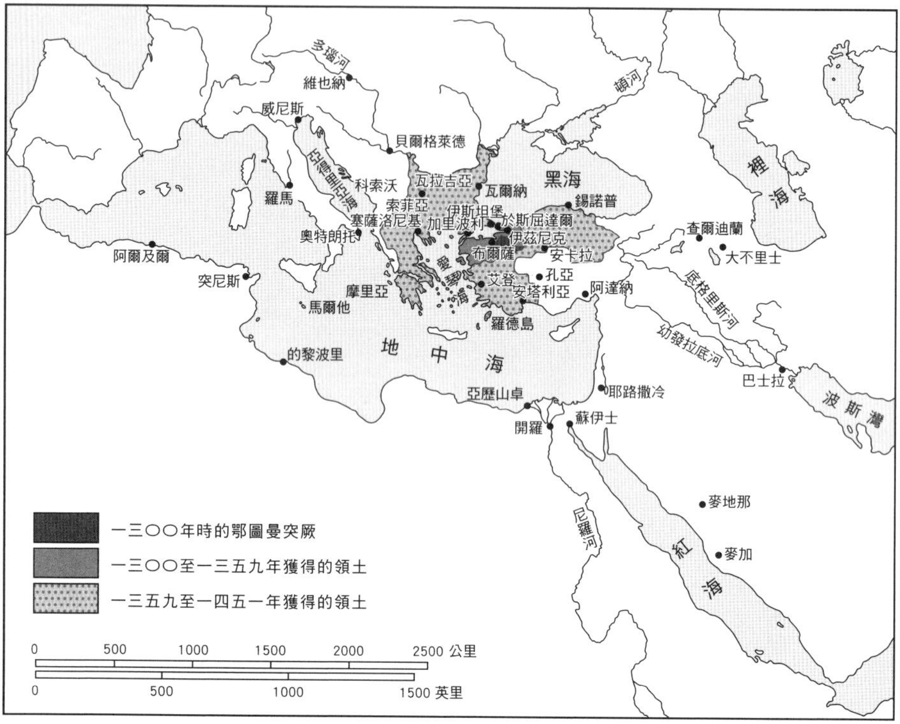

博學多聞的鄂圖曼歷史研究專家哈利勒・伊納爾吉克（Halil Inalcik）也抱持和許多人一樣的觀點，他寫道，鄂圖曼帝國是一個「戰士國家，成功的主要原因是它捍衛伊斯蘭的監護人角色。」[12] 然而，儘管鄂圖曼帝國的蘇丹在整個王朝的歷史上經常援引「戰士」理想，並特意支持哈奈菲教法學派的遜尼伊斯蘭教，在帝國的大清真寺建築群中以恢宏的大排場盡力宣揚他們的奉獻精神。但這種理想更偏向作為正當性的意識形態，而不是國家的組織原則。[13]

十七世紀的鄂圖曼帝國士兵和旅行家埃夫利亞・切勒比（Evliya Chelebi）的記載為我們提供了例子，他描述西元一六六一年在匈牙利的一場戰鬥結束後，他跑去一邊解手，遭到一個「異教徒士兵」的襲擊，後者猛撲向他，把他打到自己的「穢物」中，隨後他刺傷那個人並砍下他的頭，從而避免讓自己成為一個「大便烈士」。切勒比還寫道，事後，「我被血汙和大便浸透，看著自己成了一個大便戰士，我忍不住笑出來。」[14] 他的事實描述中並沒有宗教情感，可能只是記錄了一件軼事，但也可能反映出許多鄂圖曼人如何使用嘎茲這個詞，它沒有宗教狂熱的色彩，而是作為區分朋友和敵

---

12. Halil Inalcık, "Islam in the Ottoman Empire," in his *Essays in Ottoman History,* 234.

13. 在一篇很有影響力的論文中，奧地利歷史學家Paul Wittek提出，鄂圖曼帝國的歷史可以詮釋為一個嘎茲現象，一旦勢頭在十七世紀的歐洲停頓下來，帝國就不可避免地衰落了。見*The Rise of the Ottoman Empire* (London: School of Oriental and African Studies, 1938)。Cemal Kafadar在近年的著作中分析並翻轉Wittek的理論：Cemal Kafadar, *Between Two Worlds: The Construction of the Ottoman State* (Berkeley: University of California Press, 1995)。另一位歷史學家Colin Imber近年探討嘎茲作為統治正當性工具的問題，同樣忽略了Wittek提出的該現象在鄂圖曼帝國歷史中的重要性。見Colin Imber, The Ottoman Empire, 120-1。

14. Robert Dankoff, *An Ottoman Mentality: The World of Evliya Çelebi* (Leiden and Boston: Brill, 2004), 143-4.

人的通用辭彙的之一。薩法維王朝在與喬治亞基督教徒作戰時，或者是當蒙兀兒王朝與印度教徒作戰時，也會將自己描述為嘎茲，或在他們過世以後，被描述為一名「舍希德」（shahid，殉教者、烈士）。鄂圖曼帝國的征服代表老式的王朝帝國主義，正如一些坐落在伊斯坦堡的帝國清真寺上那些引人入勝的巧妙銘文所顯示的，它們解釋了宗教建築如何對延長王朝的壽命有所幫助。[15]

鄂圖曼帝國土地上的基督徒和猶太人

鄂圖曼國家體系真正的組織原則是對鄂圖曼王朝的忠誠，而鄂圖曼王朝的專長與突厥—蒙古軍事階層的其他成員一樣：征服。眾所周知，沒有任何一個鄂圖曼人、蘇丹或征服者會像蒙兀兒王朝的建立者巴布爾那樣開誠布公，巴布爾在他的突厥語自傳中解釋，他離開喀布爾前往印度是為了滿足他的mulkgirliq，也就是他的「獲取王國」或帝國野心。鄂圖曼人和蒙兀兒人一樣，主要是出於征服富饒領土的願望而展開行動。他們並不像薩法維王朝的伊斯瑪儀那樣過分關注伊斯蘭教義或教派統一。儘管隨著他們與薩法維王朝的衝突越來越激烈，鄂圖曼人也越來越強調自己對遜尼派伊斯蘭教的忠誠。然而，他們的遜尼派承諾從未使他們走向如同伊斯瑪儀國王般的極端。

這位伊朗的統治者伊斯瑪儀國王以折磨遜尼派異議人士為樂，在建立什葉派宗教統一的努力過程中，手段包括將一些人活活燒死。信奉遜尼派的蒙兀兒人則是對伊斯蘭神學的關注度最低，他們總是在帝國的上層同時聘雇遜尼派、什葉派以及印度教徒。不管他們對伊斯蘭教派劃分的態度如何，鄂圖曼人和三個朝代的大多數統治者一樣，都對非穆斯林社區保持寬容。鄂圖曼帝國的統治者尤其以他們的制度著稱，他們將猶太人和基督徒這類非穆斯林，視為由納稅的「受保護民」（齊米）組成的自治社區「米利特」（millat）。穆斯林的意識形態主義者，例如印度蘇丹國的歷史學家巴拉尼，可能會希望穆斯林統治者表現得更像是神學家而不是蘇丹，並強行讓非穆斯林改依伊斯蘭教，但鄂圖曼王朝的統治者在整個王朝的歷史上都讓烏里瑪屈從於帝國利益。

儘管鄂圖曼人採取務實的寬容態度，但非穆斯林仍被視為、被期望當個二等公民，如同十四世紀在德里的巴拉尼渴望的。猶太人和基督徒被要求穿上特定服裝，也被禁止騎馬或建造新的猶太會堂或基督教堂；蒙兀兒帝國則是不時限制建造新的印度教寺廟。鄂圖曼帝國的蘇丹定期發布法令，試圖恢復對繁榮的猶太人和基督徒的限制，如穆拉德四世（Murat IV）在西元一六三一年發布的公告引用伊斯蘭教法和帝國法典，也就是

15. 見第七章的討論。

shari'a和kanun，作為這種區別對待行為的法律依據：

基於伊斯蘭教法和帝國法典的宗教要求，異教徒不得騎馬、穿貂皮、戴毛皮帽、歐洲絲絨和綢緞。異教徒婦女不得以穆斯林的風格和方式走動，也不得穿戴「帕里」（Paris）大衣。因此，她們要受到輕視，在衣著上讓人順從和謙卑。然而，一段時間以來，這些規則遭到忽視……異教徒和猶太人騎著馬在市場上走來走去，穿著貂皮和華貴的服裝。

當異教徒在市場上遇到穆斯林時，他們不會讓路，他們和他們的女人已經比伊斯蘭的人民更華麗了。[16]

早期的鄂圖曼人：烏古斯人、軍事奴隸和烏里瑪

早期鄂圖曼帝國的歷史始於塞爾柱國家西部邊緣一個不起眼的公國，因此它的歷史並沒有很完善的文字紀錄；第一批官方歷史是在奧斯曼一三〇二年擊敗拜占庭人之後的一個多世紀後寫成的。這些作品的作者（或是任何統治者的宮廷編年史作者），都以諂媚的政治或宗教術語描述王朝的早期歷史，這個現實使我們不應該相信其表面記述。受

過宗教訓練的人（例如印度穆斯林巴拉尼）解釋統治者的動機尤其不可信，特別是當他們在事件發生的很久之後才動筆。[17] 在奧斯曼．貝（Osman Beğ）統治時期，他和他的追隨者與其他公國成員一樣，扮演著半農村掠奪性聯盟的角色，該聯盟主要由來自東部的烏古斯部突厥人組成，先是作為塞爾柱人的盟友，後來是逃離蒙古人攻勢的難民，他們源源不絕地湧入。無論鄂圖曼和他的繼任者在早期的襲擊中是不是足智多謀的戰術大師、謀略家，他們位於安納托利亞西北部的地理位置，都讓他們足以幸運遠離伊朗亞塞拜然伊兒汗王朝的權力中心，靠近君士坦丁堡周圍繁榮的農業地區和貿易中心。無論奧斯曼與最後一個塞爾柱人的實際關係如何，他的兒子奧爾罕（西元一三二四－一三六二年在位）在西元一三二六年開始鑄造硬幣，這是他的君權宣言，同時也宣布自己是蘇丹。他的兒子穆拉德一世（Murad I，西元一三六二－一三八九年在位）開始使用以前由大塞爾柱圖格里勒持有的塞爾柱頭銜「尊貴的蘇丹」，而穆拉德的兒子巴耶濟德一世

16. 摘自Barkey, *Empire of Difference*, 120-1。

17. 所有研究前現代穆斯林歷史書寫的學生都應該閱讀Peter Hardy的*Historians of Medieval India* (London: Luzac, 1966)。文中對十四世紀印度－波斯歷史書寫中存在的重大偏見給出了警告——這樣的警告對於薩法維和鄂圖曼人的歷史書寫也同樣適用。

（Bayezid I，西元一三八九—一四〇二年在位）——也就是帖木兒在安卡拉一戰勝利的不幸受害者——曾在塞爾柱人勢力缺席的情況下，將事情向前推了一步，宣布自己是魯姆的蘇丹（Sultan of Rum）。

鄂圖曼帝國的軍事結構和經濟基礎在總體上類似於塞爾柱體系。突厥騎兵（Turkic cavalrymen，稱為sipahi，斯帕希騎兵）在鄂圖曼和他的繼任者的部隊中占大多數，直到十六世紀。鄂圖曼蘇丹使用一般的軍事封建制（military feudalism）形式支持這些部隊（薩法維王朝、蒙兀兒王朝後來也採用此法），理論上授予他們暫時性的農業用地和／或類似於伊克塔的小城，但稱為生活費（dirlik）或提瑪爾（timar，支持騎兵的資金）。如同大塞爾柱的情況，奴隸部隊最初只是宮廷衛隊，隨著這些武裝單位的作用被證明既可靠又忠誠，數量和重要性也隨之增加，鄂圖曼人遠比塞爾柱人前輩更依賴「古拉姆」或「馬穆魯克」，他們稱奴隸軍團為「耶尼切里」。

在征服君士坦丁堡以後，大多數耶尼切里軍團都被安置在此地，十六世紀初紀律嚴明的步兵部隊共約一萬人。與西元一五二五年的斯帕希騎兵人數相比，這個數字相對較小，他們當時在歐洲駐有一萬名騎兵，在安納托利亞駐有一萬七千名騎兵，但耶尼切里軍團的戰鬥力遠比帳面上的人數戰力更強。他們比當時的任何歐洲步兵都更強大。許多人駐紮在帝國的中心君士坦丁堡，意謂著他們也可以施加相當大的政治影響力。最終，耶尼切里，就像是當初薩曼王朝的奴隸部隊一樣，從軍事資產演變成政治負擔，有時會廢黜甚至謀殺蘇丹。一八二六年時，在位的蘇丹終於解決了這個麻煩，他用新組建的歐洲式軍團屠殺這支曾為菁英部隊的殘餘。[18]

奴隸在伊斯蘭社會裡通常用作軍隊和各種家庭內的用途，但鄂圖曼人使用奴隸的不同之處，在於他們不僅於軍事單位裡系統性地使用奴隸，也讓奴隸在文官系統中服務。一四五三年後，鄂圖曼政權在許多方面成為一個奴隸（奴僕）政府體系。起初，鄂圖曼帝國的蘇丹只要求分得在戰鬥中俘獲的基督徒，讓他們服務並使他們改變信仰，把他們訓練成耶尼切里，或把他們帶入到宮廷中。然而，到了西元十四世紀末及十五世紀初，對更多奴隸的需求促使鄂圖曼人建立德夫希爾梅（devshirme）體系，這個體系理論上規定在帝國領土內的基督徒村莊中，每四十個家庭將有一個小男孩被當作奴隸，送到皇宮中接受服務培訓，或者是更常見的例子，被送去成為耶尼切里軍士。

漸漸地，這些男孩中有些人長大成才，成為部長甚至是維齊爾（vizier，部長或首相），攀升至蘇丹宰相的高位。在十四世紀，鄂圖曼帝國的蘇丹通常任命自由身的穆斯林（多半是突厥人）擔任維齊爾。一四五三年後已不再發生這種情況，到蘇萊曼大帝統

---

18. 摘自Imber，*The Ottoman Empire*, 207 and 209。

治期間（Süleyman the Magnificent，西元一五二〇—一五六六年），幾乎所有維齊爾都是透過德夫希爾梅系統徵召的基督教農民男孩。作為維齊爾，他們無論是在戰場上還是在皇宮裡都擁有巨大的權力，但當他們失去蘇丹的寵愛時，往往會在沒有警告的情況下被處決——當然也不會被審判，但他們之中許多人已經和在位蘇丹的家庭產生聯姻關係。

耶尼切里和「奴隸」維齊爾是鄂圖曼帝國菁英階層中的成員，他們被稱為「阿斯凱里」（askeri，字面意思是士兵），即軍事階層。這個階層還包括斯帕希騎兵和自由身出生、說鄂圖曼語的文官，在某些方面，他們和蒙兀兒帝國的軍事—官僚人員相似，他們被稱為「曼薩布達」（mansabdar），即那些持有（dar）帝國授予的等級或職位（mansab）的人。阿斯凱里和文官都不用納稅，並形成一個自覺的帝國菁英階層，他們使用宮廷方言（分別是鄂圖曼語或波斯語），至少在理論上遵守眾所周知的行為和禮儀規範。[19]這兩種菁英階層形成一個特權階層，在鄂圖曼語中與re’âyâ（農民、工匠和商人的納稅階層）不同，後者在帖木兒—蒙兀兒術語中通常只被稱為‘amm（粗人）或普通人。[20]同時，這兩種菁英階層在根本上也互有區別。

鄂圖曼帝國的阿斯凱里階層也包括烏里瑪，事實上，在征服君士坦丁堡以前的鄂圖曼帝國，主要的「哈迪」或宗教法官被稱為kadi asker或「軍法官」，反映出鄂圖曼帝國統治的高度軍事化性質。到一四五三年，由哈奈菲教法學派遜尼派馬德拉沙（宗教學院）培養、學識淵博的宗教學者組成之鄂圖曼帝國文職官僚機構的框架已經出現，這些學者被統稱為知識人階層（'ilmiye）。十四世紀初，蘇丹奧爾罕曾在伊茲尼克建立鄂圖曼帝國的第一所宗教學院；後來又在首都布爾薩建立了一些機構。[21] 鄂圖曼帝國的蘇丹逐漸將烏里瑪置於帝國權威之下，而知識人階層缺乏獨立性的特點，使得凱末爾在一九二〇年代更容易把當時的鄂圖曼神職人員視為土耳其共和國的宗教官僚機構。

十五世紀的鄂圖曼奴隸政府體系，其官僚化的宗教階層，與薩法維和蒙兀兒帝國的行政當局之間存在著重大差異。與鄂圖曼帝國相比，薩法維王朝和蒙兀兒王朝最初都是依靠自由身背景的穆斯林（在印度則是印度教徒）而不是奴隸來為王朝服務。整個蒙兀兒帝國歷史上都是如此，但在十七世紀時，薩法維王朝也建立了自己的奴隸官僚機構，不過從未像鄂圖曼帝國的例子那樣精細。薩法維王朝和蒙兀兒王朝依賴有影響力的自由

19. 關於帖木兒—蒙兀兒國家中的例子，見Rosalind O'Hanlon, "Manliness and Imperial Service in Mughal North India," *Journal of the Economic and Social History of the Orient* 42, No. 1 (1999), 47-93。
20. 阿拉伯—波斯語一般的說法是khass u'amm或「貴族和平民」。
21. Imber, *The Ottoman Empire*, 226–7.

身指揮官和部長——在十六世紀薩法維王朝的情況——是不得已的，這也許可以解釋他們有些軍隊和官員明顯缺乏帝國紀律的，同時也可能是早期薩法維和蒙兀兒統治者並未像十五、十六世紀時的鄂圖曼人那樣，經常處死官員的原因之一。鄂圖曼帝國烏里瑪的情況與薩法維伊朗和蒙兀兒印度的情況也有明顯的不同。薩法維王朝有系統地建立一個伊朗什葉派神學家（宗教學者）體系，到王朝的最後幾年時，宗教學者階層已經成為一個自主的、具有政治影響力的宗教體系，其中一些人會援引什葉派伊斯蘭的神學觀點來挑戰薩法維國王的合法性。相比之下，蒙兀兒統治者在宗教事務上更為放任，王朝會對烏里瑪階層提供傳統上的贊助，同時既不使他們從屬於國家，也不鼓勵他們發展成為一個國家機構。

鄂圖曼征服

鄂圖曼統治者於西元十四世紀末開始發展獨特的奴隸和神學家體制，在這一段時間裡，他們在安納托利亞西部幾個相鄰的突厥世系公國中占據上風。他們的領土靠近拜占庭的土地和博斯普魯斯海峽，使他們能夠跨越海峽進行擴張，將他們與突厥人的對手區別開來，並使他們能夠進入巴爾幹地區富饒、人口稠密的農業用地。首先，他們在西元一三四五年利用鄰國開塞利公國（beğlik of Kayseri）的繼承糾紛，獲得達達尼爾海峽沿岸的領土，七年後，他們利用這片基地與拜占庭王位的主張者結盟，向加里波利（Gallipoli）派兵。一年後，奧爾罕抓住拜占庭繼承權之爭的機會，娶了皇帝的女兒。西元一三五二年，由於拜占庭人仍在戰爭之中，他得到向加里波利半島派兵的許可，不久後就占領加里波利的主要要塞，這是鄂圖曼帝國在歐洲的勢力基礎。

奧爾罕的兒子穆拉德鞏固了鄂圖曼人在安納托利亞的權力，獲得通往鄂圖曼帝國首都布爾薩的豐富貿易路線控制權，在取得這些成功之後，他又在歐洲地區成功發起攻勢，於一三六九年占領了阿德里安堡（Adrianople，即埃迪爾內），為進入保加利亞開闢了通途。到一三八五年時，鄂圖曼軍隊在與分裂的歐洲對手作戰時占領了索菲亞（Sofia），並且來到阿爾巴尼亞海岸。四年後，在安納托利亞取得其他勝利，穆拉德在著名的科索沃戰役（battle of Kosovo）中擊敗塞爾維亞和波士尼亞軍隊。儘管偶爾遭受挫折，但鄂圖曼帝國的軍隊還是向歐洲縱深一路高歌猛進，新任蘇丹巴耶濟德於西元一三九五年抵達多瑙河畔，並且吞併保加利亞王國。西元一三九八年，巴耶濟德回到安納托利亞，正式吞下安納托利亞中部的錫瓦斯（Sivas），奪取黑海沿岸的寶貴領土。在一連串的其他好處之外，這些在安納托利亞取得的征服使鄂圖曼人控制塞爾柱人古老的行政和教育中心。然而，僅僅兩年後，新的中亞征服者帖木兒的身影浮現在安納托利亞的地平線上，威脅到鄂圖曼國家的生存。

帖木兒和鄂圖曼空位期

在攻陷德里的兩年後，帖木兒率領一支由中亞突厥人和蒙古人組成的游牧大軍進入安納托利亞，他們先是掠奪了錫瓦斯，然後南下占領大馬士革，在那裡，帖木兒遇到伊本·赫勒敦。這位歷史哲學家關於北非和伊比利半島歷史的循環理論，自此在試圖思索鄂圖曼帝國命運發展軌跡的鄂圖曼知識分子中流行。[22] 回到北方後，帖木兒保護四個以前獨立的烏古斯公國不受鄂圖曼人侵害，這些公國曾於一四〇二年在安卡拉與帖木兒一起對陣巴耶濟德的軍隊。在安卡拉之戰中，帖木兒擊潰了鄂圖曼軍隊，並俘虜巴耶濟德蘇丹本人，這是鄂圖曼人歷史上重大的危機關頭。首先，它讓鄂圖曼人愈發仰賴他們的耶尼切里部隊，因為在戰鬥期間，許多斯帕希騎兵和部落軍團都拋棄了蘇丹，投向帖木兒陣中，而耶尼切里部隊卻仍然堅守於蘇丹的身邊。

帖木兒在安卡拉戰役後的政策也很重要，因為儘管他取得了巨大的勝利——巴耶濟德生命的剩餘幾個月是被帖木兒關在鐵籠子裡的，這與帖木兒在四年前在德里的做法如出一轍。但是，帖木兒並沒有再試圖占領安納托利亞，或是將鄂圖曼人的領地整合成一個中央管理的帝國。他迅速地撤軍，展開其他的戰役。帖木兒只是對巴耶濟德的兒子提出宗主國要求，在他們之間分割了鄂圖曼帝國在安納托利亞的領土。西元一四〇三年，已入垂暮之年的帖木兒離開安納托利亞，回到撒馬爾罕，準備動手征服中國。他分割安納托利亞引發巴耶濟德兒子之間的內戰，並（至少是暫時）恢復了許多安納托利亞烏古斯小家族的獨立。儘管如此，帖木兒還是為鄂圖曼王朝留下處於分散和削弱的狀態，但仍有活力的雄心壯志、知識、歐洲省分以及軍事和行政機構。

到一四二三年時，十九歲的蘇丹穆拉德二世（Murad II）在耶尼切里和烏里瑪成員的干預下於一四二一年登基，他收回鄂圖曼人在安納托利亞的大部分領土，並開始一連串針對匈牙利和威尼斯的歐洲戰役，以確保巴爾幹領土的穩固。接下來的二十年，他在歐洲不懈地征戰，展示出鄂圖曼軍隊面對歐洲軍隊時擁有的持續優勢，他在一四四四年才回到安納托利亞，與最後一個主要的獨立烏古斯公國卡拉曼公國（be lik of Karaman）締結和約，並安撫了帖木兒的兒子沙．魯克（Shah Rukh），後者仍然在首都赫拉特統

22. Cornell Fleischer, "Royal Authority, Dynastic Cyclism and 'Ibn Khaldunism' in Sixteenth Century Ottoman Letters," in Bruce Lawrence, ed., *Ibn Khaldun and Islamic Ideology* (Leiden: Brill, 1984), 198–220.

治著呼羅珊和伊朗中部地區。同一年，穆拉德二世回到歐洲，擊敗一支強大的匈牙利軍隊，從而決定性地鞏固了鄂圖曼人對巴爾幹地區的控制，並在實際上鎖住拜占庭帝國的命運，現在拜占庭帝國只剩下君士坦丁堡這個孤懸著的城市國家了。當穆拉德二世在一四五一年去世時，鄂圖曼人已經準備好要為穆斯林社群實現征服這座偉大的帝國城市的夢想，他的兒子穆罕默德二世（Mehmet II）在一四五三年五月至六月的五十四天圍城戰後完成了這項目標。他們動用強大的大砲轟擊城牆，這種武器在此時早已成為強大的鄂圖曼軍隊中至關重要的一部分。

薩法維人

當穆罕默德二世於一四五三年占領君士坦丁堡時，結合政治和宗教世系產生的薩法維王朝才剛剛在安納托利亞東部、伊朗西北部崛起，成為有影響力的角色。這些人是白羊王朝突厥人和位於阿爾達比勒薩法維道團的蘇菲導師。西元一四五三年時，無論是白羊（西元一三七八—一五〇二年）還是薩法維人，都尚未在這些地區獲得實質性的政治或宗教影響力。當時，另外兩個王朝統治著伊朗高原的大部分地區、伊拉克和安納托利亞的毗連領土以及河中地區：他們是以大不里士為基地的黑羊王朝（西元一三七八—

一四六九年）的突厥人，大不里士位於蒙古人的舊都蘇丹尼耶（Sultaniye）附近，距離赫拉特和撒馬爾罕的帖木兒王朝也不遠。

然而，在一四五〇年代，白羊王朝逐漸取代黑羊王朝成為西部的主導力量。從西元一四五三年烏尊．哈桑（Uzun Hasan，西元一四五三—七八年在位）成為部族領袖上台，一直到一五〇二年王朝結束，白羊人在安納托利亞東部、伊拉克和伊朗西北部構成一支強大的力量。黑羊和白羊都代表突厥部落持續統治伊朗和安納托利亞的又一個篇章，這種統治始於西元十世紀的塞爾柱人移民（或入侵），並在西元一三三六年蒙古人的統治崩潰後再度恢復。

像許多安納托利亞公國一樣，黑羊和白羊王朝一開始都是組織鬆散的游牧突襲團隊。到十四世紀中葉時，後來成為白羊王朝的前身、部落聯盟裡的主要部族，定居在安納托利亞東部的迪亞巴克爾（Diyarbekir）周圍和亞美尼亞，他們可能是被入侵的蒙古人趕到那裡的。隨後，他們被迫臣服於帖木兒，並與他一起在一四〇二年的安卡拉戰役中擊敗鄂圖曼蘇丹巴耶濟德，作為回報，他們得到整個迪亞爾巴克爾地區，以帖木兒的附庸身分施行統治。西元十四世紀初，白羊統治者卡拉．奧斯曼（Qara 'Usman，西元一四〇三—三五年在位）開始將以游牧為主的部落聯盟轉變為部分定居的公國，並實行波斯—伊斯蘭式的行政管理，實質上是試圖重複尼札姆．穆勒克領導的塞爾柱王朝或拉希德丁領導的伊兒汗蒙古之進化過程。

卡拉．鄂圖曼慢慢變得足夠強大，足以威脅到帖木兒和鄂圖曼的領土。他本人也保留了游牧傳統的重要元素，尤其是堅信部落追隨者的定居會威脅到「主權、突厥特性和自由。」[23]如同成吉思汗提出城市生活對蒙古人產生社會破壞性和腐敗性提出的類似警告，卡拉．奧斯曼在對兒子提出建議的過程中，引用了一套傳統的不成文法律——雅薩克（yasaq）。[24]他還提醒他們和他的追隨者尊重烏古斯傳統中統治正當性的力量。大約在同一時間，在位的鄂圖曼蘇丹穆拉德二世正在強調他自身王朝的中亞烏古斯遺產，作為鄂圖曼人面對帖木兒獲得的一連串勝利後，重新確立鄂圖曼權威的方式。[25]

白羊人作為烏古斯邦聯，與塞爾柱人、早期的鄂圖曼人和蒙兀兒人遵循同樣的繼承和政治傳統，因此卡拉．鄂圖曼之死在他的兒子中引發了一場內戰。直到一四五三年，烏尊．哈桑才從這場鬥爭中脫穎而出；他在一四六六年打敗黑羊人，並作為當朝的白羊人領袖一直統治到一四七八年。[26]在他統治期間，他征服了喬治亞、安納托利亞東部的庫德斯坦以及伊朗西北部和中部的領土，將實力已經被嚴重削弱的帖木兒王朝從赫拉特以西的大部分伊朗領土上趕走。在一四七三年被鄂圖曼人擊敗之前，他將白羊邦聯變成重要的波斯—伊斯蘭公國，吸引帖木兒王朝的波斯語詩人賈米（Jami，西元一四九二年卒）注意，生活在赫拉特的賈米認為烏尊．哈桑是「眾嘎茲的蘇丹」，因為他出征喬治亞的基督徒有功。

烏尊．哈桑和他大多數烏古斯前輩和同時代的人一樣，都是遜尼派穆斯林，他大力資助穆斯林宗教機構和蘇菲道團以擴大自己的正當性。此時，薩法維道團已經成為其統治範圍內最具影響力的道團之一，烏尊．哈桑不僅將自己的妹妹嫁給薩法維導師祝奈德（Junaid，直到他於西元一四六〇年去世），還將自己的一個女兒嫁給祝奈德的兒子海達爾（Haidar）。海達爾在一四八八年去世之前，一直擔任薩法維道團的領袖。

---

23. John E. Woods, *The Aqquyunlu: Clan, Confederation, Empire* (Minneapolis and Chicago: Biblioteca Islamica, 1876), p. 67.
24. JDavid O. Morgan在他的論文中探討蒙古札撒（yasa）的本質，文中特別提到伊兒汗蒙古的情況："The Great Yasa of Chingiz Khan and Mongol Law in the IlKhanate," *Bulletin of the School of Oriental and African Studies* 49 (1986), 163-76。
25. Imber, *The Ottoman Empire,* 122-3.
26. 一份來自於原始史料、對白羊王朝行政系統的有趣研究：Vladimir Minorsky, "The Aq Quyunlu and Land Reforms," *Bulletin of the School of Oriental and African Studies* 17, No. 3 (1955), 449-62。

後蒙古時代伊朗的薩法維和蘇菲

薩法維道團是由謝赫薩菲．丁（Shaikh Safi-al Din，西元一二五二－一三三四年）創立的，他來自阿爾達比勒附近一個重要的地主家庭。在那個混亂的時期，這些神祕主義世系在伊朗和安納托利亞都傳播得十分迅速。[27]從伊兒汗蒙古人在伊朗建立統治，一直到一五〇一年薩法維王朝建立的大約兩百五十年間，蘇菲主義在這片廣闊的土地上獲得大眾影響力，組織成具有鮮明個性的道團，這些機構的基礎是呼羅珊人阿布．賽義德．伊本．阿比．海爾（西元九六七－一〇四九年），開創的蘇菲罕納卡或道堂。其中一些道團宣揚救世主的說法，比如，努爾巴哈希亞道團（Nurbakhshiya）的創始人就宣稱自己是馬赫迪（mahdi），是將正義和真正的宗教恢復到伊斯蘭世界的人。[28]這是一種與崇尚「先知穆罕默德的家族成員」（ahl la-bayt）的穆斯林有關、並由他們大力推動的思想；什葉派更是對此推崇備至，對他們而言，隱遁伊瑪目的說法是信仰，也是擺脫遜尼派壓迫統治期望的核心。

在這幾個世紀裡，前往受人尊敬的蘇菲導師陵墓朝聖的行為變得十分普遍，這些人往往是伊斯蘭教在一般大眾中最有力的代表。有一些蘇菲，比如阿富汗和印度的齊什蒂道團，他們宣揚從墮落的世界中退出，但另一些蘇菲，如納格什班迪耶道團

（Naqshbandiyya），其組織的導師與帖木兒王朝的統治者有著密切聯繫，積極傳播一支克制的神祕主義學說，他們參與政治，甚至與統治階層聯姻。在十三世紀末，蘇菲派在伊兒汗王朝的宮廷中已經發揮相當大的影響力，而伊兒汗王朝的蒙古人自從一二九五年繼承國家的合贊汗皈依伊斯蘭教以後，已經十四世紀初時贊助位於阿爾達比勒的薩法維聖地，這讓該道團的經濟基礎和宗教影響力得以壯大。事實上，在伊兒汗國後期或穆斯林化的伊兒汗國時期，謝赫薩菲已經穩定地獲得更多的農業和商業用地。[29] 在薩法維時代之前，儘管有些道團，如努爾巴哈希亞道團，他們最初不承認任何教派身分，但大多數伊朗道團都是遜尼派。然而，一些導師是什葉派，在遜尼派和什葉派之間的區別

27. 關於這座薩法維聖陵城鎮的歷史，見X. de Planhol, "Ardebil" in Ehsan Yarshater ed. *Encyclopaedia Iranica,* II (London and New York: Routledge and Keegan Paul, 1987), 357-61。

28. Shahzad Bashir, "After the Messiah: The Nurbakhshiyya in Late Timurid and Early Safavid Times," in Andrew J. Newman ed. *Society and Culture in the Early Modern Middle East* (Leiden: Brill, 2003), 295-314.

29. 關於這種關係的其他討論，見Kishwar Rizvi未出版的博士論文"Transformations in Early Safavid Architecture: The Shrine of Shaykh Safi al-Din Ishaq Ardebili," (Department of Architecture, Massachusetts Institute of Technology, 2000), 35-44, and Fariba Zarinebaf-Shahr, "Economic Activities of Safavid Women in the Shrine-City of Ardabil," *Iranian Studies* 31, No. 2 (Spring 1998), 253。

地圖7 西元一五一四年前的薩法維帝國；伊拉克隨後被輸給了蘇萊曼一世（一五二〇—一五六六年）

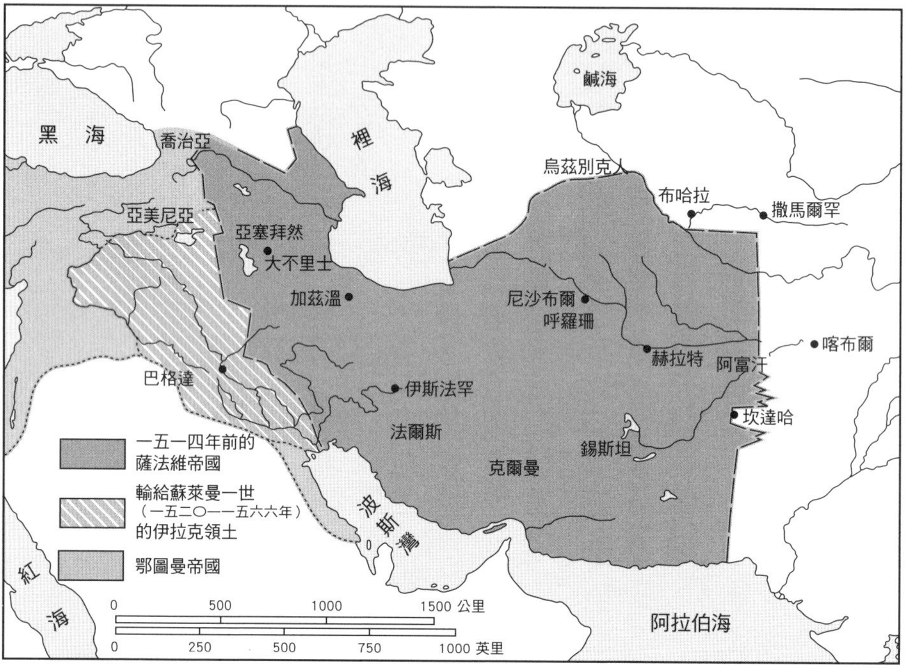

還常模糊不清的時代，有一些遜尼派，特別是那些對阿里和先知穆罕默德家族有著強烈崇敬感的人，變成了什葉派。

在薩法維王朝成為伊朗的統治者之前，伊朗曾出現過什葉派蘇菲爭奪政治權力的情況。十四世紀呼羅珊地區的薩布札瓦曾出現一個短暫的薩爾巴達王朝（Sarbadar dynasty），是蘇菲導師與當地政治領袖結盟，並最終建立起激進什葉派國家的最佳實例。從西元一三三〇年代末開始，當伊兒汗國的蒙古政權瓦解，薩爾巴達王朝開始成為富裕的呼羅珊地主，反抗上繳稅金給蒙古統治者。這個比喻性的王朝名稱在波斯語中意為「絞刑架上的人頭」，據說起源於創始人宣稱他和他的追隨者要麼驅逐他們的壓迫者，要麼就以「絞刑架上的人頭」作為結束。

一三四〇年，最早起義的領袖占領了尼沙布爾，兩年後，他們擊敗蒙古人脫合帖木兒（Taghaytimur）的部隊。然後，為了吸引住在薩布札瓦地區大量什葉派穆斯林的支持，薩布札瓦領袖遜尼派的馬斯歐德（Masʿud），爭取到一位住在此地的什葉派蘇菲支持，這個人就是謝赫哈桑（Sheikh Hasan）。在早些時候，謝赫哈桑已經聚集起一批握有武裝、由工匠和商人組成的追隨者群體，他們響應薩爾巴達的呼籲，試圖將他的什葉派信仰強加給附近的遜尼派，同時鼓勵人們期待馬赫迪即將出現。馬斯歐德和他的教士盟友為使其統治合法化而採取的一項措施，是從黎巴嫩的阿梅勒山（Jabar ʿAmil）這個歷史悠久的什葉派神學中心邀請一名什葉派神學家，這也是薩法維時期來自阿梅勒山的什葉派神學家進入伊朗的先例。[30] 然而，在薩布札瓦，遜尼派政治領袖聯盟和什葉派宗教極端分子之間的緊張關係導致暴力衝突，包括暗殺行為。整個運動在一三八〇年左右

30. Rula Jurdi Abisaab, "The Ulama of Jabal ʿAmil in Safavid Iran, 1501-1736: Marginality, Migration and Social Change," *Iranian Studies* 27, Nos. 1-4 (1994), 114.

爆發，當時該市爆發針對激進什葉派導師的叛亂，這些導師在三年前於薩布札瓦建立了一個意識形態僵化的什葉派政府。[31]

薩法維道團在薩爾巴達地主和什葉派神學家失敗之處獲得成功，其中至少有一部分原因是他們將政治和宗教路線結合在一起。似乎是從祝奈德開始，他將薩法維道團轉變成激進的宗教政治運動。祝奈德娶了白羊人烏尊．哈桑的姊妹，正是他在亞塞拜然的烏古斯部落中開展傳教活動，並在高加索地區對基督教徒進行征討。祝奈德的宗教信仰並不為人所知，但他的兒子海達爾繼承了父親的軍事活動，海達爾顯然在某種程度上是一名什葉派信徒，儘管他在遜尼派的白羊宮廷中長大，並娶了烏尊．哈桑的女兒。

也許是因為他宗教、政治的雙重世系，海達爾被烏尊．哈桑的兒子和繼承人雅古柏（Yakub）視為一種威脅。海達爾在高加索戰鬥中死亡後，雅古柏將海達爾的兩個兒子囚禁在遙遠的法爾斯（Fars）省，後來白羊人在那裡殺死了他們其中之一。第二個兒子伊斯瑪儀倖存下來，他逃到伊朗北部避難，那個地區自從白益王朝時代（西元十世紀前後）起就屬於什葉派，他與一個什葉派小統治者住在一起。伊斯瑪儀最終以一個年輕人的身分出現，召集其家族的部落支持者，出手爭奪白羊王朝的王位。然而，與他的白羊家族的親屬不同的是，伊斯瑪儀不僅以白羊王朝的血統為主張，更透過傳播強勁的什葉派救世主意識形態凝聚支持，這種意識形態是由一個世襲的蘇菲導師傳播的。

沙．伊斯瑪儀和薩法維意識形態

透過詩歌，沙．伊斯瑪儀把大多數不識字的突厥部落支持者吸引到他的身邊，不論這些詩歌的文學性如何，裡頭都蘊含強烈的意識形態內容。[32]他使用一種和現代亞塞拜然突厥語相似的突厥語方言，以及他大概自孩提時代就已經掌握的波斯語來創作詩歌，吸引了部落人口，也許還吸引了安納托利亞東部、伊朗北部和西北的城市底層無產者。這些人中包括阿夫沙爾（Afshar）和卡札爾（Qajar）部落，他們的後代將會在後薩法維時代成為統治伊朗的王朝。在伊斯瑪儀的詩中，他讚美阿里而不是穆罕默德，並聲稱自己是阿里的兒子胡笙（Husain）和穆罕默德的女兒法蒂瑪（Fatima）的後人。他給自己起了一個筆名，叫作「Khata'i」或「罪人」，還擅用先知穆罕默德的頭銜「封印使者」，而且使用什葉派伊瑪目的地位，用他的話說，他現在是作為人類的「完美嚮導」出現於世的。在他的眾多詩篇中，他以什葉派和蘇菲的雙重宗教角色展現自己，在詩中

---

31. 此總結來自John Masson Smith Jr. 的著作*The History of the Sarbadar Dynasty and Its Sources* (The Hague: Mouton, 1970)。
32. 見Charles Melville ed., *Safavid Persia: The History and Politics of an Islamic Society* (London and New York. I.B. Tauris, 1996)，此書收集了關於薩法維早期和晚期歷史許多有用的文章。

以薩法維人的戰鬥呼號「安拉，安拉」來開始。然而，伊斯瑪儀也把自己與《舊約》中的先知聯繫起來，並暗示他的家族有反基督徒的嘎茲傳統：

呀！真主道路上的戰士啊！請說：安拉，安拉！我是沙（阿里）的信仰。
快來覲見（我），叩頭吧（sijda）。我就是沙的信仰。
在飛行中，我是一隻鷓鴣，我是一支強大軍隊的領袖，是蘇菲的夥伴。
無論你何時把我播種，我都會生長；無論你何時呼喚我。
我就會站起來。我將抓住蘇菲的手。
我與曼蘇爾（指哈拉智〔Mansur al-Hallaj〕）一起現身在絞刑架上，與易卜拉欣（亞伯拉罕）一起身在烈火中，與穆薩（摩西）一起在西奈山上。
從除夕而來，慶祝新年（Nau Ruz，努魯茲節），加入國王的行列。
帶著甄別的能力來審視國王。嘎茲啊，你們跪下吧。
我戴著紅冠，我的馬車是灰色的，我（帶領）一支強大的軍隊。
我有先知優素夫（約瑟夫）的優點（即極度俊美）。
我是罪人，我的坐騎是栗色的寶馬；我的話語比糖更甜。
我有穆爾塔達·阿里的精華。那沙的信仰就是我。[33]

伊斯瑪儀這種獲取正當性的政治宣傳反映出他的聽眾——安納托利亞東部和伊朗西北部以突厥語為主的烏古斯部落民——異常多變和無序的宗教環境。伊斯瑪儀信奉的是混合什葉派概念和彌賽亞主張、讓人迷醉之物，而什葉派的宗教學者、黎巴嫩阿梅勒山地區等定居環境裡的居民往往將其稱為異端或極端（ghuluww）。伊斯瑪儀還要求順從，甚至要求叩頭——這是一個大多數遜尼派穆斯林憎惡的非分要求（正統穆斯林只對真主叩頭），但對蘇菲派長老和什葉派伊瑪目來說，這麼做卻是合適的。伊斯瑪儀利用他的什葉派和蘇菲派的號召力，一股腦地將自己與任何可能喚起那些沒受過教育的聽眾之共情心理的宗教傳統或政治傳統聯繫起來，創造一種領袖權威，將烏古斯部落吸引到他的旗幟下，產生一個為神權王朝服務的部落軍事聯盟。他的部落追隨者此後被稱為「齊茲爾巴什」（突厥語的「紅頭」），這個名字來自他們戴著獨特的頭巾，上面有一個紅色棒子和十二道褶皺，象徵著什葉派的十二位伊瑪目。伊斯瑪儀還藉由將自己的姊妹嫁給部落首領來鞏固他與這些部落的關係，正如早期鄂圖曼帝國的蘇丹也曾與突厥和基督徒血統的女子結婚以鞏固其雛形國家，薩法維人和齊茲爾巴什之間類似的通婚在持

---

33. Vladimir Minorsky, "The Poetry of Shah Isma'il I," *Bulletin of the School of Oriental and African Studies* 10, No. 4 (1942), 1025a–1026a, 1032a and 1042a.

續於整個十六世紀間，使部落的忠誠度與王朝的母系關係變得複雜難解。[34]

在薩法維伊朗的什葉派伊斯蘭教

西元一五〇一年，伊斯瑪儀和他的追隨者從他的白羊王朝親屬手中奪取大不里士，展開他們征服伊朗高原大部分地區的十年征途，伊斯瑪儀對什葉派伊斯蘭教的承諾變得十分明顯。他立即開始在這個人口大多為遜尼派的國家傳播什葉派、並使之制度化的進程，儘管（正如我們在白益王朝和薩爾巴達王朝的案例中所看到）早在薩法維人的勝利之前，伊朗北部和呼羅珊地區就已經存在大量的什葉派信徒。伊斯瑪儀在其統治初期遵循薩爾巴達的先例，邀請來自黎巴嫩阿梅勒山知名教士家族的什葉派教師來到伊朗，建立什葉派的烏里瑪機構，此前伊朗並不存在這種機構。阿里・卡拉基・阿梅利（'Ali al-Karaki al-'Amili，約西元一四六六－一五三四年）是這些早期什葉派移民中最有影響力的人。他在西元一五〇四年左右首次定居於伊拉克的納傑夫（Najaf），自一五〇四至〇五年起，他在伊斯瑪儀及其兒子塔赫馬斯普（Tahmasp）統治期間多次造訪薩法維宮廷，開創什葉派神學家的家族網路，在整個十六和十七世紀裡為薩法維王朝服務。[35]

伊斯瑪儀在其他詩句裡擴大他的號召力，將《列王記》中前伊斯蘭時期的伊朗君主以及亞歷山大（穆斯林熟知的英雄，名為伊斯坎達爾〔Iskandar〕）也包括在內，並寫道：「我就是法里東（Faridun）、霍斯陸、賈姆希德（Jamshid），以及查哈克（Zohak）。我是札爾（Zal）的兒子（魯斯塔姆〔Rustam〕）和亞歷山大。」事實上，當伊斯瑪儀在西元一五〇一年占領大不里士時，他就開始用前伊斯蘭時期的伊朗政治術語宣稱自己是伊朗的偉大國王（Padishah-i Iran）了。在使用波斯語術語Padishah描述自己在「伊朗」的地位時，他實際上是在重複前伊斯蘭時期的伊朗政治和地理／政治術語，這些術語在那不久之前才由伊兒汗國的蒙古人恢復，白羊王朝也會使用。他引用這些術語，顯示他認為自己是母系親屬（白羊王朝）的政治繼承人。古老的「伊朗」一詞在阿拉伯—穆斯林入侵後就已不再使用了，哈里發、他們的繼任者、薩曼王朝以及繼任的許多突厥王朝都沒有使用這個詞。伊斯瑪儀使用「伊朗」一詞，或是他在一首詩中使

---

34. Maria Szuppe, "Kinship Ties between the Safavids and the Qizilbash Amirs in Late Sixteenth-Century Iran: A Case Study of the Political Career of Members of the Sharafaldin Oghli Tekelu Family," Melville, ed., *Safavid Persia,* (1996), 79–104.

35. 尤見Abisaab, "The Ulama of Jabal 'Amil," 108–9, and Rosemary Stanfield Johnson, "Sunni Survival in Safavid Iran: Anti-Sunni Activities during the Reign of Shah Tahmasp I," *Iranian Studies* 27, No. 1/4 (1994), 125。

用mulk-i 'Ajam（即「國家」或「伊朗的王國」）最大的諷刺在於，雖然大不里士、亞塞拜然和美索不達米亞是前伊斯蘭時期「王中之王」的省分，但是沒有證據顯示伊斯瑪儀曾想像自己正在重建一個新的伊朗帝國。相反的，他的計畫是在白羊王朝的基礎上建立一個救世主信仰的什葉派國家。

在一五〇一年攻占大不里士後的十年內，伊斯瑪儀占領了前伊斯蘭時期的阿契美尼德（Achaemenid）和薩珊伊朗帝國的地理中心。不過，他在這樣做的時候，烏古斯部落對《列王記》和伊斯蘭教前伊朗王權榮耀的了解幾乎僅限於不成熟的口頭傳統。伊斯瑪儀在這些征服中重建白羊王朝的國家，與白羊王朝一樣，他最終的目標是東安納托利亞，他的父親、祖父和他本人都曾在那裡向突厥人傳教。在他回到安納托利亞並開始贏得更多的烏古斯部落支持後，他誘人的政治宣傳讓鄂圖曼人感到非常害怕，導致在位的鄂圖曼帝國蘇丹塞利姆（Selim，西元一五一二—一五二〇年在位）帶著伊斯瑪儀是異端邪說的宗教公告開始向東進軍。在一五一四年，塞利姆在亞塞拜然的查爾迪蘭（Chaldiran）摧毀了薩法維人的軍隊，同時從心理上打擊伊斯瑪儀的信心和氣質。這場戰役和隨後鄂圖曼帝國的勝利，使薩法維人甚至無法控制住安納托利亞東部，並迫使他們回到伊朗高原和邊界地區，這些邊界幾乎與現代的伊朗什葉派伊斯蘭共和國的國境線相吻合。

蒙兀兒人

就在伊斯瑪儀從伊朗北部崛起並召集他的部落支持者，向他的白羊王朝親戚發起挑戰時，中亞帖木兒王朝的末代統治者正逐漸失去對帖木兒首都撒馬爾罕及其周邊地區原有家園的控制。在帖木兒於一四〇五年去世後，河中與伊朗帖木兒世界的這個突厥王朝（有共享君權的傳統）第一次嘗到典型王朝繼承鬥爭的滋味。在十五世紀上半葉，帖木兒的兒子沙・魯克（Shah Rukh，中國明代史籍譯作「沙哈魯」）在赫拉特統治伊朗，沙・魯克的兒子烏魯伯（Ulugh Beg）則在撒馬爾罕擔任父親的副手統治河中地區，團結帖木兒王朝的核心領地。然而，帖木兒並未留給他的後代共同使命或共同治理的意識；相反的，他留給每個人的信念是，身為帖木兒人，他有正當的權利施行統治。在十五世紀後半葉，尋求祖先權威的帖木兒王族大量湧現，導致自主城邦之間形成相互交戰的局面，河中和伊朗有限的資源也被分割。[36]這種分裂意外導致文化繁榮百花齊放，

36. 關於河中地區的帖木兒人，見Beatrice Forbes Manz, Power, *Politics and Religion in Timurid Iran* (Cambridge University Press, 2007), Maria E. Subtelny, *Timurids in Transition* (Leiden: Brill, 2007) 以及帖木兒王朝引人矚目的文藝贊助：Thomas W. Lentz 和Glenn D. Lowry, *Temür and the Princely Vision: Persian Art and Culture in the Fifteenth Century* (Los Angeles and Washington: Los Angeles County Museum of Art and the Arthur M. Sackler Gallery, 1989)。

因為帖木兒王朝的王子為了爭奪文化上的正當性，紛紛贊助令人印象深刻的傳統波斯─伊斯蘭文化財，以及持續發展的突厥或察合台突厥語文學，鄂圖曼帝國的作家後來十分推崇這種文學。然而，帖木兒王朝的王子無力相互合作，使這些被稱為帖木兒後代的米爾札（Mirza），在河中地區的烏茲別克人和在伊朗的黑羊邦聯、白羊邦聯的野心面前不堪一擊。

蒙兀兒帝國的創始人札希爾丁．穆罕默德．巴布爾（西元一四八三─一五三〇年）也是帖木兒家族的一員，他在十二歲生日之前就被扔進帖木兒家族的競爭和烏茲別克人在河中地區擴張的漩渦中。[37]在兩次奪取但皆僅短暫占有撒馬爾罕之後，他最終逃離河中地區，因為烏茲別克人消滅了大多數阻擋在他們面前的帖木兒和察合台蒙古親族。西元一五〇四年，巴布爾占領了貧苦的前哨城鎮喀布爾作為避難所，在接下來的七年中，他大部分時間都在努力恢復河中地區的資產，首先是抵禦烏茲別克人的攻擊，保衛最後一個帖木兒王朝的前哨城市赫拉特。當赫拉特於一五〇七年落入烏茲別克人之手，巴布爾隨即又喪失了阿富汗中部的坎達哈，面對敵人進一步對喀布爾發起進攻，巴布爾才擋住對手的腳步。西元一五一〇年時，沙．伊斯瑪儀．薩法維已經完成對伊朗高原的征服。他襲擊烏茲別克人，殺死烏茲別克人的首領昔班尼汗（Shaibaq，或波斯語的Shibani Khan），巴布爾的命運得從此得以改善。接著在薩法維軍隊的幫助下，巴布爾於一五一一年回到河中地區，第三次出手奪取撒馬爾罕，之後又被紀律嚴明的烏茲別克部落騎兵打敗，只好再次逃往阿富汗。[38]

巴布爾對印度北部的征服

巴布爾在面對烏茲別克人的擴張時，三度失去帖木兒王朝祖先的都城撒馬爾罕，暴露出他在軍事上的弱勢。在一五一四年之後，他便放棄收復故土的野心，並下定決心在印度復興他的家族輝煌。他早期曾以其他印度次大陸的中亞入侵者方式向印度河一帶派出掠奪隊，但到了一五一九年，他顯然真的下定決心要展開全面入侵。正如他在自己的回憶錄中公開談到的，這是唯一一片可以讓雄心勃勃的帖木兒子孫建立新帝國的寶貴領土。喀布爾和周邊地區很美，但太窮了。他在西元一五一九年時毫不含糊地宣布自己的意圖，他將新出生的兒子命名為Hind-al，即「征服印度」，並開始對阿富汗人的洛迪王

---

37. 巴布爾極富趣味的自傳已經出版價格便宜的平裝本，英語譯者是Wheeler M. Thackston。*The Baburnama* (New York: Modern Library, 2002).

38. 關於巴布爾的生平、自傳以及詩歌作品，見*The Garden of the Eight Paradises*。

朝進行一連串試探性的攻擊，最終於一五二〇年占領拉合爾。他宣稱他的行動是繼承自帖木兒在一三九八年發起的攻勢，主張這樣的權利可以使他的行動獲得正當性。當他命令他的手下不要掠奪和疏遠在一五二〇年代占領的旁遮普地區村莊的富人，而是向他們徵稅時，長期意圖已昭然若揭。

在確保阿富汗北部和西部的安全後，他於一五二五年十二月離開喀布爾，並於一五二六年四月在德里北部的帕尼帕特（Panipat）的一場激戰中擊敗洛迪人（Ludis）。據他的女兒古麗巴丹．碧甘（Gulbadan Begim）說，巴布爾在擊敗阿富汗部隊時，麾下準備就緒的部隊人數不過八千，但巴布爾以對自己有利的傳記作者的方式估計阿富汗人的部隊超過十萬人。[39]根據他的詳細敘述（現存唯一的衝突描述，也是這三個穆斯林帝國早期歷史上為數不多的重大戰役目擊記載之一），他是藉由結合鄂圖曼帝國軍事顧問推薦的防禦戰術與蒙古小隊進行的傳統中亞騎兵戰術而獲得勝利。因此，他以鄂圖曼帝國的方式強化核心，用以鎖鏈相連的戰車保護他的火槍兵、大砲和後援騎兵，同時派遣快速的蒙古騎射手包抄並包圍被引誘到戰場中心的敵人。這場戰爭主要並非依靠火藥武器獲勝，因為巴布爾本人在報告中說，他的新火砲只是開了「幾砲」而已。火藥武器可能透過保衛他的戰鬥中心作戰單位而為勝利做出貢獻，但為他贏得這場戰鬥的是蒙古小隊的側翼攻擊，就像他們曾在中亞打過的許多次戰鬥那樣。

巴布爾獲得的勝利是最明顯的王朝帝國主義案例，他的勝利沒有借助任何自封的宗教神聖性。在他以傳統突厥文或察合台突厥文的格律創作的內容豐富、坦承、沈醉在自我中的自傳作品中，巴布爾提供了對一個前現代征服者的繼承性野心和金錢動機的最佳觀察。他是一個以征服和統治為天職的戰士階層成員，具有公開的侵略性並對此毫不掩飾。巴布爾征服印度只是因為他已經失去在河中地區或是在其他地方建立帝國的希望，所以他把他的「帝國野心」（mulkgirliq）轉向印度，那裡的阿富汗人統治者陷入長期的派系爭端，這個局面為他提供了機會。他還在自傳中真實地描述他早期職業生涯中的猶豫、疑慮、意外和災難，並在最後傳達出獲得一場偉大勝利的興奮，以及他對於自己成為拯救他的親族和恢復王朝命運的帖木兒子孫那股毫不掩飾的喜悅。諷刺的是，他是在一個氣候、地形和社會都被他鄙視的國家取得勝利。

巴布爾與鄂圖曼征服者穆罕默德二世不同，後者為征服帝國都城君士坦丁堡而感到興奮，並樂於在那裡進行統治，巴布爾甚至與伊斯瑪儀也不同，從側面證據來看，伊斯瑪儀似乎對大不里士感到心滿意足。巴布爾雖然對印度奇異的動植物很感興趣，但是他

---

39. Gulbadan Begim, *The History of Humâyûn (Humâyûn-nâma)* (Delhi: Idarah-i Adabiyât-i Delhi, repr. 1972), f. 9b, p. 12.

認為印度唯一吸引人的是它的財富。他在自傳中批評北印度的時候，曾含蓄地譴責印度教種姓社會生活的社會隔離後果，這種社會生活不能容忍跨種姓的「友好社會」或「社會交往」。巴布爾接著揭示他內心受到的文化衝擊和思鄉之情的強烈：

> 印度斯坦的人民缺乏美感，他們缺乏友好的社會、缺乏社會交往、缺乏人格或天賦、缺乏城市化、缺乏高貴或騎士精神。在熟練的藝術和科學方面，沒有規則、比例、直線或方正規矩。這裡沒有好馬、沒有好狗、沒有葡萄、沒有甜瓜或一流的水果、沒有冰塊或冷水，市場（bazaar，又稱巴札）裡沒有好的麵包或熟食、沒有澡堂、沒有瑪德拉沙，沒有蠟燭、沒有火把、也沒有燭台。[40]

巴布爾還暗示，在征服印度西北部和恆河流域後，他計畫從喀布爾統治「印度斯坦」：然而，這個城市很窮，而且就像他在一段描述中風趣地指出，這裡的氣候讓人們得蓋上毯子才能睡覺。一五三〇年他因病在印度亡故，讓他沒能與許多最親密的同伴團聚。因為這些同伴對於印度的氣候和環境的恐懼，使他們在巴布爾最初取得勝利後不久就紛紛逃離印度，前往喀布爾。

巴布爾在帕尼帕特的勝利後又統治了四年多的時間，因此能夠將關於新帖木兒帝國的想法留給他的兒子胡馬雍。但在一五三〇年，這個帝國比一片表面上安定的郊野地區強不了多少。事實上，它是一連串被占領的堡壘和城市，從喀布爾延伸到拉合爾，向南延伸到德里和阿格拉，然後向東南延伸到恆河流域西部，大部分農村被獨立的印度教、阿富汗統治者和較小的家族占領。從他擊敗洛迪人一直到他去世的幾年時間裡，巴布爾開始為他的阿富汗—北印度帖木兒小王國組建立了人力上的基礎。

一五三〇年的蒙兀兒帝國

在長期被穆斯林王朝統治的北印度，巴布爾繼承了一個成熟完善、遵從哈奈菲教法學派的遜尼派烏里瑪，並且建立瑪德拉沙和一些蓬勃發展的蘇菲派（儘管巴布爾對此有所抱怨），其中最引人注目的是奇什蒂道團。接著，幾乎就在巴布爾向阿富汗、伊朗和河中地區的親屬、盟友甚至敵人昭告他的勝利之後，新的穆斯林開始抵達印度次大陸。他們包括帖木兒和察合台蒙古人的親戚、士兵，與來自河中地區和呼羅珊的行政人員，

40. Dale, *The Garden of the Eight Paradises*, 369.

來自赫拉特、說波斯語的歷史學家、音樂家和藝術家，以及來自撒馬爾罕和河中地區其他城市、帖木兒人的精神盟友納格什班迪道團（Naqshbandi order）的蘇菲。巴布爾利用洛迪王朝的波斯語行政和稅收記錄，首先將領土劃分為臨時性的軍事領地或附屬地，由帖木兒和察合台系官員管理，這些地方被稱為瓦芝達（wajhdar），但整體意圖與在他之前的德里蘇丹授予的伊克塔相似。

雖然他在印度生活的這段時期沒有任何文件留存下來，但可以推測，巴布爾的稅收以及他的法律或司法管理，都是基於他在河中地區所熟悉的哈奈菲學派遜尼模式。他在喀布爾寫的一部作品中也總結過這些模式，當時他正在那裡跟隨一位穆斯林學者學習伊斯蘭教法。[41] 巴布爾熟諳《基礎指引》（*Al-Hidayah fi Sharh Bidayat al-Mubtadi*），這是西元十二世紀的中亞學者包爾汗丁・馬吉納尼（al-Marghinani）所編纂，關於哈奈菲遜尼派法律的重要著作，英國法官後來曾將它作為英屬印度穆斯林法律的主要參考依據。[42] 儘管巴布爾和他的任何繼承人都沒有模仿鄂圖曼帝國的做法，即由蘇丹自己主持宗教等級制度、執行遜尼派哈奈菲法律派別的準則，但哈奈菲學派一直是蒙兀兒帝國的標準規範。

巴布爾的政治安排，也證明他繼續堅持帖木兒或突厥—蒙古人的繼承權，或共享主權的繼承規範。在他的一生中，他將領土分為兩個不同的單位管理，即阿富汗北部、中部和喀布爾的「阿富汗人的」土地，以及印度斯坦。他和他三個兒子中的兩位統治著喀布爾以外的所有阿富汗土地，宣布喀布爾為王室土地（khalisa, crown land）。在指派他的兩個大兒子統治阿富汗的不同地區時，他創造了一個典型帖木兒王朝的領地制度。巴布爾在印度寫給胡馬雍的一封信中曾說，他總是把六份領土分配給他這個長子，五份領土分配給他的弟弟。胡馬雍在一五三〇年繼承父親的職位後，只治理了十年就被捲土重來的阿富汗軍隊趕出印度。他受到三個兄弟的行為所困擾，在他試圖平定印度北部時，他們與他的合作時好時壞。最年輕的王子信德阿勒（Hind-al Mirza）甚至在一五三八年宣稱自己的主權，讓人以自己的名義宣讀星期五聚禮中的呼圖白。此外，還有一五〇六年去世的赫拉特帖木兒王朝著名統治者胡塞因・白卡拉的兩個後裔，儘管他們早先曾在印度得到過巴布爾的庇護，但自從胡馬雍的統治之初就一直藐視他的統治權威。

41. 關於巴布爾的印度政府的簡要概括，見Dale, *The Garden of the Eight Paradises*, 404–10。

42. 包爾汗丁・馬吉納尼（西元1197年卒）是生活在馬爾吉蘭（Marghinan）的著名哈奈菲遜尼派學者之一，這座城鎮位於塔什干的東南方，在巴布爾的家鄉費爾干（Ferghana）山谷附近。W. Heffening在《伊斯蘭百科全書》的詞條「al-Marghînânî」中介紹了包爾汗丁・馬吉納尼的著作。請查閱*Encyclopaedia of Islam*, II, Brill Online。

地圖8 西元一五三〇年的蒙兀兒帝國

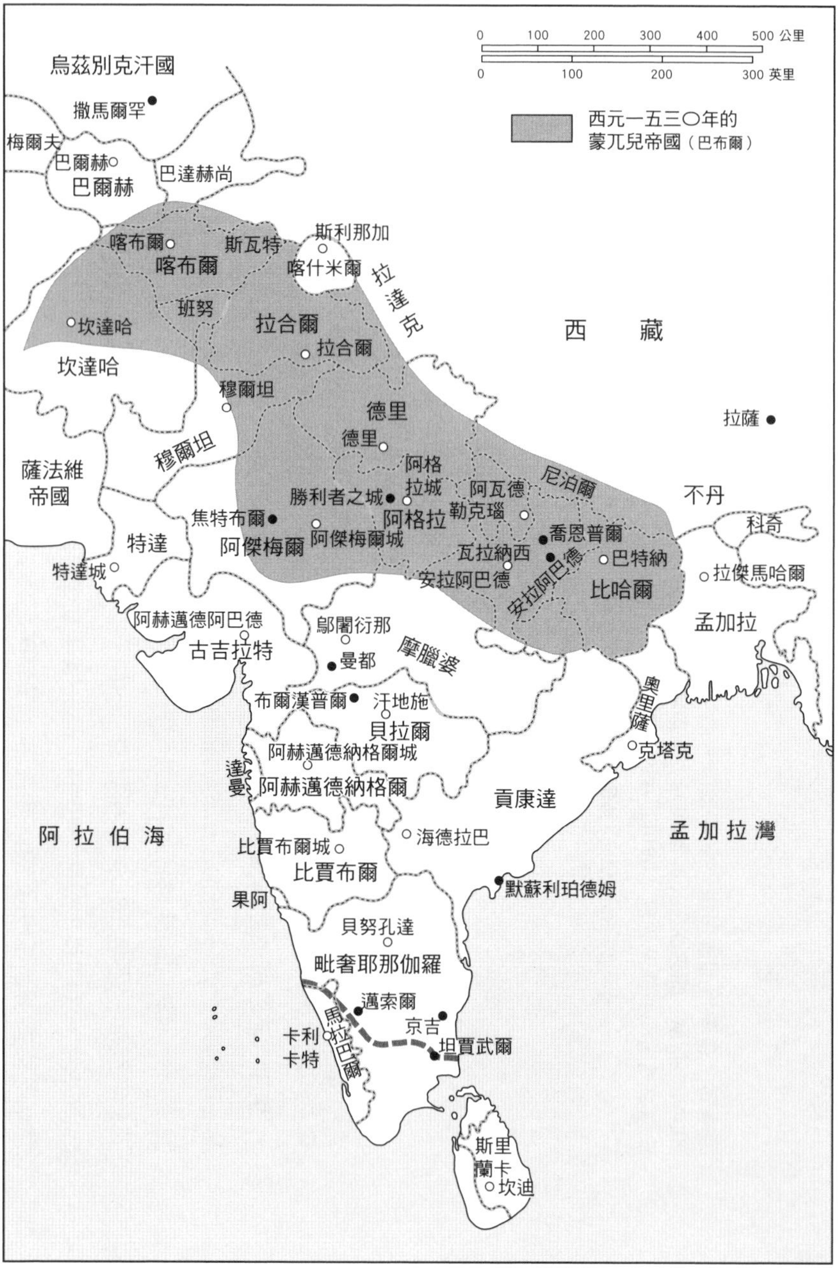
0 100 200 300 400 500 公里
0 100 200 300 英里
西元一五三〇年的
蒙兀兒帝國（巴布爾）
烏茲別克汗國
撒馬爾罕
梅爾夫
巴爾赫
巴爾赫
巴達赫尚
喀布爾
喀布爾
斯瓦特
斯利那加
喀什米爾
拉達克
班努
坎達哈
坎達哈
拉合爾
拉合爾
西藏
穆爾坦
穆爾坦
德里
德里
拉薩
薩法維帝國
阿格拉城
勝利者之城
阿瓦德
尼泊爾
不丹
勒克瑙
阿格拉
焦特布爾
阿傑梅爾城
阿傑梅爾
喬恩普爾
科奇
特達
特達城
瓦拉納西
巴特納
安拉阿巴德
安拉阿巴德
比哈爾
拉傑馬哈爾
阿赫邁德阿巴德
鄔闍衍那
孟加拉
古吉拉特
曼都
摩臘婆
布爾漢普爾
汗地施
奧里薩
貝拉爾
克塔克
阿赫邁德納格爾城
達曼
阿赫邁德納格爾
貢康達
阿拉伯海
孟加拉灣
海德拉巴
比賈布爾城
比賈布爾
默蘇利珀德姆
果阿
貝努孔達
毗奢耶那伽羅
邁索爾
京吉
馬拉巴爾
卡利卡特
坦賈武爾
斯里蘭卡
坎迪

由於缺乏兄弟和其他帖木兒家族成員的支持，胡馬雍在兩次戰役中被阿富汗人擊敗，隨即逃離印度。當他被控制喀布爾和坎達哈的另外兩個兄弟拒絕後，最終在一五四四年向伊朗國王伊斯瑪儀的兒子、繼承人塔赫馬斯普一世國王（Shah Tahmasp I）尋求庇護。在塔赫馬斯普那裡，胡馬雍的身分不是難民，而是蒙兀兒的帕迪沙——這再次證明王朝正當性具有的救命力量——胡馬雍以一顆巨大的鑽石（可能是「光之山」〔Kuh-i nur〕，這顆鑽石現在是英國王室珠寶的一部分）、數不勝數的紅寶石和一項可能是接受什葉派伊斯蘭的模糊承諾來換取這位伊朗君主的幫助。在伊朗軍隊的帶領下，胡馬雍班師回到阿富汗，開始長達十年收復帖木兒人和印度資產的過程；最後，在西元一五五五年，他終於贏得一場對阿富汗軍隊的決定性戰鬥。然而，這位倒霉的君主就在隔年，當他在宣禮聲中趕著去做禮拜時，不慎從圖書館的石階上失足摔倒而亡。他的兒子阿克巴（Akbar，西元一五五六—一六〇五年在位）將元氣已經初步恢復過來的帖木兒印度王國轉變成一個擁有傲人財富和無可挑戰的力量的雄偉帝國，這個帝國的強大將會在十七世紀令歐洲人震撼。

第三章

君主的統治正當性和帝國機構

簡述

在鄂圖曼王朝、薩法維王朝和蒙兀兒王朝出現後，每個王朝的統治階層中都有一位後來的統治者改變國家的性質。西元十五和十六世紀，這些改變國家性質的統治者分別是：鄂圖曼王朝的勝利者穆罕默德（Fatih Mehmet，征服者穆罕默德二世，西元一四四四－一四八一年）；薩法維王朝的沙．阿巴斯一世（Shah ʻAbbas I，西元一五八八－一六二九年）；以及蒙兀兒王朝的阿克巴（西元一五五六－一六〇五年）。他們每個人都表現出富有適應力的個性和活力，使他們將繼承到的國家塑造成一個明顯不同、更強大的帝國實體。他們所扮演的角色並不完全相似，因為他們的王朝有著各不相同的歷史和特點。在西元一四四四年時，穆罕默德二世繼承的是一個強大、具擴張性的安納托利亞和巴爾幹半島蘇丹國，並已建立起軍事、政治和宗教機構。然而，透過對君士坦丁堡的征服和隨後的政策，他大大改變了鄂圖曼人的自我認知以及鄂圖曼國家的特徵。在他去世時，鄂圖曼蘇丹國已經成為一個占主導地位、高度中央集權的奴隸帝國，其統治者擁有迄今為止無與倫比的專制權力。相比之下，十六歲的沙．阿巴斯在西元一五八八年繼承到的是一個脆弱、前途堪憂的薩法維政權。在十六世紀時，沙．伊斯瑪儀最初擁有的那種宗教魅力已經因為一五一四年在查爾迪蘭戰役（Battle of

Chaldiran）的失敗和隨後的萎靡不振而喪失殆盡，他的繼任者既沒有能力解決棘手的內部衝突和齊茲爾巴什的獨立權力，也沒有能力果斷地擊敗他們的鄂圖曼和烏茲別克敵人。然而，沙・阿巴斯還是改變了薩法維國家的各個層面，使其首次成為一個在經濟上運行順暢且強大的伊朗帝國，沙・阿巴斯的軍隊還擊敗了鄂圖曼軍隊並奪回伊拉克。在印度，皇帝阿克巴發揮了與伊朗的沙・阿巴斯一世類似的變革作用。一五五六年，十二歲的阿克巴登上王位，他最初統治的是一個疆土不大、地位不安全的北印度國家，而他的父親胡馬雍才在一年前從他的阿富汗敵人手中奪回這個國家，尚未施行有效的統治。藉由征服和制度創新，阿克巴為他的繼承人留下一個穩定、人口眾多的帝國，坐擁的財富使其同時代的薩法維和鄂圖曼帝國相形見絀。

新的統治正當性

這幾位君主改變他們所繼承國家的程度，一部分可以透過每個人重新定義其王朝的正當性和權威的方式來衡量。藉由征服君士坦丁堡，穆罕默德二世立即將勝利（以及作為嘎茲的勝利）而獲得統治正當性的蘇丹國，轉變為一個讓埃及的馬穆魯克蘇丹國黯然失色的帝國（當時馬穆魯克人的國家在伊斯蘭世界最負盛名）。君士坦丁堡——東羅馬帝國或拜占庭帝國的前都城，曾是帝國首都和君王所在的基督教城市。作為鄂圖曼帝國的新首都，它不僅讓開羅變得黯然失色，而且使歷代薩法維王朝的首都大不里士、加茲溫和伊斯法罕，或蒙兀兒王朝的阿格拉、勝利者之城（法特普爾錫克里〔Fatehpur Sikri〕）、拉合爾和德里等城市的歷史、戰略和象徵意義都相形見絀。君士坦丁堡作為鄂圖曼人唯一的首都，與幾個薩法維王朝的首都和多個蒙兀兒駐地之間的地位對比，本身就突出了這些城市對於這些王朝的相對重要性。從王朝的角度來看，鄂圖曼帝國征服君士坦丁堡代表鄂圖曼人作為嘎茲事業之軍事領袖的終極成功。它賦予蘇丹強大的新魅力和權威，甚至比穆斯塔法．凱末爾在第一次世界大戰後為捍衛一個新生的土耳其國家而擊敗英國、法國和希臘軍隊時所贏得的權力還要大。

穆罕默德二世宣稱自己是新凱撒，是羅馬帝國首都的統治者，他把君士坦丁堡稱為波斯語的takhtgah，即王位所在之地（gah指「地方」，takht指「王位」），在阿拉伯語中則稱為dar al-saltana，即「蘇丹的居所」。[1] 直到一九二三年前，這裡一直是帝國的所在地，是蘇丹的居所，也是鄂圖曼帝國歷代宮殿的所在地，例如後來的托普卡匹宮（Top Kapı Sarai，大砲之門宮）。不過，擁有這座城市也意謂著穆罕默德成為穆斯林世界的軍事領袖，即最高的嘎茲。這場征服的勝利是真主的旨意，已經被穆罕默德的蘇菲導師阿克．沙姆斯丁（Aq Şemseddin）預料。這位導師是重要的新柏拉圖主義伊斯蘭哲學家蘇赫拉瓦爾迪（al-Suhrawardi，卒於西元一一九一年）的追隨者，後者的作品將會為十七世紀的伊朗知識分子帶來重大影響。[2] 無論如何，穆斯林認為征服這個被他們稱為「伊斯蘭之城」（Islambol）的城市是注定的，他們早在西元六五〇年就首次派出阿拉伯—穆斯林軍隊攻打它。[3] 先知穆罕默德的聖門弟子（同伴）之一，阿布·艾優布·安薩里（Abu Ayyub al-Ansari）就在西元六六八年對君士坦丁堡發動的攻勢中犧牲，後來成了這座鄂圖曼帝國城市的守護聖徒。[4] 在征服這座城市後，蘇丹穆罕默德立即將君士坦丁的大教堂改成聖索菲亞（Aya Sofia）清真寺，象徵性地將君士坦丁堡轉變成「伊

1. Colin Imber指出，鄂圖曼統治者在十六世紀之前並未推廣羅馬皇帝的頭銜。見Colin Imber, *The Ottoman Empire,* 125。
2. 見Fakhry, *A History of Islamic Philosophy,* 302-14，以及本書第六章的內容。
3. Inalcık, “Istanbul: an Islamic City,” in Inalcık, *Essays in Ottoman History,* 249-50. Eckart Ehlers 和 Thomas Krafft 討論了在不同的學者的筆下，「伊斯蘭城市」一詞究竟意涵為何。“Islamic Cities in India? Theoretical Concepts and the Case of Shâhjahânâbâd/Old Delhi,” in Ehlers and Krafft, eds., *Shâhjahânâbâd/Old Delhi Tradition and Colonial Change* (Delhi: Manohar, repr. 2003), 11-27. 什葉派國家例如伊朗，存在一些專門給伊瑪目和胡笙的特殊建築物：*Imamzadihs*和*husainiyyihs*。見Masoud Kheirabadi, *Iranian Cities: Formation and Development* (Austin: University of Texas Press, 1991), 68-75。
4. 128 Inalcık, “Istanbul: An Islamic City,” 252.

斯蘭之城」。這座建築成為後來鄂圖曼帝國宗教建築的標準範本。

薩法維王朝的沙．阿巴斯和蒙兀兒王朝的皇帝阿克巴，兩者的統治正當性和權威與他們的前任者伊斯瑪儀和巴布爾相比也發生重大變化。儘管在這兩個人的案例中，他們的魅力是隨著時間的推移而慢慢增長的，而不是像前面的穆罕默德，在一個光亮奪目的時刻發生劇烈的變化。不過，就沙．阿巴斯而言，沒有什麼比他從一個年僅十六歲、齊茲爾巴什部落手中的小卒子變成薩法維王朝最強大的國王更為圓滿。一五八七年時，正是他的沙姆魯阿塔伯克（Shamlu atabeğ，齊茲爾巴什監護人）在當時的薩法維王朝首都加茲溫將他安上王位，這行為本身證明了薩法維王朝最初的魅力已經退化成軟弱的統治家族，只具有模糊的威望。然而，在其漫長的統治過程中，沙．阿巴斯將自己從齊茲爾巴什手中的小卒變成成功的將軍和中央集權的伊朗君主，整個輝煌的統治生涯都在不斷努力，從而將權力集中在自己手中。

沙．阿巴斯藉由捐贈和贊助阿爾達比勒的陵墓建築和其他什葉派紀念性地標建築，精心培養他的蘇菲、什葉派的可信度，但他將這些因素置於傳統伊朗人帝國的身分認同之下。[5] 薩法維歷史學家描述他在新首都伊斯法罕的建設活動時，使用的術語顯示了薩法維王朝的正當性是如何從伊斯瑪儀的魅力型什葉派千禧年主義，演變為更傳統的伊朗帝國專制統治。在討論新首都建設的四位歷史學家中，只有其中一位，也就是某個時期的宮廷占星師賈拉勒丁・穆罕默德・亞茲迪（Jalal al-Din Muhammad Yazdi，Munajjim-i Yazdi）曾用什葉派術語將他稱為「阿里的看門犬」，並提到新廣場上的商店是「代表無誤的（什葉派）伊瑪目」的宗教義產（waqf）。就像鄂圖曼帝國的編年史家給君士坦丁堡貼上的標籤，其他歷史學家都指出伊斯法罕是dar al-Saltana，即統治者的住所，但也使用傳統上崇高的前伊斯蘭時期伊朗帝國修辭術語，描述沙・阿巴斯本人擁有farr，一種薩珊王朝伊朗君主所說的神聖本質，並且將沙・阿巴斯稱為「神的影子」（Shadow of God）和「天下的偉大國王」（Padishah of the World）。[6]

阿克巴在統治期間經歷了類似的統治正當性轉變。他從一個年僅十二歲，處在他的阿塔伯克（黑羊突厥人拜拉姆・汗〔Qara Quyunlu Turk Bairam Khan〕）監督下的帖木兒家族王子，成功地變成一個強大南亞國家的皇帝。在現實中，他就是一位帕迪沙，而不是像一五〇六年時巴布爾在喀布爾搖搖欲墜地統治時，一個擁有的美好願望的「帕迪

5. Robert D. McChesney, "Waqf and Public Policy: The Waqfs of Shah 'Abbas, 1011–1023/1602–1614," *Asian and African Studies* 15 (1981), 165–90. 請特別參考副標題 "Ideological and Political Implications of Waqf Grants"之下的內容，182-6。

6. R. D. McChesney "Four Sources on Shah 'Abbas's Building of Isfahan," *Muqarnas* 5 (1988), 109, 111, 112.

沙」頭銜。阿克巴至少在一開始就擁有突厥—蒙古（即帖木兒—成吉思汗）宗譜世系上的優勢，在他晚年相對平靜、安穩的時候，他曾讓宮廷歷史學家和藝術家反覆宣傳這個主題。西元十六世紀末時，他的好夥伴、宮廷歷史學家阿布·法濟勒·阿拉米（Abu’l Fazl ‘Allami），幾乎與同時代的伊斯法罕薩法維歷史學家一樣，宣稱阿克巴本人擁有或散發著前伊斯蘭時期「伊朗君主的神聖本質」。那時的阿克巴如同沙·阿巴斯，不僅藉由自己在戰爭中毫不留情的成功而獲得領袖魅力，還透過其他兩種相關方式擴大自己的正當性。

首先，他透過通婚、君主任命和對印度教徒情感上的讓步，將拉傑普特——占主導地位的北印度印度教戰士階層納入帝國統治。其次，阿克巴試圖不僅將自己定義為帖木兒或穆斯林統治者，而且更將自己廣泛地定義為印度人的君主，宣傳他的非教派虔誠，其中的部分原因是他對印度教、佛教和耆那教等其他印度宗教傳統有著深厚的興趣。他最終將自己凌駕於烏里瑪之上，成為公正蘇丹（sultan-i ‘adil），即擁有伊智提哈德（ijtihad，《古蘭經》和伊斯蘭法律解釋權）的人，這種權威在薩法維伊朗是留給烏里瑪掌握的。他主張蒙兀兒人應根據「與所有人和平相處」（sulh-i kull）的基本原則進行統治，並作為「所有人民的避難所」行事。他的思想在十六世紀時可能沒有廣泛的影響力，甚至沒有得到很妥善的理解——而且還深深地冒犯了一些烏里瑪成員。然而，他的這些主張，確保阿克巴在二十和二十一世紀的印度和西方知識分子心中享有魅力地位。[7]

穆罕默德二世：從蘇丹國到帝國

西元一四四四年，穆罕默德二世十二歲就被他的父親立為繼位者，以避免繼承權糾紛，但在不久後他就遭到排擠，因為在這一年稍晚，他證明自己還沒有辦法應對鄂圖曼帝國首都埃迪爾內胡魯菲教派成員（Hurufi sect）的叛亂，並且無法對付十字軍跨越多瑙河進攻的威脅。[8] 在一四五一年完全控制鄂圖曼國家時，他已經娶了鄂圖曼家族在安納托利亞的突厥盟友祖卡迪爾人（Dhu'l Kadirids）的女兒——這是鄂圖曼人與其他王室家族的最後一次聯姻。（在後來的日子裡，除了一些重要的例外，鄂圖曼帝國

7. Annemarie Schimmel憑藉著對於蘇菲主義的精神傾向和對於南亞伊斯蘭教的出眾了解，敏銳而簡潔地描述了阿克巴的宗教試驗。*The Empire of the Great Mughals*, trans., Corinne Attwood (London: Reaktion Books, 2004), 35-8。

8. 一本關於穆罕默德二世的標準傳記作品：Franz Babinger的*Mehmed the Conqueror and His Time*, ed. William C. Hickman, trans. Ralph Manheim (Princeton: Bollingen Press, 1978)。

的統治者都是妾室的孩子。）穆罕默德在西元一四四八年和一四五〇年與他的父親一起參加了兩次重大的巴爾幹戰役，從而獲得軍事上的經驗。他決定進攻君士坦丁堡，這似乎是鄂圖曼帝國擴張歷史的必然結果，因為鄂圖曼帝國擴張使拜占庭的首都變得貧窮並在陸地上遭到包圍，但穆罕默德也有進攻該城市的直接動機。他回應一派大臣的建議，即藉由征服這座城市以鞏固他的權力，這樣做也可以結束他的表弟奧爾渾（Orhon）所構成的挑戰，此人當時正住在拜占庭首都裡。與威尼斯和匈牙利達成和平協議，以保護其歐洲的海上和陸地側翼之後，穆罕默德獲得一位匈牙利製砲師的技術援助，打造了強大的攻城砲，這些砲彈衝擊並最終攻破了他的顧問認為堅不可摧的城牆。[9]西元一四五三年六月二十九日，經過兩個月的圍攻後，他終於攻下了這座城市；奧爾渾與大約八千名守軍一起和拜占庭帝國並肩作戰，在城破後不久被俘並遭到處決。

在歐洲和亞洲的穆罕默德

穆罕默德二世是「經典鄂圖曼帝國的真正創始人，建立了其領土、意識形態和經濟基礎。」[10]在他的征服過程中（在伊斯坦堡以及隨後的巴爾幹、安納托利亞和美索不達米亞），他的行政創新、經濟集中化和宗教教育的組織，開啟或系統化這個帝國的基本制度。首先，在他統治的三十年裡，身為毫不留情的軍事指揮官，他在歐洲和亞洲擴大了鄂圖曼帝國的征服範圍。在歐洲，即使偶爾會在威尼斯人和匈牙利人手下淺嘗敗績，但他也在巴爾幹地區和對威尼斯進行長達二十五年以上、反覆而成功的作戰。一四七九年，在迫使威尼斯人講和之後，穆罕默德似乎展開一個繼征服君士坦丁堡之後，特別是羅馬的征服義大利計畫，這是鄂圖曼帝國在君士坦丁堡之後合理的最終擴張目標。他的部隊在一四八〇年實際占領了義大利南部城鎮奧特朗托（Otranto）。他在東部成功獲得對海峽的完全控制，隨後鄂圖曼帝國於一四六一年征服特拉布宗王國（Trebizond），這是黑海上最後一個實質性的希臘王國。隨後，他將注意力轉向安納托利亞東部。在那裡，自一四六四年以來與威尼斯人正式結盟，烏尊．哈桑已經將白羊王朝變成強大的反鄂圖曼勢力。穆罕默德在西元一四七三年戰勝烏尊．哈桑的軍隊，不僅證實火藥武器對

9. 鄂圖曼人發展出的火砲技術水準超越了任何一個穆斯林國家，這一點在鄂圖曼的火砲手成為蒙兀兒印度和其他國家的顧問一事上表現得十分清楚，見Gabór Ágoston, *Guns for the Sultan: Military Power and the Weapons Industry in the Ottoman Empire* (Cambridge University Press, 2005)。

10. Halil Inalcik的論文中的結論，見"Mehemmed II," *Encyclopaedia of Islam*, II, Brill Online。我對於穆罕默德取得成就的總結，主要是基於Halil Inalcik在其論文和其他著作的研究成果。

陣游牧騎兵的優勢，而且還確立鄂圖曼帝國在安納托利亞中部和東部無可爭議的統治地位。在安納托利亞東南部，他們與埃及奴隸王朝的馬穆魯克人發生衝突，馬穆魯克人坐擁尼羅河三角洲富饒的農業資源和具有商業價值的紅海和阿拉伯海貿易，吸引了穆罕默德繼承人塞利姆的擴張野心。

帝國的國家部門

在幾乎連續不斷的戰役中，穆罕默德就像印度的阿克巴和伊朗的國王阿巴斯一樣，主持著政府的系統化和鞏固工作。他利用各個種族的行政官員——波斯人、阿拉伯人、希臘人和義大利人等等，以及依靠他自己的烏里瑪，頒布了兩部世俗或帝國行政法典，即著名的《帝國法典》（*Kanunname*），涉及國家組織、刑法，以及國家政府、軍事階層和繳稅農民之間的關係。與伊斯蘭教法不同的是，《帝國法典》主要是行政和稅收法典，其中一些章節仔細規定了農民要對斯帕希騎兵提供義務和／或賦稅。農業法規的依據是蘇丹聲稱擁有帝國所有土地。在發布《帝國法典》時，他正式書面化獨立行事蘇丹的普遍做法，這些蘇丹隨著阿拔斯王朝哈里發權威的減弱而在伊斯蘭世界中大行其道。他也更直接地延續伊朗伊兒汗蒙古統治者的做法，對他們來說，札撒（yasa，後來的

yasakname）一詞意謂著一套行政慣例或法律。白羊王朝的統治者烏尊·哈桑曾在他的領土上頒行法典（yasakname或kanunname），穆罕默德和他幾個繼承者也保留了這些法律。

穆罕默德二世與一些德里蘇丹一樣十分虔誠，但也與他們一樣，在涉及國家事務時，他不接受烏里瑪的干預。「專制原則使蘇丹個人成為權力和正當性的唯一來源，並聲稱它是國家和社會的基礎，這在穆罕默德二世身上得到了充分的體現。」[11]他組織帝國時採取的措施既反映他的體制化思維，也反映征服為帶來的強大魅力，使他對國家的政治和經濟生活實行高度的集中控制。這些措施包括：將許多本土貴族家族降級為提瑪爾土地的持有人——或由奴隸官員取代他們；有系統地任命皈依伊斯蘭教的前基督徒奴隸，而不是用烏里瑪成員擔任大維齊爾的職務；取消有問題、腐敗的宗教義產或宗教捐贈撥款，並收回義產基金會的財富。頒布包括《帝國法典》在內等系統化、規範的城市經濟條例；國家擁有所有的水稻種植土地；定期發行和貶值阿克謝（akçe，標準銀幣），使國家在經濟上受益；在來自帖木兒撒馬爾罕的偉大天文學家阿里·伊本·穆罕

11. Inalcık, “Mehemmed II.”

默德・庫什吉（'Ali b. Muhammad al- Qushji，西元一四七四年卒，他成為聖索菲亞清真寺的科學教授）幫助下，組織烏里瑪等級制度及其宗教教育。[12]他的意識形態正當性包括王朝的的固有權威、他本人作為穆斯林世界裡傑出嘎茲的地位，以及薩珊王朝和現在的穆斯林理想中經典的公正統治者，他代表yoksullar（突厥語）進行統治，這個詞的字面意思是指「一無所有的人」，也就是窮人和無權無勢的人。

非穆斯林臣民

穆罕默德的重要做法之一為鄂圖曼帝國和現代中東地區帶來長期的影響，他延續早期穆斯林的做法，即承認非穆斯林臣民社區的完整性，並給予外國人（在這個案例中就是熱那亞商人）基督徒法律特權。在征服君士坦丁堡之後，穆罕默德立即發布一份「帝國盟約」（ahd-name），其中保證外國非穆斯林商人定居地自治和商業特權，也保證本土非穆斯林人口的安全和自治以及商人的商業特權。帝國的本土非穆斯林社區包括東正教徒（拉丁基督徒不在其內）、亞美尼亞人和猶太人，他們都被認為是「有經人」或「受保護的人」（ahl al-dhimma）。在政治方面，他們組成米利特，即一些「民族」或「信仰」的社區。鄂圖曼帝國的政策後來吸引了被天主教西班牙驅逐的猶太人，這種政策保證猶太人社區和基督徒社區的保存。

這兩種務實的措施最終在十八和十九世紀開始為被削弱的鄂圖曼國家造成困擾，因為歐洲人開始利用「領事裁判權」（治外法權）並開始呼籲基督徒少數群體的權利。亞美尼亞基督徒的地位尤其成為十九世紀和二十世紀初歐洲和鄂圖曼帝國政治中的一個問題，並在亞美尼亞大屠殺中達到高峰，後來的土耳其共和國官方否認亞美尼亞大屠殺的發生。第一次世界大戰期間英國人與麥加的謝里夫・胡塞因（Sharif Hussain）就巴勒斯坦的猶太人定居點進行的談判中，米利特的自治宗教社區概念也成為一個問題。[13]這個問題即：各個米利特究竟算是宗教社群（religious communities）還是民族（nations）呢？

以《古蘭經》認可的做法行事，這種情形展現出將嘎茲的理想適用於非穆斯林的

12. 關於任命kul或者奴隸來擔任國家行政機構的最高職位（尤其是大維齊爾一職），見Theoharis Stavrides, *The Sultan of Vezirs: The Life and Times of the Ottoman Grand Vezir Mahmud Pasha Angeloviç* (1453-1474) (Leiden: Brill, 2001), 55 and 68。

13. 稱為「胡塞因—麥克馬洪協定」（Hussein-McMahon Correspondence）。George Antonius曾將協定內容公開發表於*The Arab Awakening* (Philadelphia: J. B. Lippincott, 1939)。

國家，並不意謂著要消滅穆斯林控制區裡的非穆斯林社區。蘇丹穆罕默德二世承認非穆斯林享有受保護的從屬地位，這遵循了先知穆罕默德生前的慣例，也遵循了對這些社區徵收差別稅金的習俗。在先知時期，正如在歐麥亞和阿拔斯王朝的哈里發時期一樣，新近征服的非穆斯林人口，包括當時的瑣羅亞斯德教徒以及猶太人和基督教徒，都受到了保護，他們支付單獨的人頭稅，稱做「吉茲亞」。雖然這個詞彙在早期的用法有很大的不同，但到了阿拔斯時代，一般都是對自由男性臣民個人徵稅，但是非長期居住在穆斯林控制土地上的外國人則予以免稅待遇。雖然薩法維王朝在處理其基督教和猶太教少數群體時遵守同樣的基本原則，但穆斯林印度地區大量印度教多數群體的情況則要麻煩得多。正如我們所看到的，在蒙兀兒帝國，徵收或暫停吉茲亞的選擇成為帝國文化態度的試金石，在蒙兀兒人統治期間，以及後來在十九世紀末和二十世紀印度民族主義政治的社群辯論中，吉茲亞稅都是爭議問題。在鄂圖曼帝國裡，吉茲亞是十六世紀中央政府收入最大、單一的來源，但在當時和後來的歷史編纂中並沒有引起重大爭議。[14] 這種做法的歷史對比反映出蒙兀兒印度包含大量自治的印度教統治者領土，而在鄂圖曼帝國的土地上，大多數基督教徒實際上都是從屬於國家的。

巴耶濟德二世和帝國的收縮

穆罕默德二世擴大並鞏固鄂圖曼人對他們這個已成熟帝國的領土控制，在三個中心區域中，他鞏固了其中的巴爾幹地區和安納托利亞地區。穆罕默德卓越統治直接後果就是在巴耶濟德二世（Bayezid II，西元一四八一－一五一二年）統治期間的回應和緊縮。在巴耶濟德二世的統治下，令人疲憊的征服旋風和國家權力無情擴張受到了極大的限制。採取相對和平的政策，部分原因是他對他父親心懷怨恨，另一部分原因是對於財政緊張狀況的回應——發動戰爭的代價是貨幣貶值和軍隊疲乏。[15] 事實上，他是由那些心懷不滿的烏里瑪和知名人士組成的強大聯盟一起推上台的，這些人在穆罕默德和耶尼切里手下失去權力，被前任蘇丹不斷征戰搞得筋疲力盡。[16] 比方說，由穆罕默德所接手的宗教義產就被交還給先前的宗教人士管理。比方說，穆罕默德接手的宗教義產就被交還

---

14. Linda Darling, *Revenue-Raising and Legitimacy: Tax Collection and Finance Administration in the Ottoman Empire 1550–1660* (Leiden: Brill, 1996).
15. 見Imber對巴耶濟德的統治做出的總結，*The Ottoman Empire,* 37-4。
16. Inalcık, *The Ottoman Empire,* 30.

地圖9 西元一四八一年時的鄂圖曼帝國

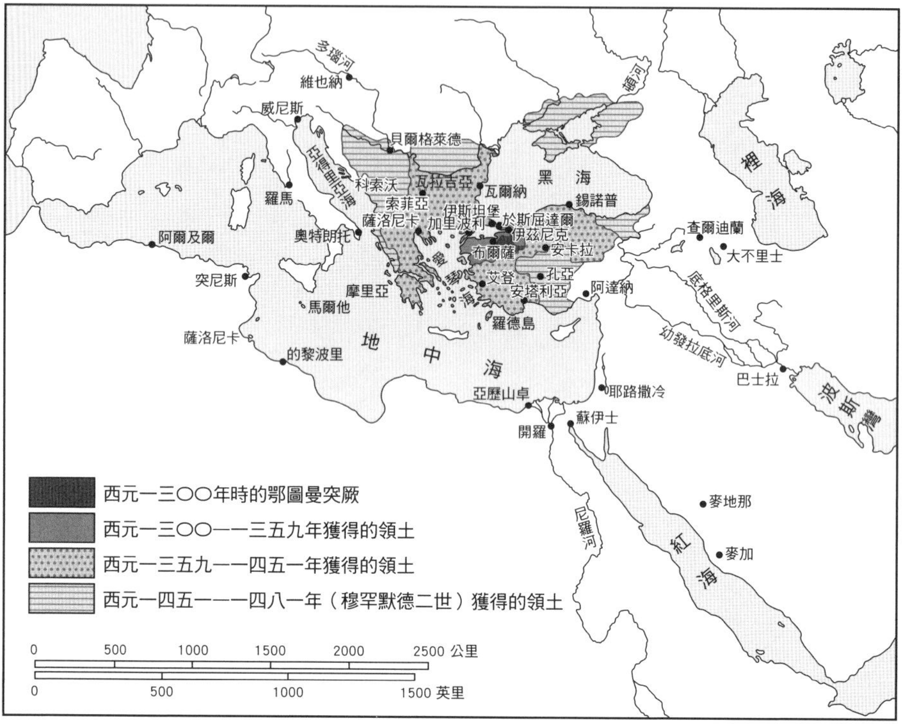

給了先前的宗教人士管理。儘管當時的人抱怨巴耶濟德缺乏進取心，但他仍然鞏固了鄂圖曼帝國的權力，並對他的兒子和繼承人塞利姆發動幾次軍事行動。與威尼斯的長期衝突恢復，更重要的是針對馬穆魯克蘇丹國的戰役。他們的敘利亞領土與鄂圖曼帝國在安納托利亞東南部控制的土地相鄰，他也針對薩法維帝國及其在安納托利亞的意識形態同夥進行打擊。

西元一四八五年至一四九〇年間，鄂圖曼帝國和馬穆魯克軍隊在托魯斯山脈（金牛座山脈〔Taurus Mountains〕）邊境線模糊的地方進行一連串相當於邊境戰爭的衝突，雙方都沒有打算征服更多領土。西元十五世紀末，在安納托利亞的遠東地區出現對鄂圖曼帝國權力更嚴重的挑戰，當時伊斯瑪儀—薩法維人從隱蔽的陰影中漸漸浮現出來，推翻他的白羊王朝親屬。伊斯瑪儀從亞塞拜然和安納托利亞的埃爾津詹（Erzincan）地區的突厥部落中招募大部分支持者，他對鄂圖曼人構成的威脅比他的白羊前任要嚴重得多，因為他在部落成員中開展積極的傳教活動，這些人以前曾表現出容易受到千禧年主義宗教鼓動的影響，例如反對塞爾柱人的巴巴伊叛亂。除了將薩法維的支持者流放到希臘，已經年邁的巴耶濟德在一五〇一年至一五一〇年期間幾乎沒有直接對薩法維王朝發起什麼挑戰，在這十年期間，伊斯瑪儀征服了伊朗的大部分高原地區。然而，在西元一五一一年，薩法維王朝威脅的嚴重性迫使巴耶濟德採取行動。

在這一年，一個曾為伊斯瑪儀祖父效力的突厥人謝赫・海達爾（Shaikh Haidar）在安納托利亞西南部根據伊斯瑪儀的意識形態領導了一場千禧年主義的叛亂。[17] 這位沙・庫魯（Shah Kulu），即「國王（伊斯瑪儀）的奴隸」號稱自己受到神的啟示，但無論他或他的追隨者是否真的這麼說，他所領導的反鄂圖曼運動都是以宗教戰爭的型態進

17. Imber, *The Ottoman Empire*, 37-44.

行的。從他焚燒被俘的鄂圖曼安納托利亞總督屍體的報導中可以看到，伊斯瑪儀曾對非什葉派的對手或異端採用過這種做法。[18] 然而，叛亂的軍事領袖是斯帕希，他們聲稱自身的土地所有權受到欺詐性的剝奪。在幾個月的時間之內，也就是西元一五一一年的春天，沙庫魯甚至威脅了鄂圖曼帝國的前首都和商業中心城市布爾薩，但隨後被鄂圖曼帝國的軍隊擊敗並處死。然而，這種威脅足以讓巴耶濟德的兒子塞利姆（西元一五一二—一五二〇年在位）下定決心要發動政變，推翻他年邁的父親。塞利姆在一五一四年擊敗伊斯瑪儀．薩法維國王，展開鄂圖曼帝國新的軍事活力時期。這個擴張主義時代在蘇丹蘇萊曼的統治期間到達巔峰，西方人一般稱這位蘇丹為「大帝」（the Magnificent）。

薩法維人：從齊茲爾巴什聯盟到伊朗帝國

西元一五〇一年至一五一一年，在沙．伊斯瑪儀征服大業的第一個十年之後，薩法維王朝於一五一四年在查爾迪蘭遭遇災難性的失敗，此後超過七十五年的時間，他們在內部衝突和外國對其統治的威脅中努力掙扎，同時試圖在自己的領土上把什葉派伊斯蘭教推行為唯一的信仰版本。在這些年裡，薩法維王朝並未擁有一支獨立於齊茲爾巴什部落寡頭的可靠軍事力量。該王朝缺乏強制力，這意謂著西元十六世紀的薩法維國家更接近一種想望，而不是政治現實。此外，鄂圖曼人和烏茲別克人都一再攻擊薩法維西部和東北部的領土，當蒙兀兒人於西元一五五六年在印度重建起統治力後，薩法維國王也不得不與印度人爭奪對坎達哈的控制權和穿越阿富汗的寶貴貿易路線。在這整個時期，強大的齊茲爾巴什部落限制了薩法維王朝集中控制伊朗高原的企圖，也威脅著王朝的統治地位甚至是生存。同時，薩法維王朝繼續出手剷除遜尼派，並將什葉派作為其國家的正統信仰加以制度化。

儘管伊斯瑪儀在一五一四年的失敗讓他的號召力大打折扣，但薩法維王朝還是因為其潛在魅力而生存下來。對外關係層面，由於他們相對貧窮和孤立，遠離鄂圖曼人和蒙兀兒人的權力中心，得以保持自身的獨立性。伊朗的經濟是不能與埃及或北印度相提並論的，鄂圖曼人和蒙兀兒人分別對這兩塊富庶土地虎視眈眈。從伊斯坦堡、阿格拉或德里到伊朗高原的交通路線也讓鄂圖曼人和蒙兀兒人垂涎三尺。薩法維人的國家在西元

18. 薩法維人在燒死他們的敵人之前或者之後有時似乎會吃人肉。如果此說法為真，這種做法很可能反映了沙．伊斯瑪儀的宗教主張，他判定他和他後代子孫的對手不僅是敵人，還是異端。見Shahzad Bashir, "Shah Isma'il and the Qizilbash: Cannibalism in the Religious History of Early Safavid Iran," *History of Religions*, 45 No. 3 (2006), 234-56。

一五八八年沙．阿巴斯登基後才開始繁榮起來，他在統治時期裡部分完成了鄂圖曼人用一個半世紀才達成的任務。他改變薩法維的統治正當性和王朝軍事體系，集中了權力，發展國家的經濟基礎，並從鄂圖曼人手中重新征服具有戰略意義和經濟價值的領土。

薩法維早期伊朗的部落和國家

薩法維國家基本的政治問題來自於他們固有的結構是一個突厥部落聯盟。雖然伊斯瑪儀國王在說服追隨者相信他有「半神聖」權威這方面，與下述其他王朝的建立者有所不同，但是薩法維王朝也表現出許多與塞爾柱王朝、伊兒汗蒙古、阿富汗人的洛迪王朝、早期的鄂圖曼和白羊政權相同的弱點。部落聯盟的性質是出了名的不穩定，因為部落有自己的經濟利益或自治存在，也有各自的經濟利益和軍事野心；與中央集權國家不同，部落之間會相互對立。阿拔斯王朝的哈里發曾試圖解決這個問題，他們放棄了早期伊斯蘭征服的基礎——阿拉伯人部落戰鬥群體（muqatila），轉向突厥奴隸部隊，鄂圖曼人也逐漸採取同樣的做法，尤其在安卡拉戰役失敗後他們愈發依靠自己的耶尼切里奴隸部隊。在十五世紀，薩法維統治者慢慢發展自己的奴隸部隊，趨勢在沙．阿巴斯擴大這項政策時達到高峰。

西元一五二四年，年僅十歲的塔赫馬斯普繼承伊斯瑪儀的王位，他對齊茲爾巴什部落派系的爭奪尤其無能為力，因為在典型的突厥習俗中，會指派阿塔伯克來監督年幼的王子，使他輪流受到不同部落的控制。塔赫馬斯普在回憶錄中痛苦地抱怨部落間的爭鬥造成的混亂。他確實有理由這麼說，因為他在王位上的前二十五年是在幾個齊茲爾巴什部落自相殘殺的戰爭困擾中度過的。他曾寫道：「這麼多年來我被迫耐心地看著部落之間的流血事件，我試圖在這些事件中看到真主的旨意。」[19]薩法維人的統治正當性保證了至少在早年他能夠以一個有名無實的君主身分活著，因為他就像一個王朝的戰利品，在占地為王的齊茲爾巴什酋長之間不停轉手。在他整個「統治」期間裡，不同的齊茲爾巴什部落成員在中央和各省的軍事、政治機構中都占據主導地位。顯然，為了應對齊茲爾巴什人的威脅，塔赫馬斯普按照塞爾柱王朝的尼札姆・穆勒克所留下的傳統，任命許多塔吉克人（Tajik，伊朗人）為行政長官。到十六世紀中葉，有一些伊朗人已經與薩法維王室通婚，但他們並不是阿塔伯克，通常也不指揮自己的大量軍力。塔赫馬斯普還繼續執行伊斯瑪儀的政策，用俘虜的喬治亞人建立古拉姆部隊，並與喬治亞和切爾克斯（Circassian）女子結婚，打破薩法維早期只從重要的齊茲爾巴什部落娶妻的傳統。

19. *Tazkirah-i Shah Tahmasb*, ed. Imralah Safari (Tehran, 1984), Introduction, 3.

在伊朗歷史上被稱為第一次內戰的齊茲爾巴什內戰於一五三六年以烏斯塔魯—齊茲爾巴什（Ustajlu Qizilbash）的勝利而結束，他們在塔赫馬斯普統治的剩餘時間裡加強了自己的權威。在這段時間，以及直到塔赫馬斯普至一五七六年去世之前，他最引人注目的是能夠在伊朗境內不斷上演的謀殺和混亂衝突中生存下來，同時承受了烏茲別克人和鄂圖曼人對薩法維王朝最有經濟價值的領土（呼羅珊和伊拉克）的攻擊或征服。烏斯塔魯—齊茲爾巴什和塔赫馬斯普仍然主持著一個權力分散的部落聯盟，聯盟成員把他們巨大的伊克塔土地當作個人領地。在內戰期間和之後，烏茲別克人和鄂圖曼人輕而易舉地侵犯薩法維國家暫定的邊界，顯現出薩法維政權的羸弱。

西元一五二四年至一五四〇年期間，烏茲別克人曾五度進攻呼羅珊地區，在一五三四年時最遠突進到今德黑蘭以南十英里處的雷伊（Rayy）。雖然烏茲別克人的入侵比起領土征服更類似掠奪性的遠征，但鄂圖曼人代表一種更為深遠的威脅。在一五三二年至一五三五年間，鄂圖曼人奪取了伊斯瑪儀的首都大不里士和庫德斯坦，占領巴格達和阿拉伯伊拉克，並控制什葉派聖地納傑夫和卡爾巴拉（Karbala）。在一五四六年和一五五三年，鄂圖曼帝國又兩次成功入侵伊朗西北部，並在一五五五年與薩法維人簽訂正式條約，承認鄂圖曼帝國對美索不達米亞，包括巴格達和庫德斯坦的主權。作為以鄂圖曼遜尼派信仰的例證之一，是該條約要求薩法維政權終止對前三位哈里發儀式性的咒罵——鄂圖曼帝國在一五九〇年與戰敗的伊朗敵人簽訂的條約中再次提出這項要求。雖然一五五五年的條約將大不里士留給薩法維人，但薩法維人還是決定將首都遷往東南方向的加茲溫，避免未來再遭鄂圖曼人侵擾。

塔赫馬斯普和什葉派伊斯蘭教的傳播

塔赫馬斯普不僅在面對嚴峻的內部和外部威脅時存活了半個世紀，還推動什葉派伊斯蘭教的傳播。他是一個虔誠的人，在一五四〇年代變得非常虔誠和禁慾，他以身示範，前往位於呼羅珊地區馬什哈德（Mashhad）的什葉派伊瑪目之一伊瑪目禮薩（Imam Reza）的陵墓朝聖；他贊助阿舒拉日（Ashura）儀式，紀念阿里的兒子胡笙在卡爾巴拉的殉難；他修復什葉派聖地和清真寺，並委託製作一部以什葉派敘事為主的《列王記》。一五三三年，塔赫馬斯普冊封他父親最喜愛的什葉派神學家阿里·卡拉基·阿米里（’Ali Karaki al-‘Amili）為「最終的釋法者」（seal of the mujtahids）和《古蘭經》的最終詮釋者，以及第十二位伊瑪目的副手，這兩個頭銜都顯示阿里·卡拉奇·阿米里在薩法維王朝統治的地區擁有宗教事務上的最高權威。後一個頭銜「伊瑪目的副手」（na’ib al-Imam）預言了後來阿亞圖拉·何梅尼（Ayatollah Khomeini）的一些追隨者於一九七九年伊朗革命之後為他提出的宗教主張。

阿里・卡拉奇在去世的前一年曾以他的宗教權威下令，在每個城鎮任命一名領拜人來指導人民學習什葉派伊斯蘭教。他甚至改變了土地稅，以此宣示他的特殊權力。在一五六三年，他的孫子，也就是之前在阿爾達比勒薩法維陵墓的伊斯蘭謝赫（Shaikh al-Islam），得到擔任薩法維的新首都加茲溫同一職位的任命。後來，來自阿梅勒山的什葉派學者集結成的薩法維伊朗的一個小型、但相互聯繫且有影響力的學者親屬網絡變得特別突出，但他們移入伊朗的人數是在十六世紀末和十七世紀初才達到高峰。他們在自己的家鄉（今天的黎巴嫩南部）相對不重要，因為他們在那裡先後面臨馬穆魯克和鄂圖曼政權的打壓，有幾個家族遷移到薩法維伊朗尋求發展，他們在此以思想家階層的身分受到歡迎，可以在薩法維統治的地區闡述系統化之十二伊瑪目分支的什葉派神學。[20] 這些神學家強調法律學者在發展什葉派教規方面的積極功能，他們實行伊智提哈德，開創伊朗理性主義的什葉派傳統，這將在十七世紀的伊朗開花結果。

這種制度結構發展的同時，塔赫馬斯普繼續推行伊斯瑪儀的政策，旨在迫使伊朗居民從遜尼派轉皈依什葉派。據說，當伊斯瑪儀於西元一五〇一年占領大不里士時，他要求臣民放棄遜尼派伊斯蘭教，並藉由對前三位哈里發的儀式性咒罵以公開表明他們的承諾。在塔赫馬斯普統治下，對三位哈里發的塔巴拉（tabarra'）或儀式性咒罵被命令在伊朗各地的清真寺和公共場所進行，某種程度上可說是由巡迴的宗教檢查員隊伍強制執行。伊朗國王甚至制定了一份更長的名單，列出要公開譴責的九十人。這份名單中包括偉大的遜尼派哈里發哈倫・拉施德，和來自赫拉特的波斯語詩人、納格什班迪道團蘇菲阿布杜・拉赫曼・賈米。[21]對賈米的譴責與薩法維對堅定的遜尼派和政治活動家納克什班迪道團的迫害並無二致，也可能是延續早期薩法維政權的迫害，納克什班迪道團的幾位伊朗繼承人都遭到政權監禁、折磨或處決。[22]

薩法維伊朗的什葉派文化也於十六世紀開始在地方上流行起來，對在卡爾巴拉被殺的先知之孫胡笙的哀悼詩，以及在穆哈拉姆月（Muharram，伊斯蘭曆一月）的胡笙殉難日舉行、越來越複雜的阿舒拉日儀式，都使什葉派文化逐漸深入人心。義大利貴族皮埃特羅・德拉・瓦萊（Pietro della Valle）在西元一六一七年訪問伊朗時見證了這些情感強烈的紀念活動：

---

20. Andrew J. Newman, *Safavid Iran, Rebirth of a Persian Empire* (London and New York: I. B. Tauris, 2006), 36-8.
21. 同上，130。
22. Hamid Algar, "Nakshbandiyya," *Encyclopaedia of Islam,* II, Brill Online, 2.

他們紀念阿舒拉日和哀悼（胡笙）死亡的儀式如下：他們都沉浸在沮喪的狀態中；他們都穿喪服，許多人穿黑色的衣服，他們平時很少穿黑衣服；他們不理髮，留著鬍子；大家都不去洗澡；他們都禁慾，不吃被認為是有罪的東西，而且也禁止各種享受……而且，在人們匯集的廣場上，每天中午，他們的一個毛拉（mullah）會宣講胡笙的事蹟，講述他的佳行和他的死亡……他（毛拉）坐在一個稍高的座位上，周圍是男女聽眾……他不時地展示一些繪畫人物以便說明他所敘述的內容；簡而言之，他用各種方式來盡力使圍觀者流淚……宣講伴隨著聽眾，尤其是女人的嘆息和抽泣，她們拍打自己的胸口，做出痛惋的手勢。[23]

第二次內戰和沙・阿巴斯的崛起

西元一五七六年，沙塔赫瑪斯普的死亡引發第二次的薩法維王朝內戰。在這場內戰一開始時，齊茲爾巴什和一些個人派系把塔赫馬斯普的兒子伊斯瑪儀二世（Isma'il II）推到王位上。然而，他在一年之後就因為吸食鴉片過量暴斃而亡，導致他視力半盲的哥哥胡達班達（Khudabanda）登基，當時他已經四十六歲了。每一次這樣的加冕登基，都伴隨著男性（有時甚至是女性親屬）和其齊茲爾巴什支持者的宮廷謀殺、政治陰謀和惡性內訌。這樣的戲碼在西元一五七六年至一五八七年胡達班達短暫的統治期間幾乎未曾間斷。如同伊斯瑪儀國王去世後一樣，政治上的混亂讓薩法維王朝的敵人躍躍欲試，摩拳擦掌。烏茲別克人進攻呼羅珊地區的馬什哈德，但是沒有獲勝，鄂圖曼帝國的蘇丹穆拉德三世（Murad III，西元一五七四－一五九五年）也自一五七八年開始在伊朗西部發動一連串毀滅性的進攻，一直持續到胡達班達的繼承人阿巴斯登基早期。在西元一五八五年，大不里士的陷落將薩法維人的領土損失推向高峰，亞塞拜然、喬治亞、庫德斯坦和洛里斯坦（Luristan）的一連串領土也相繼落入敵手。

這個時期在各部落之間不斷變化的結盟關係中，齊茲爾巴什的酋長繼續支配著中央和省級的軍事和政治職位。塔吉克人，尤其是伊朗的賽義德（Iranian Sayyids，即先知的後裔），仍然擔任大部分中低層行政職務，他們是遜尼派穆斯林，這也說明伊朗的什葉派思想尚未成為主流。米爾札・馬克杜姆・沙里菲（Mirza Makhdum Sharifi，西元一五八七年卒）就是這樣的一個人，他曾擔任法爾斯省的首席法官，後來在伊斯瑪儀二

23. Pietro della Valle, *The Pilgrim: The Journeys of Pietro della Valle*, trans. and abridged George Bull (London: The Folio Society, 1989), 144-5. 關於二十世紀在伊拉克南部舉行的阿舒拉日活動中的哀歌，令人回味、文字優美的描述，見Elizabeth Warnock Fernea, *Guests of the Sheik: An Ethnography of an Iraqi Village* (New York: Doubleday, repr. 1989)。

世統治時期成為加茲溫（當時的首都）的重要官員。[24] 伊斯瑪儀二世和胡達班達都繼續與重要的齊茲爾巴什和塔吉克家族締結婚姻聯盟。在這個混亂的時代，喬治亞和切爾克斯奴隸也獲得越來越大的影響力，這讓觀察家注意到，自從沙塔赫馬斯普的統治時期以來，古拉姆元素在薩法維國家裡扮演的角色日益重要。

當胡達班達的次子阿巴斯一世（西元一五八八—一六二九年在位）在第二次齊茲爾巴什內戰中於一五八七至八八年廢黜其父王的權威，繼承薩法維王朝的王位時，手中並沒有統治伊朗的領土。齊茲爾巴什酋長不僅統治著首都加茲溫，還統治著各個伊朗省分。薩法維國家仍然是一個不穩定的部落聯盟，甚至連沙．阿巴斯自稱是薩法維蘇菲道團導師的正當性都受到胡達班達仍在世的支持者質疑。然而，當阿巴斯在西元一六二九年去世時，他已經成功地讓過去在軍事上一蹶不振、經濟上疲軟無力、政治上派系林立的薩法維政權面貌煥然一新。雖然學者們否定他憑空創造出新薩法維國家的觀點，但阿巴斯的確是一個關鍵人物，他不僅將薩法維國家從脆弱的部落寡頭政權轉變為伊朗帝國，還一手開啟薩法維帝國唯一經歷的軍事、政治、建築的「黃金時代」。

十八歲登基的沙．阿巴斯至少能比十歲的塔赫馬斯普更快維護住自己的權威，他和占主導地位的烏斯塔魯—齊茲爾巴什部落派系對其他部落派系和挑戰其權威的蘇菲採取行動。他的齊茲爾巴什對手包括卡札爾人（Qajars，他們在西元一七九六年至一九二五年間形成伊朗歷史上最後一個突厥部落王朝），他們此時與其他齊茲爾巴什部落一起支持和阿巴斯展開競爭的薩法維家族王子。持續的政治混亂讓烏茲別克人和鄂圖曼人不斷在伊朗東北和西北地區發起反薩法維攻勢。直到西元一五九〇年，沙・阿巴斯才與鄂圖曼人簽署了另一份屈辱性的條約，此時的烏斯塔魯派系才有機會對政權中最強大的一些內部反對者採取行動，從而有效地結束第二次齊茲爾巴什之間的內戰。在與外部敵人、持異見的齊茲爾巴什部落和薩法維家族成員鬥爭的同時，沙・阿巴斯還必須處理蘇菲派的威脅，因為他們對薩法維王朝的統治正當性關鍵基礎之一——即他們作為蘇菲導師的地位構成挑戰。

他採取典型毫不留情的做法，確保自己作為薩法維蘇菲導師的地位，以及薩法維王朝對其他蘇菲至高無上的地位。實際上，沙・阿巴斯正是以對對手的殘忍而聞名，他藉此逐漸發展起專制權力。支持任何一個他家族對手的薩法維門徒（murids，蘇菲導師的學生），都遭到了處決。西元一五九三年，他在宮廷裡上演了一齣唯有真人版莎士比亞戲劇足以形容的清洗戲碼，從而消除來自努克塔維道團（Nuqtavis）顛覆性意識形態的威脅，這個道團的教條包括相信化身轉世和相信時間週期理論。後者有助於推動伊朗

24. Newman, *Safavid Iran*, 46.

人的民族或文化議程，因為努克塔維人認為，包括薩法維王朝在內的八千年週期是波斯人的時代，在這段時間週期裡，伊朗北部的吉蘭（Gilan）和馬贊德蘭（Mazandaran）的地位高於麥加和麥地那。當努克塔維道團當時的領袖預言努克塔維人可能會在西元一五九三年奪取薩法維王位時，沙．阿巴斯與努克塔維人間的眉來眼去就在一瞬間煙消雲散了。隔年，阿巴斯在一次荒誕離奇的加冕鬧劇中讓一個努克塔維人上位三天，然後就讓火槍隊劊子手將其處決。[25] 隨之而來的是對努克塔維追隨者的大規模逮捕，沙．阿巴斯曾親自動手，將該派別的一位重要詩人斬首。[26]

沙．阿拔斯和薩法維的復興

如果上述的說法為真，那麼，沙．阿巴斯處決努克塔維領袖的新方法，反映出這位薩法維統治者已經開始更頻繁地使用火藥武器，這是他重組薩法維軍隊的重要一步。為了應對內部和外部的威脅，沙．阿巴斯建立了一支由古拉姆組成的新的常備部隊，將沙塔赫馬斯普在長期統治期間已經開始的工作系統化。在這過程中，他的做法和鄂圖曼帝國早期將不可靠的斯帕希騎兵降級，提拔耶尼切里是相似的。雖然齊茲爾巴什部落勢力仍然占據薩法維軍隊的大多數，但在他統治期間，這些勢力逐漸變得相對減少，因為古拉姆不僅被組織成一支擁有重要火槍手團的常備軍，而且也如同鄂圖曼帝國，他們作為將軍和行政人員的數量和影響力越來越大。為了資助新的軍事單位，沙·阿巴斯藉由將更多省分置於國家的直接控制之下以增加收入。

在為增加政府力量的種種不懈努力中，阿巴斯還藉由鼓勵伊朗國內和與外部世界的貿易，推動改善財政狀況的各項措施。[27]除了保護道路、建造商隊客棧和市場等其他伊斯蘭帝國的標準設施，沙·阿巴斯還強行將安納托利亞東部祝爾法（Julfa）重要的亞美尼亞商人社區全員搬遷，將他們安置在新首都伊斯法罕的郊區，稱之為新祝爾法，將其視為一個極重要的半自治商人群體給予保護，換來他們用商業技能帶來的好處。絲綢貿易實際上成為由亞美尼亞人主導、政府組織和監督的壟斷產業，亞美尼亞人是基督徒少數族群，他們的商人可以利用先前就已經存在、從亞洲延伸到歐洲的國際商業網絡。如

25. 有關於這件事另一版本的說法，見Charles Melville, "New Light on the Reign of Shah ‘Abbas: Volume III of the *Afzal al-Tavarikh*," in Newman ed., *Society and Culture in the Early Modern Middle East*, 83-4。
26. Hamid Algar, "*Nuktawiyya*," *Encyclopaedia of Islam* II, Brill Online.
27. Rudi Matthee, *The Politics of Trade in Safavid Iran: Silk for Silver 1600–1730* (Cambridge University Press, 1999).

同幾個世紀以來，絲織品是伊朗最重要的強勢貨幣來源，阿巴斯小心翼翼地鼓勵裡海沿岸的馬贊德蘭省生產絲綢，該省也成為該王朝的中央管理省分之一。

沙・阿巴斯將亞美尼亞人強行安置在伊斯法罕之舉，是他豐富和美化這座城市之宏偉計畫的一部分，他在一五九〇年代的某個時候將伊斯法罕當成他的新首都。伊斯法罕位於伊朗中部的一條河流上，這裡遠離鄂圖曼人和烏茲別克人的攻勢，靠近法爾斯省的前伊斯蘭伊朗帝國歷史中心，成為沙・阿巴斯建築工程的主要聚焦地。這些建築工程包括體制化的什葉派伊斯蘭宗教建築。他的各種建築，包括四花園大道（Chahar Bagh Avenue），橫跨札因達河（Zayindah river）美麗的哈紏石橋（Khwaju bridge），以及最引人讚嘆的天下之景廣場（Maidan-i Naqsh-i Jahan），讓後來的伊朗人有了「天下之美，伊斯法罕盡占一半」（Isfahan nisf-i jahan）的說法，到訪歐洲人發出的讚嘆也無不呼應了這讚美。來自威尼斯的旅行家拿義大利的景象作為對比，這位貴族安布羅西奧・本伯（Ambrosio Bembo）在一六七三年七月造訪伊斯法罕，就對這座廣場大加溢美之詞。他寫道：「這座廣場是國王的廣場……就規模和美感而言，超過歐洲許多最美麗的地方。」[28]

這座廣場很快就成為伊斯法罕的商業和宗教生活中心，外圍環繞著市場，其中還有兩座重要的清真寺：精美絕倫的謝赫魯特法拉清真寺，它有著栗色的圓頂，沒有宣禮塔；在它的不遠處有另一座巨大的、帝國規模的國王清真寺。國王清真寺包括兩間瑪德拉沙，統治者培養官方信奉的十二伊瑪目派什葉伊斯蘭教神學家建立了幾所此類機構，這些建築上的銘文強調阿巴斯作為十二伊瑪目信仰支持者，同時也越來越強調阿巴斯伊朗帝國的地位。阿巴斯還公開地關注他的蘇菲遺產，多次訪問阿爾達比勒的家族陵墓，向穆斯林提醒他作為薩法維道團的導師角色，並在阿里卡普宮（高門宮）裡舉行蘇菲紀念活動，這座宮殿是阿巴斯在謝赫魯特法拉清真寺的廣場對面建造的。從宮殿的二樓陽台上，國王能夠俯瞰在下方廣場上進行的軍事列隊行進或是馬球比賽。

伊斯法罕這座城市明確地象徵沙・阿巴斯在重建薩法維國家、建立新的軍隊、大力發展經濟，以及將自己提升為伊朗帝國的統治者而非齊茲爾巴什人的傀儡所取得的卓越成就。雖然部落仍然保留巨大的影響力，但薩法維王朝在很大程度上已經不再是一個白羊王朝的神權變體了。齊茲爾巴什人現在受到幾個因素制衡：裝備火藥武器的新軍隊、日益重要的塔吉克和古拉姆官員、日益成長的什葉派烏里瑪，以及重要的亞美尼亞商人群體。統領這些群體的是一個不僅夠強大，而且具有足夠洞察力的君主，他讓努魯茲節

28. Anthony Welch, "Safavi Iran as Seen through Venetian Eyes," in Newman ed., *Society and Culture in the Early Modern Middle East*, 106.

（波斯新年）流行起來，這是前伊斯蘭時期的伊朗人慶祝春分到來的節日。儘管受到宗教學者的影響，但努魯茲節仍然是二十一世紀什葉派伊朗人最盛大的節日之一。

到西元一六二九年沙．阿巴斯的統治時期結束時，當時的歷史學家不僅已經使用傳統的前伊斯蘭時期術語將他描繪成伊朗人帝國的統治者，而且也在某種有限的意義上，讓薩法維國家成為一個文化上的伊朗人或波斯人的國家，並讓伊朗人成為宗教實體，以波斯語為行政管理語言。《列王記》是唯一重要的文學和歷史文本。其統治者鼓勵人民慶祝瑣羅亞斯德教節日（努魯茲節），其領土包括前伊斯蘭時期的阿契美尼德，以及薩珊帝國法爾斯地區和呼羅珊地區的歷史中心地帶。該王朝仍然宣傳其來自什葉派和蘇菲派的原始宗教正當性，大多數歷史學家反映出他們的皇家贊助人希望展現出來、與十二位什葉派伊瑪目（而不是前伊斯蘭時期的伊朗統治者）在宗譜世系上的聯繫。然而，有一些作家也為薩法維王朝提供與帖木兒的微弱聯繫，以此使該王朝獲得作為帝國的血統正當性，儘管在這種案例中，這個帝國是一個突厥人的帝國，而不是伊朗人的帝國。一些鄂圖曼王朝的作家也殷切地希望擁有這種虛構的聯繫，那些鄂圖曼人同樣嫉妒當時蒙兀兒王朝所擁有的這種血統世系。[29]

阿克巴和蒙兀兒帝國

為蒙兀兒王朝寫作的宮廷歷史學家從來都不需要費力尋找方法來支持他們的統治者作為正當君主。蒙兀兒統治者擁有帖木兒的父系血統和成吉思汗的母系血統，這是他們的同時代人所羨慕不已的，因為這些血統顯示他們是這兩個最偉大中亞征服者的後裔。然而，這些為中亞和伊朗民眾留下深刻印象的血統世系，並沒有替在南亞地區雄心勃勃的君主帶來安定，因為蒙古人和帖木兒雖然都曾在那裡掠奪，但從未施行過統治。而且他們的血統世系也無法抑止其他帖木兒家族競爭者的虎視眈眈。西元一五三〇年巴布爾在阿格拉去世前，他成功地擊敗最具威脅性的阿富汗穆斯林和印度拉傑普特敵手，但是蒙兀兒國家只不過是在軍事上占領印度西北部和北部的城市及堡壘，而非受到廣泛主權國家承認。此外，巴布爾為他的後代留下典型的突厥—蒙古人聯合繼承制度，類似於塞爾柱人的繼承制度，每個男性親屬通常都會分配到一塊封地來管理，並且合理地認為他對這片土地擁有統治權。這造成了一些困難，讓巴布爾的兒子胡馬雍成為無國籍的難民，他花了十五年時間才恢復自己在印度的王位。

29. Fleischer, *Bureaucrat and Intellectual*, 273-314.

阿克巴的征服和拉傑普特貴族

胡馬雍的兒子阿克巴在父親去世時只有十三歲，繼承到手的只不過是一個北印度的城邦而已。他的青年時期在動盪不安中度過，先是與父親一起成了難民，然後在喀布爾又成為他叔叔的俘虜。他一生都是文盲，或者說大致上是文盲，但他仍以其樂於探索的頭腦和像鄂圖曼蘇丹穆罕默德二世一樣的系統化思維而聞名。阿克巴在位的頭四年，是在他的監護人拜拉姆・汗（Bairam Khan）手中掌控的。在這段時期以及阿克巴於一五六〇年解除拜拉姆・汗職務後的近十年時間裡，蒙兀兒的軍隊都在忙於重新確立對巴布爾在旁遮普、德里—阿格拉軸線、恆河流域西部和拉賈斯坦東部新生帝國核心地區的控制。阿克巴以貫穿整個統治時期的謹慎、組織和決心指揮一場場的戰役。西元一五六七年，他對強大的拉傑普特沙漠要塞吉多爾（Chitor）的勝利特別引人注目，因為他使用攻城砲火摧毀城牆，隨後屠殺大約三萬名守軍。他有效使用大砲，象徵蒙兀兒火藥武器軍事時代的到來，這種軍事時代的特點是圍攻比開闊戰場的騎兵戰更加頻繁。阿克巴對駐軍的屠殺也象徵對於那些抵抗其帖木兒家族野心的北印度主要統治者已經下定凶狠的決心。

在西元一五六〇年代的這十年間，阿克巴還成功對付了那些先前曾加入蒙兀兒人事業的烏茲別克貴族叛亂，以及來自兩個聲稱具有統治正當性的帖木兒家族王公更具威脅的挑戰。後者首先是統治赫拉特的蘇丹胡塞因．白卡拉的後裔，其次是阿克巴同父異母的兄弟米爾札．哈基姆（Mirza Hakim），不過，被阿克巴驅逐出旁遮普後，他仍然是喀布爾的統治者。米爾札．哈基姆身為巴布爾的帖木兒家族後裔，仍然是阿克巴統治的最大威脅。他在西元一五七九年聯合一群阿富汗人和心懷不滿的蒙兀兒軍官，發動嚴重的叛亂，一些烏里瑪成員授予他們的叛亂宗教上的認可，因此他們對阿克巴的統治也更具有威脅性。這些叛亂者都遭到阿克巴宗教試驗的排擠。阿克巴以向喀布爾快速進軍來應對這項威脅，他最後在那裡廢黜了這個兄弟，最終消除了其王朝正當性的任何嚴重威脅。

阿克巴和薩法維國王阿巴斯一樣，都是奪回權力、擴大帝國的關鍵人物，儘管他們兩人的情況、個性和宗教興趣都有很大的不同。像沙．阿巴斯、他之前的鄂圖曼帝國蘇丹穆罕默德二世，以及蒙兀兒皇帝阿克巴的同時代人——鄂圖曼帝國的蘇萊曼一樣，在整個統治期間阿克巴都會親赴沙場，親自指揮軍隊作戰。他在征服恆河流域的阿富汗人、阿格拉以西沙漠地區的拉傑普特以及德干地區的古吉拉特（西元一五七二年）和阿赫邁德納格爾（Ahmednagar，西元一五九九年）的各蘇丹印度－穆斯林統治者時，很少會遭遇到嚴重失敗。西元一六〇二年，也就是他去世的三年以前，他仍然

地圖10 西元一六二九年的薩法維帝國

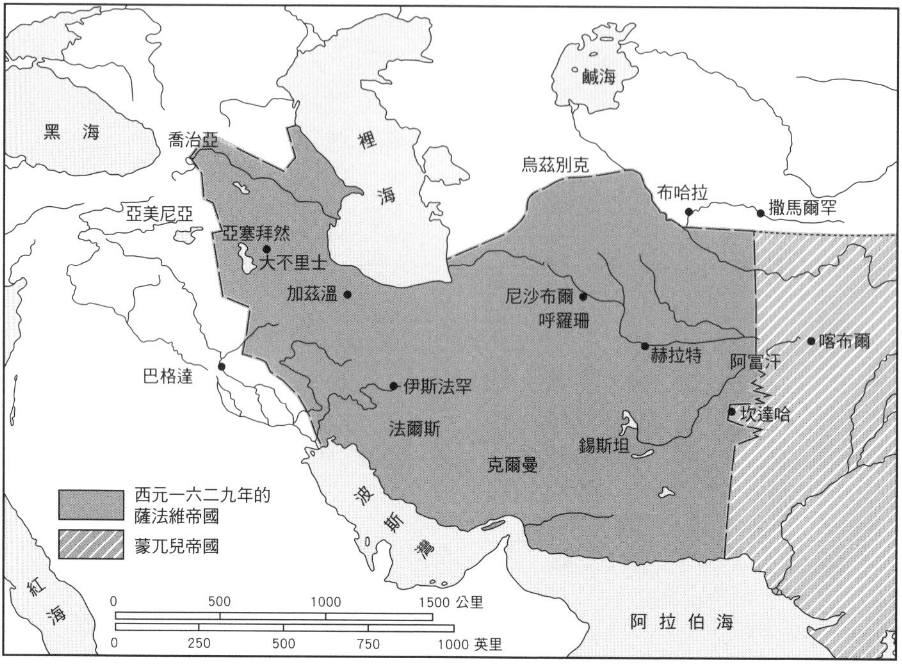

馳騁在疆場之上。

阿克巴取得勝利的主要原因之一是他成功拉攏印度教家族為其帝國服務，強大的拉傑普特酋長是這些人中最重要的角色。甚至在征服吉多爾之前，阿克巴就已經開始將拉傑普特人納入他的軍事體系裡。阿克巴在錫克里（Sikri，他的祖先巴布爾在一五二七年對拉傑普特人取得史詩般勝利的地方）拜訪一位奇什蒂道團的蘇菲。之後，阿克巴皇帝娶了一位拉傑普特公主，這位公主來自一位渴望受到阿克巴幫助對付當地蒙兀兒總督的拉傑普特小酋長。[30]然後，阿克巴讓這個女孩的父親、兄弟和姪子為蒙兀兒國家服務，這是眾多拉傑普特人為帝國服務的第一個例子——很顯然，他們更願意這樣做，因為阿克巴的印度教妻子被允許繼續信奉印度教，並在帝國的後宮內進行她們的宗教儀式。

這場婚姻和招募拉傑普特，可能導致阿克巴在兩年後廢除對印度教徒徵收的朝聖稅，並頒布允許他們修復寺廟的法規，禁止非穆斯林俘虜皈依伊斯蘭教——與鄂圖曼人和薩法維人的奴役和改宗做法形成對比。在吉多爾屠殺拉傑普特人之後，阿克巴邀請或脅迫其他的拉傑普特加入帝國服務，在他擴大和鞏固對北印度地區（印度斯坦）的控制時，他的拉傑普特將軍曼·辛格（Man Singh）等人十分盡心為他效力。儘管曾有加茲尼王朝及其在德里蘇丹國的繼承者建立過的軍事奴僕體制，蒙兀兒統治者卻從未建立自己的古拉姆部隊。曼·辛格和其他拉傑普特族首領不僅被允許繼續信奉印度教，阿克巴還允許他們保留自己的歷史家園領土，並作為特殊類別的軍事領地。這與大多數穆斯林貴族不同，他們的伊克塔或類似提瑪爾的土地會定期受到重新分配，以防止他們發展自

---

30. P. M. Currie 寫過一本有插圖的奇什蒂陵墓歷史，該地位於阿傑梅爾附近，在德里蘇丹國時期就已經是朝聖之地了。它在蒙兀兒統治時期獲得特別重要的地位：P. M. Currie, *The Shrine and Cult of Muʻin al-din Chishti of Ajmer* (Delhi: Oxford University Press, 1989)。

主領土權力。到西元一五八〇年的時候，已經有四十個拉傑普特首領在阿克巴的政權中擔任高級職務和主要職責了。

帝國制度

阿克巴的系統化思維與穆罕默德二世和阿巴斯的思維一樣，在他整個統治期間都顯而易見，他的助手和阿布．法濟勒．阿拉米也記錄了他的統治歷史，其中包括一份名為《阿克巴的制度》（*A'in-i Akbari, Institutes of Akbar*）的詳細索引書。雖然阿布．法濟勒．阿拉米描述的阿克巴種種法規沒有被定性為帝國法典（kanun，鄂圖曼帝國法典），但涉及一系列伊斯蘭法外百科全書式的行政主題。然而，這位統治者最重要的措施是將軍事封建制度（system of military feudalism）加以制度化，這種制度類似早期伊斯蘭世界東部和早期鄂圖曼人的做法。巴布爾和他的蒙兀兒後裔非常熟悉如何使用伊克塔和恩典地（soyurghal）土地授予來支持在中亞和伊朗的部隊。阿克巴引入一種類似的體制以資助軍隊，這種體制是蒙兀兒統治的基礎。它於西元一五七四至七五年正式啟動，雖然這種系統就像大多數複雜的行政系統一樣終究會被濫用，但它在近一個半世紀的時間裡為帝國提供了良好的服務。

阿克巴和他的繼任者保留了大量的領地或王室土地（khalisa），但剩餘的大部分領土會被分配以支持軍隊。這些分配土地被稱為jagirs，字面意思是「持有地」。大多數帝國官員則稱為曼薩布達（持有位階的人），他們都會被授予這些臨時性的補助（暫時「持有」而不是擁有）從而支持他們的武裝。它們類似塞爾柱王朝的伊克塔贈與，或是薩法維王朝給齊茲爾巴什部落的贈與，但只限於形式，因為在阿克巴及其繼任者的領導下，官員不被允許長期留在同一個持有地，而是從在不同持有地之間輪換。這種制度要求對土地收入進行準確的估計，導致需要對土地進行調查，以便作出分配，產生足夠的資金來支持每個官員指揮部隊的數量。這些特點必然產生一個巨大的財政官僚機構。這種調查、評估和輪換制度主要的例外是拉傑普特人的地盤，他們的歷史領土被簡單地劃分為家園持有地（watan jagir）。從本質上來說，在阿克巴擊敗或脅迫拉傑普特首領後，如果他們願意以曼薩布達的身分為政權服務，就可以保留他們的自治權。

真理試驗

雖然阿克巴的征服、系統化行政本能在某些方面與他同時代的統治者類似，但是，他不斷發展出來的精神興趣，以及他為達到一種特立獨行的帝國意識形態而對伊斯蘭概

地圖11 西元一六〇五年的蒙兀兒帝國

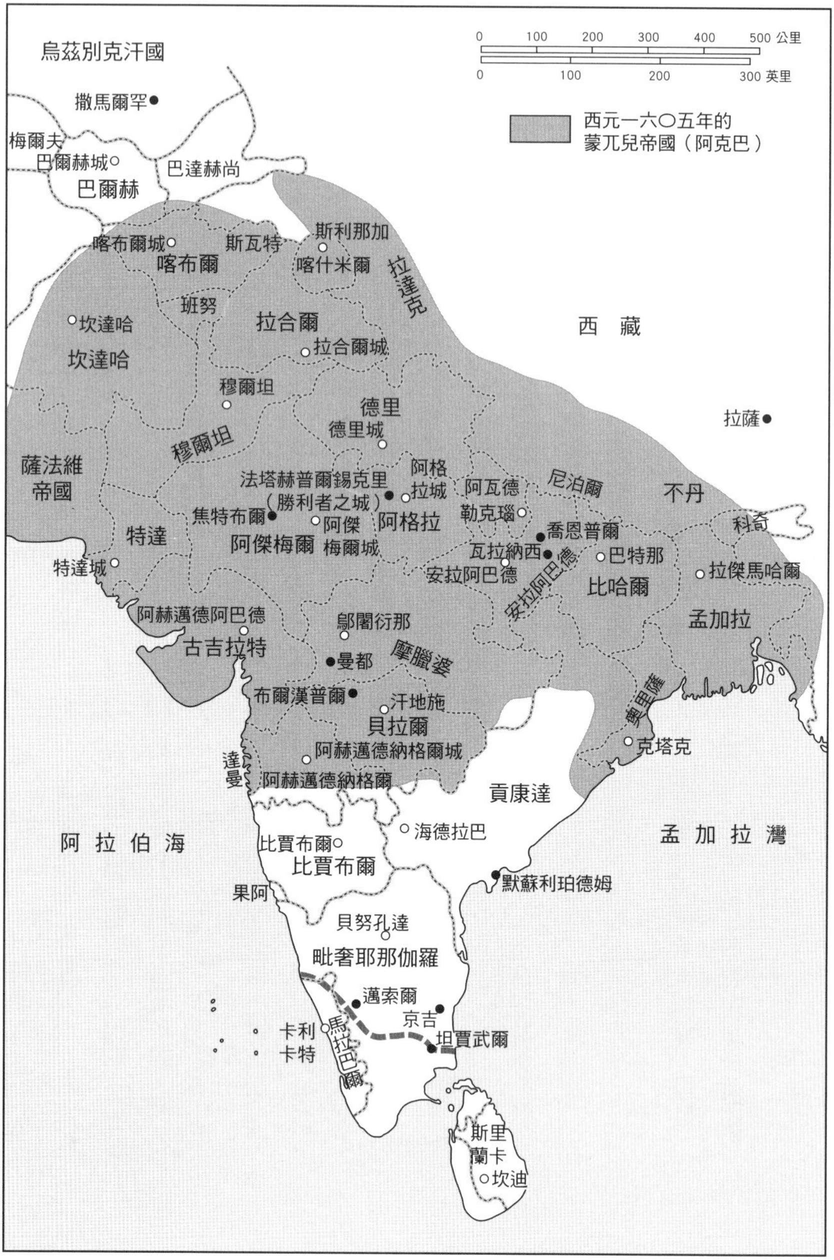
0 100 200 300 400 500 公里
0 100 200 300 英里
西元一六〇五年的
蒙兀兒帝國（阿克巴）
烏茲別克汗國
撒馬爾罕
梅爾夫
巴爾赫城
巴達赫尚
巴爾赫
喀布爾城
斯瓦特
喀布爾
斯利那加
喀什米爾
拉達克
班努
坎達哈
坎達哈
拉合爾
拉合爾城
西 藏
穆爾坦
穆爾坦
德里
德里城
拉薩
薩法維
帝國
法塔赫普爾錫克里
（勝利者之城）
阿格
拉城
阿瓦德
尼泊爾
不丹
勒克瑙
焦特布爾
阿傑
梅爾城
阿格拉
特達
阿傑梅爾
喬恩普爾
科奇
瓦拉納西
巴特那
安拉阿巴德
安拉阿巴德
拉傑馬哈爾
特達城
比哈爾
阿赫邁德阿巴德
鄔闍衍那
孟加拉
古吉拉特
曼都
摩臘婆
布爾漢普爾
汗地施
奧里薩
貝拉爾
克塔克
阿赫邁德納格爾城
達曼
阿赫邁德納格爾
貢康達
阿 拉 伯 海
海德拉巴
孟 加 拉 灣
比賈布爾
比賈布爾
默蘇利珀德姆
果阿
貝努孔達
毗奢耶那伽羅
邁索爾
京吉
卡利
卡特
馬拉巴爾
坦賈武爾
斯里
蘭卡
坎迪

念的操縱，使他顯得與眾不同。他對蘇菲主義的信仰情有獨鍾，而且崇尚某些特定的導師，這與他的父親、祖父以及位於伊斯坦堡和伊斯法罕的其他同齡統治者很相似。阿克巴特別推崇和贊助奇什蒂蘇菲道團的謝赫，這些謝赫遵循的思想曾對十四世紀德里的阿米爾・霍思露・迪赫拉維之類的人物產生巨大影響力。在阿克巴統治時期，一些納格什班迪道團的代表曾在巴布爾時代進入印度（並與胡馬雍一起退回喀布爾），他們作為曼薩布達位階成員形成的影響力比作為道團的影響力更大，且將在未來的十七世紀成為印度道團的代表。然而，阿克巴的蘇菲主義並不能充分解釋他的精神生活和宗教興趣。與他的第一次印度教婚姻和在政權裡納入拉傑普特印度人，以及他對瑣羅亞斯德教義的了解和征服古吉拉特後可能接觸到耆那教、佛教和葡萄牙人為媒介的羅馬天主教有關。由於他沒有留下自傳，只能推測他的個人宗教信仰和早期接觸其他信仰的方式與帝國利益相混合，形成了他的宗教政策。

他對奇什蒂道團展現出的虔誠心，成為在西元一五七一年於距離阿格拉約三十四公里遠的錫克里附近建造了一座新的紅砂岩城市（至今仍保存完好）的首要原因。然而，蘇菲主義，特別是奇什蒂道團的蘇菲主義並不能解釋他為什麼自一五七五年開始在法特普爾錫克里（勝利者之城）舉行宗教辯論會。從穆斯林開始，隨後邀請耆那教徒、瑣羅亞斯德教徒，並在一五八〇年邀請基督徒參加神學辯論，使阿克巴與鄂圖曼帝國或薩法維伊朗的任何前任或同時代統治者都不同。以今人的視角回望，這些迷人的辯論在當時的任何文化中都是獨一無二的，它似乎既是出於政治上的目的，也是為了個人的宗教求索。因為在西元一五七九年時，阿克巴宣布自己是宗教事務的最終仲裁者，透過堅持自己擁有伊智提哈德的權利，推翻了偏執、強硬的烏里瑪權威。相較之下，與他同時代的塔赫馬斯普國王則是將這份權力授予阿里・卡拉吉和什葉派烏里瑪。

在頒布阿克巴權力的帝國法令中，他被描述為「公正的伊瑪目」（imam-i ʻadil），這通常是什葉派的稱號，同時也是「公正的蘇丹」，這是繼承自伊朗薩珊王朝的理想。阿克巴的意識形態發言人謝赫穆巴拉克（Shaikh Mubarak）也在此時提出，阿克巴身上體現著farr，即前伊斯蘭時期伊朗人對神賜統治天命的概念。這個想法後來他被阿布・法濟勒納入他的巨著《阿克巴之書》（*Akbar Nama*）。阿克巴似乎受到了一些瑣羅亞斯德教（祆教）思想的影響，其中包括對火的崇拜——這實際上是印歐人的一種做法，可以在印度教對阿耆尼（Agni，火神）的祭祀中看到。

無論各種宗教流派的交匯是如何在阿克巴的腦海中形成的，西元一五七九年頒布的法令可能是為了迎接即將在西元一五九一至九二年到來的第一個伊斯蘭曆千禧年，這個日期促使整個穆斯林世界產生「千禧年期待」。這時薩法維伊朗正發生努克塔維事件。為阿克巴的主張提供背書的委員會成員之一米爾・謝里夫・阿穆利（Mir Sharif Amuli）

是來自伊朗努克塔維道團的難民，是許多努克塔維分子（包括幾位詩人）中的一員，他們最終逃離了伊朗，來到蒙兀兒宮廷更寬容的環境中活動。米爾・謝里夫・阿穆利可能直接向阿克巴和他的效忠者提供了對阿克巴個人一些極端的讚美，而且我們已經知道，阿布・法濟勒・阿拉米本人也曾與努克塔維通信。至少有一位在印度的努克塔維難民米爾・賽義德・阿赫邁德・卡什（Mir Sayyid Ahmad Kashi）的影響力足以說服阿克巴寫信給薩法維帝國的國王阿巴斯，敦促他實行宗教寬容。[31] 無論如何，兩年後，即西元一五八一年，阿克巴更變本加厲地震驚了保守派烏里瑪，部分烏里瑪曾因皇帝不拘一格的宗教品味和做法深感不快，阿克巴發起了一個被稱為「神教」或「神一教」（din-i ilahi / tauhid-i ilahi）的皇室崇拜活動。他在活動中收了一些弟子，這些弟子向他保證要像蘇菲派的導師（包括十四世紀德里的尼札姆丁・奧里亞）對其弟子要求的那般絕對忠誠。

阿克巴的寬容似乎取悅了印度教徒和其他非穆斯林臣民，但他更著重對「（宗教）真理的試驗」（借用甘地精神性自傳的標題），或者說，他企圖能尋找一種獨特的精神

31. Algar, "Nuktawiyya."

權威補充王朝的統治正當性。這種做法沒有被他的繼承人採納，甚至他手下的一名拉傑普特軍官也拒絕了這種個人崇拜活動。阿克巴宣稱他本人擁有一種獨特的精神地位，這引發虔誠穆斯林的反感，對阿克巴展開撻伐的批評者之一是納格什班迪蘇菲道團的謝赫阿赫邁德·希爾欣迪（Ahmad Sirhindi），他是一位在西元一六〇二年來到德里的納格什班迪蘇菲的弟子。正是阿赫邁德·希爾欣迪建立了充滿活力的南亞納格什班迪道團，其弟子影響了後來印度的伊斯蘭思想，也在鄂圖曼帝國領土上普及該道團的影響力。[32] 阿赫邁德·希爾欣迪和他的納格什班迪蘇菲弟子在十七世紀的北印度穆斯林中推動虔誠的、以伊斯蘭教法為基礎的正統信仰復甦。作為一個蘇菲道團，他們在意識形態和政治上與伊朗的努克塔維道團、鄂圖曼帝國內的貝克塔什道團，甚至印度的奇什蒂道團都不同。

不過，在其他方面，阿克巴的統治就像是他的行政措施一樣具形塑力和持久性。出於行政管理的目的，他採納伊朗人的太陽曆，並正式將波斯語作為行政管理語言，放棄巴布爾使用的突厥語。突厥語作為口說語言，在蒙兀兒國家的菁英階層中已經日漸萎縮。阿克巴還積極地招募使用波斯語的伊朗人（其中許多人是什葉派教徒）填補宮廷中的職位，使來自伊朗的文人和行政人員的數量大增，他們離開相對貧窮和政治混亂的故土，來到十六世紀末時的印度，並享受富裕和相對穩定的環境。阿克巴還有意識地透過建築工程和宮廷歷史書寫工程創造出蒙兀兒王朝的傳奇色彩。

他在建造新首都錫克里（西元一五七一—八四年）之前，為他的父親胡馬雍建造了一座宏偉的陵墓，雖是由胡馬雍的妻子哈米達・巴努・貝格姆（Hamida Banu Begim）下令，但工程無疑得到了阿克巴的批准，這是蒙兀兒王朝的墓葬風格有別於同時代的鄂圖曼和薩法維王朝建築物的第一座花園陵墓。它結合帖木兒王朝和印度的設計元素，在規模和氣勢上勝過了位於撒馬爾罕的帖木兒陵墓（Gur-i Amir）。阿克巴還透過贊助藝術和文學活動建立自己與祖先帖木兒時代的聯繫。巴布爾的自傳從突厥語翻譯成波斯語，並配上阿克巴畫坊的波斯風格繪畫，了解巴布爾的人也受鼓勵撰寫回憶錄，巴布爾的女兒古爾巴丹・貝吉姆（Gulbadan Begim）撰寫了當時最傑出的一本女性自傳。[33]

也有其他的文本反映出阿克巴心中的宗教和文化野心，以及他對印度文化的敏感。其中，《伊斯蘭第一個千年的歷史》（*Tarikh-i alfi*）可能從歷史和藝術的角度說明了阿克巴的宗教創新活動，而內札米（Nizami）和阿米爾・霍思露・迪赫拉維的《五卷書》

32. Yohanan Friedmann, *Shaykh Ahmad Sirhindi: An Outline of his Thought and a Study of his Image in the Eyes of Posterity* (Montreal: McGill Institute of Islamic Studies, 1971).
33. Gulbadan Begim, *The History of Humâyûn*.

（*Khamsa*）等經典波斯語詩歌作品的插畫本製作，則重申了他將波斯語作為蒙兀兒宮廷高級文化語言的承諾。印度教文本《柯利世系》（*Harivamsa*）的製作則宣傳了阿克巴對印度教文化的興趣，他早在西元一五六二年就已經表現出這種傾向，當時他強迫最著名的印度教音樂家和歌手坦森（Miyan Tansen）離開拉傑普特贊助人的宮廷，住在阿克巴的宮廷中，直到他於一五八六年去世。坦森的演唱形式drupad以印度古典音樂的拉格（raga）傳統為基礎，而且他本人也是一個參與印度教（巴克蒂〔bhakti〕）和伊斯蘭教（蘇菲）宗教運動的人，這和十四世紀著名的穆斯林詩人暨音樂家阿米爾·霍思露·迪赫拉維十分相似。這兩個人都是印度—穆斯林貴族藝術文化中的混合體，而鄂圖曼帝國和薩法維帝國幾乎沒有這種文化。

阿克巴的繼任者賈漢吉爾在西元一六〇五年登基時對這種文化的宗教寬容性給予肯定；但這樣做的同時，也似乎更傾向於政權的宗教，也就是伊斯蘭教，因為他並沒有提及對鄂圖曼帝國的米利特制度，或沙·阿巴斯對非穆斯林宗道團體的務實保護。[34] 他寫道：

> 各種宗教信仰的學者在他廣闊無垠的統治下都享有自己的空間。這與其他國家的做法不同，因為在波斯只有什葉派的空間，而在土耳其……和圖蘭（Tûrân，河中地區）

則只有遜尼派的空間。就如同在真主慈憫的廣闊天地中，所有階層和所有宗教的追隨者都有各自的空間……相對立的宗教學者，以及好的、壞的信徒都有空間……遜尼派和什葉派在同一間清真寺聚會，法蘭克人和猶太人在同一個間堂裡聚會，並遵守他們各自的禮拜形式。[35]

當皮埃特羅·德拉·瓦萊描述他於西元一六二三年造訪蒙兀兒王朝的主要港口蘇拉特（Surat）所觀察到的印度社會時，賈漢吉爾的說法得到了證實。德拉·瓦萊的描述似乎印證了公眾對阿克巴和賈漢吉爾宗教寬容（或者，在烏里瑪眼中的背離）的印象，但是當他提及印度的「穆罕默德教徒（Mohammedans）[36]……似乎擁有更多的權威」時，

34. 比方德拉·瓦萊對沙·阿巴斯時期伊朗的描述：「現在能想到的是，在波斯，所有的外國人，無論是來自外國，還是信仰不同的人，都生活在一起，也能夠在古老的習俗和特權下生活在一起，他們各自有各自的法律。」Della Valle, *The Pilgrim*, 130.

35. 譯自*Memoirs of Jahângîr*, I, 37, and n. 1。另見Gregory C. Kozlowski在他的論文中對於蒙兀兒宗教「異質性」的評述："Imperial Authority, Benefactions and Endowments (Awqaf) in Mughal India," *Journal of the Economic and Social History of the Orient* 38, No. 3 (1995), 362-3.

36. 譯者註：前現代歐洲人對穆斯林的蔑稱。

這句話也是對蒙兀兒主權限定性的一項有益提醒：

> 它的人口中，有一部分是本地人（印度教徒和其他非穆斯林），一部分是穆罕默德教徒，如果我沒有弄錯的話，本地人的數量更多；但是他們都是相互交融、和平相處的，因為古吉拉特現在服從大蒙兀兒（在其他時代有自己的國王），儘管他是穆罕默德教徒（但據說不是純粹的穆罕默德教徒），但他在他的國家裡對待各個民族並沒有區別。在他的宮廷和軍隊中，甚至在最高層的人中，兩者都有平等的地位。誠然，作為主人的穆罕默德教徒（尤其是今天在這些地區占主導地位的蒙古人），似乎擁有更多的權威。[37]

在宗教和文化方面，阿克巴和賈漢吉爾統治時期構成了一個恰逢其時的短暫王朝時刻。阿克巴的折衷主義和賈漢吉爾的寬容，使蒙兀兒印度有別於其他的同時期包括穆斯林和非穆斯林帝國在內的各個帝國，蒙兀兒王朝的皇帝對於意識形態一致性的要求不高，這使他們的統治有別於前現代世界歷史上大多數的其他帝國。

37. Della Valle, *The Pilgrim*, 211.

第四章

西元一六〇〇年
前後的經濟

簡述

君主統治的戰士王朝通常有三個主要的經濟目標：第一個目標是獲得足夠的財富，讓統治階級能夠擁有財富，用沙・賈汗時代蒙兀兒歷史學家的話說，就是讓統治階級能夠擁有「文明和舒適的生活」；第二個目標是獲得足夠的財富，從而推動更進一步的征服並獲取更多資源；第三個目標也是獲得足夠的財富，為宏偉的建築工程提供資金，以美化王朝，使其在臣民和後人眼中都享有正當性。除了經常發生但不一定有利可圖的掠奪外，大多數前工業時代的王朝主要是從三個主要來源中獲得財富的：農業稅收、商品生產和商業。鄂圖曼帝國、薩法維帝國和蒙兀兒帝國的經濟在結構上相同，其統治者的經濟政策也大致相似。它們還透過商品交換和商人的流通相互聯繫。

這三個帝國都是以農業為主的國家，統治者的大部分收入來自農業稅收，其人口和經濟規模主要取決於其領土的農業潛力。商業排在農業之後，形成次要但也不可或缺的收入來源，它可能來自於過境貿易，如印度香料經紅海輸送到開羅的寶貴貿易，或來自於製成品的生產和出口，比如布匹織造的商業稅，無論是在伊朗和鄂圖曼帝國生產的絲綢還是在印度生產的棉花都是如此。就鄂圖曼帝國而言，對非穆斯林臣民的主要社區徵收的特別稅——吉茲亞人頭稅也是一個重要的收入來源。三個王朝的統治者都繼承並大致遵循類似的經濟政策，從而讓自己和國家富裕。儘管薩法維王朝相對貧窮，反而促使至少一位伊朗統治者沙．阿巴斯一世，比他同時代的皇室成員在經濟方面發揮更積極的作用。整體來說，鄂圖曼、薩法維和蒙兀兒王朝的統治者有系統地從農民身上獲利的同時，也會鼓勵（通常不會控制）製造業的發展，並採取一切可能的措施來增加可稅收商業的流動。

一張鄂圖曼、薩法維和蒙兀兒領土的地形圖可以提供寶貴的指引，讓我們了解這些帝國的人口密度、定居模式和農業生產力。在西元一五一七年之後，鄂圖曼帝國主要是由三塊主要地區組成的：安納托利亞和美索不達米亞；魯米利亞（Rumelia）或歐洲省分；以及敘利亞、埃及和漢志（Hijaz）地區。鄂圖曼人在十六世紀初失去巴格達和美索不達米亞的部分地區，但後來又重新獲得這些領土。其中，安納托利亞只有接近美索不達米亞的地方才有大河系統，除了巴格達、巴士拉（Basra）以及愛琴海和黑海沿岸的城市，安納托利亞的其他地區大都乾旱，人口稀疏。魯米利亞（巴爾幹半島和鄰近的歐洲領土）有充足豐沛的水源，人口稠密，是帝國最富有的地區。埃及擁有充足的水源，可用於尼羅河沿岸的農業灌溉，這和美索不達米亞的情況相同，是足以維持古代文明的自然環境。除了阿勒坡和君士坦丁堡本身，開羅也是印度洋和地中海商業一個極富價值、可以帶來賦稅收入的貿易中心。在西元一六〇〇年時，鄂圖曼帝國的總人口估計約為兩千兩百萬人。[1]

薩法維帝國控制巴格達及其腹地的短暫時期裡，他們也從這肥沃地區的生產力中獲益，但除了這段時期之外，他們統治的是一個人口稀少、由高山和鹽漠組成的乾燥高原，主要的河流水系僅位於西北和東南邊境。在伊朗其他地區，最富有的三處是西北部的亞塞拜然、東北部的呼羅珊和位於國家中部的法爾斯省。後兩個省曾是前伊斯蘭時期的伊朗大帝國阿契美尼德和薩珊帝國的主要城市及文化中心所在地，這兩個帝國的統治者也控制著美索不達米亞。伊朗還受益於連接印度、中亞和中國與中東的陸路貿易網路。據估計，控制巴格達和美索不達米亞的沙・阿巴斯一世統治時期，有一千萬人生活在伊朗境內。[2]

與伊朗相反，蒙兀兒人控制著南亞的肥沃新月地帶，從印度河口向東北延伸到旁遮普富饒、水源充足、人口稠密的土地，然後沿著更富饒的恆河流域一直延伸至孟加拉灣。印度河流域與美索不達米亞和埃及類似，是古代南亞文明的農業重地，恆河則構成後來北印度帝國的生產核心和人口中心。孟加拉、印度西南部和古吉拉特的印度港口是中國、東南亞和中東之間海上貿易的中轉站，也是印度原材料和製成品的出口地。據估計，蒙兀兒王朝征服德干和次大陸東南海岸前的一六〇〇年，蒙兀兒帝國領土上的人口在一億至一億四千五百萬之間。[3]

穆斯林的經濟政策和貿易聲望

鄂圖曼王朝、薩法維王朝和蒙兀兒王朝的統治者大致上都遵循類似的經濟政策，這些政策是整個伊斯蘭世界裡的準則，而且薩法維王朝伊朗的貧窮狀況更說服了沙．阿巴斯一世大力促進經濟發展，同時也對某些形式的經濟活動進行了遠比其同時代人更積極、主動的限制。穆斯林作者通常把他們對經濟事務的意見寫在被稱為《君王寶鑑》（*nasihat nama*，字面意思是「建議之書」）的文本中。在通常的情形下，這些專著首先會主張保護農民和從農民身上獲利，因為這些君主和大多數前工業化時代的統治者一

1. Halil Inalcık and Donald Quataert (eds.), *An Economic and Social History of the Ottoman Empire 1300-1914* (Cambridge University Press, 1994), 29: 作者提到Barkan的估計值，也就是三千至三千五百萬人，但他們認為這個數字過分誇大。
2. 我在其他著作中提供薩法維王朝控制巴格達和伊拉克部分地區時的人口估計數值。見Stephen F. Dale, *Indian Merchants and Eurasian Trade 1600-1750* (Cambridge University Press, 1994), 18-19。
3. Shireen Moosvi對一六〇一年時印度人口的最高估計值是一億四千五百萬人，見其論文"The Silver Influx, Money Supply, Prices and Revenue Extraction in Mughal India," *Journal of the Economic and Social History of the Orient* 30, No. 1 (1987), 82。

樣，依靠農業人口作為他們國家的經濟基礎。統治者和他們的大臣一般都會這樣做，除了早年的烏古斯部落和蒙古人——他們是游牧統治者或掠奪者，只會對農村展開掠奪，而不是精打細算地向農民徵稅。這麼做破壞長久統治的經濟基礎，因此他們也不得不接受伊朗大臣（例如尼札姆・穆勒克和拉希德丁）的指導。據估計，有百分之八十的伊朗人和百分之九十的印度人從事農業或和農業相關活動。

在穆斯林政權中，統治者對農民或商人的自利同情往往被認為是履行「公正蘇丹」職責的一部分。在眾所周知前伊斯蘭時期的伊朗統治理想中，統治者在名義上擁有任何特定國家的所有農業土地（普天之下莫非王土），但君主仍需要致力於保護其居民免受危險或剝削之害。例如，在十九世紀時的自由主義理論影響到經濟實踐之前，鄂圖曼帝國的統治者和官員一直努力地保護理想化的家庭農場（他們稱之為çift hane系統，即擁有兩頭牛的農民家庭），並試圖透過禁止其分割或轉讓確保其生存——其中一部分原因是這麼做可以更容易從這種社會經濟單位徵收農業稅。這種做法緊緊跟隨了拜占庭人的先例。

蒙兀兒帝國的統治者和官員採取與鄂圖曼人相同的路線，他們對徵稅員職責理想化的看法就是例證——正如阿克巴的大臣阿布・法濟勒所寫，對徵稅員的期望是，代表統治者利益的同時徵稅員也幫助耕種者。「徵稅員」，他寫道：

> 應該是務農者的朋友……他應該認為自己是最高統治者的代表……他應該用預付款來幫助有需要的農夫，並逐步收回預付款……他應該確定耕地的範圍，在個人的天秤上衡量每個部分，並對其品質明察秋毫。不同地區土地的農業價值各不相同，某些土壤適合種植某些作物。他應該以不同的方式對待每個農民，並考慮農民的具體情況。[4]

阿布・法濟勒認為，徵稅員的部分職責是監督耕種者開墾荒地用於農耕，從而增加帝國的收入。

在農業之後，大多數的穆斯林作者都會把注意力放在商業上，建議君王鋪設道路、架設橋梁和修建貿易商隊的基礎設施，保護旅人和商人。這種文獻的典型例子之一是薩法維時期的宗教學者毛拉・穆罕默德・巴基爾・薩布札瓦里（Mulla Muhammad Baqir Sabzawari）的專著，題為《安瓦爾阿巴斯之學》（*Rawzat al-anwar-i ʻAbbasi*），作者在其中敦促統治者對商人要仁慈和公正。[5] 鄂圖曼帝國、薩法維帝國和蒙兀兒帝國的君主

---

4. Abû'l Fazl ʻAllâmî, *The A' in-i Akbari,* trans. H. Blochmann, ed. D. C. Phillott (New Delhi: Crown Publications, 1988), 3 vols., II, 46。

5. 引自Rudi Matthee的論文：“Merchants in Safavid Iran: Participants and Perceptions,” *Journal of Early Modern History* 4, No. 3-4 (2000), 254。Rudi Matthee在文中討論的是西元十七世紀中葉沙・阿巴斯二世統治時期的情況。

都遵循這項建議，不過更準確的說法是，他們在基礎設施上投資，說服或脅迫貴族也這樣做，然後文人在他們的專著中將他們的政策加以歸納和概括。鄂圖曼帝國、薩法維帝國和蒙兀兒帝國的統治者保護商隊路線，並建造商隊客棧，這些商隊客棧最終以一套相對安全的道路系統連通三個帝國的商旅。

鄂圖曼人延續了塞爾柱時期設計完善的商隊客棧系統，這些商隊客棧是設計精美、具備防禦功能的商業前哨站，每隔約三十公里就有一座，連結了鄂圖曼領土上主要的商業節點。[6]也許沙．阿巴斯一世在他同時代人之間最知名的就是他在位期間建造的商隊客棧，但帖木兒—蒙兀兒人也十分關注這項重要設施。旅人經常評論這些網絡。巴布爾曾於西元一五二八年開始在印度建立這些網絡，阿克巴則在十六世紀末時系統性發展這些網絡。正如他的宮廷歷史學家阿布．法濟勒談到阿克巴時所指出的，「這位仁慈的君主十分關心旅人的舒適度，並下令修建公路上的商隊客棧，建立休息所和廚房。」[7]西元十七世紀初的時候，商隊客棧沿著連接阿格拉、德里與旁遮普的主要幹道延伸，並繼續翻越阿富汗中部的山脈，到達最北方的巴爾赫。曾有兩位英國旅人在西元一六一五年描述了阿格拉和拉合爾之間的一些商隊客棧，他們報告道：「每隔五、六印里（coss）就有國王或一些大人物建造的商隊客棧，這些建築設施大大增加道路的美感，（而且）非常方便旅人住宿，並有助於延續有關建造者的記憶。」[8]

宗教義產制度

以法律角度而言，商隊客棧屬於義產（瓦合甫），也就是慈善或宗教捐贈，這是一種穆斯林的公共機構，就如同清真寺、蘇菲修道堂（罕納卡）、澡堂、公共廚房、墓園和公共噴泉一樣，都是由農業用地、水車或城市中的商店租金收入來支持的。義產是前現代時期的穆斯林社會中最重要的機構之一，表達了人們的虔誠信仰、保存記憶、支持公共機構、創造商業收入，並保護家庭財產。[9]

---

6. 見上一個注釋、第一章，關於塞爾柱貿易路線的照片和歸納，見"The Caravan Route: The Anatolian Staging Posts," in Stierlin, *Turkey from the Selçuks to the Ottomans* (Cologne: Taschen, 1998), 55–75。
7. AN, III, 1236.
8. Richard Steel and John Crowther, "Journey of Richard Steel and John Crowther, from Ajmeer in India to Isfahan in Persia, in the years 1615 and 1616," in Robert Kerr ed., *A General Collection of Voyages and Travels* (Edinburgh: Blackwood, 1824), 208. 關於特定的印度商隊客棧描述，見Ebba Koch, *Mughal Architecture: An Outline of its History and Development, 1526-1858* (Munich: Prestel, 1991), 66-8。
9. 有關於義產捐贈在特定城市裡的意義和功能的最佳討論之一是Haim Gerber關於十七世紀布爾薩的著作：*Economy and Society in an Ottoman City: Bursa, 1600-1700* (Jerusalem: The Hebrew University, 1988)。

比方說，在伊斯坦堡，這些義產捐贈支持了聖索菲亞清真寺、其他大清真寺以及帝國清真寺建築群（kulliye，庫利耶）中的相關機構，它有一部分的資金是來自從拜占庭人手中獲得的財富。在印度，義產支付了泰姬瑪哈陵（Taj Malal）的維護費用，但是和薩法維帝國或鄂圖曼帝國領土上義產基金的使用相比，這種情況在印度並不常見。在商業方面，伊斯坦堡、伊斯法罕和德里最重要的宗教基金包括市場建築群中的店鋪，它們既是各自帝國裡的商業中心，又提供收入以支持城市居民一般的精神和物質福利。[10] 伊斯坦堡的Bedestan（有屋頂的市集）、伊斯法罕國王廣場（Maidan-i Shah）的商店和德里的月光市集（Chandni Chowk）建築群都具有這些功能。清真寺周圍的商店通常會被納入義產基金的範圍，用於支持清真寺、其工作人員和相關的教育機構。剩餘的義產現金可能透過貸款產生額外的收入，因此這些捐贈有時成為一個非正式的銀行系統，提供的額度往往優惠於市集裡的兌幣人（sarraf）的水準。[11]

在所有的穆斯林社會中，宗教義產通常也被視為一種法律手段，以確保本來在子女之間分配的財產可以完整地保留在家庭中，由其中一個人作為穆塔瓦利（mutawalli，監護人）。在這種情況下，虔誠的意圖往往體現在世世代代對貧困兒童的保護。有的時候，家族義產的建立者甚至會無視伊斯蘭繼承法，規定女兒應得到與兒子相同的繼承份額。[12] 前一種虔誠或公共義產被稱為waqf ayri，後一種家族義產被稱為waqf ahli。[13] 前一種虔誠或公共義產被稱為waqf ayri，後一種家族義產被稱為waqf ahli。在實際操作中，兩者之間的差異常常是模糊的。有些家庭甚至會透過激勵其成員和後代被任命為穆塔瓦利，並從公共義產中獲益。有些家庭甚至會透過激勵其成員和後代被任命為穆塔瓦利而從公共義產中獲益。[14] 穆塔瓦利是舉足輕重的個體，如果他們做了決定，他們可以挪用公共義產裡的資金，或者將家族義產中的資金投資土地或商業從而獲得財富。

---

10. 關於這方面作用的介紹，見Gabriel Baer, "The Waqf as a Prop for the Social System (Sixteenth to Twentieth Centuries)," *Islamic Law and Society* 4 No. 3 (1997), 264-97, and Miriam Hoexter, "Waqf Studies in the Twentieth Century: the State of the Art," *Journal of the Economic and Social History of the Orient* 41, No. 4 (1998), 474–95。

11. 尤見Murat Çizakça, "Cash Waqfs of Bursa, 1555-1823," *Journal of the Economic and Social History of the Orient* 38, No. 2, 313-54。

12. R. Peters et al., "Wakf (A.) *Encyclopaedia of Islam* II, Brill Online, Part 12.

13. Suraiya Faroqhi在她的文章中提供了一些有趣的財務細節，是關於支持蘇菲道堂旅社的農業用地："*Vakif* Administration in Sixteenth century Konya. The Zaviye of Sadreddin-i Konevi" *Journal of the Economic and Social History of the Orient* 17, No. 2 (May 1974), 145-72。她還展示出這塊土地是如何同時支持蘇菲道堂旅社，又提供收入給當地的提瑪爾持有人。

14. 關於這種做法的許多例子，見Baer, "The Waqf As a Prop for the Social System," 264-97。

地圖12 **貿易路線**

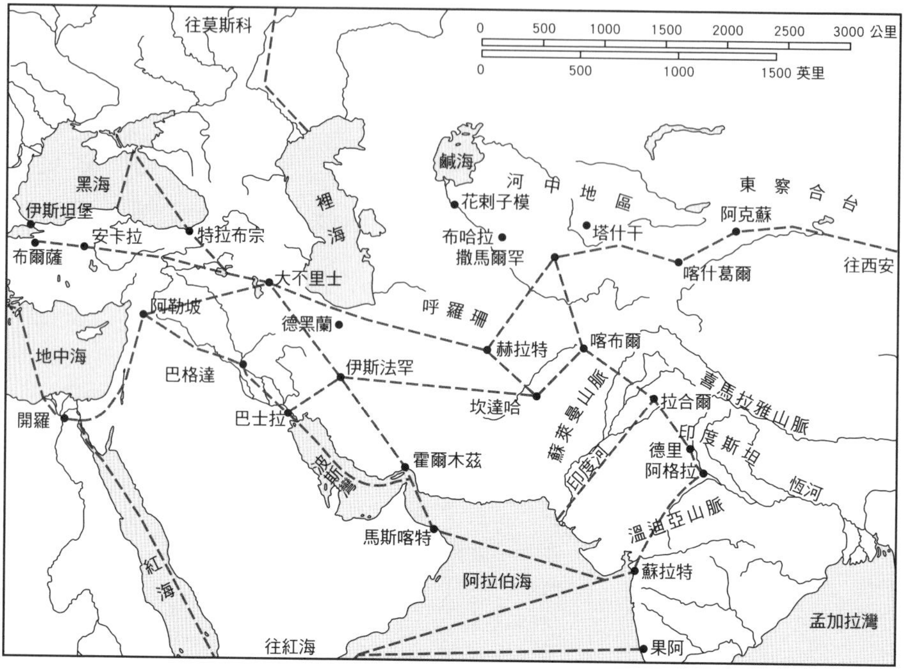

無論安納托利亞或是埃及，義產基金會在鄂圖曼社會中都是特別重要的機構，義產基金會對財富的轉讓往往會成為統治者關注的問題，正如穆罕默德二世所做的那樣。

為了掌握鄂圖曼帝國義產基金會無處不在的性質，我們可以說，鄂圖曼義產三個最突出的特點是：它在社會的各個社會——經濟階層中都受到廣泛的縱向和橫向運用；它有能力適應伊斯蘭教以及基督教、猶太教社區內的個人、團體和政府需求；最後是它們的長久壽命——不僅是機構本身，還有個人義產機構的巨大數量，無論它們建立的時期是在鄂圖曼帝國，還是在艾優布或馬穆魯克的時代。[15]

商人和商業

除了保護農民和資助基礎設施，穆斯林君主還被明確指導要尊重、保護和鼓勵商人。在鄂圖曼帝國的一篇專著中，作者敦促他的讀者要

> 善待地方上的商人；要始終關心他們；不要讓任何人騷擾他們；不要讓任何人對他們頤指氣使；因為透過他們的貿易活動，地方會變得繁榮，透過他們，世界上充盈著物美價廉的商品；透過他們，蘇丹的卓爾美名將被帶到周圍的土地上，透過他們，土地中蘊含的價值也會增加。[16]

15. Peters *et al.*, "Wakf" Section IV, "In the Ottoman Empire."
16. Inalcik, "Capital Formation in the Ottoman Empire," *Journal of Economic History* 39, No. 1 (March 1969), 97–8.

這些帝國中的穆斯林菁英階層毫無疑問地樂意聽從這樣的建議，因為裡頭許多人都擁有商人貿易夥伴：這是他們的蒙古統治者前輩所熟知的慣例，這種夥伴關係被稱為ortaq。[17]。[18]眾所周知，在阿克巴時代的印度，蒙兀兒貴族會聘雇印度教商業種姓裡的成員為財務和商業經理，正如來自法國的胡格諾派旅人讓．夏爾丹（Jean Chardin）所證實的，薩法維帝國的國王和貴族都會聘雇商人夥伴。[19]讓．夏爾丹還觀察到商人在穆斯林國家裡的地位，以及有名望的遠距離貿易商和商店老闆之間的差別。

「『商人』（Merchant）這個名號在東方非常受人尊敬，店鋪老闆或小商品的經銷商是不能使用這個名號的，那些不在外國從事交易的人也不允許使用這個名號……在印度，法律對貿易商更加有利，雖然他們的數量比波斯多得多，但他們也更受尊重。特別尊重的原因是，在東方，商人是神聖的人，即使戰爭時期也不會受到騷擾；在兩軍交戰中，仍允許他們和他們載運的物品自由通過：尤其出於禮遇商人之故，整個亞洲的道路都非常安全，在波斯格外如此。」[20]

鄂圖曼人

鄂圖曼人就像他們在東邊的伊朗和印度鄰居一樣，統治著以農業為主的農村人口，在安納托利亞，他們還統治著許多牧民。在鄂圖曼帝國的整個歷史上，農民提供了國家的大部分收入。最初，這些相對較輕的稅收是由斯帕希騎兵徵收的，但在十六世紀，隨著增加稅收以資助幾乎持續不斷的戰爭，鄂圖曼人逐漸轉向包稅（tax-farming），並在西元一六九五年建立馬利克哈內（Malikhane）制度[21]，提供大的包稅人（large tax-

---

17. 譯者註：該詞的字面意思是「夥伴」，在蒙元中國的漢文中寫作「斡脫」。
18. Thomas T. Allsen, "Mongolian Princes and their Merchant Partners," *Asia Major*, 3rd series II/2 (1989), 83–125.
19. Al-Badâonî, 'Abdul-l Qâdir Ibn-i-Mulûk Shâh, *Muntakhabu-T-Tawarikh*, trans. George S.A. Ranking, introduction by Brahmadeva Prasad Ambashthya (Patna: Academica Asiatica, repr. 1973), II, 65 and Sir John (Jean) Chardin, *Travels in Persia 1673–1677* (Mineola, New York: Dover Books, repr. 1988), 279. 另見Satish Chandra, "Commercial Activities of the Mughal Emperors during the Seventeenth Century," in Satish Chandra ed., *Essays in Medieval Indian Economic History* (New Delhi: Munshiram Manoharlal, 1987), 163-69。
20. Chardin, *Travels in Persia*, 279–80.
21. 譯者註：該詞的字面意思是「掌管屋」。

farmers）固定的上繳稅額和大量的特權——這項解決辦法有助於增加省級仕紳大員（稱為ayyan）的權力。十六世紀初，組成鄂圖曼帝國疆土的三塊地區（安納托利亞、埃及和敘利亞，以及魯米利亞）中，位於歐洲的魯米利亞省是生產力最高的。西元一四七五年，鄂圖曼國家總收入的百分之六十七來自這個地區，儘管這數字不僅包括農業稅，還包括對大量基督教人口徵收的特別稅、伊斯坦堡和其他地方的過路費、關稅、鑄幣費、塞爾維亞和波士尼亞的重要金銀礦，以及例如澡堂收入等其他各種較小的收入來源。然而，鄂圖曼人當時尚未征服埃及和敘利亞，這兩個地方將在十六世紀時構成鄂圖曼帝國第二大有利可圖的地區。安納托利亞是鄂圖曼人最初的家園，在此時是第三位，百分之四十五的收入來自銅礦。西元十五世紀末，鄂圖曼帝國總收入的近百分之八是來自對非穆斯林（主要是基督徒家庭）徵收的吉茲亞稅，這筆錢通常會直接流入國庫。西元一五二七年，在鄂圖曼人征服敘利亞和埃及後，魯米利亞地區占鄂圖曼帝國總收入的比例為略低於百分之四十，埃及約占百分之二十五，安納托利亞略低於百分之二十五，而阿勒坡、大馬士革或敘利亞則是略低於百分之十。[22]

絲綢貿易和鄂圖曼人的經濟

在伊斯坦堡和許多鄂圖曼帝國的省分裡，國家收入很大一部分來自於商業稅收，事實上，海關收入是後來鄂圖曼帝國國庫主要的強勢貨幣來源。[23] 在各個省中，商業稅收的重要性在葉門和埃及表現得尤為明顯，那裡的大量資金都來自印度的過境貿易，敘利亞的阿勒坡則是魯米利亞和安納托利亞，以及埃及、漢志和葉門之間南北方向貨物流動的主要中轉站。不過，絲綢才是鄂圖曼帝國和薩法維王朝土地上最重要的交易商品，也是這兩個國家的主要外國資本來源。自西元七世紀以來，伊朗就一直在製造絲綢，因為它是從中國突厥斯坦的和闐（Khotan，即今日之新疆）引入的。在薩法維時期之前，伊朗的大部分省分都會生產絲綢，其中部分最上等的布料生產地點並非在伊朗高原，而是位處伊朗文化區內的梅爾夫。由於蒙古人的入侵，伊朗的絲綢生產者與中國產品直接接觸，早期伊朗的幾何圖案被後來伊朗絲綢服裝上常見的中國式圖樣取代了。[24]

---

22. Inalcık and Quataert, *An Economic and Social History of the Ottoman Empire*, 55 and 82.
23. Inalcık, "Imtiyâzât," *Encyclopaedia of Islam* II, Brill Online.
24. D. Thompson, "Silk Textiles in Iran," in "Abrî am, Silk," *Encyclopaedia Iranica*, www.iraniuca.com/newsite, pp. 9-15.

蒙古人的入侵嚴重擾亂伊朗絲織品的生產，但很快就恢復了。一三〇〇年時，伊朗成為鄂圖曼帝國主要的生絲供應商，生絲會從這裡再轉售給歐洲商人。靠近位於亞塞拜然的伊兒汗蒙古首都蘇丹尼耶（Sultaniye），大不里士在蒙古征服後發展成中東的大型商業中心之一，主要仰賴它在伊朗絲綢貿易中扮演的角色。河中地區、裡海沿岸和其他中心生產的伊朗絲綢會經由大不里士運送到鄂圖曼帝國境內，為鄂圖曼人提供主要的收入來源。大部分絲綢隨後運往安納托利亞西部的布爾薩，這裡是鄂圖曼帝國的第一個首都。十四世紀，鄂圖曼帝國在安納托利亞發起的幾場戰役就是為了獲得控制該處絲綢路線，當蘇丹塞利姆一世在一五一四年的查爾迪蘭戰役後占領大不里士時，鄂圖曼人暫時獲得從伊朗到地中海整條路線的控制權。一六一七年，鄂圖曼人對薩法維人開戰，因為薩法維人沒有出口一六一三年條約中規定的絲綢數量，從而威脅到鄂圖曼人的收入。[25]

早在這之前，布爾薩十四世紀就已經成為世界絲綢貿易和絲綢工業的中心之一。它既是亞洲和歐洲之間絲綢貿易的中轉站，也是伊朗絲線的加工中心，這使得在君士坦丁堡被征服後布爾薩仍然享有重要地位。[26] 布爾薩是鄂圖曼帝國絲織品的主要生產中心，也是十五和十六世紀絲織品商隊的終點站，儘管到十七世紀後期，大多數的伊朗絲綢都來到更南邊的伊茲密爾（Izmir）。[27] 伊朗的穆斯林商人起初主導位於伊朗和布爾薩之間的貿易，他們之中的大多數人都來自伊朗北部的絲綢生產中心，有時會在布爾薩定居，甚至會前往義大利。有一些亞美尼亞人也在這時參與了這項貿易。但在十六世紀末，亞美尼亞人以精力充沛的伊朗統治者沙・阿巴斯一世的代理人身分，獲得對貿易的控制權。布爾薩絲綢市場的運作可以從佛羅倫斯人喬瓦尼・迪・弗朗西斯科・馬林吉（Giovanni di Francesco Maringhi）的紀錄中看到富有個性的生動樣貌。馬林吉會定期往返於佛羅倫斯和布爾薩之間購買絲綢，並在布爾薩出售羊毛布以支付其成本。[28]在鄂圖曼帝國征服之前，佛羅倫斯人一直在拜占庭人的領地裡出售羊毛。西元一五二〇年以後，歐洲人開始以來自南美洲的白銀支付其出口品絕大部分的費用，但這些白銀大多數隨後會被運往伊朗，用於支付絲綢進口，並且／或者直接經過巴士拉和波斯灣，運往印度以購買那裡的棉花。

---

25. Murat Çizakça, "A Short History of the Bursa Silk Industry," *Journal of the Economic and Social History of the Orient* 23, No. 1-2 (April 1980), 146.
26. 同上，142-3。
27. 關於西元十五和十六世紀布爾薩的經濟和商業，見Halil Inalcık, Bursa I: "Asir Sanayi ve Ticaret Tarihine Dair Vesikalar," in Inalcık, *Osmanli Imparatoruğlu* (Istanbul: EREN, repr. 1996), 203–58。
28. Inalcık and Quataert, "Bursa and the Silk Trade," in *An Economic and Social History of the Ottoman Empire*, 227, 234-6.

因此，雖然鄂圖曼帝國在這個時期從歐洲人身上賺取跨國收支盈餘，但它對伊朗和印度始終處在國際逆差。儘管鄂圖曼人在印度的貿易不太為人所知，但這種不平衡導致一位鄂圖曼帝國觀察家的抱怨：「印度紡織品的入侵是如此令人震驚，甚至連帝國的一位官方年鑑作者納伊瑪（Naima）也抱怨帝國的金銀流失，他曾說：『這麼多的國庫現金都用在印度商品上……全世界的財富都在印度累積。』」[29]

鄂圖曼帝國的貨幣貶值

在征服君士坦丁堡之前，早期的鄂圖曼帝國硬幣是在布爾薩和埃迪爾內鑄造。用於商業的主要硬幣是阿克謝（akçe，取自突厥語的ak，即「白色的」），鄂圖曼人在西元十五世紀上半葉從巴爾幹地區新占領的礦場獲得了白銀。[30]然而十五世紀末，鄂圖曼人也開始鑄造金幣，首先使用義大利和埃及的貨幣，在征服埃及以後，鄂圖曼人開始使用來自埃及和蘇丹的黃金。早在十四世紀中葉，在鄂圖曼帝國控制的領土上發現的銅，同樣拿來用於當地的交易。在鄂圖曼帝國統治的前一個半世紀裡，阿克謝的幣值保持著相對穩定，但在穆罕默德二世統治時期，銀幣貶值了六次，縮水百分之三十，以便在國庫中累積資金，滿足這個高度集中的國家日益增長的軍事和其他開支。在穆罕默德二世統治時期，鄂圖曼帝國的農業和商業收入通常不足以支付國家不斷增加的軍事和官僚開支，十六世紀末蘇丹蘇萊曼展開無情的（在軍事上成功的）數次攻勢之後，這個問題變得非常嚴重。儘管如此，從穆罕默德統治末期到十六世紀末，白銀的價值仍然相對穩定。鄂圖曼帝國貨幣（以及幣值）最大的變化發生在西元一五八五至八六年，當時在開支和赤字不斷增加的情況下，銀幣被徹底貶值百分之四十四，開啟一段貨幣不穩定的時期，最終在西元一六四〇至一六五〇年間，白銀貨幣完全從流通中消失，並且被各種歐洲硬幣取代。[31] 貨幣貶值造成嚴重的問題，其中最重要的是它為受薪的耶尼切里軍團帶來財政壓力，因為他們訓練有素，武器精良，而且駐紮在君士坦丁堡，可以恐嚇蘇丹或其部長。然而，耶尼切里軍團只是鄂圖曼社會中最強大、最具潛在麻煩的一部分，鄂圖曼社會還經歷了貶值引起的急劇通貨膨脹。

---

29. 見Halil Inalcık, "The India Trade," in Inalcık and Quataert, *An Economic and Social History of the Ottoman Empire*, 354-5.
30. John F. Richards, *The Mughal Empire* (Cambridge University Press, 1994), 179.
31. Pamuk, *A Monetary History of the Ottoman Empire*, Chapter 8, "Debasement and Disintegration." Ak一詞在阿拉伯語／波斯語中的拼法是Aq，例如「白羊」就是Aq Quyunlu。

西元十六世紀最後二十五年的鄂圖曼帝國，是在劇烈的通貨膨脹或價格革命中度過的。這個局面常常歸因於歐洲白銀湧入鄂圖曼帝國的土地，以支付從伊斯坦堡、布爾薩、亞歷山卓和其他城市轉口的伊朗絲綢和印度香料。然而，這種說法似乎忽略了一些基本因素，包括貨幣數量理論（quantity theory of money）。相對而言，蒙兀兒人的領土和西南印度海岸的香料王國並沒有遭受嚴重的通貨膨脹，這些地方匯入和停留的金額要比鄂圖曼帝國大得多。鄂圖曼帝國通貨膨脹更可能的肇因是貨幣的反覆貶值。歐洲白銀導致鄂圖曼帝國通貨膨脹的理論是假設這些錢會留在鄂圖曼帝國境內，而且還假設交易量是保持不變的。但是，大量的歐洲白銀離開這個國家，用於支付伊朗的絲綢，而且鄂圖曼帝國的人口在十六世紀也有所增加（儘管在十七世紀又下降，尤其是在其歐洲省分）。[32] 與此同時，大量的白銀進入印度。在西元一六〇〇年至一七五〇年間所有進入歐洲的白銀中，可能有三分之一最終到了印度，在西元一五八八年至一六〇二年間，有一百二十四噸白銀到達印度。然而，蒙兀兒印度的通貨膨脹從未成為主要的經濟問題，據估計，其通貨膨脹率不超過每年百分之零點三。[33] 最後，從西元十五世紀末開始，阿克謝持續貶值成為鄂圖曼帝國通貨膨脹最明顯的原因。西元一五八五至八六年的一次重大貶值，形成鄂圖曼帝國經濟史上的「轉捩點」。[34] 這次貶值無疑與鄂圖曼人在一五八一年經歷的重大預算短缺有關，赤字一直持續到十七世紀末，此後，馬利克哈內包稅制度使得政府資金大幅增加。[35]

薩法維人

薩法維王朝在歷史上多數時期控制的大部分領土，都與現代伊朗國家的國境線相同，另外再加上阿富汗西北部的地區，這些地區被認為是呼羅珊、巴爾赫和阿富汗北部稱為巴達赫尚之附近地區的一部分，還有喬治亞、亞美尼亞和亞塞拜然的部分地區。因此，除了外高加索和裡海省分，薩法維人的大部分領土都位於伊朗高原上，這個地區在

32. Shireen Moosvi對貨幣理論和印度案例的仔細分析，見"The Silver Influx," 81-83。
33. 同上，79 and 94 and Najaf Haidar, "Precious Metal Flows and Currency Circulation in the Mughal Empire," *Journal of the Economic and Social History of the Orient* 39, No. 3 (1996), 323。
34. evkat Pamuk, "Money in the Ottoman Empire, 1326–1914," in Inalcık and Quataert ed., *An Economic and Social History of the Ottoman Empire*, 947–81. 另見Pamuk對於歐洲貨幣造成通貨膨脹的質疑：*A Monetary History of the Ottoman Empire*；尤其是這本書的第七章"The Price Revolution of the Near East Revisited," 以及他的論文"The Price Revolution in the Ottoman Empire Reconsidered," *International Journal of Middle East Studies* 33, No. 1 (February 2001), 69–89。
35. Darling, *Revenue Raising and Legitimacy*, 239.

現代地理術語中被描述為一個內陸盆地，一個「有綠色點綴的乾旱地帶……一個乾旱的國家」，其中「水的宗教和傳統價值……在瑣羅亞斯德教中得以放大」，並藉由連結天堂與有流水灌溉的花園，使花園成為天堂的象徵。[36]即使在二十一世紀，前往伊朗的旅人也會立刻就注意到，大多數城市和村莊都位於山區邊緣，那裡的逕流支持著農業和城市居民的生活。與此形成鮮明對比的是中部大片人煙稀少的地區，那裡北部和南部的鹽漠（Dasht-i Kavir和Dasht-i Lut）讓農業幾乎不可行。

在西元十六世紀的大部分時間裡，薩法維伊朗也因為政治上的失能和寶貴領土的損失而受到鄂圖曼人的影響。從西元一五一四年沙．伊斯瑪儀國王在查爾迪蘭戰役中失敗，到十六世紀末阿巴斯國王重建薩法維政權，薩法維人的經濟在這期間一直處於不穩定的狀態。塔赫馬斯普統治時期，烏茲別克人在呼羅珊地區的掠奪，以及鄂圖曼人的攻擊導致大不里士被占領，並在西元一五三四年丟掉巴格達和伊拉克，意謂著伊斯瑪儀國王的新生帝國暫時（或永久）失去兩個最富饒的地區。在西元十六世紀的大部分時間裡，薩法維人大致的財政狀況可以反映在伊朗貨幣體系的不規則和分散性上，尤其是塔赫馬斯普的銀幣貶值。比方說，國王銀幣（Shahi silver coin）在伊斯瑪儀統治時期的重量是九點二二公克，但是到了阿巴斯一世國王上台時僅有二點三公克重。十六世紀的伊朗並未擁有大量銀礦，它和印度一樣需要依靠貿易帶來用以鑄造自家貨幣的硬幣，大部分都來自絲綢貿易。

如同薩法維政府的許多方面，沙・阿巴斯一世也對貨幣進行改革，並消除自蒙古時代以來使用、已不合時宜的錢幣銘文，代之以適當的什葉派宣言。沙・阿巴斯還恢復了禁止向印度出口貨幣的禁令，塔赫馬斯普嘗試過這項禁令，曾有一些印度人因違反禁令而遭到處決。他需要錢來打仗，但伊朗的白銀短缺不僅反映出短期軍事需要：它是結構性問題，甚至比鄂圖曼人的問題更嚴重，這是一片貧窮的領土。儘管沙・阿巴斯一世的繼任者很少進行長期的軍事行動，但他們繼續讓伊朗的貨幣貶值。到西元一六九四年最後一位薩法維統治者登基加冕時，國家的財政狀況已然十分嚴峻，儘管很大程度上這是由於政權的失能造成的。然而，銀幣的短缺主要影響長途貿易，特別是與印度的貿易，因為大多數國內業務是以銅幣進行的。除了紀念章之外，幾乎不曾使用過金幣。[37]

在傳統上，伊朗許多鄉村農業依賴其獨特的地下灌溉渠道，也就是坎兒井

---

36. J. Behnan, "Population," *The Cambridge History of Iran, I, The Land*, 470–1; Elizabeth B. Moynihan, *Paradise as a Garden: in Persia and Mughal India* (New York: Braziller, 1979).
37. Willem Floor, "The Monetary System," in Floor, *The Economy of Safavid Persia* (Wiesbaden: Reichert Verlag, 2000), 65-85.

（qanat），藉由從山麓向外挖掘的一系列豎井，將地下水從山地引向平地。[38] 這些巧妙的灌溉渠道需要大量勞動力和持續維護，因此很容易受到掠奪性軍隊攻擊，這些軍隊經常掃蕩伊朗並造成令人痛心的後果。即使維護得很好，它們也僅能養活少量的人口。在薩法維時代，來自歐洲的旅行者，例如消息靈通、會說波斯語、曾在西元一六六四年至一六七七年間長期居住在伊朗的讓・夏爾丹，就曾注意到這項事實。他觀察到的伊朗

是一個乾旱、貧瘠、多山的地方，但人口稀少。我說的是整體情況，有十二分之一的地方沒有人煙和耕地；當你經過任何大的城鎮約兩里格（League）後，絕不會在二十里格內遇到任何宅院或人。西部地區比其他地區都要糟糕，那裡需要有人居住，但除了廣闊的沙漠以外幾乎什麼都沒有。這種不毛之地不外乎是缺水，整個王國的大部分地區都缺水。[39]

從事農耕的人還必須與游牧部落爭奪稀缺的資源：這是西元十至十六世紀間的特殊問題，因為塞爾柱部落和蒙古部落先後橫掃呼羅珊地區，占領大片領土，他們的牲畜經常破壞耕地和灌溉系統。

薩法維伊朗就像它在西邊的鄂圖曼帝國和東邊的蒙兀兒帝國的這兩個鄰國一樣，農

村人口占據帝國的絕大多數。即使在帝國的鼎盛時期，沙．阿巴斯一世治下的城市居民可能也不超過總人口的百分之十五，其中百分之五的人口集中在伊斯法罕。旅行經驗豐富的讓．夏爾丹對伊斯法罕非常熟悉，並將其描述為「整個東方最美麗的城市。」[40] 這位法國人認為伊斯法罕的人口與倫敦一樣多，因此在十七世紀下半葉時，該城市的居民可能有六十至七十萬人。當時伊斯法罕的人口包括穆斯林、亞美尼亞基督徒、印度教徒、猶太人和瑣羅亞斯德教徒，反映了整個國家主要的宗教群體。亞美尼亞人和印度人是伊斯法罕最重要的兩個商業社區，在讓．夏爾丹的時代，他們的人數可能分別達到三萬和一萬人。只有薩法維的故都大不里士在十七世紀可能有超過十萬的居民。農村人口由兩部分組成：定居的農業者，以及相關的工匠、商人、神學家和牧民。前者可能占總數的百分之六十，後者占百分之二十至三十。許多牧民應該是齊茲爾巴什或烏古斯部落的人，他們集中在亞塞拜然和馬贊德蘭一帶，伊朗的盧爾人（Lurs）和巴赫蒂亞里人生

---

38. 199 Peter Beaumont, "Âb ["Water"]," *Encyclopaedia Iranica*, ed. Ehsan Yarshater, I (London: Routledge & Keegan Paul, 1985), 27-39.
39. Chardin, *Travels in Persia*, 128.
40. 摘自J. Sourdel-Thomine in "Isfahân," *Encyclopaedia of Islam*, II, Brill Online, 11.

活在扎格羅斯山脈中部（Central Zagros），突厥卡什卡伊人（Qashqai）則是位於更南方的舍拉子附近。

薩法維國家的收入反映了領土資源的貧乏，以及亞美尼亞和印度教在其對外貿易中的主導地位。這個國家甚至在一些最基本的食品方面都不能自給自足。米、糖和香料都是從印度大量進口，印度還向伊朗提供靛藍（indigo）和蒙兀兒印度最寶貴的出口商品棉布，其中一些棉布在當地消費，其餘大部分則被轉運到鄂圖曼帝國境內。[41] 來自印度的貨物會從陸路或是海路進入伊朗，取決於具體的政治形勢。香料也是從印度到達伊朗的，儘管這些香料大多數並非來自蒙兀兒人的領土，而是來自印度西南海岸、馬拉巴爾（Marabar）海岸或東南亞。伊朗只會向印度出口少量商品：杏仁、珍貴的烹飪添加劑阿魏（asafoetida）、甜瓜和一些馬匹。大量的伊朗文人和官僚也會去印度謀職，但我們並不知道他們會給留在伊朗的家人多少收入。因此，伊朗與印度的跨國收支常年處於逆差狀態，並透過貨幣流通得到補償。[42]

伊朗絲綢、沙·阿巴斯和伊朗的「重商主義」

另一方面，對鄂圖曼帝國的絲綢出口為伊朗帶來經濟優勢。絲綢，大部分是絲線，是伊朗主要和最有價值的出口產品，其中大部分是透過商隊從陸路出口到鄂圖曼帝國的領土。這種貿易對伊朗和鄂圖曼帝國來說都至關重要。它的銷售為伊朗帶來與鄂圖曼帝國的貿易跨國收支盈餘，以及它所缺乏用於製造硬幣的貴金屬，大量貴金屬會在前往印度的路上經過伊朗。每年來自鄂圖曼帝國的過境稅又會為伊朗帶來大量收入。因此，這兩個王朝都是這種活躍貿易的既得利益者，即使兩個國家在公開戰爭期間，這種貿易有時也被允許繼續進行。上面提到西元一六一四年的鄂圖曼－薩法維條約規定，伊朗每年將向鄂圖曼帝國領土運送三十二噸絲綢。[43] 在西元一六六〇年，拉爾夫・杜・曼斯（Ralph du Mans）對當時仍然存在的鄂圖曼人、薩法維人和蒙兀兒人之間貨幣關係的結論令人過目難忘：

> 波斯就像是一座有兩道門的巨大商隊客棧，一道出口朝著土耳其，白銀會從西邊以

---

41. Floor, *The Economy of Safavid Persia*, 156; Willem Floor and Patrick Clawson, "Safavid Iran's search for Silver and Gold," *International Journal of Middle East Studies* 32 (2000), 345-68; Halil Inalcık, "Osmanlı Pamuklu Pazarı, Hindistan ve Ingiltere," *in Osmanlı Imparatoru* lu, 259-317.
42. 見Floor和Clawson許多其他的資料來源："Safavid Iran's Search for Silver and Gold," 345-68。
43. 同上，346 and 356。

皮阿斯特（piastres）的形式進入，這些銀幣從美洲到西班牙，從西班牙到法國……然後從馬賽港離開法國，再從那裡進入土耳其，從土耳其抵達這裡（伊朗）的，這些銀幣在這裡被重新鑄造成阿巴斯銀幣……有一些人會帶著那些皮阿斯特到印度去……

它的另一道門則是在阿巴斯港（Bandar Abbas）……去印度，去蘇拉特，世界上所有的白銀都在那裡卸貨，從那裡落入無底洞，從此不再出現。[44]

應該強調的是，鄂圖曼帝國的白銀並不只用於購買伊朗的絲綢，還用於購買印度的香料和棉布，其中一部分是經由伊朗陸路運來的，儘管它們也會用船運到伊拉克南部的巴士拉，或經由紅海運到開羅和亞歷山卓。

由於缺乏人口、自然資源和除了絲綢布料以外有價值的出口產品，像沙．阿巴斯一世這樣精力充沛的伊朗君主不僅要遵循穆斯林統治者的典型政策，還積極地干預經濟活動，其程度比同時代的鄂圖曼帝國或薩法維帝國的干預程度都要高。首先，沙．阿巴斯一世可能比他同時代的任何人都更了解如何刺激商業活動和建造基礎設施。他在當時以保護商人的作風而聞名。正如兩個英國人在西元一六一五年從印度來到伊朗領土時所觀察到的：「商人受到很大的恩惠，以免他們去向國王抱怨，商人會在他那裡受到很好的對待。」[45]阿巴斯國王十分禮遇商人，並且加強商路安全的方式以鞏固這種禮遇。伊斯坎達・貝・穆欣（Iskandar Beg Munshi）在他的著作中有一段內容是「論沙・阿巴斯的正義、對道路安全的關注和對臣民福利的關心」，他寫道：

> 治理國政的大部分內容都集中在維護王國內部穩定和道路安全。在阿巴斯國王登基之前，這種和平與安全已經在伊朗消失，人們在全國各地旅行都變得非常困難。阿巴斯一登基，就把注意力放在這個問題上。他要求每個省都要緊盯那些主要的公路強盜，然後他開始著手消滅這類人……在道路恢復安全後，商人和貿易商就開始往返於薩法維帝國的土地了。[46]

拉赫達爾（Rahdar）是一支公路警察部隊，在沙・阿巴斯統治時期，伊朗的道路安全水準被許多歐洲人認為超過鄂圖曼帝國和蒙兀兒帝國。[47] 安全也因此得到極大的保

---

44. Haidar摘錄，"Precious Metal Flows and Currency Circulation in the Mughal Empire," 307。
45. Steele and Crowther, *Journey*, 214.
46. Eskander Beg Monshi, *History of Shah 'Abbas the Great (Târîk-e 'âlamârâ-ye 'Abbâsî)*, trans. Roger Savory (Boulder, CO: Westview Press, 1978), 3 vols., II, 523.
47. Dale, *Indian Merchants and Eurasian Trade*, 39.

障，包括橋梁、商隊客棧，以及偶爾的新路，例如橫跨伊斯法罕新首都北部沼澤地「金屬公路」（sang farash）的開通，「一舉使伊斯法罕成為伊朗國內貿易的中心」。[48] 商隊客棧不僅提供商旅人士受到保護的住宿，還會發展成城鎮裡的農貿市場，連通城鎮裡的有頂市場。[49] 就像是讓・夏爾丹所證實的，光是在伊斯法罕一城，就擁有一千八百零二座商隊客棧，市中心的大廣場周圍有幾百家店鋪，它們一起形成薩法維帝國的商業區，可以和伊斯坦堡的有頂市集（Bedestan）等量齊觀。[50]

雖然宮廷歷史學家習慣性地傾向於讚美和誇張，但伊斯坎達爾・貝・穆欣正確地指出沙・阿巴斯一世系統性地發展和指導伊朗經濟，程度遠遠超過更繁榮的鄂圖曼帝國和蒙兀兒帝國的情況。在他為實現君權最大化的整體目標而採取的其他措施中，他也努力地發展伊朗的棉花產業，種植孟加拉水稻，種植靛藍以減少對印度進口的依賴；西元一六一八年，他和之前的國王塔赫馬斯普一樣，禁止黃金和白銀出口，以防止硬幣不斷流出薩法維帝國的領土。[51] 綜合來看，他的經濟政策有時被描述為一種伊朗的重商主義——儘管並沒有這麼一套商業理論。[52]

不管這種描述是否正確，阿巴斯最重要的經濟措施的確是一心一意地發展絲綢貿易，這是伊朗最重要的外匯來源。為此，伊朗國王採取兩項重大措施。他將伊朗北部的吉蘭省和馬贊達蘭省的產絲區改為領地或王室土地（Khassa），之後由國庫官員負責購買絲綢，並監督其運輸到伊斯法罕。其次，在西元一六〇五年，他殘忍地將安納托利亞東部祝爾法的亞美尼亞商人社區搬遷到伊斯法罕，並在從西向東穿過伊斯法罕城的札因代河（*Zayandih Rud*）南邊，為他們建立新的郊區（新祝爾法）。亞美尼亞人社區早先曾被白羊王朝授予過特權，他們被強行徵召為伊朗絲綢的主要中間人和商人，因為他們是高度成熟的商人，擁有一個由緊密的家族企業組成的商業網路。西元十六世紀初時，亞美尼亞人的商業網絡從印度經過鄂圖曼帝國，一直延伸到威尼斯和荷蘭。

亞美尼亞人和印度人在伊朗的商業活動

阿巴斯國王授予伊斯法罕新祝爾法的亞美尼亞人自治權和特權社區的地位，他們

---

48. Bert Fragner, "Social and Economic Affairs," in *The Cambridge History of Iran, VI, The Timurid and Safavid Periods*, 527.
49. Kheirabadi, *Iranian Cities*.
50. Sourdel-Thomine, "Isfahân," 11.
51. Matthee, *The Politics of Trade in Safavid Iran*, 63-9.
52. 同上，69-74。

的權利受到太后保護。[53] 新祝爾法也被定為王室土地。在薩法維國家中，亞美尼亞人並不是平等的夥伴，他們偶爾會受到強迫改信伊斯蘭教的威脅，但由於他們對薩法維、卡札爾和巴勒維政權的商業重要性，到二十世紀末以前一直維持著自己的宗教和受保護地位。新祝爾法的亞美尼亞人不僅成為國王的主要絲綢中間人，並為國王執行各種商業和外交任務。亞美尼亞人還充當宮廷金融家的角色。當他們與不斷擴張的羅曼諾夫王朝俄羅斯帝國進行貿易時（這項貿易的規模在十七世紀末急遽擴大），在伊朗商業和薩法維政權財政中最重要的功能是幾乎壟斷伊朗與鄂圖曼帝國和地中海的絲綢貿易。正如讓．夏爾丹簡明扼要地分析三個穆斯林帝國的對外貿易時所指出：

因此，在土耳其，基督徒（亞美尼亞人）和猶太人進行主要的對外貿易；在波斯，是基督徒（亞美尼亞人）和印度異教徒（印度教徒和耆那教徒）。至於波斯人，他們與自己的同胞進行貿易，不同省分間互相貿易，其中大多數人與印度人進行貿易。只有亞美尼亞人管理整個（伊朗）的對歐貿易。[54]

正是在沙．阿巴斯的統治時期和此後，義大利和荷蘭的亞美尼亞人社區數量開始迅速增長。[55] 雖然沙．阿巴斯的繼任者放鬆薩法維國家對絲綢貿易的控制，亞美尼亞人卻適應了這種變化，甚至當薩法維政權在十七世紀末開始衰敗時，許多亞美尼亞商人仍繼續享受繁榮。然而，到西元一七〇〇年時，無力的薩法維政權已經不再向新祝爾法的亞美尼亞人提供他們早先享有的同等程度的保護或特權，最後幾位薩法維統治者對於宗教純潔性的關注已經變得和對經濟可行性的關注一樣認真。[56]

如果說亞美尼亞人主導了伊朗與西方的貿易，那麼印度教徒則控制了大部分印度—伊朗的貿易。伊朗商人也曾前往印度，並將印度商品出口到他們的國家，但是在阿巴斯國王的時代和其後數十年間，主導這種貿易的是印度教徒商人。有人可能會如此形容：「印度的『貨幣兌換商』存在、遍布於數個伊朗主要城市裡」是「伊朗經濟史上令人驚訝又無法解釋的事件。」[57] 然而，要理解十七世紀伊朗活動的印度商人散居一點也不

---

53. Rudi Matthee 在他的論文中不僅討論了亞美尼亞人，也討論薩法維時期的其他伊朗商人：“Merchants in Safavid Iran: Participants and Perceptions,” *The Journal of Early Modern History* 4, No. 3-4 (2000), 233-68。
54. Chardin, *Travels in Persia*, 280–1.
55. Matthee, *The Politics of Trade in Safavid Iran*, 84-92.
56. 同上，205-6。
57. Mehdi Keyvani, *Artisans and Guild Life in the Later Iranian Period* (Berlin: Klaus Schwartz, 1982), 228.

難，一位印度商人在一六四七年時估計有一萬人散居在此，他說：「一萬個印度人住在伊朗，沒有離開。」58

經濟上而言，這些印度人代表在區域內占主導地位的印度經濟，範圍從東南亞一直延伸到地中海。在社會上來說，大多數印度僑民構成複雜、高度分化之印度教種姓制度的一個部分，該制度在基督教出現之前的幾個世紀裡，已經形成專門、同系婚姻的種姓。馬爾瓦里人（Marwaris）是來自拉賈斯坦（Rajastan）印度教商人的一個亞種姓，他們和耆那教徒競爭者在蒙兀兒時代藉由為穆斯林的土地稅收提供信貸而變得富有，這些商人中最為著名的。他們中有一些人，在資料中被稱為巴尼人（banians），在波斯灣的阿巴斯港銷售貨物和放款。然而，按照讓．夏爾丹的估計，西元一六七〇年居住在伊斯法罕的一萬名印度人中，大部分屬於著名的卡特里（Khatris）種姓群體，成員來自旁遮普和印度西北部。

卡特里人可能從德里蘇丹國的歷史作家齊亞爾丁．巴拉尼的時代就開始從旁遮普旅行，巴拉尼對印度教在印度—穆斯林經濟中扮演主導地位的譴責也適用於蒙兀兒王朝時期。卡特里人很容易就能加入自古以來穿越開伯爾山口（Khyber pass）和其他印度—阿富汗通道的商隊。巴布爾生活在喀布爾的二十年間，他估計每年都有兩萬名商人從印度來到喀布爾。其中一些商人會向北前往布哈拉、撒馬爾罕，然後向東到費爾干納河谷，再往東到中國的突厥斯坦。然而，在阿巴斯國王統治時期，大多數人繼續向西前往伊朗的大市場，在那裡以亞美尼亞或義大利人的方式建立家族公司的分支機構。一些人最終將他們的代理人派往俄國人新征服的裡海港口阿斯特拉罕，並從那裡繼續前往莫斯科，居住在「契丹城」（Kitae Gorod，或稱「中國城」）郊區。在伊朗，卡特里人既在市場裡（例如在伊斯法罕的國王廣場）出售布匹和其他各種印度商品，又在現金短缺的伊朗經濟中向商人放款。西元十八世紀初，住在伊斯法罕為東印度公司效力的英國人愛德華・佩特斯（Edward Pettus）曾抱怨過印度人咄咄逼人的銷售手段。他用巴尼人作為所有非穆斯林印度人的統稱，寫道：

> 巴尼人是主要出售印度各種價格亞麻布的商人。這個國家的人不能沒有亞麻布，不然他們就得赤身裸體……以販夫走卒、毫無商人作風的方式兜售帶到斯帕漢（Spahan）的大部分亞麻布……他們把亞麻布扛在肩膀上，在市場裡到處走。[59]

---

58. K.A. Antonova *et al.*, *Russko-Indiiskie Otnosheniia v XVII Veke: Sbornik Dokumentov* (Moscow: Nauka, 1958), no. 33, 1647, 85.

59. 220 R. W. Ferrier, "An English View of Persian Trade in 1618: Reports from the Merchants Edward Pettus and Thomas Barker," *Journal of the Social and Economic History of the Orient* 19, No. 2 (1976), 192.

在本世紀的稍晚時，夏爾丹在他的著作中批評了印度人的放貸行為，並留下了關於卡里特人刻板印象的內容，這些描述讓讀者聯想到歐洲基督徒對於猶太人的描述。這件事的諷刺之處在於，夏爾丹本人也是一個在英國尋求庇護的胡格諾派基督徒。他把卡特里人描繪成一個放高利貸的邪惡階層，他們把不義之財送回印度，榨乾伊朗的貴重金屬。[60]他對兩個地區間根本性的經濟不平衡，採取種族視角的解釋。

蒙兀兒印度

鄂圖曼人、薩法維人和歐洲的觀察者可能誇大了經濟現象中貴金屬流向印度的情況。然而，可以肯定的是，即使沒有數據來量化這些國家之間貨幣流動的確切數量，但他們對帝國間商業關係的結論在整體上是正確的。正如我們所看到，歐洲的白銀從鄂圖曼帝國和薩法維王朝的領土上流向印度，以及直接透過歐洲船隻流向蘇拉特港，這裡是阿拉伯海上主要的蒙兀兒港口。在一個缺乏大量白銀礦藏的地區，這些進口產品為重型銀幣提供基礎，在阿克巴時代，這些銀幣成為大規模貿易的主要貨幣。阿克巴放棄被稱為tanka-i shahrukhi的帖木兒王朝硬幣，這種硬幣曾在河中地區、印度和伊朗使用。儘管在鄂圖曼和薩法維人的領土上，許多當地交易仍然使用銅，但阿克巴已經開始鑄造重達十一點六公克、近乎純銀的盧比。由於蒙兀兒經濟相對於穆斯林國家和歐洲國家的實力，銀盧比在阿克巴的繼任者手下保留了大部分價值，因為馬匹是印度北部蒙兀兒領土上唯一重要的進口品。這些坐騎大多來自河中地區，其人民與鄂圖曼帝國領土和伊朗的人民一樣，購買大量的印度紡織品、靛藍和糖，這可能也使印度對中亞的國際收支出現入超。

蒙兀兒帝國的經濟規模首先可以理解為來自帝國的廣闊和富饒的農業。印度次大陸是世界上可耕農地面積最大的地區之一。蒙兀兒的領土支持著該國的人口，在西元一六〇〇年時，其人口數量在全世界範圍內只有明朝中國可以相提並論。西元一五八〇年時，蒙兀兒人的歷史學家和行政長官尼札姆丁・阿赫邁德（Nizam al-Din Ahmad）曾寫信讚揚他的贊助人阿克巴，他在信中指出：

> 在描述陛下（阿克巴）的僕人所掌管的國家時，毫不誇飾地說，今天這個強大的國家所擁有的國土，從巴達赫尚（位於今阿富汗北部）邊境的興都庫什山脈（Hindu

---

60. 引自Vladimir Minorsky, ed. and trans., *Tadhkirat al-Muluk: A Manual of Safavid Administration c. 1137/1725* (Cambridge University Press for the E. J. W. Gibb Memorial Series, repr. 1980), 19。

Koh）到孟加拉另一側的奧里薩（Orissa），從西到東的長度，若是按照伊拉希碼（Ilahi yard）計算的話，是一千兩百個阿克巴沙希卡洛（Akbar Shahi karohs）……從喀什米爾到巴爾達（Bardah），也就是蘇拉特（Sorath）和古吉拉特國家的最末端，它的寬度是八百卡洛伊拉希（karohs ilahi）……目前，有三千兩百個城鎮；每個城鎮都有一座、兩座、五百座或一千座村莊……在這些城市中，有一百二十座大城市，這些城市現在人口眾多，非常興旺。[61]

或者，正如讓·夏爾丹比較伊朗和印度時所說的：「印度……是一個非常富裕、多產和繁榮的國家。」然而，他補充道，印度與伊朗以及鄂圖曼帝國一樣，若不是這三個帝國「任意專斷的政府」，人口和繁榮程度將會更高。[62]

西元一六〇〇年時，蒙兀兒人已經控制了印度大部分的肥沃新月地帶。這些領土上的大量人口產生了大量、多樣化的農業和製造業經濟，使印度成為區域內的經濟巨人，並且在有文字記載的大部分歷史中作為貨物淨出口國，一直延續到工業革命時期。[63]次大陸在糧食方面基本上是自給自足的；來自旁遮普和古吉拉特的印度教和耆那教商人會從事食品出口貿易，例如出口糖、米、番紅花，以及靛藍和十七世紀後期的菸草。蒙兀兒人大部分的農產品貿易是在伊朗和烏茲別克人的中亞地區進行。在食品方面，印度人通常進口諸如阿魏和樹脂等特產，但蒙兀兒的菁英階層可能推動了最大、最有價值的進口貿易——來自伊朗和中亞的乾果和瓜果。他們覬覦與故鄉口味類似的水果，在十七世紀時，蒙兀兒當局認為不友好的薩法維官員禁止了呼羅珊的卡里茲（Kariz），一種特別優質甜瓜的出口，據說沙・賈汗曾禁止伊朗商隊進入他的王國。[64]

蒙兀兒帝國的出口：棉布

出口印度棉布方面，蒙兀兒人在薩法維伊朗和鄂圖曼帝國面前享有明顯的優勢。儘管和其他在三個帝國之間商業交流中的大多數品項一樣，並沒有記錄貿易量的實際統計

---

61. Khwaja Nizam al-Din Ahmad, *The Tabaqat-i-Akbari*, trans. Brajendranath De ed. Baini Prashad (Calcutta: Asiatic Society of Bengal, 1937), 811. 一阿克巴沙希卡洛相當於大約二點五英里，見Irfan Habib, *An Atlas of the Mughal Empire* (Delhi: Oxford University Press, 1982), xiii。
62. Chardin, *Travels in Persia*, 129.
63. 關於農業的討論，見Irfan Habib, "The System of Agricultural Production: Mughal India," *The Cambridge Economic History of India*, I, 217。
64. 摘自Dale, *Indian Merchants and Eurasian Trade*, 22。

數據，但在羅馬、中東、伊朗、中亞、東南亞和中國的資料中，都有令人信服的傳聞證據，顯示出印度的棉製品從古代到英國殖民為止在這些地區的銷售情況。在十六世紀，「印度棉織品向中東和歐洲的出口達到前所未有的水準。」[65] 這三個帝國都種植棉花，但是在伊朗和包括埃及在內的鄂圖曼帝國統治領土裡，對印度棉製品的需求似乎從未減少，這種情況一直延續到工業革命扭轉歐洲和世界其他地區的貿易平衡時為止。

義大利貴族皮埃特羅・德拉・瓦萊一六二三年時寫下他在蘇拉特附近的西印度小港口柏魯傑（Bharuch、Broach）的見聞：

那裡有大量的細棉布貿易，數量比其他地方多。製品廣布亞洲，而且遠至歐洲……因此，你完全可以推斷出這個小城市的財富，就範圍和建築而言，它並不比托斯卡尼的錫耶納（Siena）更大。你也可以推斷出關稅為王公帶來了多少錢。[66]

下一個世代的讓・夏爾丹曾解釋過儘管阿巴斯國王已經試著刺激伊朗的棉花生產，為什麼印度的布匹仍一直在伊朗銷售。讓・夏爾丹在一六七〇年代初寫到伊朗的情況時說：「波斯人不懂得製造布料，（儘管）他們會做非常精細、輕薄的毛毯」，他也簡潔歸納了印度低成本所造成的比較優勢：

> 他們（波斯人）製造的卡里科布（Calico cloth）非常便宜，但並不精美，因為他們從印度得到的布比他們製造的布更便宜，（同時）……他們（波斯人）也懂得怎麼繪製亞麻布，但沒有印度人做得那麼好。因為他們在印度買到的最好的繪製亞麻布非常便宜，他們在製造方面的改進將會徒勞無功。[67]

印度布匹的價格與鄂圖曼帝國的本地產品相比也很有競爭力，但與伊朗的情況不同，在伊朗，印度人和耆那教教徒是數量最多和最有影響力的印度商人，鄂圖曼帝國裡主要進行貿易的印度人似乎是印度—穆斯林商人。[68]

---

65. Inalcık, "The India Trade," in Inalcık and Quataert, *An Economic and Social History of the Ottoman Empire*, 354.
66. Della Valle, *The Pilgrim*, 218.
67. Chardin, *Travels in Persia*, 278-9.
68. nalcık and Quataert, *An Economic and Social History of the Ottoman Empire*, 524.

印度人的商業文化

如果說低成本提供印度商人相對於伊朗的競爭優勢，那麼善於思考的讓・夏爾丹認為，印度教（或耆那教）的文化也提供他們另一項優勢，因為他們不受關於利息或高利貸的宗教禁令制約。他注意到，一些伊朗商人會前往印度，但他仍然認為伊朗人裡「沒有一個人是天生喜歡做買賣的天才。」[69]他的理由是，由於伊斯蘭教禁止高利貸，虔誠的穆斯林對自己從事的貿易活動有所限制。因此，伊朗人不會自己貸款，而是購買房屋、集市和商隊。[70]夏爾丹將印度商人和伊朗商人之間的差異描述為灰色，而非黑白分明，因為正如他所指出的，穆斯林——包括伊朗人和其他人——有很多方法繞開利息的支付，通常只是在合約中省略利息，這是哈奈菲教法學派允許的做法。[71]他觀察到，儘管伊斯蘭教有禁止高利貸（riba）的規定，但有些穆斯林願意以高利貸的方式放貸。然而，對高利貸的禁令阻止了伊朗和其他地方的許多穆斯林商人將利潤再投資於商業或從事放貸行為。至少在現代，主要市場裡的中層商人往往都會表現出規矩保守和十分虔誠的處世態度，包括組織集體去麥加朝覲。[72]夏爾丹當然認為伊朗商人無法設想（或作為穆斯林，不會感到心安理得）用他們的資金進行利潤更高的高利貸投資——這項觀點是近年來關於鄂圖曼帝國官員投資理財習慣的研究結果。[73]

對比之下，來自馬爾瓦里或卡特里種姓的印度商人從事的各種金融行為都不會受到批評，但這些行為可能會使他們同時代的穆斯林受到公眾指責。這些印度教徒和耆那教徒不僅不受此類宗教禁令的約束，馬爾瓦里人還特別奉行一種宗教性的商業虔誠，即把他們的貿易工具，比方鋼筆、墨水，以及最重要的帳本，當作印度教神靈的家庭化身加以崇敬。[74]無論是胡格諾派基督徒還是來自埃及的渴望利潤的卡里米（Karimi）[75]商人，都沒有在職業和信仰之間建立這樣明確的聯繫。印度人利用貿易資本進行放貸的能力，使他們在沒有正式銀行機構的伊朗社會中成為銀行家。眾所周知，印度人曾在

---

69. Chardin, *Travels in Persia*, 195.
70. 同上，195；另見Floor, *The Economy of Safavid Persia*, 93。
71. Coulson, *A History of Islamic Law*, 100.
72. 從閒談中得到的證據主要是基於筆者於一九七〇和八〇年代在伊斯坦堡和伊斯法罕的談話經歷。
73. Chardin, *Travels in Persia, 195, and Suraiya Faroqhi, Towns and Townsmen in Ottoman Anatolia: Trade, Crafts and Food Production in an Urban Setting 1520-1650* (Cambridge University Press, 1984), 46.
74. D. K. Taknet, *Industrial Entrepreneurship of the Shekawati Marwaris* (Jaipur: Taknet, 1986), 163，以及搭配的照片。
75. 譯者註：一種穆斯林貿易行會組織。

伊朗大多數主要城市向伊朗商人放貸。儘管夏爾丹譴責那些印度放款人，但他和其他人一樣，都知道印度教徒是會這樣做的。比如一位來到印度的英國官員亨利．波廷格（Henry Pottinger）在一八一〇年時對赫拉特印度人的觀察。波廷格說，這座位於伊朗呼羅珊省的城市裡有大約六百名印度人，他們受到當局的尊重和保護，因為他們「獨占了資本」。[76]當然，這些資本中至少有一部分會從伊朗運回印度，從而使因為銷售布匹和其他印度產品而滔滔不絕的白銀流更加洶湧。

經濟統合與對歐洲貿易

到西元一六〇〇年時，鄂圖曼、薩法維和蒙兀兒帝國的統治者已經平定了從維也納的大門外一直延伸至孟加拉灣的廣袤領土，並且握有埃及和北非。他們的政府相對穩定，也成功地從農業人口中獲取收入，並刺激國內製造業和貿易活動。雖然無法衡量農村的繁榮程度，和商業交流水準與幾個世紀之前相比有多大的提升，但僅從蘇丹蘇萊曼、沙．阿巴斯和阿克巴時期建造出的宏偉建築物來判斷，就能證明這些君主有能力從農民和商人那裡獲取收入，並從工匠的生產力中獲益。雖然缺少經濟統計數據，但是憑藉塔潘．雷喬杜里（Tapan Raychaudhuri）和H．R．羅默（H.R. Roemer）分別就阿巴斯一世時期的印度和伊朗所做的研究內容，可以謹慎地將其套用在伊朗的鄂圖曼人鄰居身上。首先，在書寫關於十六世紀末的蒙兀兒印度時，塔潘・雷喬杜里總結道：

> 如果說蒙兀兒人在徵用那些獲利盈餘方面下手是毫不留情，那麼也要說，他們的統治毫無疑問地帶來高度的和平與安全。從西元一五七〇年代開始──那時的阿克巴已經鞏固他的帝國，自此以來的一百多年時間裡，印度的大部分地區都享受到幾個世紀以來從未有過，遠離戰爭和混亂狀態的自由。……帝國的經濟從這種轉變後的和平、安全狀態中獲得直接利益。內陸和對外貿易的大幅增長也因這項發展而成為可能。如果說蒙兀兒時代出現了一個完整的全國市場也許有所誇大。不過，將帝國不同地區聯繫在一起的商業紐帶是史無前例的。[77]

呼應著在蒙兀兒帝國的發展，羅默描述沙・阿巴斯時代的伊朗時也曾寫道：

---

76. Henry Pottinger, *Travels in Beeloochistan and Sinde* (London: Longman, 1816), 415.

77. T. Raychaudhuri, "The State and the Economy: The Mughal Empire," *The Cambridge Economic History of India*, I, 184.

在伊斯蘭曆十世紀／西元十六世紀末，阿巴斯國王已經從他剛剛登基時搖搖欲墜的國家危機中走了出來……在國家恢復安全後，阿巴斯將注意力轉向建立高效的行政機構。他全力以赴地發展交通路線，尤其值得一提的是他建立的商隊網絡……這些措施和其他的種種舉措振興了貿易和工業，使他的廣大人民也發現生活水準慢慢得到改善，最終達到當時前所未有的水準。[78]

我們可以把塔潘．雷喬杜里對蒙兀兒印度的評論套用在這三大帝國身上，這樣的狀況相當於「說鄂圖曼─薩法維─蒙兀兒時代實現了一體化的區域市場也許有些誇張，但如今將這些帝國綁在一起的商業聯繫是史無前例的。」當政治和行政衰落威脅到這些市場，如十八世紀初的薩法維王朝突然崩潰時，商業也受到影響，繁榮程度下降。[79]

然而，在「慶祝」這種經濟統合化的同時，還必須回顧一下，在西元一六〇〇年的那個特定時刻。蒙兀兒印度和薩法維伊朗都在阿克巴和沙．阿巴斯的領導下進入最繁榮的時期，而鄂圖曼帝國卻經歷了一場根本性的貨幣和財政危機，中央權威的下降和安納托利亞叛亂更讓情況變本加厲。伊朗的繁榮與沙．阿巴斯一世密切相關，並在他的繼任者手中開始衰落，而蒙兀兒人在十七世紀的大部分時間裡持續繁榮，甚至在鄂圖曼帝國經歷最困難的時期時也是如此。

鄂圖曼帝國的麻煩是由一些相互關聯的問題造成的。首先，鄂圖曼人越來越依賴耶尼切里部隊和大砲來確保他們的勝利，因而與早期鄂圖曼軍隊主要利用透過提瑪爾贈款支持的斯帕希騎兵相比，開支急劇上升。第二個原因與前者部分相關，十六世紀下半葉，鄂圖曼帝國儘管在沙場上戰功彪炳，但也會耗盡國庫。第三，在哈布斯堡和伊朗領土上的新征服和隨後對這些領土的防禦開支，大於從新領土上獲得的戰利品和稅收。簡而言之，帝國主義已不再有利可圖。第四個問題是，藉由貨幣貶值可能在短期內解決赤字問題，但最終削弱了整體經濟。最後，還有歐洲，尤其是葡萄牙、荷蘭和英國商業影響的問題，這些國家在十六世紀下半葉成為影響鄂圖曼帝國經濟的因素，從十七世紀初開始成為影響伊朗和印度經濟的因素。

所有穆斯林帝國控制的領土，一千年來都是透過商業網絡與周邊地區聯繫在一起的，這些帝國的經濟結構最初都不曾因為西歐海洋國家的出現及其官員和商人的活動而發生改變；導致這些國家最終衰落的起因，最初階段時不是來自歐洲經濟擴張的影響。

---

78. Roemer, "The Safavid Period," *The Cambridge History of Iran*, VI, 269.
79. 見Muzaffar Alam關於伊朗動盪造成旁遮普卡特里商人繁榮受創的討論：*The Crises of Empire in Mughal North India: Awadh and the Punjab 1707-1748* (Delhi: Oxford University Press, 1986), 181-3。

整體而言，橫跨歐亞的鄂圖曼帝國從西歐的政治和經濟擴張中受到的負面影響最大，而薩法維伊朗則是從歐洲商人到達他們的港口中受益，蒙兀兒印度甚至拿到更多好處，至少初期是這樣。

歐洲的政治和經濟發展以多重方式影響了鄂圖曼帝國的經濟。首先，歐洲新的經濟變化，新出現的那些咄咄逼人的獨立商人，影響鄂圖曼帝國的出口，最引人注目的是利潤豐厚的布爾薩絲綢業，在十六世紀中期，該行業每年向鄂圖曼帝國政府提供一百五十萬阿克謝的稅收。[80]但隨著義大利和法國絲織品生產的先後發展，對鄂圖曼布匹的需求下降，對絲綫的需求卻增加了。

其次，葡萄牙船隻，以及後來英國和荷蘭船隻在印度洋上現身，從兩個方面影響了鄂圖曼帝國的經濟：它減少收入，並使鄂圖曼人在印度洋的海軍作戰中花費資金。葡萄牙人最初試圖壟斷印度洋貿易，導致經由紅海流向開羅的可課稅商品減少，而開羅是鄂圖曼人在一五一七年就已經征服的領土。雖然這種貿易在十六世紀的下半葉有所恢復，但葡萄牙人的行動不僅減少海關收入，還激起鄂圖曼人解決葡萄牙問題的慾望，他們攻擊葡萄牙在古吉拉特的第烏（Diu）基地，該基地離蒙兀兒人繁華的港口蘇拉特不遠。[81]鄂圖曼人從這次遠征中獲得意想不到的好處，使他們得以占領葉門並從有利可圖的咖啡貿易中獲益，但到一六二五年時，新的歐洲競爭者荷蘭人幾乎壟斷了印度洋的香料貿易，導致埃及市場的崩潰。[82]

第三，歐洲對鄂圖曼帝國經濟最大的影響是在更晚的時候發生，透過兩種方式完成。西元十八和十九世紀，鄂圖曼帝國失去了領土和寶貴的稅收，首先是由於俄國的擴張，其次是由於省級仕紳大員權力的增加，其中最引人注目的人物就是埃及的穆罕默德·阿里（Muhammad ʻAli），接著是巴爾幹地區爆發的民族主義運動。最後，隨著歐洲工業生產在十九世紀的成長，儘管布爾薩和其他地方的絲綢生產曾在十九世紀末復興，但鄂圖曼帝國的工業（尤其是棉花工業）出現衰退。

與鄂圖曼帝國的經歷相反，薩法維伊朗和蒙兀兒印度都從對歐洲的商業中獲利，這兩個國家要麼是像薩法維國家那樣，崩潰得更早，不然就是像蒙兀兒人的案例，衰落的時間早到來不及受到歐洲軍事侵略或其後工業生產的實質性影響。[83] 葡萄牙人在印度洋

80. Çizakça, *A Short History of the Ottoman Silk Industry*, 146.
81. 見Giancarlo Casale, "The Ottoman Administration of the Spice Trade in the Sixteenth-Century Red Sea and Persian Gulf," *Journal of the Economic and Social History of the Orient* 49, No. 2 (2006), 170-98。
82. 尤見Inalcik, "The India Trade"。
83. 儘管如此，Newman談論了區域和國際貿易的移位為伊朗經濟造成的困難，詳見*Safavid Iran*, 95。

地區的侵略（在波斯灣的霍爾木茲或沿西印度海岸）是破壞性的，但整體上，歐洲人，特別是荷蘭和英國人，為伊朗絲綢和印度布料生產打開新的市場。葡萄牙人對印度西南或馬拉巴爾海岸沿線印度香料貿易中心的侵略，發生在蒙兀兒人的領土之外。歐洲在波斯灣的商業活動不僅為貨幣匱乏的王國帶來了額外、急需的白銀，而且在某種程度上使伊朗擺脫對經由鄂圖曼帝國領土進行陸路貿易的依賴。

如同我們在前文中所描述，歐洲與印度的貿易讓大量的歐洲白銀湧入蒙兀兒帝國，促進這個本身沒有銀礦的地區貨幣化程度大幅提高。歐洲、中東和東南亞的貿易繼續為蒙兀兒國庫提供資金，即使在帝國開始於西元十八世紀的前四十年間以越來越快的速度解體的時候也不例外。這些資金無疑為帝國的持續償付能力做出貢獻，即使在奧朗則布（Aurangzib）皇帝的統治時期（西元一六五八—一七〇七年）裡發生長達半個世紀的戰爭，蒙兀兒帝國的國庫仍擁有大量的儲備。在蒙兀兒帝國已經不再是一個名副其實的帝國之後，歐洲的帝國主義勢力於一七四〇年至一七六六年間在遙遠東南部的卡納塔克（Karnatak）進行英—法戰爭，一七五七年後英國干預並占領孟加拉，留下德里王國和一系列令人眼花撩亂的省級政權。

第五章

帝國文化

簡述

在鄂圖曼、薩法維和蒙兀兒帝國裡，統治者和他們的貴族菁英階層贊助主要的紀念建築和文化活動，這些紀念建築和文化活動既是他們共同文明的不朽象徵，也是他們特有的區域文化的象徵。鄂圖曼、薩法維和蒙兀兒統治者在布爾薩、埃迪爾內和伊斯坦堡；加茲溫和伊斯法罕；以及阿格拉和德里建造了類似的皇家和宗教建築群，顯示他們在共同文明中的地位。這些建築群包括堡壘或宮殿、星期五或聚禮清真寺、市場，通常還有皇家陵墓；分別象徵著主權、宗教歸屬、商業利益和王朝的威望。這些人中的大多數還讚揚和獎勵那些為他們的榮譽而創作頌揚詩的詩人，以及欣賞和撰寫反映廣泛文學性的抒情詩歌。除了少數例外，這些君主都會贊助那些成熟完善的皇家畫坊，這些畫坊裡的藝術家創作出色彩絢麗的繪畫。然而，鄂圖曼帝國、薩法維帝國和蒙兀兒帝國的建築師也設計出具有獨特風格的建築，而詩人的文學文化則是跨越政治邊界廣泛共享的，他們的詩作逐漸適應每個帝國特殊的語言和文化環境；細密畫家塑造了共同的藝術遺產，以反映每個宮廷和社會的品味和優先考量事項。

建築

鄂圖曼、薩法維和蒙兀兒建築在功能上相似，但在風格上迥然不同。這三個王朝的成員都在各自的首都裡進行大規模建設，並建造包括四種主要類型的建築群。這些建築群是王朝或帝國建築：堡壘、宮殿和陵墓、宗教建築、清真寺和相關建築，如穆斯林小學（maktab）和伊斯蘭學校有時還有蘇菲派的罕納卡，以及與穆斯林虔誠有關的慈善機構：醫院、公共廚房和噴泉、以及商業複合建築、市場和商隊客棧，這些機構同時履行經濟上和宗教上的功能。這些商業地產通常由宗教和慈善機構持有，並為其提供收入，作為義產。[1] 這些王朝成員及其菁英階層中的模仿者會建造這些不同的建築，以顯示他們的虔誠和宗教歸屬，並宣揚他們作為穆斯林統治者的輝煌：同時期的觀察者會公開地認可這些動機，正如阿拉伯歷史學家伊本·赫勒敦所說的：「一個王朝的地標建築和它原來所擁有的國力是成正比的。」[2] 他的觀點因穆斯塔法·阿里的呼應和坦承而增色，此人是西元十六世紀時的鄂圖曼帝國歷史學家和官員，在西元一五八六至八七年的禮節

1. 關於義產機制的討論見前文第四章。
2. Ibn Khaldun, *The Muqaddimah*, I, 356.

書中寫道：

> 在發達、繁榮的政府所在地建造小清真寺和聚禮清真寺，以及在著名的都城裡建造修道堂或宗教學院，並不是為了在真主面前獲得功績而做的虔誠之舉。每個聰明伶俐的人都知道，這些虔誠的行為是為了成為領袖，獲得良好的聲譽。[3]

鄂圖曼帝國、薩法維帝國和蒙兀兒帝國的堡壘和宮殿都是其皇室和直系親屬的神聖場所、行政中心和娛樂花園。伊斯坦堡的托普卡匹宮（大砲之門宮）、伊斯法罕的阿里卡普宮（高門宮）和四十柱宮（Chihil Sutun Palace），以及德里的阿格拉堡（Agra fort）和沙．賈汗阿巴德建築群（Shahjahanabad complex）都是獨具特色的建築群，反映各王朝的宮廷文化的某些面向。[4]在氣勢恢宏的拜占庭古城牆內，托普卡匹宮的結構是由一連串彼此分隔、讓人感到幽閉恐懼的覲見廳和其他結構組成。從十六世紀末開始，這些結構容納了隱居的蘇丹、他的直系親屬和僕人以及太監和後宮裡的女子。薩法維王朝的阿里卡普宮有自己的私人家庭住所和後宮，向外則正對著沙．阿巴斯一世建造的大廣場。和任何一位統治者相比，沙．阿巴斯所主持的宮廷都更加非正式。事實上，沙．阿巴斯無論在他的王朝或鄂圖曼和蒙兀兒的統治者中都是獨一無二的人，他有時公開表現得更像一個中產階級的總統，在皇家廣場和首都的街道上走動並與伊斯法罕的居民聊天。蒙兀兒人的巨大堡壘先後坐落於阿格拉和德里的紅堡（Red Fort），這些建築裡的宮廷生活代表了著介於鄂圖曼帝國和薩法維王朝宮廷間的一種中庸之道，至少在泰姬瑪哈陵的建造者沙．賈汗的統治時期是如此。與薩法維王朝的宮廷相比，這些印度堡壘宮殿內的宮廷結構更加嚴密，物質上也更加華麗，但其統治者在日常生活中的可見度和參與度都遠遠高於蘇萊曼大帝統治後任何一位鄂圖曼帝國的蘇丹。[5]

在鄂圖曼、薩法維和蒙兀兒首都的堡壘、宮殿和市場附近，統治者及其家庭成員建造了一些規模遠超過堡壘本身的建築，象徵著這些王朝的宗教身分認同、權力、財富和成熟且完善的審美觀：彰顯鄂圖曼、薩法維和蒙兀兒統治者輝煌的帝國紀念性清真寺和

3. Gülru Necipo lu摘錄，見“The Sülemaniye Complex in Istanbul: An Interpretation,” *Muqarnas* 3 (1985), 99。The translation should read “masjids or mosques.”

4. 位於伊斯坦堡的托普卡匹宮在西元一四六五至一八六三年間一直是皇家的官方居所。但是自從十七世紀末開始，越來越多鄂圖曼帝國的統治者選擇住在博斯普魯斯海峽沿岸的新宮殿裡。後文中將會對薩法維和蒙兀兒人的建築加以簡要的討論。

5. Gülrü Necipo lu曾對這三個宮廷做出過精采的對比研究。見“Framing the Gaze in Ottoman, Safavid and Mughal Palaces,” *Ars Orientalis* 23 (1993), 303–42。

陵墓，這些紀念性建築是對臣民和後代的虔誠和權力的公開展示，在蘇丹蘇萊曼、沙・阿巴斯一世和沙・賈汗時期達到輝煌的高峰。對這些重要建築的研究既包括對建築風格的描述，也包括對其文化意義的分析。不過，一開始就應該認識到，鄂圖曼帝國、薩法維帝國和蒙兀兒帝國建築的共同特點是穹頂。穹頂是這些帝國的伊斯蘭宗教和陵墓建築中最有氣勢、最獨一無二的特徵。早在穹頂成為文藝復興時期基督教建築引人注目的特點之前，這些帝國的清真寺和陵墓就已經具有這種特徵了。[6]

現存最早期的此類穹頂之一是西元十四世紀的巨大建築結構，位於大不里士附近，是統治過伊朗的蒙古統治者完者都的陵墓。這樣的穹頂在帖木兒王朝的時代已經流傳得很普遍了，正如有學者在比較同時期的基督教和伊斯蘭建築時說過的：「（伊朗）建築師舍拉子的卡瓦姆丁（Qavam al-Din of Shiraz，西元一四三七－一四三八年卒）與布魯內萊斯基（Brunelleschi）兩人的職業生涯時期相重合。西元一四三六年，當佛羅倫斯大教堂穹頂的最後幾根柱子（四十二公尺）落地時，震驚了整個佛羅倫斯，但如果他（卡瓦姆丁）當時也在場，並不會對此感到驚嘆。他的前輩採用類似的技術已經有將近一個世紀之久了。」[7]

鄂圖曼帝國的宗教建築

塞爾柱人曾在安納托利亞地區建造該地最早的一批清真寺，在大多數情況下，他們採用當地的石頭建築，並採取封閉式設計，以抵禦安納托利亞冬季的嚴寒，與薩法維人有時在伊朗建造的開放式建築和蒙兀兒人在印度建造的一般建築形成鮮明的對比。現存的西元十三世紀塞爾柱建築是相對簡單的單層建築，特點是在右側的牆角上會有一根宣禮塔，外牆包圍著幾個伊宛（iwans，拱形入口），而不是一個大型的開放中央空間。通常，附近會建造一些小型的圓柱形、圓錐形或八角形的陵墓，稱為türbe，用於安放和紀念皇家或貴族的遺體。尼代（Niğde）有一座這種建築，建造於西元一二二三年，因具備三個有淺肋的穹頂而顯得與眾不同，這種類型的穹頂在後來的鄂圖曼帝國清真寺中

---

6. 印度洋沿海地區有時被稱為「季風亞洲」，那裡的清真寺和陵墓建築使用本地非穆斯林的設計，在現代時期之前的伊斯蘭建築中大多沒有穹頂。關於印度西南部同類型建築物的案例，見"Islamic Monuments of Calicut," in Mehrdad Shokoohy, "Architecture of the Sultanate of Ma'bar in Madura and Other Muslim Monuments in South India," *Journal of the Royal Asiatic Society* 3rd Series, I, Pt. I (April 1991), 75-92。
7. Lisa Golombek and Donald Wilber, *The Timurid Architecture of Iran and Turan* (Princeton University Press, 1988), I, xxi.

大量存在。塞爾柱人還以建造瑪德拉沙而聞名，其中一些是由早期塞爾柱國家極富權勢的伊朗大臣尼札姆．穆勒克創立，或是以他的名義建造的，這些學院的建立是他和他的主人努力試圖在伊朗和安納托利亞將遜尼派伊斯蘭教制度化的一部分工作。這些雄心勃勃、氣勢恢宏的建築許多都保存到了今日，其中一些建築的特點是採用與伊朗建築相關的開放式伊宛入口，例如位在伊斯法罕於塞爾柱時代修建的瑪德拉沙。這些拱形入口是塞爾柱建築的另一個特點，也能在某些類型的鄂圖曼清真寺中看到。[8]

鄂圖曼建築的歷史與鄂圖曼王朝一樣，早在薩法維王朝和蒙兀兒王朝誕生之前就開始了，而且在薩法維和蒙兀兒王朝消失後還繼續發展著。[9] 鄂圖曼人的宗教或展現虔誠的建築比詩歌和繪畫更具有明顯的區域性，兩者都直接源於波斯—伊斯蘭的文學和藝術傳統。在薩法維王朝和蒙兀兒王朝建立時，鄂圖曼帝國的宗教建築已經從伊茲尼克（Iznik）的奧爾罕（西元一三二六—一三六〇年在位）時期相對簡單的清真寺，發展成位於鄂圖曼帝國早期首都的布爾薩和埃迪爾內、規模更宏偉的建築了。在這兩座早期的首都，鄂圖曼人不僅建造了清真寺，還建造出典型的庫利耶建築群。一個庫利耶通常包括瑪德拉沙、圖書館、澡堂、廚房、甚至醫院，以及作為宗教和鄰近宗教義產的部分商業建築。許多鄂圖曼帝國早期在安納托利亞的庫利耶建築群的明顯特徵之一是有附屬的罕納卡（蘇菲小屋、修道堂），它們的存在反映出塞爾柱和鄂圖曼帝國征服前，蘇菲主義在安納托利亞伊斯蘭化過程中的重要影響力。征服後的時期，位於伊斯坦堡的巨大帝國清真寺較少附設此類蘇菲建築，因為鄂圖曼蘇丹日益強調一種建制系統的哈奈菲教法學派遜尼派思想。這一點在西元十六世紀中期蘇萊曼大帝的統治時期尤為明顯。然而，在他的兩個直接繼任者的統治期間，蘇菲主義重新獲得一些公共存在，特別是由於哈勒維迪道團（Halveti order）對宮廷產生的影響。[10]

早期鄂圖曼帝國清真寺建築的主要類型是簡單的「有圓頂的方形」結構，即一個

---

8. Henri Stierlin, “The Monuments of the Turkish Sultans during the Thirteenth and Fourteenth Centuries,” *Turkey from the Selçuks to the Ottomans*, 23-75.

9. 十八世紀初時，一位鄂圖曼帝國的學者詳細記錄了當時仍然存在的伊斯坦堡重要清真寺。作者還指出建築物內部和外部的增建。見Howard Crane, *Howard Crane, The Garden of Mosques: Hafiz Hüseyin Al-Ayvansarayi’s Guide to the Muslim Monuments of Ottoman Istanbul* (Leiden: Brill 2000).(Leiden: Brill 2000)。

10. 有關蘇菲道堂（罕納卡）的研究，尤其是在鄂圖曼人崛起期間位於安納托利亞農村的重要機構（在後來的伊斯坦堡帝王時期重要性下降），見Ethel Sara Wolper, *Cities and Saints: Sufism and the Transformation of Urban Space in Medieval Anatolia* (University Park, PA: Pennsylvania State University Press, 2003) and M. Baha Tanman, “Ottoman Architecture and the Sufi Orders,” in Ahmed Ya ar Ocak ed., *Sufism and Sufis in Ottoman Society* (Ankara: Atatürk Kültür, 2005), 317-83。Gülru Necipo lu曾討論蘇菲主義在宮廷中的影響力變遷，見*The Age of Sinan Architectural Culture in the Ottoman Empire* (Princeton University Press, 2005), 28-9 and 54-5。

方形底座支撐一個大的半圓形圓頂，有一個柱狀的前廊和一根宣禮塔——其中許多都像塞爾柱時期的清真寺，宣禮塔位於建築的右角。雖然有這種塞爾柱式單座「有圓頂的方形」建築的例子，但這種概念大致上可以歸因於漫長的中東建築傳統，從古代的美索不達米亞一直延伸到波斯薩珊、亞美尼亞和拜占庭帝國的時代。「它構成了中心設計的希臘十字教堂（Greek-cross church）和有穹頂的禮拜堂（domed basilica）的焦點。」[11]鄂圖曼統治者也在伊茲尼克建造這樣的建築，一四三三年的綠色清真寺（Yeşil Cami，Green Mosque）因宣禮塔上裝飾著大不里士伊朗人製作的松石色瓷磚而顯得超凡脫俗，他們還為後來鄂圖曼帝國在耶路撒冷聖石圓頂（Dome of the Rock）上的裝飾提供瓷磚。[12]這種風格的成熟範例之一是伊斯坦堡的菲魯茲·阿嘎清真寺（Firuz A a mosque，一四九〇年），內部完全是方形的，宣禮塔位於建築左側。這種簡單類型的早期清真寺，有一種變體是所謂的伊宛（iwan，或土耳其語中的eyvan）清真寺，它採用塞爾柱時期宗教學院的伊宛拱門，具備從共同中庭向外延伸的側室或大廳。[13]這些類型中最早的建築，例如位於布爾薩的奧爾罕嘎茲清真寺（Orhan Ghazi Camii）其歷史也可以追溯到十五世紀上半葉，這種建築最初很多都沒有宣禮塔，但往往在十八或十九世紀時增建帝國式宣禮塔。[14]十五世紀早期的一些例子，如布爾薩的綠色清真寺（Yeşil Cami，西元一四一二—一四一九年），擁有以大理石和綠松石色瓷磚鑲嵌的門廊和窗戶。這兩種早期類型的清真寺都是「單體」（one-unit）的，因為在更複雜的伊宛類型中，空間是分散的，在側廳的禮拜者無法看到米哈拉布（mihrab，即指示禮拜方向的凹壁）。[15]

多穹頂或多單元的清真寺通常稱為大清真寺（ulucami），也就是星期五或聚禮日清真寺，這是鄂圖曼帝國的第三大清真寺類型，雖然最早的例子出現在帝國時代之前，但最著名的建築是在征服之後建造的，例如西元一五四三年由鄂圖曼帝國傑出的建築師錫南（Mimar Sinan）設計的王子清真寺（Şehzade Mosque，沙赫札德清真寺）。其中最

11. Aptullah Kuran, *The Mosque in Early Ottoman Architecture* (Chicago: University of Chicago Press, 1968), 27.
12. Sheila S. Blair and Jonathan Bloom, *The Art and Architecture of Islam 1250-1800* (New Haven and London: Yale University Press, 1994), 220:「北門廊處的一塊藍色、綠松石和黑色的白底瓷磚上簽有『大不里士的阿布杜拉，九五九年』（即西元一五五一年）……」。
13. Aptullah Kuran在他的著作中討論了這兩種早期形式：*The Mosque in Early Ottoman Architecture*, Chapters 1 and 2。關於一幅有伊宛入口的方形鄂圖曼宗教學院的畫，見Behçet Ünsal, *Turkish Islamic Architecture in Saljuq and Ottoman Times 1071-1923* (London and New York: St Martins Press, 1973), 39。作者所說「呼羅珊房屋設計（horasan house plan），也就是有庭院和四個伊宛的建築」已知最早的例子建於西元十一世紀的加茲納，而且這種設計「也是亭台樓閣和宮殿主要建築的設計原型，」同上，57。
14. Kuran, *The Mosque in Early Ottoman Architecture*, "The Eyvan Mosque," 71-136.
15. 同上，138。

早的建築，如布爾薩的大清真寺（Ulu cami，烏魯賈米，一三九九年）擁有多個圓頂，垂直的支柱將空間分割開來，因此只有在中央走道上的禮拜者才能毫無障礙地看到米哈拉布，這座清真寺內部有一個獨特的塞爾柱「光井」（light-well），未曾出現在後來的建築設計中。後來的多圓頂清真寺，如位於阿馬西亞（Amasya）的蘇丹巴耶濟德二世清真寺（Sultan Bayezid Camii，西元一四八六年），特點是有兩個或多個同等大小，位於兩側或後方的圓頂，為禮拜者開闢出大而無阻的中央空間。這座清真寺的特點還在於它有兩根宣禮塔，放置在這個對稱結構的兩側，是鄂圖曼帝國皇家清真寺的明顯特徵。

在鄂圖曼人的魯米利亞或巴爾幹首都埃迪爾內的庫利耶中，巴耶濟德二世的清真寺建築群（The Complex of Sultan Bayezid II，西元一四八四－一四八八年）也有兩根宣禮塔，對稱放置在清真寺的左右兩側，由帝國時代兩位傑出建築師之一的海雷丁（Hayrettin）設計。巴耶濟德後來曾邀請達文西和米開朗基羅設計一座橫跨金角灣的橋梁，他也委託設計了埃迪爾內最精緻的庫利耶建築群之一，其中不僅包括一座清真寺，還包括與清真寺相連的建築群，包括醫院和精神病療養院、醫學院、廚房和麵包房以及帶圖書館的瑪德拉沙。然而，這座被稱為「鄂圖曼藝術第一傑作」的庫利耶，本身就是一個精心設計的「有圓頂的方形」結構，帶有一個直徑二十三公尺的巨大圓頂。不過，整個建築群中最傑出的建築也許是具有美感的精神療養院，它的中央圓頂被十二個小圓頂簇擁在中間，可以經由一個不對稱的門廊進入建築物。事實上，整個建築群也並非對稱排列的。

海雷丁為巴耶濟德建造的第二座大型建築也是伊斯坦堡帝國時期裡第二偉大的建築。第一偉大的建築則是由蘇丹穆罕默德二世委託建造的伊斯坦堡「法提赫」（Fatih，勝利者、征服者）庫利耶建築群，裡面包括宗教學院、商隊客棧和圖書館，以及禮拜大殿後面的陵墓（türbe）。該建築群是由一位基督徒建築師設計的，建造於一四六三年至一四七一年間。這座建築群打破了早期的庫利耶傳統，各種建築並未按照明顯的、更不對稱的模式排列。該建築群在一七六七年的地震中遭到摧毀，目前僅能從考古發掘和當時的圖紙中聯想當初的樣貌，但它的對稱設計毫不奇怪，因為它受到聖索菲亞大教堂的影響，這種影響成為後來鄂圖曼帝國清真寺的主流。

法提赫庫利耶中的清真寺是第一個已知的「多穹頂」帝國建築，它有一個直徑長二十六公尺的中央大穹頂和一個位於米哈拉布上方的半穹頂。建築師海雷丁後來在伊斯坦堡為巴耶濟德建造的清真寺始於西元一五〇一年，同時參考了法提赫清真寺和聖索菲亞大教堂。這個結構「嚴格對稱」，有兩根宣禮塔和一個中央穹頂，前後有兩個半穹頂。雖然海雷丁在一五二二年又為塞利姆一世設計了一座清真寺，但在那座建築中，他又恢復了埃迪爾內結構的簡單的「有圓頂的方形」設計方案。由蘇萊曼大帝贊助並由鄂圖曼帝國傑出的首席建築師錫南設計的一系列鄂圖曼帝國清真寺都是「多穹頂」結構，直接參照聖索菲亞大教堂的設計。

薩法維帝國

雖然薩法維王朝在西元一五〇一年隨著伊斯瑪儀國王攻占大不里士後才開始掌權，但明顯的波斯—伊斯蘭建築風格已經發展成熟，在伊斯法罕阿巴斯一世的宏偉建築群中得到登峰造極的展現。塞爾柱人和鄂圖曼人獨特的安納托利亞建築與波斯文化圈建築之間的地理分界線大致是從北到南，從大不里士到美索不達米亞的東南部。伊朗人的影響不僅在今天伊朗民族國家的領土上占主導地位，還深入到中亞西部，包括阿富汗和被穆斯林稱為印度斯坦的印度北部地區。事實上，伊朗建築的獨特特徵之一——也是許多塞爾柱宗教學院和鄂圖曼帝國早期清真寺所採用的元素——可以追溯到位於美索不達米亞東南部泰西封（Ctesiphon）西元六世紀薩珊王朝宮殿紀念性、三十六公尺高的拱門，遺跡就位於今天的巴格達南部。然而，以典型的伊朗四伊宛清真寺和宗教學院設計為特色的伊朗風格而言，最明顯、最知名的先驅是伊斯法罕修復過的星期五清真寺（賈米清真寺，Masjid-e-Jāmeh Isfahān），該清真寺建於西元十一世紀末，並在隨後的幾年裡進行修改，其中一個圓頂最初是為了容納塞爾柱統治者馬利克・沙（一〇九二年卒）的墳墓。除了富特色的四個伊宛入口之外，其中三個伊宛上有精心設計的穆卡爾納斯（muqarnas，蜂巢裝飾，入口上的三維幾何裝飾），整個結構，包括所有的多面體，都覆蓋著藍色、黃色、白色和綠色的瓷磚，這些瓷磚是在帖木兒王朝時期添加的幾何或花草紋樣圖案。[16]

伊朗歷史上的伊兒汗國或蒙古時期，最典型的伊朗建築是穆斯林蒙古蘇丹完者都（西元一三〇四—一三一六年在位）的陵墓，他是伊朗的第二位穆斯林蒙古統治者。完者都的陵墓位於大不里士以南的新首都蘇丹尼耶（Sultaniya），是蒙古人和其後帖木兒王朝紀念性地標建築的典型代表，其內部的圓頂離地面有四十八公尺之高，直徑更達二十四點五公尺。穹頂的外部覆蓋著典型的伊朗藍色瓷磚。這座陵墓建築是類似庫利耶的建築群中唯一倖存至今的結構，原來的建築群還包括清真寺、收容所、醫院和其他建築，因為完者都皈依了什葉派伊斯蘭，他的陵墓可以視為伊朗第一座已知的十二伊瑪目什葉派建築。然而，即使從這個角度來看，陵墓的八角形設計也不是什葉派特有的。伊

16. Henri Stierlin and Anne Stierlin, *Islamic Art and Architecture* (New York: Thames and Hudson, 2002), 20-1 and 212-21.

朗已知最早的圓頂八角形建築可以追溯到西元九九九年，也就是什葉派的白益王朝控制伊朗北部和哈里發國家的時期結束時。[17] 雖然早期的薩法維王朝也採用這種設計，但此設計也出現在德里蘇丹國的圖格魯克王朝、鄂圖曼人簡樸的陵墓中，以及最重要的，蒙兀兒王朝也在其墓葬建築中採用這種設計。[18]

其他建造於蒙古與後蒙古時期的伊朗建築，都可以不同方式認定為是薩法維建築的先驅。其中之一是位於伊朗中部亞茲德（Yazd）星期五清真寺的入口，這座清真寺始建於西元一三二五年。在帖木兒及其後代的統治時期，伊朗建築的重心轉移到撒馬爾罕、布哈拉和赫拉特。帖木兒對紀念性建築的胃口甚至超過了他的蒙古前輩，在這些地區的征戰中，他強行從伊朗、印度和其他地方招募建築師和工匠，在十四世紀末和十五世紀初，來自伊斯法罕、舍拉子和大不里士的伊朗建築師將他們的建築技術轉移到中亞和呼羅珊地區。帖木兒時期的建築和藝術風格被貼切地描述為「河中地區的波斯化」。[19] 正是在帖木兒後裔的時代，帖木兒王朝的統治者似乎讓標準化的設計和十五世紀末托普卡匹捲軸（Topkapı scroll）中顯示的那種建築符號得到發展。[20] 尤其是帖木兒王朝的統治者，他們將伊斯蘭建築對於幾何圖案的重視提升到新的高度，自從伊斯蘭時期之初，這種對於幾何的重視就已經成為建築師培訓中的重點，帖木兒人更是將其推進到審美原則的中心地位。「為帖木兒建築提供統一力量的，是設計、結構、裝飾和空間的幾何化……一座建築不僅必須有一個幾何骨架，而且它歸根究柢必須看起來是幾何的。」[21]也許部分出於這種對幾何學壓倒一切的關注，帖木兒建築師似乎發展出雙殼穹頂（double-shelled dome），建造一個在結構上無用的內殼，從而讓建築內部比例勻稱，否則外層穹頂巨大的量體會造成比例上失去和諧。

帖木兒的第一座重要建築是始於西元一三九八年的碧比．哈努姆清真寺（Bibi Khanum mosque），這座清真寺按照當時已經成為典型的伊朗四伊宛入口形制和裝飾彩色瓷磚的設計理念建造。這些彩色瓷磚絢麗繽紛，通常會覆蓋在其圓頂和其他表面上。

---

17. Sheila S. Blair, "The Octagonal Pavilion at Natanz: A Reexamination of Early Islamic Architecture in Iran," *Muqarnas* 1 (1983), 69-94.
18. Henri Stierlin和Anne Stierlin認為，完者都的陵墓在最開始的時候被視為一座聖物塚（*Islamic Art and Architecture*, 50), 但是Blair和Bloom否定了這個觀點，並稱之為「編造的故事」(*The Art and Architecture of Islam 1250–1800*, 8)。關於常被稱為「巴格達八角形」（Baghdadi octagon）的設計在印度的運用，尤見Koch, *The Complete Taj Mahal*, 125。
19. Henri Stierlin and Anne Stierlin, *Islamic Art and Architecture*, 60.
20. Gülru Necipo lu, *The Topkapı Scroll: Geometry and Ornament in Islamic Architecture* (Santa Monica, CA: Getty Center for the History of Art and the Humanities, 1995).
21. Golombek and Wilber, *The Timurid Architecture of Iran and Turan*, 216.

如果將伊朗人光彩奪目的磚造清真寺、陵墓和學校建築與雄偉的石造、相對無外部裝飾的鄂圖曼建築並排擺放，兩者之間的差別一目了然，不可能搞混，它們在伊朗、中亞的褐色地貌景觀中顯得格外耀眼奪目。這些幾何學上精確結構的審美，激發出西方觀察家非比尋常的熱情回響，比如下面這一段歐洲人對帖木兒王朝建築裝飾的描述：

> 這個熱愛輝煌的王朝決心賦予宗教建築特殊的宏偉和光澤，這也導致了相互競爭，統治者比賽看誰能製作出最完美的作品、最統一的設計，同時充分利用各種主題和多種技術，包括磚塊、釉面、馬賽克、穿孔屏風和雕塑門楣。設計師毫不猶豫地將嚴謹的幾何圖形、帶有循環圖案的邊框、百轉千迴的花草紋樣並列在一起，這些圖案在面板上和角落裡盤旋而出，熾熱的金色光澤更增強了建築的神聖性和天堂般的絢麗色彩。[22]

整個十五世紀期間，一直有重要的帖木兒建築拔地而起，必須要重申的是，鄂圖曼人、薩法維人和蒙兀兒人對帖木兒王朝文化的各個方面，包括紀念性建築在內，都懷有極大的景仰。[23] 而且有必要回顧的一點是，因為帖木兒和他的後代在西元十五世紀的大部分時間裡都控制著伊朗中部和東部，因此帖木兒人的建築是伊朗人的建築，出自伊朗建築師之手，他們因為設計了許多極為重要的建築作品而聞名，帖木兒本人的陵墓就是一例。這一點在伊朗的第二座重要什葉派建築中表現得十分明顯：位於馬什哈德的第八位伊瑪目禮薩的陵墓，赫拉特的帖木兒王朝統治者沙．魯克的妻子古哈爾沙德（Gauharshad）翻修了它。她還增加一座由卡瓦姆丁（Qavam al-Din Shirazi）設計的聚禮清真寺，該清真寺採用四伊宛設計，在朝向牆（qibla〔the iwan placed in the direction of Mecca〕）的上方有一個大致上沒有裝飾，但是閃閃發光的藍綠色穹頂，每個伊宛入口的拱門周圍有伊朗典型的釉下彩瓷磚，並裝飾著精美的書法。帖木兒王朝的王子和多產的詩人白松豁爾（Baisunghar Mirza）設計了伊宛前的書法。

帖木兒王朝的對手和繼承者黑羊和白羊突厥人，在西元十五世紀中後期奪取了伊朗西北部和中部的幾座重要城市，他們也贊助這種帖木兒－伊朗風格建築。這方面的例子包括大不里士黑羊王朝的藍色清真寺（一四六五年），上面有閃閃發光的藍綠色瓷磚，以及賈汗沙．喀喇．庫尤努魯（Jahanshah Qara Quyunlu）於西元一四五三至五四年在伊斯法罕建成的伊瑪目陵墓（Darb-i Imam），這是兩座什葉派伊瑪目的陵墓所在，薩法維時期前的伊朗的第三座大型什葉派建築。它擁有美麗的多色瓷磚和球狀的綠色圓頂，上

22. Henri Stierlin and Anne Stierlin, *Islamic Art and Architecture*, 76.
23. 關於帖木兒建築對印度的影響，見Koch, *Mughal Architecture*, 35-8。

面有交錯的花卉裝飾，支撐著穹頂的頸部上有兩層書法，這些都成為後來薩法維建築的特點。這些後來的建築繼續體現帖木兒建築早期的特點，尤其是在裝飾元素方面。「陶瓷馬賽克技術很快就得以普及：整個伊宛和皮斯塔克（pishtaq，門楣）上都布滿花卉圖案，彷彿永遠長滿開花的藤蔓，映襯著幾何圖案和書法銘文。」[24]獻給什葉派伊瑪目的建築也提醒人們，在薩法維王朝之前，什葉派在伊朗社會中同樣占有重要地位，這種宗教從前幾個世紀的白益王朝和薩巴達爾王朝（Sarbadar dynasty）開始為人所知。

因此，伊朗的建築傳統從大塞爾柱王朝延續到薩法維王朝時期，但從十六世紀開始，薩法維王朝的宗教建築或墓葬就很少了。這時期缺乏聚禮清真寺的原因除了十六世紀王朝的貧困處境，最主要是一些什葉派神學家斷言，在沒有真正什葉派伊瑪目的情況下，星期五的祈禱是不合適的。可以稱得上真正薩法維建築的作品，是建在阿爾達比勒的薩法維蘇菲道團創始人薩菲丁（Safi al-Din）的陵墓建築，建於西元十四世紀和十六世紀之間。[25]雖然薩菲丁長子的陵墓似乎與伊兒汗蒙古的設計相呼應，但薩菲丁自己的墓塔（gunbad，拱北）則是一個高大的圓柱體，有一個球形、覆蓋著瓷磚的圓頂和八角形的內部，代表帖木兒王朝後期對早期薩法維建築的影響。阿爾達比勒建築群另一座有趣的建築是瓷屋（Chini-khanah），是一個帶有裝飾的八角形結構的例子，也能在撒馬爾罕的帖木兒建築中看到。瓷屋常見於伊斯蘭世界東部，用以展示或收藏中國瓷器和其他貴重物品。[26] 今天保存在德黑蘭、沙・阿巴斯一世收藏的中國出口瓷器，最初就是陳設在這裡。

下一個主要的薩法維建築群包括沙塔赫馬斯普在王朝的第二個首都加茲溫建造的建築。沙塔赫馬斯普建築群的布局有點像沙・阿巴斯後來在伊斯法罕的廣場，外圍是開放的空間和市場，[27] 但在加茲溫，廣場上並未建造清真寺，也許是因為附近已經有一座大清真寺的緣故。沙塔赫馬斯普一五〇一年從他的白羊親戚手中奪取大不里士時，也許參照了伊斯瑪儀的廣場和八樂園宮（Hasht Bihisht palace）。這個建築群中唯一倖存至今的建築物是「四十柱宮」，對一個典型的帖木兒／波斯八角形建築來說，這是個奇怪的名字。四十柱宮的外圍有交替的開放和封閉空間，內部有一座庭院。另一座可追溯到

24. Henri Stierlin and Anne Stierlin, *Islamic Art and Architecture*, 83.

25. 見Sussan Babaie重印薩菲丁建築群的精美照片：Jon Thompson and Sheila R. Canby ed.,Hunt for *Paradise: Court Arts of Safavid Iran 1501-1576* (New York: Asia Society, 2003), 28-9.

26. Kishwar Rizvi, "Transformations in Early Safavid Architecture," 68–91。

27. 關於這部分和後文中有關於薩法維時期的大部分內容，我都要感謝Sussan Babaie在此書中所述：Thompson and Canby, *Hunt for Paradise* Chapter 2: "Building on the Past: the Shaping of Safavid Architecture."

沙塔赫馬斯普時期的主要建築，是位於伊兒汗蒙古舊都蘇丹尼耶的毛拉哈桑．舍拉子伊（Mullah Hasan-i Shirazi）的陵墓，但不是由國王贊助修建的。這座陵墓設計在花園中間，是後來的帖木兒陵墓建築的一個典型特徵，它也是一個八角形或八樂園結構，有一個由頸部支撐的藍綠色穹頂，頸部上面有幾何圖案和庫法體的書法，祈求真主對「十四個絕對正確者」的恩典：十二位什葉派伊瑪目加上先知穆罕默德和法蒂瑪。這兩座建築可能都是仿照帖木兒王朝的八角形王室樓閣建造的，[28] 但就毛拉哈桑．舍拉子伊的墓而言，其前身似乎更有可能是位於附近、完者都的八角形陵墓建築。

蒙兀兒帝國

與西元十六世紀時貧窮、在政治上分心乏術的薩法維王朝相比，蒙兀兒皇帝阿克巴和貴族菁英在他們的統治時期裡以各種功能一應俱全的建築妝點印度北部的景觀。然而，與鄂圖曼王朝和薩法維王朝建築，及其獨樹一格、宏偉的清真寺和典雅的宗教學院不同，蒙兀兒人的代表性建築是陵墓。這些統治者的聚禮清真寺是適合印度的氣候環境、在巨大的封閉外牆內的室外空間，有著氣派的大門和米哈拉布上方美麗的圓頂，但並沒有帶來像鄂圖曼人和薩法維人那樣偉大、有代表性意義的宗教建築。阿克巴在他的新城，位於阿格拉以西的法特普爾錫克里（勝利者之城）建造了這種最早期的露天清真寺之一。[29] 在十六世紀後半葉，蒙兀兒的八角形陵墓設計風格得以發展，融合了蒙兀兒人之前的伊斯蘭風格，以及帖木兒風格和印度元素，儘管不一定能準確地追溯到某座特定建築的影響。因此，完者都的陵墓採用的八角形設計也出現在印度穆斯林統治者賽義德・蘇丹・穆罕默德・沙（Sayyid Sultan Muhammad Shah，約西元一三四〇年代）的陵墓上，以及阿富汗領袖希爾・沙・蘇里（Shir Shah Suri）在比哈爾（Bihar）建造的巨大建築結構上。希爾・沙・蘇里是阿富汗領袖，曾於西元一五四〇年打敗胡馬雍並迫使他逃離印度。[30]

就像完者都的陵墓和聖石圓頂（Dome of the Rock，許多八角形穆斯林陵墓建築的自然模型）一樣，早期印度—穆斯林建築以柱廊式的拱門為特色，也包括chatri（與印

28. 同上，40 and 36。

29. 關於阿克巴的新城市的精采介紹：Michael Brand and Glenn D. Lowrey ed.,*Fatehpur-Sikri* (Bombay: Marg, 1987)。Catharine. B. Asher的著作 *Architecture of Mughal India* (Cambridge University Press, 1992) 是目前關於蒙兀兒王朝建築最集大成之研究，既包括建築物的描述，也包括關於其具有之文化重要性的分析。

30. Blair and Bloom, *Art and Architecture of Islam*, 268.

度教建築有關的小型圓頂亭榭），但最早是源自於中世紀時的伊斯蘭建築結構，因為穆斯林時期之前的印度教建築師並沒有在建築中採用過圓頂。泰姬瑪哈陵的一些附屬建築也採用帶有拱門的八角形設計。然而，蒙兀兒人的八角形代表一種特殊的「八樂園」結構，似乎更可能來自於帖木兒後期或薩法維早期的模式，例如沙塔赫馬斯普在加茲溫的宮殿。胡馬雍曾在西元一五四〇年代前往伊朗尋求塔赫馬斯普的幫助，可能在當時已經看到了一些八角形建築。胡馬雍的父親巴布爾描述過位於赫拉特一座這樣的「宴樂宮殿」，他曾在西元一五〇六年十二月的一個晚上造訪該地並且在那裡喝酒。一般認為胡馬雍的陵墓是第一個真正意義上的蒙兀兒建築，顯然受到這位統治者在印度執政的最初十年中建造的木製八角形船宮啟發；但他的陵墓實際上是由一位伊朗建築師，米拉克・賽義德・吉雅斯（Mirak-i Sayyid Ghiyas）之子賽義德・穆罕默德（Sayyid Muhammad）設計的，他應該熟悉帖木兒時代的建築，可能也熟悉薩法維伊朗的建築。這對父子都曾為赫拉特的胡塞因・白卡拉和印度的巴布爾效力；在胡馬雍回到印度後，賽義德・穆罕默德回到阿克巴的身邊效力。[31]

巴布爾被埋葬在一座樸實無華的無頂陵墓中，他的後代奧朗則布（Aurangzib）也是如此，但胡馬雍的陵墓卻是一個巨大而完全對稱的結構，使任何一座鄂圖曼人或薩法維人的陵墓都黯然失色。例如相較之下，鄂圖曼帝國的陵墓是非常簡單的結構。聖訓

——也就是被歸納為先知穆罕默德的教誨或做法，明確譴責豪華的墓葬紀念物是非伊斯蘭的做法，是在暗示人類的神聖地位，但是這項事實並沒有阻止大多數蒙兀兒統治者修建豪華的墓葬。他們當然知道這些限制，但在他們看來，王朝或貴族的驕傲壓倒了宗教的正統性，只有最後一位偉大的蒙兀兒統治者奧朗則布（西元一六五八—一七〇七年）除外，他真正的虔誠得到繼任者的尊重，並為他建造一座無頂的樸素大理石墓。整體而言，蒙兀兒人畢竟有撒馬爾罕的帖木兒陵墓和印度北部許多穆斯林前人的陵墓作為榜樣，他們可能會欽佩並希望能效仿或超越這些建築。

胡馬雍的陵墓是一種特殊的「八樂園」紀念性建築結構，坐落在一個對稱的「四花園」中，這種花園是巴布爾在其回憶錄中深情描述、十五世紀末帖木兒人心中的理想花園類型。胡馬雍陵墓的建築師熟悉布哈拉和撒馬爾罕的帖木兒建築，將撒馬爾罕的帖木兒陵墓連結到胡馬雍陵墓；帖木兒陵墓的巨大規模無庸置疑是為了象徵帖木兒王朝在印度的復興。[32] 這是一座真正的印度—穆斯林或帖木兒文藝復興（Timurid renaissance）時

31. Ebba Koch, *Mughal Architecture* (Munich: Prestel, 1991), 44, and Koch, *The Complete Taj Mahal*, 27 and 85-6.
32. Glenn D. Lowrey, 'Humayun's Tomb: Form, Function, and Meaning in Early Mughal Architecture," *Muqarnas* 4 (1987), 138 and 145.

期的建築，因為其設計與帖木兒建築遙相呼應，但裝飾則借用了早期的印度設計。

這座陵墓不是單個八角形，而是四個不規則的八角形結構，圍繞著一個坐落於中央的完美八角形墓室。墓室位於球形的白色大理石圓頂之下，預見之後泰姬瑪哈陵的圓頂設計。圍繞在圓頂的屋頂上有四個亭子（chatris），如同位於薩薩拉姆（Sasaram）的阿富汗統治者希爾・沙的陵墓。穹頂內部是另一個帖木兒王朝的雙殼穹頂，和帖木兒的撒馬爾罕墓一樣，使本來過於巨大的穹頂達成內部的和諧比例。這種對於對稱的熱切追求甚至延伸到jali上，這是一種典型的印度雕刻石屏風，在這裡被設計成一連串交錯的八角紋樣，雕砌得十分精緻。建築物的外觀與一些早期的印度穆斯林建築相呼應。使用紅砂岩這種在拉賈斯坦沙漠中非常普遍的建築材料，那裡的村民仍然以它代替當地不存在的木材來製作圍欄。整個結構的外部和接近結構的大門上鑲嵌著少量的白色大理石，有一部分用於假窗，一部分只是作為裝飾性元素。在胡馬雍陵墓上沒有任何形式的瓷磚裝飾，唯一刻在外部的圖案是兩個六角星，位於每個主要伊宛入口的周圍。在泰姬瑪哈陵建成之前，這座建築物是蒙兀兒帝國最傑出的建築傑作。

詩歌和繪畫

自古以來，獨特的建築風格清楚顯示這三大帝國都有各自獨有的穆斯林文化，但另外兩種主要的貴族藝術形式，即詩歌和繪畫（細密畫），與建築呈現的獨特性不同之處在於，起初都來自同一個伊朗來源。這兩種藝術後來逐漸演變為明顯不同的風格，部分是地方發展的結果，部分是歐洲藝術影響的結果，歐洲的藝術在不同時期裡分別影響了鄂圖曼、薩法維和蒙兀兒社會。詩歌和繪畫這兩種藝術形式往往密切相關，因為古典波斯語詩歌作品經常成為插畫主題，這些插畫包括在這數百年間製作出的大量精美書籍中。

從社會角度來看，詩歌和繪畫也是截然不同的藝術形式，因為在這些社會和其他的前現代社會中，詩歌是最容易接近的藝術，只需讀寫能力和對更早期詩詞的了解。詩歌不僅被皇室和貴族喜愛和贊助，而且在更大範圍內被許多有讀寫能力的人採納。因此，雖然許多詩人受雇於宮廷，他們為加冕、生日、軍事勝利和其他皇家場合提供頌詩或重要時刻的紀念詞，或者只是出於他們高超的文學技巧而為宮廷效力，但他們中的大多數人可能是學者或官僚階層的成員，對他們來說，詩歌不是日常的寫作文章或是公文，它提供了一種表達宗教、情色或低級幽默的手段，是與朋友溝通的方式，或是展示文化修養的手段。相比之下，繪畫在很大程度上（雖然並非絕對）是一項昂貴的宮廷事業，需要有才華的藝術家、畫坊付出多年的艱苦勞動才能完成一組圖畫。在這些王朝的歷史後期，商人和文人有時也會購買藝術作品，特別是價格較低的單頁畫，但是大多數主要的繪畫作品都是在皇室的贊助下完成的。

各伊斯蘭帝國裡的早期詩歌是植根於波斯語詩歌傳統上的，在帖木兒人、伊朗人、鄂圖曼人和印度人的宮廷裡蓬勃發展。這些詩歌也經常和伊朗、鄂圖曼、印度藝術家的繪畫作品一同呈現出來。在所謂的「波斯間奏曲」期間，也就是阿拔斯王朝哈里發國家衰微和蒙古人入侵之間的時期，伊朗詩人迅速將波斯語文學確立成為東部伊斯蘭世界（從安納托利亞到中亞、印度的領土）上公認的「大傳統」。他們常常得到伊朗族裔王朝的贊助，比如位於布哈拉的薩曼王朝，或者是文化上波斯化的突厥人王朝，例如加茲尼王朝，有兩位文學家——菲爾多西和內札米・詹賈維（Nizami Ganjawi，西元一一四一－一二〇三年）的作品尤其成為東部伊斯蘭世界最重要的文學傳統。他們創作的波斯語詩歌具有令人信服的藝術高度，形成新波斯語文學傳統中無人不曉、反覆被後人效法的圭臬。另外五名重要文學家相繼鞏固了這經久不衰的文學傳統：伊朗的薩迪（Sa'di，約西元一二一三－一二九一年）和哈菲茲（約西元一三二〇／二五－一三八八／八九年）、安納托利亞的賈拉魯丁・魯米（西元一二〇七－一二七三年）、德里的阿米爾・霍思露・迪赫拉維（西元一二五三－一三二五年），以及赫拉特的賈米（西元一四一四－一四九二年），這些詩人的作品都在這三個伊斯蘭帝國中擁有插圖抄本。在西元十三和十四世紀，這種文學共同語言（lingua franca）的地理影響範圍，可以在較晚出現的三位文學家的個人身上真實展現：安納托利亞的魯米，伊朗的哈菲茲，以及德里的迪赫拉維。

在薩法維伊朗，城市和農村裡的定居人口中有很大一部分（也許是大多數人）是以波斯語為母語的人口，在這裡使用古典波斯語文學傳統進行創作的作者，構成後來人們心中伊朗文化認同身分的文學核心。在蒙兀兒印度的穆斯林中，波斯語是北印度和德干地區穆斯林菁英階層的重要傳統，他們在日常生活中繼續使用波斯語，並將其作為主要的行政和文學語言。自從西元十二世紀起，北印度的穆斯林就已經在使用波斯語了。然而，到十八世紀初的時候，烏爾都語（Urdu，用阿拉伯字母書寫、高度波斯化的印地語）取代了波斯語成為流行的文學語言，並在隨後成為大多數印度穆斯林作家的語言。

在鄂圖曼帝國裡，鄂圖曼突厥語作為國家方言和宮廷文學語言的至高地位，反映出安納托利亞突厥人的影響力，新波斯語的詩歌傳統也在這裡受到推崇，特別是在早期的幾個世紀裡，有許多統治者會欣賞波斯語詩歌，有時也創作波斯語詩歌。西元十六世紀以後，即便來自伊朗的移民越來越少，使用波斯語的鄂圖曼人也越來越少，帝國中又增加了說阿拉伯語的人口，沖淡伊朗傳統的影響力，但是波斯文學的範式繼續影響著鄂圖曼帝國的作家。在西元十五世紀到十八世紀初，「無論詩人是使用哪一種語言……在從小亞細亞到突厥斯坦和孟加拉的廣闊領土上，那些詩歌作品都採用同樣的創作態度、文學慣例、形式、韻律，以及最重要的——同樣的文學意象……它的模式一直是波斯化的。」[33] 西元十五、十六世紀的鄂圖曼帝國，以及十六世紀的薩法維伊朗和蒙兀兒印度，詩人在創作時經常會模仿菲爾多西的《列王記》，此書在伊斯蘭世界的東部立即獲得指標性的地位。文學家同時也會參照內札米的《五卷書》，這是內札米的五部浪漫史詩，情節對廣大讀者產生強大的情感吸引力。許多詩人也創作頌詩（qasida），他們以這些作品爭取或保持來自宮廷或貴族的贊助。這些詩歌作品代表了在職涯、或是在殘酷的不安世界中過生活的一種保險形式。生活在法爾斯的薩迪．舍拉子伊（Sa'di Shirazi）在混亂的西元十三世紀裡為一系列當地和蒙古統治者撰寫頌詩。在十五世紀末，帖木兒王朝赫拉特的賈米也這麼做，儘管他曾批評其他以這種方式尋求回報的詩人。有一些詩人還創作魯拜詩（rubai'iyat，柔巴依），也就是四行詩，這種文體在本質上有點類似於日本的俳句。英國人費茲傑羅透過對歐麥爾．海亞姆的詩句進行引人入勝卻扭曲原文的演繹，在十九世紀的英語世界裡讓魯拜詩蔚然成風。然而，當時的大多數詩人都認為，如果要獲得文學上的名聲，就必須寫出精湛的加札勒（抒情詩）。大多數人都會以哈菲茲的抒情詩為榜樣進行創作，他們也承認，哈菲茲的作品在文學技巧上已經無法與之比肩。

加札勒詩有時也被描述成是一種「頌歌」，通常是由四到十四組駢句所組成的詩歌，按照各種押韻規則寫成，有aa、ba、ca韻等等。加札勒在本質上是宮廷或貴族愛情文學體裁的伊斯蘭變體，以情感上的痛苦來「讚美」或哀嘆一種單戀情思。在這些詩歌中，作者會敘述他們的迷戀之情，有時候描述與愛人的短暫接觸，而愛人往往對他們的情感焦慮無動於衷。然後，他們會沉浸在分離的痛苦中，通常以宿命的表達方式結束，並使用筆名（takallu）落款，或在某些情況下也使用自己的真實姓名。

我們無法確定這類詩歌的寫作對象是男人還是女人，因為波斯語和突厥語的代名詞都不區分性別。不過許多學者認為，這些作者是寫給年輕男人的，就像莎士比亞在他的一些十四行詩中一樣。然而，所愛之人的性別往往無關緊要，因為大多數加札勒詩不

33. Ehsan Yarshater, "Persian Poetry in the Timurid and Safavid Periods," in Jackson and Lockhart, *The Cambridge History of Iran*, VI, 979. 為了避免這項觀點被視為伊朗沙文主義，請見Kemal Silay的評論：「安納托利亞最早的詩集作品詩人（十三至十五世紀）是直接受到伊朗文學典範的影響。」*Nedim and the Poetics of the Ottomaan Court* (Bloomington, Ind.: Indiana University Turkish Series 13, 1994), 31-2. 本文作者還提供了十六世紀鄂圖曼詩人普遍受到伊朗影響的例子。

是自傳，而是像中世紀平安時代的日本宮廷詩，僅是常見的文學技巧展示。或者，即使是自傳詩，加札勒也可能只涉及友誼的文學表達，或在其他時候是作者對蘇菲主義的傳達，其中存在的褻瀆情愛語言通常被用作精神迷戀的隱喻手法。蘇菲主義的語言最終在所有的詩人中變得如此流行並具有廣泛的影響力，因而對蘇菲語言的使用本身並不能揭示作者的宗教或宗派承諾。有時候，就像在其他社會和時代一樣，詩歌只是詩歌而已。

鄂圖曼人的詩歌

鄂圖曼、薩法維和蒙兀兒作家的文學祖先是由偉大的「經典」波斯語詩人和許多作家構成的——只有一個例外：與賈米同時代、帖木兒王朝後期的突厥語詩人米爾．阿里．希爾．涅瓦伊（Mir 'Ali Shir Neva'i，西元一五〇一年卒），他的詩在鄂圖曼人中非常流行，並且被商隊帶到布爾薩，直到十九世紀時仍然在鄂圖曼帝國的文人中廣為流傳。[34] 這些波斯詩人的直接或間接影響，在整個鄂圖曼、薩法維和蒙兀兒的文學界都顯而易見。[35] 就鄂圖曼帝國而言，文學史早在十四世紀就開始了，薩迪和哈菲茲的加札勒作為抒情體裁的重要性，在蘇萊曼王朝之前三位重要詩人的作品中表現得十分明顯。尼希米（Nesimi，西元一四〇四年卒）、阿赫邁德．帕夏（Ahmet Pasha，西元一四九七年卒）和尼加提（Necati，西元一五〇九年卒），尼加提之所以可以稱為「鄂圖曼」作家，只是因為他曾在鄂圖曼時代早期以突厥語寫作。尼希米可能是突厥人，也許來自安納托利亞，以波斯語和突厥語寫作。尼希米是胡魯菲蘇菲道團的熱心成員，在十五世紀前十年的某個時候被阿勒坡的烏里瑪下令酷刑致死，因為他曾公開主張胡魯菲思想，即藉由解釋阿拉伯字母的象徵意義可以理解《古蘭經》的祕密涵義。他寫過加札勒，在他看來，加札勒是信徒與神分離的宗教隱喻，比如這首加札勒中的兩句：

> 遠離你的痛苦使我流血，
> 從我的內心深處，血從我的眼中湧出，我燃燒著。

---

34. Gönül Alpay Tekin, “Classical Ottoman Literature during the Sixteenth Century,” *Encyclopaedia of Islam* II, Brill Online.

35. 鄂圖曼、薩法維和蒙兀兒時期詩歌的價值或品質，是一個相當具有爭議性的議題。因為往往會反映出文化沙文主義或者民族主義，或者是像近年反映出批評者的學術派系觀點。即使伊朗人對從菲爾多西到賈米的經典作品幾乎具有一致的崇敬，也認為大多數薩法維時期的詩句令人提不起興趣，但是更加鄙視被他們稱為sabk-i Hindi，即「印度風格」的印度－波斯詩歌，儘管這些作品是出自那些印度的伊朗移民之手。伊朗人對於鄂圖曼帝國早期的詩歌並不十分在意，甚至許多鄂圖曼帝國的文學學者也認為，這些詩歌是波斯語經典作品的粗糙延伸。

內希米在最後兩行寫下他的筆名，他說：

> 那些說壞話的人說內希米是因悲痛而燃燒，這是真的，因為因悲痛而燃燒的人，被愛者也深愛著他——所以，我熊熊地燃燒著。[36]

阿赫邁德・帕夏（或Ahmet Pasha Bursalı，「來自布爾薩的阿赫邁德・帕夏」）和尼加提被認為是真正的鄂圖曼詩人，因為他們都為穆罕默德二世或皇室成員寫作。[37]阿赫邁德・帕夏也用阿拉伯語和波斯語寫詩，他出生在前鄂圖曼帝國首都布爾薩的鄂圖曼官員家庭中，在布爾薩和伊斯坦堡擔任過一連串的官職，穆罕默德二世最終任命他為伴讀、導師，最後則是維齊爾。他用鄂圖曼帝國的主流方言寫作，創作頌詩和加札勒，但與內希米不同的是，他的加札勒詩歌頌了世俗愛情，尤其是他對一個年輕女孩的熱情——這使穆罕默德蘇丹先是監禁了這位詩人，然後將他流放到他的家鄉布爾薩。他的詩句是典型的加札勒體，正如一首詩中的四句所示：

> 渴望著你紅寶石般的嘴唇，我流了那麼多的血，
> 你鎮上的每一扇大門和牆壁都是由你的眼淚做成的珊瑚……

黎明時分，阿赫邁德聞到了玫瑰的香味，在他痛苦的嘆息中，啊！
在花園裡，沒有一隻夜鶯的心不會被愛灼傷。

尼加提則被許多人認為是「前古典時期第一個偉大的突厥語抒情詩人」，他是一名基督徒戰俘的兒子，後來成為奴隸，由埃迪爾內的一位穆斯林女士撫養長大。他體現了非穆斯林和非突厥人透過皈依和受教育成為鄂圖曼人的過程。尼加提在很小的時候就獲得詩人的美譽，他於西元一四八一年來到伊斯坦堡，以創造性的頌詩吸引穆罕默德二世及其繼承人巴耶濟德二世的注意。他被任命為財政部（Diwan）的祕書，最終進入巴耶濟德的長子阿布杜拉和小兒子馬赫穆德的家中。他被廣泛認為是鄂圖曼帝國詩歌的真正創始人，因為他將突厥語改編為波斯—阿拉伯語格律系統，馴化阿拉伯語和波斯語辭

---

36. Walter G. Andrews, Najaat Black and Mehmet Kalpaklı, *Ottoman Lyric Poetry* (Austin: University of Texas Press, 1997), 27.

37. 在「布爾薩里」或者「Bursalı」這個名字中，土耳其語字母「ı」或者是阿拉伯語或波斯語裡的「i」都是一個nisba，也就是人名後綴，用來表示此人的出生地或是長居地。因此「Amir Khusrau Dihlavi」就是「來自德里的Amir Khusrau」。

彙，並在詩歌中使用突厥語諺語。[38] 在某些方面，其詩作的特點是可能會被伊朗人稱之為sabk-i Hindi（字面意思為「印度風格」）的創新。[39]

尼加提的《迪萬集》（*diwan*，或《詩集》）被認為是後來鄂圖曼詩人的典範，伊德里斯・比特里西（Idris Bitlisi）在他的《八樂園》中以最高等級的稱讚來誇獎尼加提，說他是安納托利亞的菲爾多西——這在三個帝國中都是極高的評價。[40] 他的加札勒經過翻譯後便很難表達出原有的美感和文學技巧，對於他和其他詩人來說，加札勒是對詩歌技巧的真正考驗。然而，他筆下意象中的新鮮感，以及他對自己身為偉大作家的感覺，即使在翻譯中也能明顯展現出一部分，比如以下的兩段加札勒。這兩段加札勒也暗示了majlis，也就是三大帝國的宮廷和貴族菁英在圍牆環繞的花園中享受葡萄酒、舞蹈、詩歌和音樂的「雅集」：

被你的捲曲繩索吊著的人，他的腳是否觸到了地面？
他心懷喜悅地交出他的生命，轉動著，轉動著……
哦！尼加提啊！在這個皇家雅集之上，在蘇丹面前，在被愛者面前，樂師是多麼歡快舞蹈著，並吟誦著你那出口成章的詩句啊！[41]

薩法維人的詩歌

尼加提卒於西元一五一〇年，此時正值沙・伊斯瑪儀即將戰勝烏茲別克的昔班尼・汗（Shibani Khan），從而鞏固其對伊朗領土的征服的時候。沙・伊斯瑪儀本人的突厥語《詩集》（*diwan*）中包含了加札勒以及他那些詭異脫俗的宗教詩。伊朗早期的薩法維波斯語詩人在贊助方面處境困難，因為薩法維宮廷中廣泛使用的語言是突厥語；突厥人（齊茲爾巴什）是薩法維王朝的主要軍事支持者，突厥語是來自安納托利亞和伊朗西北部的烏古斯突厥人的母語。薩法維王朝的詩篇首先以輓歌或悼詞為特色，用以紀念阿里的兒子胡笙殉難。胡笙去世的時間是西元六八〇年的一月（穆哈蘭姆月）十日（阿舒拉日），這一天是什葉派重要的年度宗教儀式。胡塞因・瓦伊茲・卡西菲（Husain

38. Andrews *et al.*, *Ottoman Lyric Poetry*, 218 and Th. Menzel, "Nedjati Bey," *Encyclopaedia of Islam II*, Brill Online.
39. 見下一頁的內容。
40. Menzel, "Nedjī Bey," p. 1. diwan一詞有兩個意思：其一是財政部，其二是詩人的詩集。
41. Andrews et al., *Ottoman Lyric Poetry*, 43–4.

Va'iz Kashifi，西元一五〇五年卒）寫了最早的悼亡詩之一〈烈士花園〉（Rauzat al-shuhadâ），卡尚的穆赫塔沙姆（Muhtasham of Kashan，西元一五八八年卒）為塔赫馬斯普國王創作了其中最廣為流傳的一首悼亡詩。[42]這首詩把胡笙描述為「天空和大地的太陽，東方和西方的光芒；哦，胡笙，在真主使者的懷抱中得到滋養。」與其他大多數什葉派詩篇一樣，這首詩情感激動地敘述胡笙在伊拉克戰場上的殉難，將他描繪成「一艘在卡爾巴拉的風暴中被吞噬的船」，這首詩在現代伊朗仍是什葉派激情劇目的文本之一。[43]除了這些宗教文學，伊朗學者幾乎一致認為大多數薩法維詩人的作品不是沒有靈感，就是更糟糕——偏離了經典模式，不是使用牽強附會或者新奇的想像，就是使用晦澀不明的典故。

這種新風格被稱為sabk-i Hindi，字面意思是「印度風格」，因為此時有大量的印度—波斯詩人在寫波斯語詩歌。這種風格已經發展了幾個世紀之久，但是這種新風格並不是在印度，而是在伊朗和河中地區（在帖木兒王朝後期）達到前薩法維時期的高峰。最終，這種風格影響了整個波斯文學規範盛行地區的詩歌文學，也就是在伊朗、鄂圖曼帝國、中亞和印度都產生影響。我們很難公平地評價這種詩歌的水準，因為直到最近，品味上的變化仍然導致大多數伊朗人譴責這種詩歌，他們希望回歸（bazgasht）按照經典模式創作的詩句。這種被現代作家誤稱為「印度風格」的詩歌在當時的伊朗和印度被稱為shîvah-i tâzah，即「新鮮風格」。和這種風格有關的最傑出作者之一是舍拉子的詩人菲加尼（Fighânî，西元一五一九年卒），他被廣泛認為是薩法維和蒙兀兒詩歌的創造性鼻祖，現在開始吸引到新的學術研究和欣賞。[44]

菲加尼和這個時期鄂圖曼帝國、中亞和蒙兀兒印度的其他詩人一樣，主要成就是根據他創作的加札勒的品質來評價。按照前現代所有伊斯蘭詩詞的公認傳統，他奉行創造性模仿的藝術手法，從哈菲茲或阿米爾．霍思露．迪赫拉維等古典波斯詩人那裡獲得靈感，但也在他們的詩詞上創造出原創或創新的變體。菲加尼尤其受到阿米爾．霍思露．迪赫拉維的影響，也受到之前帖木兒王朝詩人賈米的影響，賈米本人曾對阿米爾．霍思露．迪赫拉維的作品做出回應。然而，賈米對迪赫拉維的回應更為傳統，或者說——更為古典，菲加尼卻發展出一種獨特的新「語氣和語調」，這種風格又在十六世紀末和

42. 見Yitzhak Nakash, "An Attempt to Trace the Origin of the Rituals of Âshûrâ," *Die Welt des Islams*, new series 33, No. 2 (1993), 170, n. 32。Wheeler M. Thackston提供了部分波斯語文本，見*A Millennium of Classical Persian Poetry* (Bethesda, Md.: Iran Books, 1994), 79-82。

43. 同上，80。

44. Paul E. Losensky, *Welcoming Fighânî: Imitation and Poetic Individuality in the Safavid-Mughal Ghazal* (Costa Mesa, Ca: Mazda, 1989).

十七世紀的蒙兀兒以及伊朗詩人那裡得到回應。尤其是菲加尼的一首詩，顯示出一種完全不同的語氣和意象，是一種存在主義的絕望，以一種溫和的自嘲結尾。在這種情況下，心愛的人的冷漠，在宇宙裡的敵意面前蒼白、落魄：

毒藥從天堂的小瓶子裡，
穩定地滴落。
沒有人看到過，
這個瓶子裡有任何酒……
為了結合，
我已經去了無數次的算命占卜，
但還沒有人算出
哪怕一丁點的預言。
不要尋求救濟，菲加尼，
把頭痛放在一邊。

沒有人在天堂的小瓶裡，
看到玫瑰水。[45]

蒙兀兒人的詩歌

到西元十六世紀末時，菲加尼的「新鮮風格」在伊朗和印度的波斯語詩人中贏得擁護者，但並不意謂著所有人都選擇以這種方式寫作。波斯語早已成為北印度穆斯林菁英階層人士的行政和文學語言，隨著胡馬雍在西元一五三〇年登基，波斯語對那裡的穆斯林影響也變得越來越大。胡馬雍本人似乎更偏好波斯語，而不是他的母語突厥語——據悉他只寫過幾首突厥語詩歌和信件，而且很明顯的，他甚至更喜歡說波斯語。他的詩集主要包括以相當簡單、不加修飾的波斯語寫的加札勒和魯拜體詩歌。一首有趣的魯拜詩是專門獻給阿里的：此舉也許是對塔赫馬斯普的一種讓步，他要求胡馬雍歸信什葉派伊斯蘭教以換取他提供的軍事援助，但這首詩也可能只是遜尼派穆斯林對於先知的家人（Ahl-i bait）典型的讚美：

45. 同上，233-4。

我們發自內心願作阿里兒子的奴僕，
我們在對阿里的紀念中感到愉悅，
自從神祕莫測的祕密被揭示給阿里，
阿里便永懷於我們的心中。[46]

不僅胡馬雍的兒子阿克巴鼓勵講波斯語的人移民到印度，蒙兀兒和印度中部或德干地區宮廷的財富也吸引了大量的伊朗移民。[47]因此，在蒙兀兒印度產生的波斯語詩歌比在薩法維伊朗的產量更多。阿克巴在西元一五八七年指定了一位享有桂冠詩人（Malik al-shu'ara）頭銜的詩人，以筆名法伊茲（Faizi，西元一五九五／九六年卒）而聞名，他不是來自伊朗的移民，而是一個定居在信德地區的葉門家族後裔。法伊茲是阿克巴手下的史官和夥伴阿布·法濟勒·阿拉米的弟弟，法伊茲成為菲加尼最重要的文學弟子之一，並受到十七世紀伊朗最偉大詩人薩伊布（Sa'ib）的讚揚，薩伊布也是菲加尼詩作的擁護者。人們認為，法伊茲與他同時代的烏爾菲（'Urfi）一起影響了鄂圖曼帝國的詩歌，他明確地提倡「新鮮風格」，這種風格此時已經為伊朗和印度所接受：[48]

為了使詩歌因你而生色，
要有新的意涵和舊的詞彙。
順著心中的道路而行，不要回頭——莫周旋於他人的詩歌……
你要囤積別人的想法到什麼時候？
要用別人的蠟燭開派對嗎？
你還要囤積別人的想法多久，
難道要縫製一個皮包來收集別人的現金嗎？[49]

46. Muhammad ‘Abdul Ghani, *A History of Persian Language and Literature at the Mughal Court* (Allahabad: Indian Press, 1929), I, 15.

47. 見Aziz Ahmad, “Safawid Poets and India,” Iran 14 (1976), 117-32 and Muzaffar Alam, “The Pursuit of Persian: Language in Mughal Politics,” *Modern Asian Studies* 32, No. 2 (May 1998), 317-49.

48. 偉大的英國鄂圖曼學者E. J. W. Gibb指出法伊茲和烏爾菲影響了鄂圖曼作者：*Ottoman Poetry* (London: Luzac, 1902-58), I, 5, 127, and 129.

49. Losensky, *Welcoming Fighani*, 195. Losensky指出，法伊茲的創造性思想是新柏拉圖式的，比方說他談到「原始的顯靈」，這個想法被哲學作者稱為「神顯靈」（pp. 197-8）。

法伊茲用波斯語創作詩集，編寫阿拉伯語作品，並有來自梵文的翻譯作品。他還講授伊本．西納的《醫典》（*al-Qanun*，亦稱「阿維森納醫典」），很顯然，他也實踐阿拉伯—波斯醫學（Unani medicine）或希臘醫學，因為有些人稱他為法伊茲「哈基姆」（Hakim）或「醫生」。他的詩句中沒有像菲加尼那樣吸引人的意象或思想，但在舊的詩句形式中引入新的詞語，例如在魯拜體詩歌中提到了眼鏡：

法伊茲，這是年老的氣息，在邁開腿之前先小心看看，
再伸出你嶙峋的腳，把它放在小心選擇的地面上；
透過玻璃的眼鏡，什麼也看不見。
你該從你的心上切下一塊，放在你的眼睛上。[50]

還有兩位十六世紀末的蒙兀兒詩人與tazah-gu這種「新鮮的語言」或「新鮮的風格」有關。這兩人都是來自伊朗的移民。納齊里（Naziri）與歐麥爾．海亞姆同樣來自尼沙布爾，烏爾菲則是舍拉子的著名詩人。納齊里來到印度，顯然是因為他知道蒙兀兒官員汗．哈南（Khan-i Khanan，西元一六二七年卒）的贊助。此人是阿克巴的監護人拜拉姆．汗（Bairam Khan）的兒子，他組了一個文學圈，成員培養出這種新鮮風格。[51]事

實上，一首由伊朗詩人拉斯米・卡蘭達爾（Rasmi Qalandar）所寫的出色作品中，在對「本質」和「意外」的評論裡暗指亞里斯多德的邏輯學，明確讚揚汗・哈南對以所謂的「新風格」寫作之伊朗移民詩人的支持：

> 透過你受到讚揚的恩惠，那個來自舍拉子、微妙的權衡者（指烏爾菲），
> 其詩歌的聲譽從東方傳到魯姆（安納托利亞）。
> 他透過讚美你而熟悉一種新的風格（tarz-i tazah）。
> 就像一張俊美的臉因裁縫而得到妝點；
> 從你名字的賞賜中，法伊茲像霍思露一樣，
> 以印度的劍占領了七地；
> 詩人納齊里藉著吃你桌子上的麵包屑，
> 已達到像其他詩人那樣的地位，
> 為讚美他而寫的頌詩是如此美麗，

50. Ghani, *A History of Persian Language and Literature*, II, 55-6.
51. Losensky, *Welcoming Fighani*, 200.

嫉妒的血滴從雄辯的詩人心中滴落；
沙基比（Shakibi）詩句的墨水，就像來自伊斯法罕的明目藥水，
視力好的人把它當成禮物帶向呼羅珊，
從你的讚美中，哈亞提（Hayati）得到了第二生命。
呀，本質是意外的強化劑。
我應該怎樣敘述瑙宜（Nau'i）和庫夫維（Kufwi）的故事呢？
因為他們因你的讚美而活著，直到復生日的破曉時分……[52]

納齊里尤其以他的加札勒聞名，但也寫了一些以新奇意象和創造性融合而聞名的詩句，他讓這種體裁詩歌的語言變得更加豐富，儘管他覺得無法超越哈菲茲的抒情詩所擁有的，無與倫比的美感。[53] 甚至在一首加札勒中，他還曾哀嘆缺少一位能使用綺麗意象的新哈菲茲——一隻新的「獵鷹」。例如他在以下詩句中哀嘆的：

王國的邊疆和平原上，
到處都有肥美的獵物，

獵鷹在哪裡呢？
將爪子伸向鷓鴣的獵鷹在哪裡……
納齊里，他想像力的通途已經被關閉了，
滿街都是好色之徒。
那驚鴻一瞥在哪裡呢？[54]

在這批著名的早期印度詩人中，最後一位是烏爾菲，他在西元一五八四至八五年受到法伊茲的歡迎而來到蒙兀兒宮廷，最終加入汗・哈南的文學圈。他是一個才華洋溢、傲慢、好辯的人，他的詩作在整個波斯語世界都十分受歡迎，顯然在鄂圖曼帝國的領土上也是如此。他是創作加札勒和魯拜體詩歌的詩人，儘管他和赫拉特的賈米一樣，曾在自己的作品中貶損過頌詩並讚揚加札勒詩歌，但他創作的頌詩是最出名的。他曾經這樣寫道：

52. Ghani, *A History of Persian Language and Literature*, III, 221-4.
53. 同上，III, 102；Losensky, *Welcoming Fighani*, 107。
54. Losensky, *Welcoming Fighani*, 208.

> 烏爾菲啊，頌詩是那些對自己的職業有貪慾之人的作品。
> 你來自愛的部落，你所吟誦的是加札勒。[55]

然而，他的頌詩，或者稱讚美詩，似乎比他的其他詩歌更富創造力，例如他獻給阿克巴的兒子賈漢吉爾的長詩，就是一個非常有吸引力的藝術實例。但是對當代西方社會的讀者來說，讀起來似乎並非和諧悅耳。烏爾菲在詩中說，他被要求為賈漢吉爾（薩利姆）寫一首詩，他思索要寫一篇什麼類型的詩篇，並寫道：

> 我大吃一驚，不知道該寫什麼樣的頌詩，
> 也不知道該用什麼樣的調子為死者的殘骨注入生命。
> 我採取完全屏棄舊方法的手段，寫出對薩利姆王子時代的讚美。
> 他的出生對於這個時代的惡人來說也是如此。
> 就像亞伯拉罕和火一樣。[56]

與他的自我評價兩相一致，烏爾菲也讚美自己：

我的主啊，我只用了兩句詩來讚美自己。
因為我的性情不能避免這樣做。
如果我的誇讚知道我的心和思想的果實，
那麼絕世的珍珠也會因羞愧而羞愧難當；

在作品的最後，他以一段制式化的自責作為結尾。

烏爾菲！快停止你的胡言亂語吧！現在是該做禮拜的時候了，
快抬起你的手，到至仁主的朝堂上去吧。[57]

55. Ghani, *A History of Persian Language and Literature*, III, 107.
56. 同上，III，169。
57. 同上，III，171。

繪畫：起源

正如鄂圖曼帝國和蒙兀兒帝國的詩歌源自波斯語經典，鄂圖曼帝國的蘇丹和蒙兀兒帝國的帕迪沙青睞有加的細密畫起初也是屬於伊朗人的藝術。已知最早的伊朗族繪畫作品是在河中地區發現的，長期以來，這裡一直是波斯文化圈的東部省分。這些早期繪畫作品包括最初來自今天位於塔吉克境內的潘吉肯特（Panjkent）的粟特人壁畫，歷史可以追溯到西元六世紀到八世紀之間，這些描繪伊朗主題和前伊斯蘭時期的地方神祇壁畫，顯露出來自伊朗、希臘和印度的影響。其他早期的伊朗繪畫藝術是和摩尼教有關的繪畫，摩尼教是一種伊朗二元論概念與基督教的混合體，由西元三世紀的伊朗人摩尼（Mani，約生於西元二一六年）提出。這些作品主要在吐魯番和中國突厥斯坦的其他西部絲路城市裡被發現，摩尼教曾經在當地傳播。摩尼教的先知在伊朗觸犯了正統瑣羅亞斯德教徒（祆教）的敏感神經，所以在薩珊王朝被處決後，摩尼教徒也在中國突厥斯坦地區避難。現存的大多數摩尼教繪畫是西元八世紀或九世紀的作品，當時的回鶻（Uighur）突厥人是摩尼教徒，他們已經占領了吐魯番綠洲和東部的絲綢之路城鎮。那些繪畫因其風格與中世紀伊朗繪畫相似而引人注目，例如在伊朗、安納托利亞和敘利亞發現的所謂「塞爾柱跨國風格」的例子；這些摩尼教插圖中有許多是在裝飾豪華的金邊紙上完成的，並運用東方突厥佛教徒的樣式來表現理想化的人物造型。[58]

因此，伊朗繪畫在前伊斯蘭時代擁有連續的傳統，在伊斯蘭征服之後，它又重新出現，並有以新波斯語（New Persian）書寫和圖畫配套的文字。從文學資料中可以得知，在西元十一世紀時就已經出現插圖文本，但無論是那個時期或是塞爾柱時期的作品都沒有留存下來，但是塞爾柱人也會在陶瓷器皿上繪畫，尤其是陶器和牆面磚。然而，直到蒙古時代，在一二五八年巴格達被占領、最後一位阿拔斯王朝哈里發被處死之後，充滿活力的伊朗繪畫傳統才在蒙古汗國的贊助下重新出現。這種藝術形式從十三世紀中葉開始迅速發展的原因之一是紙張大量使用，這是因為「蒙古和平」（Pax Mongolica）促進了中國、中亞和伊斯蘭世界之間的持續接觸。正是在伊兒汗國的蒙古都城大不里士，誕生了後來被稱為伊朗古典風格作品的最早例證。

四份帶有細密畫插圖的手稿，是蒙古時期伊朗藝術特別重要的實例。這些手稿的重要性包括主題和插圖。其中有三部伊朗文本和一部印度文本。伊朗文本包括：希臘

58. Eleanor Sims with Boris I. Marshak and Ernst J. Grube, *Peerless Images: Persian Painting and Its Sources* (New Haven and London: Yale University Press, 2002), chapters I, II, and III，尤其是該書的第三十八頁，解釋了Saljuq International Figural Style這個詞彙。

—伊斯蘭科學家比魯尼（al-Biruni）的《古代諸國年表》（*al-Athar al-Baqiya*，一三〇七年）；伊朗的伊兒汗蒙古王朝的大臣拉施德·丁（Rashid al-Din）的《集史》（*Jami' al-tawarikh*，約西元一三一四年），這是一部借助蒙元中國的資訊來源寫成的世界史；還有菲爾多西的波斯語經典《列王記》（約西元一三三〇—一三三五年），薩法維伊朗、鄂圖曼帝國和蒙兀兒印度的歷史學家反覆地對其進行繪畫和文學上的複製。上面提及的印度文本則是廣泛流行的印度《五卷書》（*Panchatantra*）的波斯語譯本，著名的動物寓言故事集在伊朗稱為《凱里萊與迪木奈》（*Kalila va Dimna*，約西元一三六〇年）。[59]這些畫作可以透過明顯可辨的中國繪畫影響加以區分，這一點在對風景的處理上表現得尤其明顯。從這個時期開始，這類書籍的插圖就開始被精心挑選和製作，因為它們能夠在書頁上表現出閃爍著光芒的裝飾效果。

伊朗的伊兒汗國於一三三六年滅亡後，繼承的政權繼續贊助波斯插畫。位於巴格達的蒙古札剌亦兒王朝（Jalayirid Dynasty），以及撒馬爾罕和赫拉特的帖木兒王朝的統治者都在這些發展中發揮了關鍵作用。在十四世紀末時（當時和以前一樣，巴格達是波斯文化圈內的一個區域），巴格達的札剌亦兒統治者為一位鮮為人知的詩人霍加·克爾曼尼（Khwaju Kirmani）的浪漫詩篇贊助了精美的插畫：

> 西元一三九八年的霍加·克爾曼尼（手抄本）中的所有繪畫都是……引人注目的

……那些描繪室內景象的繪畫是任何地方、任何時期的伊朗書籍插畫中最精緻、最漂亮的；它的風景畫也同樣豐富、細緻、完整。這兩種類型的描繪都是這些經典流派在波斯古典詩歌插圖中得到充分發展的例子，它們不僅因其外觀而引人注目……但也因為它們在極早期就如此完美地完成——即在西元十四世紀末……顯然，在伊朗影響下的東方繪畫「黃金時代」手稿插圖藝術的所有重要方面，實際上都在蘇丹艾哈邁德·札剌亦兒（Ahmad Jalayir）於西元一四一〇年去世時已經確立。[60]

這種伊朗人的藝術傳統似乎在札剌亦兒王朝的統治時就已經完全形成了，西元一四〇五年帖木兒去世後，大不里士、舍拉子和赫拉特的帖木兒後裔進一步地贊助了藝術創作活動。特別是在赫拉特成為帖木兒—波斯世界的文化中心，這地位一直保持到它於一五〇七年被烏茲別克人征服。在十六世紀下半葉，伊朗西北部黑羊和白羊的崛起也

59. 同上，43。
60. Sims, Peerless Images, 50. 或者是像另一位伊朗藝術史學者所說的：「到一三七〇年代中期時……已經確定未來兩個世紀的波斯手抄本繪畫的典範。完善和變化的過程仍然在繼續發生，但是藝術家和贊助人已經在抽象和自然主義、色彩和線條、自然和人文之間找到最能代表伊朗精神的平衡。」Sheila Canby, *Persian Painting* (New York: Thames and Hudson, 1993), 41-2.

導致伊朗風格的「土庫曼」（Turcoman）變體，其特點是「色調強烈，岩石和山丘的顏色相互融合，無透視空間邏輯，人物身形修長、倦怠。」[61]

大多數十五世紀完成的繪畫都是為文學作品抄本繪製的插圖。這傳統的例外是一種非典型的中亞農村或游牧民的個人形象畫作，這些肖像畫受到中國繪畫的強烈影響，這些中國繪畫可能是在撒馬爾罕或附近區域繪製的。這些圖像被稱為「黑筆」畫（siyah qalam），描繪人、動物或鬼怪的圖像，與這個時代伊朗城市傳統中的圖像風格完全不同。然而，出現於十五世紀、對薩法維和蒙兀兒繪畫從根本發揮巨大影響力的伊朗藝術形式誕生於赫拉特，最初時，它是在帖木兒王朝沙．魯克的兒子拜松古爾（Baisunghur，西元一三九七—一四三四年）的贊助下完成的。

西元一四二〇年，拜松古爾被派去從白羊人的手中奪回大不里士。大不里士當時仍是札剌亦兒人的藝術生產中心，當拜松古爾回到赫拉特時，他從大不里士帶回了藝術家和書法家，他們為赫拉特的波斯藝術傳統奠定基礎，到了本世紀末時，赫拉特畫家貝赫札德（Bihzad）的作品已經達到藝術成就的高峰。[62] 這種藝術家遷徙的情況（有時候是被迫，有時候是自願）解釋了在這個時期的藝術風格會從一個城市中心傳播到另一個城市中心的現象。拜松古爾委託貝赫札德製作大量的插圖文本，與他父親不同的是，他更喜歡可以被解釋為證明帖木兒人統治正當性的歷史作品，也更喜歡波斯文學的插畫經典作品。

這些畫作具有的幾何式和諧構圖，成為後來帖木兒藝術和帖木兒庭園建築的代表性特徵。這也是來自中國的紋樣產生最大影響的時期，這種影響是帖木兒宮廷與明朝中國宮廷之間直接關係的結果，也可能是明朝在這時期派人在印度洋一帶進行航海活動的結果。[63]被稱為帖木兒藝術的「制式和劇場視角」（formal and theatrical vision）的特徵展現在拜松古爾的波斯語《列王記》中：

> 它是為這位最具鑑賞力和熱情的藏書家王子所製作出來的所有抄本中最為雄奇瑰麗的一部。這部抄本的篇幅巨大，書法精美，圖文並茂，配有二十一張插畫，是一個小型但精心挑選的圖像企劃，強調作為王公貴胄的職責，和統治者對他們所統治的人民所負有的責任。實際上是一部「君王寶鑑」。[64]

---

61. Thompson and Canby, *Hunt for Paradise*, 73-4.
62. Sims, *Peerless Images*, 55.
63. Canby, *Persian Painting*, 62.
64. Sims, *Peerless Images*, 55.

帖木兒時期的繪畫發展，或者說帖木兒時期伊朗繪畫的發展，在蘇丹．胡塞因．白卡拉（西元一四八六—一五〇六年在位）的贊助下達到巔峰，他的藝術贊助「在規模上可以與和他同一時代的佛羅倫斯人洛倫佐．梅迪奇相媲美。」[65] 許多人將他贊助訂製的畫作視為有史以來最好的波斯藝術品。它的代表性特點是色彩豔麗、強烈，造型精確，場景複雜，人物眾多，展示各種活動，有時是日常生活中的活動——在建築工地、牧場、浴室和市場上，還有個性化的樣貌並具有獨特的個人特質，是可以區別的人物。[66] 貝赫札德是帖木兒王朝後期的畫家，與這個藝術黃金時代的聯繫最緊密，他的名字被後來鄂圖曼、薩法維和蒙兀兒王朝的鑑賞家奉為圭臬並大加推崇。

鄂圖曼繪畫

帖木兒王朝的藝術是這三個伊斯蘭帝國的畫家所秉承的原則典範，在鄂圖曼帝國和薩法維帝國，最初保持帖木兒手抄本繪畫傳統的往往是移民或難民背景的帖木兒藝術家。在鄂圖曼帝國裡，君士坦丁堡被征服之前的時期，現存的只有一份插圖手稿，即在省會城市阿馬西亞製作的《亞歷山大之書》（*Iskendername*，西元一三九〇年）。蘇丹穆罕默德二世在征服君士坦丁堡後不久，就建立了「繪畫之家」（nakka hane，或稱

「宮廷畫坊」），開始有系統地製作插畫文本。他開始將鄂圖曼帝國的畫室作為軍隊的附屬部門。畫家是鄂圖曼帝國藝術的軍法官：如果需要的話，這也是對帝國尚武精神的另一種提醒。[67] 穆罕默德的繪畫都是在伊斯坦堡外的地方完成的。根據目前已知的資訊，在鄂圖曼帝國繪畫的形成期，也就是從征服（西元一四五三年）到一五二〇年蘇丹蘇萊曼統治時期的開始，藝術家、書法家、裝訂師和其他受雇於繪畫之家的人一共製作了大約十五部插圖手抄本。

最早的皇家手抄本是用波斯語寫的，有時是來自伊朗的作者。其中，《靜寂之書》（*Dilsizname*）是巴迪爾丁．大不里吉（Badi al-Din al Tabrizi）的一本諷喻作品，於西元一四五五至五六年在埃迪爾內完成，裡面只包含五幅簡單的插畫。第二部來自於埃迪爾內的插圖手抄本（約一四六〇—一四八〇年）則是作家卡提比的《卡提比作品集》（*Küllüyat-ı Katibi*），裡面包含類似的簡單插畫。然而，其特點是藍白相間的陶瓷圖

65. Robert Hillenbrand, *Islamic Art and Architecture* (London: Thames and Hudson, 1999), 174.

66. 同上，225。Hillenbrand's assessment represents the art-historical consensus about late Timurid miniature painting, which is by almost any measure; exquisite.

67. 以下內容主要根據Esin Atıl的論文，"The Art of the Book," in Esin Atıl ed., *Turkish Art* (New York: Harry Abrams, 1980), 138-238.

像，可能源自中國，是帖木兒王朝的統治者為他們的「瓷屋」而收集的。還有目前已知最早的耶尼切里圖畫，他們戴著獨特的白帽，即突厥人的「博爾克」（börk），而不是纏頭巾。正是在這個時期，威尼斯的官方藝術家詹蒂勒・貝里尼（Gentile Bellini）於一四八一年十一月完成了蘇丹穆罕默德二世的肖像畫，在伊斯坦堡開啟獨特的肖像畫流派。在另一幅著名的穆罕默德二世畫像中可以看到歐洲風格的影響，他盤腿而坐，手持著一株玫瑰花。這幅肖像畫「建立了鄂圖曼帝國肖像畫的樣本，藝術家將文藝復興時期的主題轉變成當地傳統。」[68] 然而，這些肖像畫最重要的遺產是建立了鄂圖曼帝國的皇家肖像畫傳統。

在穆罕默德的繼任者巴耶濟德二世統治時期，他本人也是一位波斯語和突厥語的書法家兼詩人，宮廷畫坊裡開始製作精工裝飾的《古蘭經》抄本和插畫抄本。最初兩份註明日期的手稿都是波斯語文本，一份是印度動物寓言故事的波斯語譯本《卡里萊與迪木奈》（西元一四九五年），它有可能是由前白羊王朝的藝術家完成的，另一份抄本是印度—波斯詩人阿米爾・霍思露・迪赫拉維的《五卷書》。這些作品包含赫拉特風格的細密畫，但也包括本土風格的建築，記錄了波斯細密畫傳統鄂圖曼化的第一個跡象——表現在建築細節上（如果不以題材來定論的話）。這一趨勢在西元一四九八至九九年完成的第三部波斯語文本中表現得更為明顯，插畫中出現鄂圖曼帝國的人物，包括耶尼切里新軍，裝飾著十二世紀伊朗詩人內札米著名浪漫長篇韻文故事《霍斯陸和希琳》（*Khusrau and Shirin*）。[69]巴耶濟德二世還負責贊助瑪利克．玉密（Melik Ümmî）的《王之書》（*Şahname*，約西元一五〇〇年），這部作品是構成鄂圖曼帝國繪畫特徵之一的第一件作品：描繪歷史事件（主要是軍事行動）的插畫，這種類型在薩法維伊朗並不常見，在蒙兀兒藝術中則會偶爾出現。[70]整體而言，「巴耶濟德的時期對於伊斯坦堡畫院的發展十分重要。模仿傳統文學作品並依靠現有的伊朗模式，宮廷畫坊將舍拉子和赫拉特的風格特徵與當地畫家的獨特嘗試結合了起來。」在蘇丹塞利姆的統治時期，來自伊朗人的影響有增無減，因為一五〇七年烏茲別克人征服赫拉特，變成難民的藝術家和流散的書籍從赫拉特來到鄂圖曼帝國境內，而且鄂圖曼人還在西元一五一五年占領薩法維首都大不里士（巴耶濟德在一年前於查爾迪蘭戰役中擊敗了沙．伊斯瑪儀），這也促進來自伊朗的藝術影響力在鄂圖曼帝國繼續傳播。然而，直到蘇萊曼統治時期，鄂

---

68. 同上，157。
69. 同上，160-1。
70. 同上，164。蘇丹穆罕默德樹立起şahnameçi的地位，他採用波斯語詞「shahnama」，但也加上突厥語的詞綴çi來指代個人，也就是指記載鄂圖曼人征服過程的宮廷歷史學家。利用這種方式，鄂圖曼人採納了前伊斯蘭時期的伊朗人君主傳統，以獲得美化鄂圖曼王朝的目的。

圖曼繪畫才開始活躍發展，並在其子繼任者塞利姆二世（西元一五六六—一五七四年在位）時期的作品中達到高峰。

薩法維繪畫

早期的薩法維藝術發展也有一部分原因要歸於西元一五〇七年烏茲別克人對赫拉特的占領，因為這意謂著帖木兒人的圖書館和許多藝術家及工匠最終都來到沙·伊斯瑪儀的首都大不里士，這座城市在西元十五世紀末時曾是白羊王朝的藝術生產中心。對這次藝術遷移負有最直接責任的人是蘇丹·胡塞因·白卡拉的兒子巴迪·札曼王子（Badi' al-Zaman Mirza），他帶著帖木兒圖書館的一部分藏書，從被烏茲別克人征服的西部逃到薩法維王朝的領土上。然後在西元一五一〇年，伊斯瑪儀國王親自攻占赫拉特，這使得薩法維人能夠接觸到仍然留在赫拉特的畫家和抄本。就藝術風格而言，是帖木兒後期的藝術家貝赫札德充當了「帖木兒後期繪畫傳統與薩法維早期之間的橋梁」，儘管我們不能確定他是否真的曾擔任沙·伊斯瑪儀提供給他的大不里士皇家圖書館管理人職位。[71]

薩法維王朝對貝赫札德藝術水準的欣賞可以在伊斯瑪儀的兒子、繼任者塔赫馬斯普統治時期製作的壯觀畫冊中略見一斑，其中還包括一幅身著薩法維王朝服裝、老年貝赫札德的肖像畫。塔赫馬斯普本人（生於一五一四年）於西元一五二四年繼承父親的王位，他與帖木兒王朝的藝術歷史形成了另一種聯繫。作為一個兩歲的孩子，按照突厥人典型的政治傳統，他被派往赫拉特，在監護人的眼皮底下進行名義上的統治，而且在沒有太多證據可以作證的傳聞中，據說他在貝赫札德本人的親自傳授下學習了細密畫。無論這個故事是否空穴來風，可以確定的是，雖然西元十六世紀初的政治十分動盪，赫拉特仍然是重要的藝術中心，而且毫無疑問的，塔赫馬斯普和他的弟弟薩姆・米爾札（Sam Mirza）都學習過繪畫和書法，並學會鑑賞複雜的帖木兒圖書藝術傳統，這種藝術曾在十五世紀的幾個帖木兒皇家贊助人的領導下蓬勃發展。[72]

塔赫馬斯普、薩姆・米爾札和另一個兄弟巴赫拉姆・米爾札（Bahram Mirza）的藝術興趣，表現在他們在十六世紀上半葉對插畫手抄本的贊助上。事實上，塔赫馬斯普委託訂製了一部新的《列王記》，同時代人和後來的鑑賞家都認為這是在薩法維人贊

71. Sims, *Peerless Images*, 60, 62-63.
72. 關於塔赫馬斯普國王所接受的藝術訓練和對於繪畫的熱情，見Stuart Cary Welch, *The King's Book of Kings: The Shah-Nameh of Shah Tahmasp* (London: Thames and Hudson, 1972), 68-9。

助下製作的唯一、最精美的插畫手抄本。該手稿可能是在塔赫馬斯普統治初期開始，直到一五四〇年左右才完成，現在已經分散到世界各地的書頁是由不同的藝術家製作的，他們的一些作品代表了札剌亦兒王朝和帖木兒王朝作品的薩法維版本。在抄本大約二百五十八幅插畫中，雖然有一些是倉促完成的，但有很多作品精美絕倫，幾乎是巧奪天工之作，尤其是它們中最著名的插畫〈蓋尤瑪爾的宮廷〉（Court of Kayumars）。這部書的書法、紙張、裝飾品和裝訂的品質也與它的繪畫水準相當。這份特殊文本所具有的政治和文化重要意義（甚至被當時的伊朗人視為獨一無二的藝術精品），就像菲爾多西的《列王記》的其他版本一樣，一直存在著不同的解讀。[73]

第二部詩歌作品的插畫手抄本是在西元一五三九至四三年製作，內札米的《五卷書》。雖然這部抄本的製作沒有那麼大的雄心，只有十四幅插畫，但仍是一部擁有巨大成就的書，畫作品質都很高。呈現在這部插畫手抄本中的藝術概括了薩法維早期繪畫的成就，尤其是沙塔赫馬斯普在政治上已經淪為一個無足輕重的傀儡統治者，他那些各自為政的齊茲爾巴什部落所造成的政治動盪的情形下，能取得這樣的藝術水準實屬了不起的成就。

早期薩法維繪畫裡所有的構成部分都在這些《五卷書》繪畫中得以展現：色彩異常

豐滿的熱情、富於表現力的風景，還有陷入迷醉狀態的人物和其他來自土庫曼大不里士的世俗事物；貝赫札德的赫拉特畫派靜謐、冷靜、完美平衡的構圖傳統；十六世紀對各種人類日常活動的寫實描繪，和當時的人對於循環反覆出現的圖案的喜好。[74]

整體而言，這些極好的手稿製作，以及薩法維家族成員持續的藝術興趣，促進了十六世紀薩法維社會的上層人士對繪畫和書法藝術的興趣。後來位於舍拉子和呼羅珊的畫坊推動一種文化審美的傳播，這種審美被廣泛受過教育的公眾共享：不僅是政治菁英，還有富足的商人和其他贊助或購買波斯詩歌經典插畫的人，重新促進河中地區和蒙

73. 諷刺的是，塔赫馬斯普在西元一五五七年把這部《列王記》作為贈與鄂圖曼帝國蘇丹蘇萊曼的禮品之一，以紀念後者建成新的帝國清真寺。此舉是在他公開「誠摯地懺悔」的三年後。他曾懺悔自己贊助世俗藝術，而不是集中精力在什葉派伊斯蘭教上。關於這部文本的本身，以及它可能具有的重要意義，最應參考的著作是Welch的*A King's Book of Kings*，是對這部抄本的最好介紹。; Robert Hillenbrand "The Iconography of the *Shah-nama-yi Shahi*," in Charles Melville ed., *Safavid Persia* (London and New York: I. B. Tauris, 1996), 53-7, and Marianna Shreve Simpson, "*Shahnama* as Text and Shahnama as Image: A Brief Overview of Recent Studies, 1975-2000," in Robert Hillenbrand ed., *Shahnama: The Visual Language of the Persian Book of Kings* (Aldershot: Ashgate, 2004), 9-23。這篇文章裡包含了十分有價值的關於文本和評述的參考書目。

74. Sins, *Peerless Images*, 64.

兀兒印度使用波斯語的菁英人士共享的波斯文化認同。

蒙兀兒繪畫

正如帖木兒或土庫曼變體的伊朗藝術構成了鄂圖曼帝國早期插畫手抄本的基礎，薩法維藝術家也將這些早期風格的十六世紀伊朗變體帶到了蒙兀兒人統治的印度。和藝術家從赫拉特和大不里士離散到伊朗和鄂圖曼帝國的情況類似，印度特定的知名伊朗畫家開啟了蒙兀兒畫派，並如同鄂圖曼畫派，很快就演變出一種迥然的本土風格。巴布爾的兒子胡馬雍邀請兩位薩法維藝術家來到蒙兀兒宮廷，從而創立蒙兀兒畫室，這兩位藝術家是他於一五四四年在加茲溫向沙塔赫馬斯普尋求援助時認識的。當他回到阿富汗，開始長達十年的臥薪嘗膽、收復失地，以奪回其父親在印度征服成果的征戰時，這些藝術家也陪在他的身邊。此時沙塔赫馬斯普已經開始改變年輕時在酒精和繪畫的放蕩行為，十年後，當他大張旗鼓地宣布將投身到宗教虔誠之中，並宣布終止對書法和繪畫的皇家贊助時，這種轉變便宣告完成。儘管胡馬雍只是一個沒有王位的流浪者（qazaq），但當他訪問加茲溫時，兩位傑出的藝術家阿布・索瑪德（'Abd al-Samad）和米爾・賽義德・阿里（Mir Sayyid 'Ali）仍然隨他回到阿富汗，並在喀布爾工作多年。這兩個伊朗人都是塔赫馬斯普國王畫坊的成員，他們曾為塔赫馬斯普贊助、精湛的《列王記》抄本製作效力。兩位藝術家都受到胡塞因．白卡拉時期的帖木兒藝術大師貝赫札德的影響：阿布．索瑪德從這位帖木兒藝術家那裡獲得直接的靈感，還將自己的一個兒子取名為貝赫札德；米爾．賽義德．阿里也曾經繪製過內札米《五卷書》中的畫作。

西元一五五六年，當胡馬雍意外身亡，繼任的皇帝阿克巴（他可能曾與這兩位伊朗藝術家一起學習）任命阿布．索瑪德為新的蒙兀兒帝國工坊負責人。[75] 米爾．賽義德．阿里也在蒙兀兒宮廷裡成為著名的藝術家，他因優美的精確筆觸比起同輩人更受重視。在此之前，當胡馬雍居住在喀布爾的時候，阿布．索瑪德和米爾．賽義德．阿里也都十分活躍。這段期間，阿布．索瑪德繪製了經典的薩法維風格細密畫名作初稿：色彩絢麗、圖文並茂、畫工精確的《帖木兒家族的諸位王子》（*Princes of the House of Temür*），這是胡馬雍及其繼承者用來提醒自己的帖木兒王朝統治正當性的諸多此類作品之一。在其漫長的一生中，阿布．索瑪德大部分時間都在繼續從事早期薩法維風格

75. Amina Okada, Indian *Miniatures at the Mughal Court* (New York: Harry N. Abrams, 1992), 62 and 69. 另見Milo Cleveland Beach, *Mughal and Rajput Painting* (Cambridge University Press, 1992) and Som Prakash Verma, *Mughal Painters and Their Work: A Biographical Survey and Comprehensive Catalogue* (Delhi: Oxford University Press, 1994)。

的創作，專門創作典型的伊朗宮廷和狩獵場景，以及波斯古典詩詞作品的插畫。他在西元十六世紀的最後十年中去世；他的兒子成為阿克巴的兒子暨繼位者、藝術美學家賈漢吉爾的密友。米爾．賽義德．阿里在根本上仍是一名薩法維藝術家，但是他為其父親米爾．穆薩維爾（Mir Mussavir）所作的著名、感人的肖像畫，可能反映出阿克巴對栩栩如生繪畫風格的偏愛。雖然這兩位藝術家都忠於薩法維的藝術傳統，但他們培養出來的印度藝術家卻創造出一種獨特的蒙兀兒繪畫風格。例如，阿布．索瑪德培養出阿克巴手下最重要、最具創造性的兩位印度教藝術家巴薩萬（Basawan）和達斯瓦納特（Daswanat）。[76]

巴薩萬是為阿克巴時代早期最重要的兩部手稿工作的幾位藝術家之一：《鸚鵡之書》（*Tuti-Nama*，約一五六〇—一五六五年）和不朽的《哈姆札之書》（*Hamza Nama*），這部抄本花了近十五年時間才完成（從一五六二年到一五七七年）。此外，他還為其他抄本繪製插畫，並組織了阿克巴統治時期的歷史《阿克巴之書》的整體設計。雖然阿布．索瑪德和米爾．賽義德．阿里的畫作只有在為一些人物穿上可識別的印度服裝時才算是「蒙兀兒的」細密畫，但巴薩萬和其他印度教徒藝術家，包括阿克巴畫坊中的大多數畫家在內，他們不僅引入印度場景和更強勁的自然寫實風格，巴薩萬更特別能夠結合在他的波斯老師膝下學到的薩法維繪畫技術與發展折衷主義風格的能力，畫風反映出歐洲繪畫藝術的影響，當時歐洲藝術才剛剛開始藉由耶穌會士帶來的歐洲北方版畫進入蒙兀兒人的宮廷中。一幅傑出的畫作展現出他的高超畫技，而且是明確無誤的印度題材：他在西元一五九〇年左右畫的《兩群苦行僧之間的戰鬥》（The Battle between Two Groups of Ascetics），可能是毗濕奴派和濕婆派之間的衝突，他們是印度教兩個主要神靈——毗濕奴和濕婆的崇拜者。

透過這幅強有力的作品，巴薩萬首先展示了他非凡的技藝和寫實的畫法；關鍵的細節包括交戰中的苦行僧們恐懼、憎惡的面部表情，以及垂死的濕婆首領阿納特．庫爾（Anant Kur）下垂的身軀和肚子……巴薩萬對描寫心理狀態的興趣無疑是由他對歐洲版畫的深入研究所滋養出來的，歐洲版畫強調造型和量體，以加強自然寫實效果……當這種強有力的寫實主義與審美化、講求規範的波斯風格肖像相比較時，巴薩萬的原創性貢獻便顯而易見了。[77]

---

76. 關於這部分的內容，我從Amina Okada和Eleanor Sims的研究成果中獲益匪淺。

77. Okada, *Indian Images at the Mughal Court*, 84, 90-91.

巴薩萬和他的印度教藝術家利用他們所受的傳統伊朗藝術訓練，展現出他們如何像鄂圖曼帝國的同行一樣，開始發展共同的伊朗藝術遺產的區域變體。蒙兀兒的藝術將會在十六世紀後期變得更加與眾不同。

第六章

黃金時代：世俗的帝國和神聖的帝國

簡述

在希臘神話中，黃金時代可能會被設想為一個社會和諧、政治穩定、繁榮與和平的烏托邦，一種世外桃源般的場景。但當涉及到王朝政治時，黃金時代這個詞往往被定義為帝國統治和文化繁榮的時期。黃金時代的概念通常只不過是對想像、虛構過去的懷念；但在某些情況下，一個社會的菁英成員會對自己的權勢、特權和聲望有一種陶醉其中的感受，並把自己所處的時代譽為他們文明史上的巔峰時刻。就穆斯林帝國而言，鄂圖曼帝國的蘇丹蘇萊曼，以及蒙兀兒帝國的帕迪沙沙·賈汗統治的時期，在他們和許多後代眼中都被認為是自家王朝歷史上的巔峰，對鄂圖曼帝國而言，也在更廣闊的伊斯蘭世界中獲得了重要地位。雖然他們各自的統治與他們所繼承國家的地理、文化背景以及政治特徵都不相同，但他們兩人都為自己的統治正當性提出新的主張，並資助一些壯觀的建築工程，這些建築物似乎是為了證實他們不可一世的自我形象，並確保後人對他們的褒獎和讚譽。這些建築中最引人注目的是西元十六世紀鄂圖曼帝國的首席建築師錫南所設計的清真寺建築群、西元十七世紀時建造的泰姬瑪哈陵，以及沙·賈汗在德里的新皇城。

在沙·阿巴斯一世去世後，薩法維王朝的伊朗便沒有與前兩者類似的紀念性建築了，這反映出西元十七世紀的薩法維統治者沒有興趣、更沒有能力將他們的王朝帶到領土擴張、經濟和文化繁榮的新高度。在薩法維王朝的案例中，王朝正當性最基本的宗教基礎有時候也會受到什葉派烏里瑪成員的挑戰，他們認為在什葉派社會中，只有什葉派伊瑪目才能被承認為統治者。事實上，這個時期最令人難忘、最有影響的伊朗人就是什葉派的神學家和哲學家。他們共同創造了什葉派伊斯蘭的智性黃金時代，為二十一世紀的伊朗留下的遺產，比蘇丹蘇萊曼和沙．賈汗為土耳其共和國和獨立後的印度所留下的遺產，影響更為深遠。

鄂圖曼帝國

蘇萊曼的上一任蘇丹塞利姆的軍事勝利和征服，構成了蘇萊曼之所以「輝煌」的必要前奏。在典型象徵著新蘇丹獲得勝利的宮廷流血鬥爭之後，蘇丹塞利姆迅速採取行動，透過監禁和／或處決據估計有四萬人之眾的沙．伊斯瑪儀支持者，一舉消除薩法維王朝對安納托利亞東部造成的威脅。雖然我們應該對這些數字都持以懷疑的態度，但報告至少反映出蘇丹塞利姆對薩法維王朝構成的問題時態度兇殘，而且對沙．伊斯瑪儀本人出兵討伐，讓這種激烈反應達到巔峰。正如蘇丹穆罕默德在西元一四八三年用鄂圖曼火藥兵器擊敗了烏尊．哈桑的部落騎兵，蘇丹塞利姆也在西元一五一四年利用大砲、用鎖鏈連在一起的戰車，以及掩護在戰車身後的強大耶尼切里火槍兵，在亞塞拜然地區的查爾迪蘭戰場上決定性地擊敗了伊斯瑪儀陶醉於精神力量的齊茲爾巴什部落軍隊。十二年後的印度，巴布爾在其鄂圖曼軍事顧問的建議下，也採用相同的連環戰車掩護戰術。雖然沙．伊斯瑪儀早些時候曾向威尼斯人尋求大砲，並且在查爾迪蘭戰場上可能已經擁有一些火藥武器，但他顯然尚未開始將大砲或其他火藥武器納入他的軍隊，而且在薩法維人後來的戰役中，他們也從未真正仰賴重砲發揮重大作用。[1]

蘇丹塞利姆透過與安納托利亞東部的庫德部落酋長結成聯盟，確保鄂圖曼帝國對該地區的控制，他在西元一五一六年揮師南下，攻打埃及和敘利亞的馬穆魯克奴隸蘇丹，後者可能稍早曾與伊斯瑪儀國王締結聯盟。無論這樣的聯盟關係是否真的存在，塞利姆的行動只是恢復了鄂圖曼帝國與馬穆魯克的衝突，而控制敘利亞和（甚至更富裕的）埃及的經濟利益也必然是對鄂圖曼帝國侵略性領袖的強大激勵。塞利姆以伊斯蘭世界的拯救者自居，他在西元一五一六年八月至一五一七年七月間與馬穆魯克人進行了兩次戰鬥，並取得勝利。隨著他在埃及取得第二次勝利，他繼承了馬穆魯克人對麥加和麥地那的監護權，將鄂圖曼人在遜尼派穆斯林世界的宗教地位提升到威望的高峰。額外的領土和對穆斯林兩大聖城的監護人的責任也改變了鄂圖曼帝國的性質，使其在人口和宗教威望方面第一次成為明確無疑的穆斯林帝國。埃及還讓鄂圖曼人控制了肥沃的尼羅河三角洲和利潤豐厚的印度洋—紅海過境貿易，這使鄂圖曼人的收入翻倍，並為塞利姆的繼任者蘇萊曼的統治創造了前提條件。

蘇萊曼

蘇丹蘇萊曼（西元一五二〇—六六年在位），被後來的鄂圖曼歷史學家稱為立法者蘇萊曼（Süleyman Kanuni），被歐洲人稱為蘇萊曼大帝（輝煌的蘇萊曼，Süleyman the Magnificent），他繼承了一個自信、有活力、有侵略性的國家，作為一個身體強壯、精力充沛的人，他鞏固並系統化王朝對帝國的中央集權控制。[2] 他親自指揮一連串在鄂圖曼帝國東部和西部邊境發起的軍事行動並獲得勝利，這為帝國增加了大量新的領土，同

1. Rudi Matthee,"Unwalled Cities and Restless Nomads: Firearms and Artillery in Safavid Iran," in Melville ed., *Safavid Persia*, 391.
2. 關於蘇萊曼統治時期在各領域所獲得的成就，見Halil Inalcık and Cemal Kafadar, ed., *Süleyman the Second and His Time* (Istanbul: Isis, 1993)。

地圖13 西元一五六六至一六八三年的鄂圖曼帝國

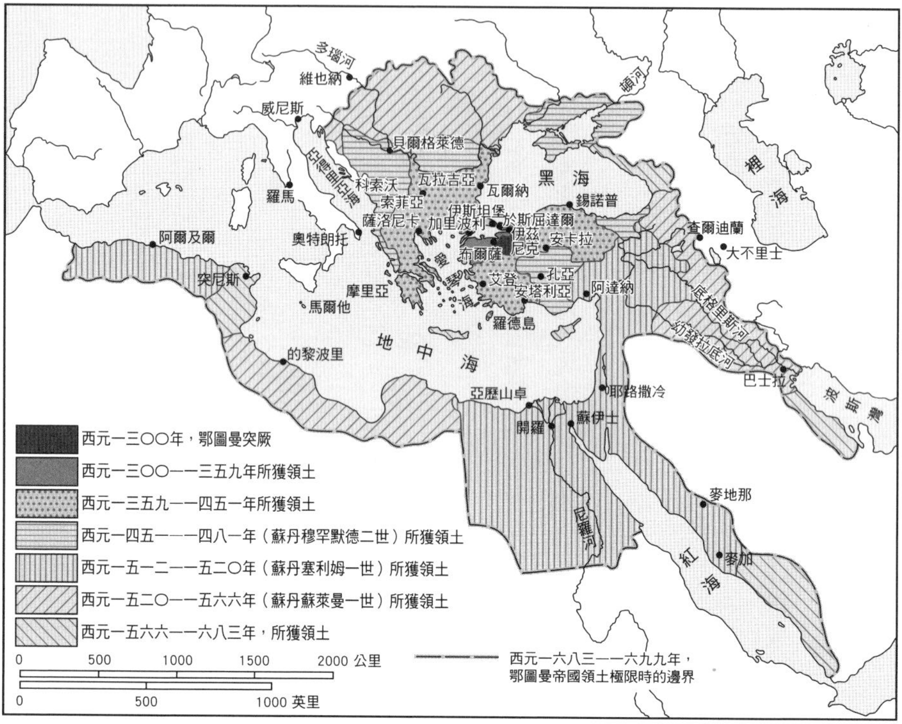

時對建築以及各種帝國藝術和手工藝品進行奢侈的贊助。直到他的晚年，蘇萊曼才採取低調、隱蔽的習慣，退出公眾視野，成為一名樸素的穆斯林，從而開創蘇丹不再積極參政的先例。他也像許多過去的鄂圖曼帝國統治者一樣，既喜歡詩歌，也會親自創作詩歌，他曾為他最喜愛的妻子——一位歐洲俘虜、皈依伊斯蘭的許萊姆蘇丹（Hürrem Sultan，蘇萊曼的四個兒子中，有三個是許萊姆所生）寫下一系列特別令人難忘的波斯語和鄂圖曼突厥語的加札勒抒情詩。

作為一個統治者，蘇萊曼對自己在王朝歷史上的獨特地位表現出一種特別的意識，並盡一切可能美化和神聖化自己在已經階級嚴密分明的鄂圖曼宇宙中的地位。他在世時和去世後，鄂圖曼人本身也不無認可蘇萊曼蘇丹所取得的特殊成就。當時的政治理論家齊納勒札德．阿里．艾凡迪（Kınalzâde Alî Efendi，西元一五一〇—一五七二年）就曾對他大加讚許，他的著作在接下來的兩個世紀中成為十分流行的文本，他認為這位蘇丹在伊斯坦堡建立起伊斯蘭版本的「虔誠與美德之城」，他從納斯爾．圖西（Nasir al-Tusi）的倫理學（akhlaq）專著中獲得這項古希臘式的理念。到十六世紀末時，歷史學家穆斯塔法．阿里和其他的鄂圖曼帝國知識分子及失意官僚，紛紛開始懷念蘇萊曼在位統治的時期，這是鄂圖曼帝國歷史上最長的一次統治，也是鄂圖曼人的黃金時代。[3]我們很難對這位君王所獲得的成就和人們對他作出的評價提出異議。在他去世後，帝國又

3. Baki Tezcan,"Ethics as a Domain to Discuss the Political: Kınalzâde Ali Efendi's *Ahlak-i Alâî*,"in Ali Çaksu ed., *International Congress on Learning and Education in the Ottoman World* (Istanbul: Research Centre for Islamic History, Art and Culture, 2001), 119. 就像納斯爾．圖西在西元十三世紀的波斯語著作*Akhlâq-i Nâsirî*一樣，齊納勒札德．阿里．艾凡迪的專著也將古希臘人的社會政治思想應用於伊斯蘭政府上，很大程度上是來自蓋倫的影響。他是繼柏拉圖和亞里斯多德之後，穆斯林學者眼中的第三重要的古希臘思想家。

延續了三個半世紀，但再也沒有獲得如此的凝聚力和強大力量，也沒有產生如此令人眼花繚亂的建築遺產或精美絕倫的藝術和工藝品。後來的薩法維王朝或蒙兀兒王朝君主都無法與蘇萊曼的成就相提並論——也許唯一的例外就是沙．賈汗建造的泰姬瑪哈陵。

蘇萊曼的「奴隸」帝國

至少在他早期的私人生活中，蘇萊曼以謙虛、慷慨和節儉著稱，以身為致力於秩序和正義的君主進行統治，這是穆斯林「君王寶鑑」類型文學中的雙重原則。蘇萊曼被稱為立法者（Kanuni），長期以來，人民相信是蘇萊曼負責編纂帝國法律的法典。現在已知的情形是由穆罕默德二世蘇丹負責這些文本中的大部分條款，蘇萊曼的貢獻則僅限於指導或支持他的大法官賈拉勒札德．穆斯塔法（Jelalzade Mustafa）將這些內容系統化、調整和加以推廣。這項活動反映出蘇丹蘇萊曼曾努力著手鞏固鄂圖曼王朝中央集權控制，在這個帝國中，奴隸作為新軍和帝國高級官員主導著國家。在他執政期間的二十四位維齊爾中，有十九位是經德夫希爾梅制度徵召來的新兵或來自內庭的白人太監。[4] 大維齊爾易卜拉欣．帕夏（Ibrahim Pasha，約西元一四九三——一五三六年）是當時主導官僚機構的德夫希爾梅出身者中的典型人物。

易卜拉欣自幼成為奴隸，像許多有前途的年輕德夫希爾梅新兵一樣，他在皇宮裡接受改宗和教育培養，他先是為仍是王子的蘇萊曼效力；在西元一五二三年，已經成為蘇丹的蘇萊曼任命易卜拉欣擔任大維齊爾的職位。一五二四年時，他與蘇丹的妹妹結婚（這是鄂圖曼帝國體系中反覆出現的聯姻模式），在接下來的十二年歲月裡成為成功的軍事指揮官。他先是在西元一五二六年至一五三二年間指揮軍隊戰勝匈牙利，後來又戰勝薩法維伊朗，於一五三四年八月攻陷大不里士，並於同年十二月占領巴格達。在一五三六年時，蘇丹將他勒死在托普卡匹宮的後宮臥室中，緣由不明：這是處決奴隸官員的典型方式，無論出於何種原因，總之他們是失去了蘇丹的信賴——也許是由於官僚主義或宮廷鬥爭陰謀，或者是因為他們累積了勝利的威望、聲譽和近乎功高震主的魅力。

只有鄂圖曼家族的成員才被允許擁有這樣的魅力，除了他不斷取得勝利所產生的威望外，蘇萊曼畢竟也繼承了來自前任君主的統治正當性，他們的血統是來自烏古斯部落的神話創始人烏古斯・汗。鄂圖曼人還宣稱他們繼承了塞爾柱突厥人的法律權威，作為東羅馬帝國征服者蘇丹穆罕默德二世的後裔，蘇萊曼還可以宣稱擁有羅馬帝國的權

4. Necipo lu, The Age of Sinan, 36.

力，並在伊朗取得勝利後，將自己描繪成波斯人和阿拉伯人在前伊斯蘭時期的伊朗君王「Chosroes」（Khusrau，霍斯陸）。新蘇丹透過他的首席宗教顧問提出主張，認定真主已經把哈里發的頭銜賜給了他，以此來補充這些關於部落、王室和帝國正當性的主張，這種說法在西元十九世紀末至二十世紀初的印度和其他遭到歐洲殖民國家統治的穆斯林中引發強烈的回應。事實上，蘇萊曼與統治著以穆斯林為主的帝國的穆罕默德二世不同，他並沒有使用穆罕默德二世的世俗帝國頭銜「羅馬的蘇丹」（Sultan-i Rum），而是使用波斯─伊斯蘭式的頭銜「伊斯蘭的偉大國王」（Padishah-i Islam）。[5]事實上，蘇萊曼聲稱擁有普世的統治權威，「以七面不同顏色的旗幟代表，象徵著鄂圖曼帝國對世界『七種氣候』的統治，並使用四個（突厥─蒙古式的）馬尾旗（tuğ）來象徵對世界四個方位的統治」，他還在他的頭銜中加上「羅馬凱撒和亞歷山大大帝的土地的主人」。[6]

蘇萊曼對帝國廣袤無垠的疆土行使中央集權統治的程度，表現在其官員於歐洲、阿拉伯和安納托利亞地區進行土地登記的能力上，西元一四八七年巴耶濟德二世時期對布爾薩地區的土地調查登記就是一例。這種做法可能是延續早期塞爾柱人的土地調查先例。這麼做使蘇萊曼蘇丹和他的直接繼承人對提瑪爾的持有者（相當於蒙兀兒帝國的曼薩布達）和reaya（平民，在法律上處於從屬地位但受帝國保護的納稅階層）進行直接的法律和財政控制，其中大多數是從事農業生產活動的人口，他們在法律上不是土地所有人，沒有斯帕希上級的許可，他們不能出售使用權，同時也要提供勞動力的服務。至少在安納托利亞，這些平民被輕蔑地稱呼為turk（突厥人），伊斯坦堡見多識廣、世界性的鄂圖曼人經常嘲笑他們表現出的粗樸、簡單、不細緻的舉止。[7] 這只是蘇萊曼在位期間實施並日益嚴格的社會等級制度的一個例子，他強調宮廷與各種類型平民之間的距離。例如，在皇宮內「發明一種密碼手語……以避免在蘇丹面前說普通人的語言」，而且「在公共遊行中愈發展現出帝王的宏偉氣勢。」[8]

蘇萊曼還試圖透過加強對鄂圖曼遜尼派穆斯林正統思想的承諾以強化對平民階層的控制，這在一定程度上反映出鄂圖曼帝國對埃及和美索不達米亞穆斯林土地的征服，但更可能是在回應什葉派薩法維帝國構成的意識形態挑戰。他建造許多瑪德拉沙，下令在

---

5. Bernard Lewis, *Istanbul and the Civilization of the Ottoman Empire* (Norman: University of Oklahoma Press, 1963), 145.
6. Necipo lu, *The Age of Sinan,* 27-8.
7. Imber, *The Ottoman Empire*, 199–200 and G. Veinstein, “Süleymân (926-74/1520-66),” *Encyclopaedia of Islam* II, Brill Online.
8. Necipo lu, *The Age of Sinan*, 33.

每個村莊裡建造一座清真寺，並推行遵守每日五次的禮拜和星期五的聚會禮拜；這些命令都促使清真寺建築大興土木。作為強調哈奈菲遜尼派正統思想政策的一部分，他支持對異端邪說的打壓，通常是針對可疑的蘇菲派導師，但是也鞏固了帝國對烏里瑪宗教學者階層的控制。他這樣做只是在擴大從前任統治者繼承的政策，使鄂圖曼帝國的蘇丹能在一定程度上控制對他們的烏里瑪，這在伊斯蘭世界是很罕見的現象。

鄂圖曼帝國黃金時代裡的蘇菲主義

蘇萊曼蘇丹的政策提出了關於蘇菲派在鄂圖曼社會中地位和功能的特殊問題，這在薩法維伊朗也是一項爭議：非薩法維道團的蘇菲有時候會在政權的鼓勵下遭什葉派烏里瑪大力迫害。在鄂圖曼帝國黃金時代的一些偉大的帝國清真寺中，我們可以明顯地看到，這些建築中沒有蘇菲罕納卡的附屬建築，可能反映出這些穆斯林在王朝中，與他們早期在安納托利亞農村的宗教和社會功能相比，蘇菲道團相對缺乏重要性。[9]雖然它們的影響力仍舊強大，而且在農村和城市裡的鄂圖曼社會中隨處可見，但蘇菲在蘇萊曼統治時期的嚴格、正統的統治下，比較不受寬容對待。雖然蘇萊曼本人對於他們的做法是有同理心的，但蘇菲道團的影響力不及以往。儘管如此，蘇菲的影響力還是滲透到了鄂圖曼帝國的伊斯蘭宗教信仰中，尤其是三個道團，即貝克塔什道團、中亞－印度的納格什班迪道團（Naqshbandi）和安納托利亞（起源自伊朗）的哈勒維迪道團，它們在伊斯坦堡的穆斯林和許多蘇丹中都很受歡迎。[10] 然而，蘇萊曼蘇丹去世後蘇菲主義便復甦了，他的繼任者塞利姆二世是那個時代最重要的哈勒維迪謝赫的熱心弟子。

西元十七世紀，卡迪札德（Kadizadeli）運動在一六三〇年至一六八〇年間，本著原教旨主義的出發點，對蘇菲在崇拜中的一些做法——唱歌、跳舞、音樂、對已故導師的尊敬、使用咖啡、酒和毒品的做法予以攻擊，這件事也揭示了哈勒維迪和其他蘇菲道團後來在伊斯坦堡的流行程度。該運動由卡迪札德．穆罕默德（Kadizade Mehmet）領導，[11] 他在西元一六六一年被任命為聖索菲亞清真寺的掌教，這項運動代表了長期以來

---

9. 亦參考前文第五章的內容。

10. 請再參考Ocak的著作*Sufism and Sufis*。關於納格什班迪道團對鄂圖曼帝國的影響，請參考Alexandre Papas對三本書的評論："Towards a New History of Sufism: The Turkish Case," *History of Religions* 46, No. 1 (2006), 81–90。John Joseph Curry IV在他的論文中探討了最初源自赫拉特人的哈勒維迪道團的重要鄂圖曼分支。"Transforming Muslim Mystical Thought in the Ottoman Empire: The Case of the Shabaniyye Order in Kastamonu and Beyond," unpublished PhD dissertation, Ohio State University, 2005。

11. C. Madeline Zilfi, "The Kadizadelis: Discordant Revivalism in Seventeenth Century Istanbul," *Journal of Near Eastern Studies* 45, No. 4 (October 1986), 251-69.

穆斯林對蘇菲派的崇拜方式和做法的批評，卡迪札德和他熱情的追隨者在伊斯坦堡對哈勒維迪道團的代表進行猛烈的攻擊。從社會角度看，卡迪札德的支持者主要是烏里瑪中收入不高的邊緣人，他們的運動似乎有一部分原因是出於對宗教學者階層中更有特權的人的嫉妒和憤怒。與十七世紀末的薩法維王朝迫害蘇菲行為零星出現，但愈演愈烈的支持不同，鄂圖曼當局鎮壓卡迪札德運動，原因是他們對公共秩序構成威脅——可能也是因為公眾和貴族普遍對蘇菲虔誠表示同情。

鄂圖曼帝國的征服

在蘇萊曼成為蘇丹的時期，那時候的鄂圖曼蘇丹仍會在戰場上接受歷練，他們會親自擔任省長和軍事指揮官，這與他在統治後期開啟的做法不同。此後的統治者閉門不出，將潛在的王位繼承人限制在後宮內，直到有一個人成功登基，然後其他人被殺死。剛登基時，蘇丹蘇萊曼就顯示出他所受過的訓練和攻擊本能，他親自率軍進行一連串的軍事行動。在他統治的頭兩年裡占領了貝爾格萊德（Belgrade），從聖約翰騎士團（Knights of St. John）手中奪取羅德島（Rhodes），並在一五二八年九月進入匈牙利首都布達（Buda）之前，用鄂圖曼帝國的大砲摧毀一支匈牙利重騎兵軍隊。西元一五二九年，他率軍圍攻維也納，這是鄂圖曼帝國兩次試圖奪取該城的第一次失敗。

這些戰役之後，蘇萊曼蘇丹在一五三四年占領了薩法維人的西北部和西部領土，沙塔赫馬斯普只好一路撤退到內陸腹地去。蘇萊曼在伊拉克幾個不同教派的人民中培養了自己的聲望，他特意去納傑夫和卡爾巴拉的什葉派中心朝聖，修復遜尼派法學家阿布·哈尼法（Abu Hanifa，即哈奈菲教法學派的宗師）的陵墓穹頂，並修復伊斯蘭世界最重要的蘇菲導師之一阿卜杜勒·卡迪爾·吉拉尼（'Abd al-Qadir al-Jilani）的陵墓。過了三年，當易卜拉欣·帕夏被處決後，他開始新的征戰，先是再次在歐洲作戰，後來又對伊朗作戰，並戰勝薩法維部隊後，於西元一五五五年五月強迫薩法維人簽訂《阿馬西亞條約》（*treaty of Amasya*），將伊拉克、庫德斯坦的一部分和亞美尼亞東部交給鄂圖曼人，大不里士和周邊地區則留在薩法維人的手中。

蘇萊曼對葡萄牙人發起三次主要的海上軍事行動都失敗了，分別是西元一五三八年在蘇拉特附近的第烏；一五五二年對波斯灣的霍爾木茲港；以及一五五四年再度於波斯灣附近發起的攻勢。在他統治末期的另一次遠征中，他成功地向蘇門答臘島的亞齊（Atjeh）穆斯林提供槍枝和軍事顧問，後者當時正處在葡萄牙海軍侵略的最前端，蘇萊曼以這些支持換得亞齊人提供的香料。這些失敗的反葡萄牙遠征反映出鄂圖曼帝國合理的恐懼，即葡萄牙人將來會對途經埃及和波斯灣、有利可圖的貿易構成威脅，這

地圖14 西元一六六〇年的薩法維帝國

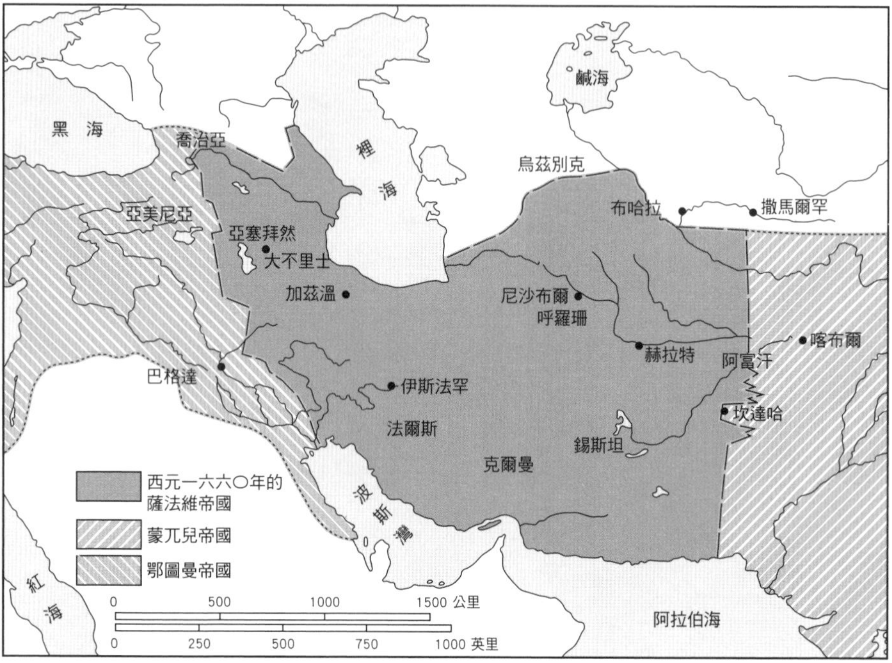

些貿易為鄂圖曼人的國庫帶來大量的財富。如果不採取行動，這些財富恐將永久落入葡萄牙人手中。雖然在地中海的戰艦海戰中，鄂圖曼海軍可以與他們的歐洲敵人展開競爭，但他們沒有能力擊敗防護力強大、能夠遠洋航行的葡萄牙戰艦，鄂圖曼人不得不意識到自己失去了大量的印度洋貿易。他們首先是把這些財富輸給葡萄牙人，在十七世紀又輸給了葡萄牙人的歐洲競爭對手荷蘭和英國。我們現在以後見之明觀之，這些海戰的失敗代表鄂圖曼帝國和歐洲之間力量平衡轉變的開始，這種轉變在十七世紀初也體現在匈牙利戰場上。

贊助和詩歌

蘇丹蘇萊曼強大的行政和軍事成就本身就足以證明他在鄂圖曼帝國和歐洲人心目中的地位，但他也是一個雅緻的收藏家和手工藝品的贊助人，其中最重要的，是他對建築工程的贊助。[12]就像之前的帖木兒家族、沙·阿巴斯一世以及印度—穆斯林統治者，蘇萊曼也收集中國瓷器。亦如同帖木兒王朝和其他穆斯林宮廷，他會為包括細密畫在內的高品質書籍製作、金屬加工、紡織品和陶瓷製作提供贊助；和他的父親塞利姆、他的偉大前輩穆罕默德二世以及許多薩法維和蒙兀兒人一樣，他不僅贊助詩人，而且自己也寫詩，並以筆名Muhibbi寫了一本鄂圖曼語和幾本波斯語詩歌的詩集。Muhibbi的意思是「愛人」——既是世俗的，也是神聖意涵中的「愛人」。他的大部分詩歌都是以波斯語詩歌為藍本的加札勒。

這些詩歌並無特殊之處，使用波斯詩歌的典型辭彙，在詩歌中表現一種單戀、苦樂參半的情愫。然而，蘇萊曼寫給他最愛的妻子、出生於歐洲的基督徒許萊姆和他的叛逆兒子巴耶濟德的那些詩，不僅是一種從征服和專制統治的冗長描述中有趣、富人情味的

12. 見下文第七章的內容。

解脫，還展示出詩歌的實際用途。這種文學形式通常被人們描述為只不過是一種文學上的練習。在一首他寫給妻子的詩中，除了詩歌中制式化的熱情洋溢的詞藻，蘇萊曼藉由藝術放縱聲稱自己不僅擁有埃及和安納托利亞，還擁有伊朗東北部的呼羅珊和阿富汗北部的巴達赫尚：

我最親愛的女王，我的一切，我的愛人，我的明月。
我的親密伴侶，我的唯一，所有美的君主，我的蘇丹。
我的生命，我擁有的餽贈，我的全部，我的天堂靈藥，我的伊甸園。
我的春天，我的歡樂，我閃亮的日子，我笑顏長伴的極致歡樂。
我純粹的喜悅，我的狂歡，我的盛宴，我的火炬，我的陽光，我在天堂的太陽。
我的橘子，我的石榴，燃燒的蠟燭，照亮我的亭子。
我的植物，我的糖果，我的珍寶，你讓我沒有悲哀，只有世界上最純潔的快樂。
最親愛的，我的斑鳩，我的全部，我心目中的埃及統治者。
我的伊斯坦堡，我的卡拉曼，以及所有屬於我的安納托利亞土地。
我的巴達赫尚和我的欽察領土，我的巴格達和我的呼羅珊。
我的親愛的，有一頭可愛的秀髮，眉毛像蝴蝶結一樣彎，眼睛炯炯有神，我已病入膏肓。
如果我死了，你要承擔罪責。我請求你的幫助，你是我來自不同宗教的愛人。
我在你門前頌揚你。
唱著你的讚美，我不停地踱步。
我的心充滿憂慮，我的眼睛充滿淚水。
我是愛人——這快樂為我所有。[13]

像大多數前現代時期的穆斯林詩人一樣，蘇萊曼的詩歌不僅是為了展現他高超的文學技巧，或以藝術和文化上可接受的方式傳達真正的情感，還有許多其他目的，例如不留情面地批評他的兒子巴耶濟德，後者在最受寵愛的王子和王位繼承人的一連串複雜策略中輸給了兄弟塞利姆。蘇萊曼曾收到挫敗的巴耶濟德的一首詩，兒子在這首詩中乞求他的寬恕——「最親愛的人，你會讓自己的巴耶濟德毀滅嗎，我的父親？」蘇萊曼寫了一首詩回贈他，很顯然願意寬恕他的兒子：

13. Talat S. Halman, trans., Süleyman the Magnificent: Poet (Istanbul: Dost Yayinlari, 1987), 30-1.

讓我們說，你的雙手沾滿了鮮血，
你請求我們的寬恕，我們給予你的寬恕。
人們能說什麼呢？
我應該免除你的罪行，我的巴耶濟德，如果你不再這麼做的話。
但至少不要說「我沒有罪」。懺悔吧，
我最親愛的，我的兒子。[14]

文學上的客套話為這場致命的繼承權之爭披上文雅的外衣，在這場鬥爭中，沒有一個失敗者最終能夠活下來。巴耶濟德遭塞利姆擊敗之後，於一五六〇年逃到伊朗國王塔赫馬斯普那裡避難，最初受到熱情的接待。蘇萊曼和塞利姆隨後向塔赫馬斯普提供一千二百個金幣和一個戰略地位顯赫的要塞，以交換這位鄂圖曼帝國的王子。不管是這個提議還是隨後的和平條約承諾，相較之下都更有說服力，西元一五六二年，處於弱勢的伊朗國王將巴耶濟德交給塞利姆的手下，這些手下立即謀殺了他和他的四個兒子。後來，勝利者又殺死第五個幼子，並且把巴耶濟德的母親安置在布爾薩予以監視，繼承權毫無疑義地留給了塞利姆。[15]

薩法維伊朗

鄂圖曼和蒙兀兒帝國擁有一系列充滿活力的有為君主，相較之下薩法維王朝如此人才寥寥無幾，而且只有一位有為之君是出現在沙·阿巴斯一世的統治之後。停滯——「沒有運動也沒有發展的狀態」，似乎很適合用來概括形容一六二九年至一七二二年薩法維王朝突然崩塌之間的政治、經濟和軍事狀況。在阿巴斯去世後，有四位薩法維國王在伊朗執政，其中只有阿巴斯二世（'Abbas II，西元一六四二—一六六六年在位）表現出令人印象深刻的軍事和行政能力。其他的三位，分別是薩菲（西元一六二九—一六四二年）、蘇萊曼（西元一六六六—一六九四年）和蘇丹·胡塞因（西元一六九四—一七二二年），除了一些重要的建築和藝術上的贊助外，幾乎沒有取得什麼成果。

這個王朝在十七世紀末時的施政品質也有一部分可以歸咎於王朝政治裡的根本性變動，和鄂圖曼帝國在蘇萊曼蘇丹去世後發生的情況相同。[16] 在西元一六一四年後，沙·

14. 同上，76-7。
15. Imber, *The Ottoman Empire*, 104-7.
16. 見後文第八章的內容。

阿巴斯「解決」了皇室王子缺乏耐心又愛造反的問題。他放棄先前任命年輕的王室兒子在監護人或導師照看下擔任省長的做法（原本薩法維王朝的王子會由一位齊茲爾巴什酋長擔任監護人或導師），取而代之的是讓王子被限制在後宮之內。與鄂圖曼帝國的情況一樣，這樣並未終止對不幸競爭者的謀殺，反而使這些人、他們的監護人、後宮太監和不同王子母親之間愈演愈烈的派系宮鬥陰謀。由於這些變化，薩法維的領土上出現了一個「女蘇丹國」，一如十六世紀末在伊斯坦堡出現的情況。阿巴斯一世在死前弄瞎了兩個被禁錮在後宮裡的兒子，證明了他解決繼承問題的措施是失敗的。毫髮無損地從後宮中走出來加冕的王子沒有任何軍事或行政經驗，因此薩法維王朝十七世紀時的四位君主中只有一位（阿巴斯二世）有為的統治者，這一點也許並不奇怪，一部分原因可能是他在十歲時就登基，不必在後宮的衰敗環境中虛耗過多年華。[17]

儘管薩法維王朝的統治發生變化，但王朝歷史並不是徹頭徹尾的衰敗，部分原因與鄂圖曼帝國的情況相同，有幾位能力出眾的大臣在不同時期裡對國家進行力挽狂瀾的控制。然而，在西元十七世紀，伊朗在政治、軍事和經濟方面為明顯的衰退所苦。[18] 沙．薩菲（Shah Safi）是第一個在後宮中度過青年時代的薩法維統治者，他是一個酒鬼。在後宮成長的王子身上酗酒是常見的特點，但可說並不專屬於他們，也常見於蒙兀兒統治者身上，他們學來突厥—蒙古祖先的飲酒習慣。[19] 事實上，酗酒和吸毒對這兩個王朝成員的影響已然普遍到除了經常對治理產生實際影響，似乎已經成了不值一提的事物。

薩菲至少不像薩法維王朝的最後兩個君主是深居淺出，幾乎足不出戶的國王；但薩菲也幾乎不具備歷任先王那種非凡的個人行動力，在他短暫的十三年統治裡，薩法維軍隊的戰力開始惡化：沒有了沙・阿巴斯一世的領導，鄂圖曼人在西元一六三八年成功奪回巴格達和伊拉克，有效確立一條到二十世紀仍然存在的邊界。這意謂著薩法維人遭受嚴重的收入和領土損失。造成這個結果的起因之一可能要追溯到七年前，當時有大多數倖存的薩法維王子、主要行政人員和法爾斯省長遭到屠殺。也是在薩菲的統治時期裡，由沙・阿巴斯一世建立、寶貴的薩法維國家絲綢壟斷權被准許撤銷，威脅到政府對於自身急需銀幣來源的控制，而這恰恰是國家最大的單一資金來源。

西元一六四二年，時年三十一歲的薩菲死於酗酒，他的繼任者是沙・阿巴斯二世，在後者於三十三歲死去之前（部分原因也是酗酒），他樹立起有效、公正統治者的聲

17. Rudi Matthee, *The Pursuit of Pleasure Drugs and Stimulants in Iranian History*, 1500-1900 (Princeton University Press, 2005), 25.

18. 見前文第四章的內容。

19. 事實上，有個專門的詞彙和前伊斯蘭時代的伊朗君主相關：*razm u bazm*，意為「狩獵和宴飲」，這是個對伊朗戰士貴族階層重度飲酒習慣的有用提示。

譽，儘管他批准對伊朗猶太社區的迫害：很顯然，這是烏里瑪權力增加的跡象，這種跡象同時也體現在道德運動和對蘇菲主義的日益敵視上。西元十七世紀，對蘇菲的攻擊愈演愈烈，但是沒有哪一次攻擊像發生在伊斯坦堡的卡迪札德運動那樣協調一致並充滿暴力。然而，這些案例中批評者的心態都非常相似。一些伊朗神學家還援引傳統上對蘇菲的刻板印象，認為他們是不光彩的穆斯林，把他們說成是在教義上或社會上可疑道團的成員，從而抹黑他們的意識形態或社會對手。薩菲對少數民族和蘇菲的偶發宗教迫害打破了沙・阿巴斯務實的寬容政策，預告狹隘的宗教正統主義影響越來越大，最終削弱政權。

沙・阿巴斯二世的確成功從蒙兀兒人手中奪回了坎達哈，但另一方面對軍隊的資助和訓練卻進一步惡化。他的繼任者是後宮制度的另一個酒精產物，以薩菲二世（Shah Safi II）的名義登基，一年後又把頭銜改成蘇萊曼（Sulaiman）。在他長達近三十年的統治期裡，幾乎只在伊斯法罕的阿里卡普宮中活動，這段期間，薩法維政權進一步明顯惡化。每年的努魯茲節（瑣羅亞斯德教的春節）期間，他都「泡在酒裡」，但他還是對日益強調的什葉派正統表達支持。隨之而來的是對蘇菲主義更強烈的譴責，以及對亞美尼亞人、印度教徒和瑣羅亞斯德教徒的迫害，攻擊這些非穆斯林商人群體的成員，導致脆弱的薩法維經濟進一步損害。[20] 他的繼任者蘇丹・胡塞因是另一個後宮產物，他登基後起初宣布禁酒，但反映出的並非其獨立性，而是對烏里瑪的依賴，烏里瑪中最有影響力的代表穆罕默德·巴基爾·馬吉利西（Muhammad Baqir Majlisi）已成為新政權中最有權力的人物。然而，在他繼位後的一年內，這位末代薩法維國王廢除了他的禁令並開始飲酒，外國傳教士將這項變化歸因於宮廷太監和國王的嬸婆——一名喬治亞基督徒，和古往今來的許多喬治亞人一樣，他們十分喜好上等的好酒。[21]

伊朗：智性傳統

如果說薩法維國家在阿巴斯一世去世後的七十五年中是從停滯走向衰落，那麼什葉派神學家至少經歷了一個創造性知識發酵且政治影響力不斷增強的黃金時代，並在巴基爾·馬吉利西的任命中達到高峰。把這個時代伊朗知識分子的活力歸功於沙·阿巴斯一世也不無道理，因為他有時候被認為幾乎是薩法維時代裡每一項積極發展的功臣；但在

20. Mathee, *The Pursuit of Pleasure*, 56-7.
21. 同上，94。Gene Garthwaite和其他學者對於有關薩法維王朝酗酒問題的報告準確地提出相關的問題，尤其是在薩法維王朝的晚期。除了其他的資料以外，見Newman, *Safavid Iran*，索引條目「酒」和「酒精」。

反思伊朗知識分子過去六百年間的重要性時，顯示出一種根深柢固的智性文化使伊朗有別於其鄂圖曼和蒙兀兒的鄰居。西元一六二二年上半年，義大利貴族皮埃特羅·德拉·瓦萊在伊朗南部的拉爾（Lar）鎮養病時，對伊朗知識分子的智性成熟程度有短暫但具啟發性的認識，而那只不過是座省城。德拉·瓦萊此前曾在伊斯坦堡和伊斯法罕生活八年，他在那裡學了鄂圖曼語和波斯語，並觀察到「在我去過的亞洲省分中，或者是任何一個地方，我都沒有見過像拉爾的人如此博學或如此造詣深厚」，然後他提到一個名叫毛拉·載因·丁（Mulla Zain al-Din）的數學家和天文學家想要訪問歐洲，以及法律學者魯赫·丁（Rukn al-Din）和作家兼哲學家、化學家和天文學家庫特布·丁（Qutb al-Din）。他還了解到當地持續存在的努克塔維教派，並從一個與印度有貿易往來的城鎮的居民那裡得到有關印度教的資訊。[22]

拉爾提到的飽學之士並未反映出伊朗人在薩法維時期對更廣泛科學探索的追求，因為整個伊斯蘭科學在中世紀時所「具有的強烈的波斯元素……當時正處於衰落之中。」[23]這些人只是體現了波斯—伊斯蘭文化中源遠流長的一個重要傳統，可以追溯到西元（基督紀元）時代早期。然而，哲學、形而上學、神學和醫學的學問在薩法維時代確實得到蓬勃發展，舍拉子和伊斯法罕的哲學和神學學校擁有最引人注目的活力，從長遠來看，這是十七世紀最重要的文化發展。與此同時發生且部分相關的，是具政治影響力的烏里瑪機構發展，這是十七世紀初伊朗本土十二伊瑪目什葉派神學家制度化發展的結果，同時也是阿巴斯一世繼任者的弱勢所促成。

阿巴斯一世為伊朗本土的什葉派神學家建立了制度化的基礎設施，在那之前，什葉派神學家主要依靠外來移民。直到西元一六二一年時，才有伊朗本地人米爾．穆罕默德．巴基爾．達馬德（Mir Muhammad Baqir-i Damad）成為伊斯蘭謝赫（Shaikh al-Islam），儘管他的母親也是黎巴嫩什葉派學者卡拉基家族（Karaki family）的後代。[24] 阿巴斯的首都伊斯法罕成為資金充足的神學中心，在此活動的宗教學者與宮廷的密切關係有助於他們說服許多人相信，只要真正的第十二位伊瑪目仍處於隱遁狀態之中，支持薩法維王朝的政治權威就是正確的做法。許多什葉派烏里瑪的影響越來越大，也越來越不包容，都表現在這些人出版的傳教文本、對非穆斯林和蘇菲的騷擾或迫害，以及他們

22. J.D. Gurney, "Pietro della Valle: The Limits of Perception," *Bulletin of the School of Oriental and African Studies* 49, No. 1 (1986), 112.
23. H.J.J. Winter, "Persian Science in Safavid Times," in Jackson and Lockhart, *The Cambridge History of Iran*, VI, 581.
24. Devin J. Stewart, "Notes on the Migration of 'Âmili Scholars to Safavid Iran," *Journal of Near Eastern Studies* 55, No. 2 (April 1996), 85.

在宮廷中日益增加的影響力。這股影響力增長到無論在鄂圖曼帝國或蒙兀兒帝國都無法想像的程度，這一點表露在薩法維王朝最後一位國王身上，他的綽號是「毛拉」胡塞因。

薩法維伊朗的形而上學和神學

在伊朗什葉派神學家中，有兩個主要團體為爭取影響力而展開競爭。這兩個團體，即阿赫巴里派（Akhbaris）和烏蘇里派（Usulis），在什葉派神學的基本觀點上存在分歧，他們的神學爭議很明顯反映出社會經濟和教育方面的區別。阿赫巴里派往往是來自小城鎮或農村地區的神學家，而且受教育程度較低；這個模式中最突出的例外是馬吉里西家族的成員，他們在十七世紀中後期成為伊斯法罕的主導人物。儘管伊斯法罕一些著名的阿赫巴里教士同情蘇菲的信仰和做法，但阿赫巴里的教士往往對蘇菲或他們懷疑的那些穆斯林持敵視態度。阿赫巴里派是什葉派傳統主義者或原教旨主義者。他們不信任理性主義，並辯稱阿赫巴爾（akhbar）——即什葉派伊瑪目的報告或傳統，為《古蘭經》和先知聖訓的意義提供唯一真正的解讀（tafsir）。他們的立場是基於什葉派的假設，即只有先知穆罕默德的後裔才能理解《古蘭經》的深奧涵義；因此，他們斷言這些阿赫巴爾代表什葉派最終、神聖的傳統。許多著名的伊斯法罕教士，如馬吉利西家族的父子，穆罕默德・塔齊・馬吉利西（Muhammad Taqi al-Majlisi，西元一六五九年卒）和穆罕默德・巴基爾・馬吉利西（Muhammad Baqir al-Majlisi，西元一六九九年卒），都是溫和的阿赫巴里派；但兩人也都寫了許多關於什葉派基本教義的小冊子。穆罕默德・巴基爾・馬吉利西在蘇丹・胡塞因時代是地位舉足輕重的教士，被他任命為「伊斯蘭謝赫」。

與阿赫巴里派相比，烏蘇里派集中在舍拉子和伊斯法罕等城市，往往受過更好的教育。他們是理性主義者，認為必須對阿赫巴爾進行解釋和檢驗。教士必須進行伊智提哈德（ijtihad，詮釋），因為文本的涵義不容易理解。因此，穆智台希德（mujtahid，即解釋經文的高級烏里瑪成員），在什葉派社會裡占有特殊的地位，其權力遠大於遜尼派國家的大多數烏里瑪。溫和的烏蘇里派與溫和的阿赫巴里派一樣，接受和薩法維人等世俗統治者合作的必要性，但極端的烏蘇里派主張直接由教士進行統治，他們在伊朗一九七九年革命後最終實現了這項目標。

有一小部分烏蘇里派成員的主張與這種激進政治觀點不同，奉行一種複雜的理性哲學，儘管神職人員普遍都對這種活動抱有敵意，一些烏里瑪把哲學家派別斥為不信教的人。[25] 這些理性主義者中有幾位是沙・阿巴斯的親密夥伴，並可能藉助這項優勢而發展壯大。他們之中的一些人仍然被認為是傑出的學者，特別是薩德爾・丁・舍拉子伊（Sadr al-Din Shirazi，一般稱為毛拉・薩德拉〔Mulla Sadra〕，西元一五七二—一六四〇年），他被現代的穆斯林和西方學者普遍視為過去四百年中最重要的穆斯林哲學家。

毛拉・薩德拉是一個學者群中的成員，這個群體現在被視為屬於十七世紀的伊斯法罕學派（Isfahan school），也許更貼切的稱呼是舍拉子—伊斯法罕哲學學派。這是一個非常小的圈子，許多人是親朋密友，他們都致力於把早期的哲學思想綜合起來，並將其與什葉派神學的公認真理相結合。這些人並不是像他們的伊朗前輩比魯尼、伊本・西納、歐瑪爾・海卡亞姆或者納斯爾丁・圖西那樣身兼科學家，但形成了三個穆斯林帝國中最重要的哲學流派。他們可以被視為上述先哲，尤其是伊本・西納和納斯爾丁・圖西所代表的伊朗哲學傳統的智識繼承人。有些納斯爾丁・圖西的同時代人和學生是遙遠的前輩，最直接的智識先祖是西元十五世紀來自伊斯法罕和附近舍拉子的一群學者，這群學者開始統合伊斯蘭哲學和宗教思想的各個層面。

賈拉勒・丁・穆罕默德・達瓦尼（Jalal al-Din Muhammad Dawani，西元一五〇二—一五〇三年卒）就是其中之一，他是一名遜尼穆斯林，曾為帖木兒王朝的阿布・塞義德和鄂圖曼帝國的巴耶濟德二世服務。達瓦尼是許多後來烏蘇里哲學家的典型代表，因為他借鑑了伊本．西納的希臘－伊斯蘭理性主義、納斯爾丁．圖西的思想，以及十二世紀伊朗思想家蘇赫拉瓦迪的光照主義哲學（Illuminationist philosophy），其思想吸引了三個帝國的穆斯林思想家，特別是受到蘇菲派的注意。[26] 最終他偏向神祕主義而非哲學，「因為神祕主義受益於真主的恩典，所以沒有懷疑和不確定性，從而更接近於預言。」[27]

> 與蘇赫拉瓦迪一樣……達瓦尼堅持認為，「存在」有單一現實，而不具多重性。與納斯爾丁．圖西（西元一二七四年卒）一樣，達瓦尼的宇宙論涉及智性、緯度、元素和

25. Hamid Dabashi, “Mîr Dâmaâd and the Founding of the ‘School of Isfahan,’” in Seyyed Hossein Nasr and Oliver Leaman ed., *History of Islamic Philosophy* (London: Routledge, 2001), 600-1.
26. Hossein Ziai, “Shihâb al-Dîn Suhrawardî: Founder of the Illuminationist School,” in Nasr and Leaman ed., *History of Islamic Philosophy*, 434–64.蘇赫拉瓦迪的認識論是其思想中最具影響力的觀點，某些方面與蘇菲派的神祕學說和實踐非常相似。他的思想對波斯的「『思索的神祕主義』（*’irfan-i nazarî*）和波斯詩歌產生了強烈影響。」，450。
27. A. J. Newman, “Philosophy in the Safavid Period,” *Encyclopaedia of Islam* II, Brill Online.

王國的逐步展開。活躍的智性在天堂與大地之間架起橋梁，他認為這種智性就是先知的本源。[28]

與達瓦尼不同，毛拉・薩德拉在伊斯法罕主要的老師是一位堅定的什葉派學者，就是時年八十多歲的米爾・穆罕默德・巴基爾・達馬德（Mir Muhammad Baqir Damad，西元一五四三—一六三一年），他的父親是十六世紀來自黎巴嫩阿梅勒山一個重要什葉派家族的女婿。米爾・達馬德和他的遜尼派前輩一樣，將伊本・西納的亞里斯多德學派哲學（Peripatetic philosophy）和蘇赫拉瓦迪的神祕主義（新柏拉圖主義的光照主義，ishraqi ideas）與伊本・阿拉比（西元一二四〇年卒）的諾斯底（Gnostic）思想以及早期遜尼派神學家的辯證神學（kalam）融合在十二伊瑪目什葉派的框架內。他被自己和其他人視為繼亞里斯多德和法拉比（al-Farabi）之後的「第三位老師」，但他的著作風格晦澀難懂，因此躲過了大多數教派批評家的責難。[29]他的學生毛拉・薩德拉（一六四〇年卒）則相反，寫得很清楚，足以與烏里瑪和甚至一些蘇菲派產生對抗，使得他不得不逃離伊斯法罕，前往庫姆（Qum）神學中心附近一個相對安全的村莊。在他的主要哲學作品《燃燒的烙印之書》（*al-Qabasat*）中，米爾・達馬德討論了伊斯蘭哲學中一直存在的問題，即本質的優先性與存在的優先性，並提供了根源於伊本・西納（或亞里斯多

德）和蘇赫拉瓦迪的新柏拉圖式的發散思想的答案：本質優先，

米爾．達馬德接著區分了三種「世界」。首先是「永恆的世界」（al-‘âlam al-sarmâdi），它是神存在的空間、祂的本質和屬性的空間；第二是「非時間的世界」（al-‘âlam al-dahri），它是純粹的原型（al-mujarradât）的空間；第三是「俗世的世界」（al-‘âlam al-zamânî），它是日常事件、被造物以及生成和腐敗的空間。[30]

在創造方面，米爾．達馬德認為，物質世界是透過一種被稱為「眾光之光」（nûr al-anwâr）的中介，從神的存在中發出，它最終產生普世的智性，透過一系列的發散開

28. 同上。

29. 法拉比（約西元八七〇—九五〇年）是最重要的早期穆斯林哲學家之一，他在巴格達與基督徒學者一起探究亞里斯多德的作品。關於他的職業生涯和思想的概述，見Deborah L. Black, “Al-Farabi,” in Nasr and Leaman, *History of Islamic Philosophy*, 178-97。

30. Hamid Dabashi, “Mîr Dâmâd and the Founding of the “School of Isfahan,” in Nasr and Leaman, *History of Islamic Philosophy*, 611–12. 米爾．達馬德在呼羅珊地區的什葉派聖城馬什哈德長大，他在這裡學習伊本．西納的著作，隨後經過加茲溫和卡尚，最終來到伊斯法罕。

始整個創造過程。

毛拉．薩德拉這名學者來自富裕、人脈關係良好的伊斯法罕家族，他跟隨重要的神學家和法律學家巴哈．丁．穆罕默德．阿梅利（Baha' al-Din Muhammad al-'Amili，西元一六二二年卒）學習什葉派伊斯蘭教，並跟隨米爾．達馬德學習理性科學。他成為公認的「什葉派學問的兩個分支——傳播和智性的集大成者，並斷言神啟和理性之間是和諧的。」[31]他既了解遜尼派神學，特別是嘎札里和法赫爾．丁．拉齊（Fakhr al-Din Razi）的作品，也了解什葉派伊斯蘭的辯證神學。[32]就其哲學訓練而言，他非常熟悉希臘—伊斯蘭的亞里斯多德（逍遙）派的思想，特別是了解伊本．西納的作品，他的老師早先曾在馬什哈德學習過這些作品。他還讀過納斯爾丁．圖西這位科學巨匠、知識分子和什葉派神學家的著作，也學習蘇赫拉瓦迪的光照派著作。他還研究過蘇菲主義，特別是伊本．阿拉比的諾斯底主義思想，他在四卷本巨著《旅途》（*Afsâr*）的最後一卷中大量引用伊本．阿拉比的思想，並對阿塔爾（'Attar）和魯米的波斯語蘇菲詩歌有著特殊愛好。

穆拉．薩德拉主要的主張來自於他對伊本．阿拉比「存在歸一」的信念，他藉由直覺感知到這一點。他認為直覺是思想的主要形式，這說明他受到蘇赫拉瓦迪光照主義思想的影響，因此寫道：

在早些年歲裡，我曾經是一個認為各種本質（quiddities）是外在的真實，而存在（existence）不過是一種精神建構理論的熱情捍衛者，（但是）……突然間，我的精神之眼被打開了，我極其清楚地看到，事實與一般哲學家所認為的恰恰相反。知感真主，祂透過直覺之光，帶領我走出了黑暗……因此，（我現在認為）事物的個別存在是主要的現實，而本質（quiddity，事物的真正性質）是「永久的原型（permanent archetypes）……它們甚至從未聞到過存在的芬芳。」個體存在只不過是由真正的光輻射出來的光束，而真正的光是絕對自存的存在（self-subsistent Existence）。絕對的存在在其每一個個體化的形式中都有一些基本屬性和可理解的品質。而每一個屬性和品質就是通常說的本質。」[33]

毛拉・薩德拉的「本質」（quiddity）很容易被識別為柏拉圖式的形式（Platonic

31. Hossein Ziai, "Mullâ Sadrâ: His Life and Works," in Nasr Leaman, *History of Islamic Philosophy*, 637; Seyyid Hossein Nasr, "Mulla Sadra, His Teachings," 同上，656。
32. Majid Fakhry簡要地談論了拉齊的思想，拉齊的思想中包含柏拉圖主義和新柏拉圖主義。同上，97-106。
33. Dabashi, "Mîr Dâmâd and the Founding of the School of Isfahan," 615–16.

forms），這項概念是從新柏拉圖主義中被吸納到伊斯蘭哲學中的，對他來說，它們具有高於物理世界的客觀現實，存在於一個高於物理世界的世界。在某種意義上與物理世界平行，是「可以被先知和預言者所體驗的」。[34]

蒙兀兒印度的波斯思想

與薩法維伊朗的神學和哲學學者有密切聯繫的思想家，代表蒙兀兒思想的一個重要分支，儘管他們在印度缺乏在舍拉子和伊斯法罕學派的強度和哲學的複雜性。然而，伊朗哲學和伊斯蘭形而上學在蒙兀兒印度也有明顯而重要的影響，這與鄂圖曼帝國不同。鄂圖曼帝國強制推行哈奈菲遜尼派正統思想的主導地位，顯然不鼓勵創造性邏輯和形而上學的猜測。薩法維學者不僅刺激了印度穆斯林哲學思想的發展，還對印度—穆斯林神學產生長期的影響，在接受到這種薩法維學者的刺激之前，印度的穆斯林哲學思想在十六世紀末之前幾乎是停滯不前的。[35]

米爾．法特．阿拉．舍拉子伊（Mir Fath Allah Shirazi，西元一五九〇年卒）是印度的薩法維哲學連結的範例。他曾在家鄉舍拉子跟隨重要的學者學習，然後像許多詩人一樣移居到印度。他先是去了位於比賈布爾（Bijapur）的什葉派蘇丹國，後來在西元一五八三年來到阿克巴的宮廷。米爾・法特阿拉・舍拉子伊在蒙兀兒印度很有影響力，因為阿克巴任命他改革教育課程，他利用這些課程介紹了諸如賽義德・沙里夫・朱爾加尼（Sayyid al-Sharif al-Jurjani，西元一四一三年卒）和阿拉瑪・賈拉勒丁・達瓦尼（'Allamah Jalal al-Din Dawani）等重要伊朗學者的作品。後者是光照主義思想的復興者，曾在舍拉子跟隨朱爾加尼的學生學習。舍拉子伊的重要性還在於，他的學生在印度開始了知識分子的傳承，其中一位十七世紀末的成員推動建立一間位於勒克瑙重要的宗教學院菲林吉馬哈爾（Firingi Mahal）。[36]

第二個在印度出生舉足輕重的學者是毛拉・馬赫穆德・詹普利・法魯奇（Mulla Mahmud Jaunpuri Faruqi，西元一六五二年卒）。毛拉・馬赫穆德生於一六〇三年，他曾前往伊斯法罕參加穆拉・薩德拉的老師米爾・達馬德的課程。毛拉・法魯奇後來加入嘎

---

34. Seyyid Hossein Nasr, "Mullâ Sadrâ: His Teachings," in Nasr and Leaman, *History of Islamic Philosophy*, 652.

35. Francis Robinson在其論文中強調了這些跨邊界智識連結："Ottomans-Safavids-Mughals: Shared Knowledge and Connective Systems"。

36. 同上，13。Robinson在書中討論了位於勒克瑙的宗教學院：The '*Ulama of the Firingi Mahal and Islamic Culture in South Asia* (London: Hurst & Co., 2001)。

德林耶蘇菲道團（Qadiriyya Sufi order），寫了一系列關於神學、邏輯學、形而上學和推理哲學的作品。除其他論文外，他還寫了《升起的太陽》（*Shams al-bazigah*），這是一部關於傳統伊斯蘭哲學的作品，長期以來一直是印度宗教學院的教材，同時還有毛拉·薩德拉的《哲學入門》（*Shar-i hidayat al-hikmat*）。

第三位重要的思想家是米爾札·穆罕默德·札希德·哈拉維（Mirza Muhammad Zahid Harawi），他對後來印度伊斯蘭教的影響尤為重要，因為他是十八世紀北印度穆斯林最重要的知識分子——沙·沃里烏拉（Shah Waliullah）父親的老師。他在加入奧朗則布的宮廷之前，曾在阿富汗和中亞學習，先是擔任檢查員（mutahsib），後來成為喀布爾的省長。他是遜尼派神學、亞里斯多德哲學和光照派思想的學者，藉由研究他為朱爾加尼、達瓦尼和納斯爾丁·圖西一些作品編寫的辭彙，可以了解一部分他的智性興趣所在。[37]

第四位重要的知識分子、哲學家和宗教學者是米爾·阿布·卡西姆·本·米爾札·胡塞尼·阿斯塔拉巴迪（Mir Abu'l Qasim b. Mirza Husaini Astarabadi，通稱為米爾·芬達里斯基〔Mir Findariski〕，西元一六四〇—一六四一年卒），他在伊斯法罕（他的出生地）和印度（一六二〇和三〇年代生活的地方）都受到人們的尊重。米爾·芬達里斯基在伊斯法罕傳授伊本·西納的作品，並因運用亞里斯多德派的物理來批評柏拉圖而聞名。但他也是一位蘇菲，一位詩人，而且由於他在印度的遊歷，他還是一位研究印度教的重要學者，這一點表現在他對《瑜伽經》（*Yoga Vasistha*）波斯語譯本的評註之中。[38]

蒙兀兒印度的宗教創新

蒙兀兒印度在十七世紀也見證了本土宗教的重大演變，因為阿克巴的宗教試驗已經結束，他的兒子賈漢吉爾（西元一六〇五－一六二七年在位）的自由放任態度被沙・賈汗（西元一六二八－一六五八年在位）的帝國正統主義和最後一位偉大皇帝奧朗則布（西元一六五八－一七〇七年在位）的虔誠苦修主義取代。然而，阿格拉和德里的宗教發展與薩法維伊朗和鄂圖曼帝國的情況都不同。與伊朗的相異之處在於印度的烏里瑪成員從來沒有否認過王朝的統治正當性或是獲得過政治權力，而與伊朗和鄂圖曼帝國都不

37. 這部分的內容主要是來自Hafiz A. Ghaffar Khan對印度哲學思想的研究，見“India” in Nasr and Leaman, *History of Islamic Philosophy*, 1051-75。

38. Marshall, *Mughals in India*, p. 88, No. 112 and Seyyed Hossein Nasr, “Findiriskî, Mîr Abu’l Kâsim b. Mirza Husaynî Astarâbâdî,” *Encyclopaedia of Islam* II, Brill Online.

同的是，一些印度穆斯林，特別是沙．賈汗的兒子達拉．舒庫赫（Dara Shukuh）會在沙里亞乃至蘇菲主義的範圍之外尋找宗教真理，甚至包括印度教神祕主義。

達拉．舒庫赫自身對伊斯蘭思想和印度教哲學的精深了解，以及對穆斯林在一個以非穆斯林為主的環境中進行統治這種特殊情況的敏感反應，促使他將《奧義書》（*Upanishads*）翻譯成波斯語，並撰寫了《兩大洋的匯流》（*Majma' al-bahrain*），這部作品強調伊斯蘭和印度教形而上學的基本特性。[39] 後來，這本波斯文譯本的《奧義書》被翻譯成拉丁文，強烈地影響了德國理想主義者和美國超驗主義者。然而，達拉．舒庫赫和許多蒙兀兒人一樣，喜歡蘇菲主義而不是公共的正統觀念，他是一個轉瞬即逝、迷人但不正常的人物，他的思想並未在當時及後來的印度人或穆斯林中產生明顯的影響。在後來的印度歷史上，他主要是作為印度教徒—穆斯林友好的象徵，許多印度人認為當達拉．舒庫赫被他的兄弟奧朗則布打敗並被處決後，這種友好就消失了，奧朗則布是沙．賈汗生病後那場王位繼承戰爭中的勝利者。

在蒙兀兒時代之前和蒙兀兒時代期間，其他印度人都有與達拉．舒庫赫同樣的特徵。與達拉．舒庫赫同時代的謝赫．阿卜杜拉赫曼．奇什提（Shaikh ‘Abd al-Rahman Chishti，約西元一六八三年卒）就是這樣一個人，他的《平等論》（*Risala-yi Taswiya*）強調伊斯蘭一神論與《奧義書》泛神論之間相似的地方。[40] 就錫克教（Sikhs）而言，這種宗教就是在穆斯林和印度教之間尋找媒介而滋生出的一種新宗教，是這個時期在印度發生最重要的本土精神革新。錫克教由後來被稱為古魯納納克（Guru Nanak，西元一四六九－一五三九年）的旁遮普人創立，它的發展是對婆羅門印度教和伊斯蘭教嚴格正統的回應，最終目標是印度教和佛教對擺脫輪迴的傳統願望。在錫克教的經典《第一書》（*Adi Granth*）中，驕傲的婆羅門被譴責，苦行僧也被譴責，他們的身體「沾滿了斷念者的灰塵，但內心卻充滿黑暗。」[41] 書中告訴穆斯林要追求個人信仰，而不是追求傳統的崇拜和對伊斯蘭教法的遵守，甚至拒絕依賴蘇菲導師和手持唸珠（泰斯比哈）背誦真主的尊名（屬性）：

---

39. 要重構達拉．舒庫赫的思想演變相當困難，而且可能做不到，因為他的思想通常只被歸因於蘇菲的影響。但是，除了阿克巴這個最初的例子之外，幾乎所有蒙兀兒人都是某個蘇菲的門徒，但是只有達拉．舒庫赫已知曾公開主張伊斯蘭和印度教的核心認同。

40. 引自Muzaffar Alam, *The Languages of Political Islam, India 1200-1800* (Chicago: University of Chicago Press, 2004), 96-7。

41. W.H. McLeod, ed. and trans., *Textual Sources for the Study of Sikhism* (Chicago: University of Chicago Press, 1984), 49.

慈悲是你的清真寺，虔誠是你的禮拜毯，公義是你的《古蘭經》；溫柔是你的割禮，善良是你的齋戒……讓善行成為你的天房，讓真理成為你的導師，讓憐憫成為你的信條和祈禱。讓對真主的服務成為你的唸珠，真主將把你提升到榮耀的地位上。[42]

古魯納納克否認自己是印度教徒或穆斯林：他是一名錫克（sikh），是學生或弟子。他宣揚嚴格的一神論。在社會方面，他支持集體用餐，這是對上層種姓印度教徒的汙染限制的潛在批評。

當巴布爾進入印度時，錫克教已經開始吸引到追隨者了。納納克的許多原始追隨者來自禮儀上較低級別的商業和農業印度教種姓，即卡特里人（Khatris）和賈特人（Jats）。該運動開始於旁遮普，並且一直與旁遮普密切相關。《第一書》以旁遮普語的形式寫成，吸引了阿克巴同情的注意力：他把阿姆利則城（the city of Amritsar）作為宗教場所交給古魯納納克的繼承人，並在一五九八年到那裡拜訪第二位古魯（老師）。然而在那之後，錫克教社區作為一個社會自治實體的發展，以及第三位錫克教大師阿勒江（Arjun）對蒙兀兒繼位政治的介入，促使阿克巴的繼任者賈漢吉爾（一六〇五—一六二七年在位）處決他，反過來又刺激了錫克教社區的早期武裝化。早在十七世紀初時，「古魯納納克追隨者的社會—宗道團體就已經成為一個『國中之國』」。[43]

印度的王朝黃金時代

當阿克巴的兒子賈漢吉爾於西元一六〇五年登上蒙兀兒王位時，開展了王朝歷史上半個世紀的輝煌，在此期間，他和他的繼任者沙・賈汗在寫作、行動和贊助中表達出一種似乎不受干擾的皇權、財富和宏偉的感覺。兩人都認為他們帖木兒家族的帝國是一項輝煌的成就。沙・賈汗明確主張他的統治時期是一個黃金時代。他向世界展示自己是第二個帖木兒，並藉由委託和贊助建築工程來宣示這個歷史時刻，也在宮廷歷史和細密畫中宣揚。賈漢吉爾和沙・賈汗的統治，與蘇丹穆罕默德二世去世到蘇丹蘇萊曼去世之間的鄂圖曼帝國有著相似之處，蒙兀兒皇帝與十六世紀的鄂圖曼帝國蘇丹一樣，繼承了一個牢固有力、生氣勃勃、富有侵略性的帝國，財富和實力遠遠超過周邊的任何國家；他們能持續擴大領土，甚至在主持菁英或宮廷文化的繁榮時也不例外。

努爾・丁・賈漢吉爾・帕迪沙・嘎茲（Nur al-Din Jahangir Padishah Ghazi）[44] 是他加

42. 同上，43。
43. J.S. Grewal, *The Sikhs of the Punjab* (New Delhi: Cambridge University Press, repr. 2005), 42.
44. 譯者註：亦可翻譯為宗教之光、世界的掌握者、偉大皇帝、戰士。

冕後的頭銜，在鎮壓長子霍斯陸王子（Prince Khusrau）的政變後登基的。幾年前，賈漢吉爾本人也曾反叛他的父親，並默許殺害他父親最年長的密友和宮廷歷史學家阿布·法濟勒·阿拉米。賈漢吉爾，就像他的兩位繼承人沙·賈汗和奧朗則布一樣，賈漢吉爾在他傑出的父親去世之前，就已經獲得獨立的指揮權，並且按照蒙兀兒人的傳統，允許他發展出一個獨立宮廷並培養帝王雄心。蒙兀兒人的統治者從來沒有為他們的男性子女制定過像蘇萊曼之後在伊斯坦堡發展的，或伊朗的沙·阿巴斯制定的那種後宮制度，但是沙·賈汗和奧朗則布在上台後都執行了殺死兄弟的行動。

就個人而言，賈漢吉爾是一個對比和心理複雜性的研究對象，他在自傳中展示了這些特徵。這部作品可能是以他的祖先札希爾丁·穆罕默德·巴布爾的回憶錄為藍本；他提到在訪問喀布爾時曾讀過巴布爾的突厥語文本。因此，儘管賈漢吉爾像他的父親在一五二七年擊敗拉傑普特人後那樣將自己稱為「帕迪沙·嘎茲」，但他在位期間從未在戰場上指揮過軍隊，雖然他的「帝國仍然是一個適應於侵略性征服和領土擴張的戰爭國家。」[45]賈漢吉爾還以急躁、無端的殘忍而聞名；但他精心培養並在自傳中宣傳他作為公正蘇丹的理想化角色，永遠在感情上關心他的臣民的福利。同時，他還表現出脆弱的性格，他尊敬他的父親，但卻無法效仿他。他也是一位統治者，在陷入酗酒和毒癮中之後，有一段時間幾乎把帝國的控制權讓給他心愛的伊朗妻子和她的叔叔。

賈漢吉爾在自傳中，十分與眾不同地表現自己人性化的一面，除了他祖先的作品之外，在鄂圖曼帝國、薩法維帝國和蒙兀兒帝國的統治者中，這種書寫方式是獨一無二的。在這部理所當然是自誇的作品開頭，他還提出在這些王朝中的統治者中對帝國原則唯一最明確的聲明，並以此含蓄地證明帝國在其核心省分的繁榮和安全。他開宗明義地指出，在統治之初，他就下令在阿格拉堡壘的牆壁上懸掛正義之鏈，任何請願者都可以上前拉動，他接著說：「我還下達了十二條命令，作為行為準則（dastur-i-ʿamal），在我的所有領地內遵守。」[46] 這個準則的想法可能來自於他父親發布的一份類似文件，但這份文件更關注一般的道德規範，而賈漢吉爾的公告則具體得多，且十分典型地更具個人特質。無論它們是否被實際執行，這些規則至少反映出君主的興趣或偏見。[47]

在十二條規則中，有五條直接或間接涉及帝國的基本目標，即刺激商業、確保經濟和社會穩定。這些規定取締了不正常的地方收費，禁止官員打開商人的包袱，指示當地

45. Richards, *The Mughal Empire*, 105.
46. *Tûzuk-i-Jahângîrî*, I, 7.
47. 見前文第三章的內容。這些文件的不同之處可能反映出兩個人的個性和智性，阿克巴遠比他的兒子更傾向於沉思內省。

常駐的帝國官員[48]建造商隊客棧、清真寺和水井以刺激貿易和定居，保證穆斯林和非穆斯林的財產在他們死去以後不會遭到沒收，而是為他們的繼承人提供保障，並禁止沒收任何人的房屋；一個相關的條例規定官員不應扣押農民的土地。第二組規則涉及政治問題。其中一條顯示賈漢吉爾試圖藉由確認父親的任命以確保軍事和宗教階層的忠誠，將他們的薪資提高了百分之二十到百分之四百不等，後宮中女性的津貼則提高百分之二十到百分之百不等，並確認「祈禱的軍隊」對於慈善財產的持有。另一項規定似乎是為了防止軍事領地的軍官成為當地的權貴，規定他們與當地居民之間未經皇家許可的婚姻是非法的。

第三類包括三條反映賈漢吉爾統治時期個人方面的規則。其中一條規定，製造任何致醉飲料或致幻藥物的行為都是非法的，儘管正如他所說：「我自己也喝酒，而且從十八歲到現在，也就是三十八歲，我一直在喝。」[49]第二條取締砍掉鼻子或耳朵的懲罰——沒有明確指出這一命令和賈漢吉爾頻繁的殘酷行為之間的矛盾。第三條「根據我尊敬的父親的規定」，取締每星期兩天和每年皇帝生日後一定天數的宰牲。[50]最後一條與在這些帝國中看到的伊斯蘭慈善的出發點一致，敦促地方官員利用帝國的收入在大城市裡建立醫院。

賈漢吉爾和兒子沙・賈汗的統治構成蒙兀兒人統治的獨特時期，這個時代的軍事優勢和繁榮幾乎無人可以挑戰。它建立在阿克巴的不朽成就之上：他的軍事勝利、有效的行政措施和敏感的文化政策。這兩人都沒有實質性地改變阿克巴的帝國結構，儘管他們都使帝國的軍隊幾乎馬不停蹄地鎮壓內部叛亂或是擴大帝國的邊界，但同時也認真地管理國家。[51] 賈漢吉爾甚至自豪地描述自己對親自參與統治的奉獻精神，甚至曾在宿醉的情況下主持正義。他的自傳和沙．賈汗的歷史著作記錄了他們對戰役和帝國管理的細枝末節無休止的關注。然而，他們都沒有阿克巴、鄂圖曼帝國的穆罕默德二世或蘇萊曼那種看似不知疲倦的戎馬精力，儘管沙．賈汗比他父親更有野心。他們與他們無情、彪悍的祖先帖木兒幾乎沒有什麼相似之處，而且與帖木兒、鄂圖曼和薩法維統治者相比，他們確實對自己的貴族很溫和。關於沙．賈汗，不幸的是，我們只能透過他統治時期的頌揚性歷史書寫來了解他。宮廷歷史學家拉胡里（Lahuri）對他歌功頌德，他說：「在懲

48. 這些官員都是受君主任命的人，稱為mansab；當論及他們在當地握有土地的能力時，他們被稱為*jagirdar*。見前文第三章之內容。

49. *Tûzuk-i Jahângîrî*, I, 8.

50. 同上，7-10。

51. 關於這兩位統治者在位時戰爭行動的概要，見Richards, *The Mughal Empire*, Chapters 5-6。

罰問題上，陛下不認為貴族與普通人有什麼不同。如果在他面前偶然提到君士坦丁堡、伊朗和烏茲別克皇帝的殘忍，以及他們在懲罰方面的凶殘時，陛下就會感到非常不安，以至於從他傑出的額頭上可以看到悲傷的跡象。」[52]

作為皇帝，賈漢吉爾和沙・賈汗都未曾御駕親征，儘管沙・賈汗在登基前經常率領軍隊打勝仗。相反的，他們依靠的是御用人員，即曼薩布達——帖木兒王子、拉傑普特酋長或穆斯林軍官。賈漢吉爾和沙・賈汗都會到宮殿之外活動。他們定期走訪各大城市，包括到喀布爾參觀了巴布爾的簡易墓園，下令擴建墓園，並憑弔祖先。賈漢吉爾過著一種很特別、雲遊四方的生活。有一次，他在疆土各地旅行了五年之後才回到阿格拉，當時那裡還是蒙兀兒帝國的首都。這些旅行有助於皇權的投射和收集情報，也為皇室提供狩獵機會和審美體驗，如在納爾巴達河谷（Narbada River valley）的曼都（今稱Mandav）或喀什米爾等令人愉快、水草豐美的地方——用沙・賈汗另一位歷史學家的話說：「那個地方，恰似於天堂一般。」[53]

審美的複雜性是蒙兀兒黃金時代的代表性特徵，它使這個帝國與鄂圖曼帝國的中央集權、軍事創新和征服，以及薩法維伊朗的神學和哲學熱潮有所區別。賈漢吉爾可能希望被認為是一個典型的「公正蘇丹」，但首先他是一個審美家。特別是在他統治的早期，當時他大致上頭腦清醒，沒有因鴉片而癱瘓，賈漢吉爾藉由在喀什米爾谷地建造沙麗瑪花園（Shalimar Bagh）和其他花園，延續帖木兒王朝的花園傳統。這些精緻、依山而建的作品由對稱的噴泉組成，經下降連接到達爾湖（Lake Dal）的河道，兩側有樹蔭，並種植鮮花和芳香的香草植物。這些花園後來的維護情形並不好，卻在二十世紀的英語詩歌中成為不斷被讚美的意象，英語詩歌中的溢美之詞甚至讓蘇丹蘇萊曼某些熱情洋溢的加札勒也相形見絀。比方說，阿德拉·弗洛倫斯·尼科爾森（Adela Florence Nicolson）〈喀什米爾之歌〉（Kashmiri Song）的開篇：

> 我深愛的白皙的手，在沙麗瑪花園旁。
> 你現在在哪裡，誰躺在你的魔力之下？
> 在你痛苦地與他們告別之前，
> 你將帶領誰走上遠方的狂歡之路？[54]

---

52. M. Athar Ali引用，“Towards an Interpretation of the Mughal Empire,” in M. Athar Ali, *Mughal India* (New Delhi: Oxford University Press, 2006), 139–40。鄂圖曼身居高位的受害者已然數不勝數。

53. W. E. Begley and Z. A. Desai ed., *The Shah Jahan Nama of ‘Inayat Khan* (New Delhi: Oxford University Press, 1990), 124.

54. Laurence Hope (Adela Florence Nicolson), *The Garden of Kama and Other Love Lyrics from India*, 3rd edn. (London, William Heinemann, 1927).

沙麗瑪花園代表蒙兀兒花園設計登峰造極的時刻。花園建築，尤其是眾所周知的四花園，是十五世紀帖木兒文化中最有吸引力的部分，而且仍然是帖木兒人政治社會生活的焦點，其中包括巴布爾時代詩意的雅集和宴飲聚會。

賈漢吉爾也成為專業的細密畫鑑賞家，他主持阿克巴畫坊的擴建工作，並在這門藝術變得更向自然寫實主義發展的時期裡刺激了風格創新。他對精美設計的興趣延伸到錢幣領域，在他的指導下，工匠製作出帶有優雅占星設計的精美錢幣。但賈漢吉爾並沒有將審美意識延伸到建築上；阿克巴的陵墓是蒙兀兒王朝最不吸引人的陵墓。他富有影響力的妻子努爾．賈汗（Nur Jahan）為她的父親伊蒂馬德．道拉（Itimad al-Daulah，意譯為「國之棟梁」）委託建造了一座更吸引人的建築。他是蒙兀兒帝國的宰相，卒於西元一六二二年，他精緻的白色大理石陵墓坐落在一座傍河而建的四花園中。[55]

沙．賈汗在西元一六二八年經過蒙兀兒王朝典型的血腥繼位鬥爭之後獲得王位，在繼位後，他又謀殺了帖木兒家族的近親，對於自己的頭銜「世界之王」（即Shah Jahan）十分在意。他恢復了Sahib-i Qiran-i Sani（或「第二位吉星相會之君」[56]）的頭銜，賈漢吉爾也曾主張過這個頭銜，但從未得到證實，他還宣布自己是帕迪沙．嘎茲；而且，像鄂圖曼蘇丹一樣，他把自己描繪成《聖經》傳統中所羅門（蘇萊曼）的後來化身，用他的話說就是「所羅門寶座的擁有者」（Sulaiman makani）。[57]這些頭銜使沙．

賈汗在整個統治期間都把自己視作蒙兀兒黃金時代的化身。形式上的華麗掩蓋了沙・賈汗的個性，他的統治實際上已經變成日益盛氣凌人、外顯的遜尼派穆斯林統治，在有限的程度上重複一個世紀前鄂圖曼帝國蘇萊曼的輝煌和宗教正統性。

關於沙・賈汗統治的宮廷歷史書寫和外國報告都一致地描繪出一個極其自信的人，絲毫不見他父親那種衝突、自我意識個性的痕跡。沙・賈汗畢竟繼承了一個龐大的帝國，其財富和人口可與被滿州人征服前的明朝中國相媲美，而且他讓國家的財政和軍事得以復甦。他在繼位後透過下令為中央財政收集更多資金，恢復被賈漢吉爾耗盡的帝國財政，並使蒙兀兒人的侵略本能恢復活力。在他的統治結束時，國家的財政收入是阿克巴時期的兩倍。這為沙・賈汗向帝國所有邊境地區發起的征討戰役提供資金，即使他的軍隊並未實際占領新的領土，也有能力使其邊境上的國家陷入困境。

沙・賈汗在德干地區取得最顯著的成功，他曾經在那裡以王子的身分指揮過帝國的軍隊。他的軍隊完成對阿赫邁德納格爾蘇丹國的征服，並脅迫比賈布爾和貢康達接受蒙

55. 關於賈漢吉爾統治時期的建築，見Koch, *Mughal Architecture*, 70-90。
56. 譯者註：第一位是帖木兒。
57. ‘Inayat Khan很受用地解釋了蒙兀兒人的頭銜：Begley and Desai ed., *Shah Jahan Nama*, 3–4。

兀兒人的宗主權。到西元一六五七年，蒙兀兒軍隊在奧朗則布王子的指揮下準備征服德干的兩個蘇丹國時，沙·賈汗病倒了。然而，除了相對繁榮的德干地區之外，沙·賈汗的許多戰役都是針對戰略和經濟意義不大的領土。他在一六三四年對喀什米爾北部山區巴爾蒂斯坦（Baltistan, Little Tibet）的攻擊尤其如此。他能維持這些遠征的能力顯示出蒙兀兒人從肥沃的中央土地上能夠高效率取得收入，這些經濟命脈主要在旁遮普、恆河—亞穆納河之間的地區、古吉拉特、恆河谷地和孟加拉。

有一場戰役比其他所有戰役更適合代表這種邊際效益（marginal benefits）的類型，並且可以顯示沙·賈汗作為「帖木兒第二」宏偉自我形象的強度：他在西元一六四五年至一六四七年間，試圖從烏茲別克人手中收復河中地區帖木兒人的故土。雖然最初由穆拉德王子指揮的一支龐大帝國軍隊在一六四六年占領了阿富汗北部城市巴爾赫，但他和他的兄弟奧朗則布發現，很難在阿富汗北部的荒涼環境中供應大量軍隊，也不可能有效調度一支龐大、笨重的軍隊來對付流動性強、難以捉摸的烏茲別克人。蒙兀兒軍隊從未越過阿姆河進入到河中地區，但他們嘗試占領帖木兒的首都撒馬爾罕，在帝國軍隊退回喀布爾後（在撤退過程中，成千上萬的人死在被大雪覆蓋的山口），撒馬爾罕重新成為蒙兀兒想像中的復仇主義懷舊對象。這場戰役，以及沙·賈汗未能從薩法維帝國手中奪回阿富汗中南部城市坎達哈，都說明蒙兀兒勢力的外部地理限制。

儘管持續的軍事行動花費巨大，但蒙兀兒人越來越多的財富也足以支付建築工程的開支，將成為沙·賈汗統治時期最持久的遺產。在他的一位史官阿布都·哈米德·拉胡里（'Abd al-Hamid Lahuri）典型辭藻華麗的波斯語記載中，這位蒙兀兒皇帝親自監督建築工程的進展，這些建築物將會展現出他統治時期的輝煌，以及他本人的審美修養，事實上也的確如此：

> 皇帝陛下像太陽的光輝一樣燦爛，對這些高大雄偉的建築的規劃和建設給予一絲不苟的關注，根據「我們的遺產會確實地為我們講話」一語，這些建築以無聲的雄辯說明了陛下的真主賦予的意志和崇高的財富—在未來的歲月裡，這些建築將成為他對建築、裝飾和美的持久熱愛之見證。[58]

這些見證也包括他嵌有寶石的新孔雀王座（peacock throne），這是一個耗時七年、耗資一千萬盧比的作品。西元一六三五年時，沙·賈汗首次在阿格拉的堡壘中坐在孔雀王座上召見群臣。西元一七三九年，孔雀王座被前來劫掠的伊朗人（齊茲爾巴什伊朗入

58. 摘自Begley and Desai ed., Shah Jahan Nama, xxxvii。

侵者）納迪爾．沙（Nadir Shah）搶走了。這件事象徵著蒙兀兒帝國名符其實的終點。西元一六三二年，沙．賈汗開始為他最愛的妻子，努爾．賈汗的姪女阿爾朱曼．巴努．貝庚（Arjuman Banu Begam）建造白色大理石墓，她的後人稱為她為蒙穆塔茲．馬哈（Mumtaz Mahal），意思是「宮殿的裝飾」。它坐落在亞穆納河邊的高台上，在這個典型的帖木兒四花園設計中，花園被水路一分為二，另外還建有一座清真寺和一個以紅砂石建造的休息廳，上面鑲嵌著大理石，圓頂位於陵墓後面的兩側。泰姬瑪哈陵是在首都阿格拉建造的，但在一六三九年時，沙．賈汗又開始在德里建造全新的首都。

德里具有雙重的神聖性，它是印度—穆斯林政權和重要的蘇菲墓的最早所在地，如奇什蒂和尼札姆丁．奧里亞的墓。新的皇城於一六四八年建成，擁有七十五英尺高的城牆，周長兩英里，容納宮殿、生活區、後宮和皇室成員及貴族的豪宅。後來，沙．賈汗的女兒賈哈納拉（Jahanara）在這裡建造了由商店和商隊客棧組成的商業建築群和御用花園，商業建築群至今仍被稱為「月光市場」（Chandni Chawk）。另外，沙．賈汗阿巴德（Shahjahanabad，沙．賈汗之城）也是典型伊斯蘭城市建築群的中心，一個一六五六年建成的蒙兒庫利耶，其中包括星期五（聚禮）清真寺，是當時印度最大的清真寺，可容納至少兩千名禮拜者的露天建築，還有一所宗教學院和一家醫院。[59]遲至一八三六年時，在經歷了一個世紀的外敵入侵、掠奪和帝國的忽視之後，一位英國訪客仍用抒情的語言描述這座城市：

> 寬闊的街道，熙熙攘攘的市場，擁有各種優雅商品的商店，有著各種用途、驚人的大象，由高貴的牛拉著的眾多本地貨車，穿著漂亮衣服的兒童，高聳巨大的清真寺，有著流水噴泉和旅行者的商隊客棧，還有充滿流水的運河流淌其間。[60]

沙・賈汗在西元一六五七年得了一場重病，這件事引發他四個已成年的兒子之間另一場典型但破壞力異常巨大的血腥繼承戰爭，持續近兩年時間。這場戰爭在一六五九年到達高峰，奧朗則布獲得勝利，他的一個兄弟死亡，另外兩個兄弟遭到司法謀殺，其中包括沙・賈汗選定的繼承人——是一名蘇菲，也是對印度教有著很深研究的學者達拉・舒庫赫（Dara Shukuh）。沙・賈汗在他的兒子率領軍隊開始進攻阿格拉時已經恢

---

59. Ehler和Krafft的研究十分有趣，還提供了極有幫助的地圖，見*Shâhjahânâbâd/Old Delhi Tradition and Colonial Change*。
60. 同上，摘自Bishop Wilson，Society for the Propagation of the Gospel, Historical Sketches, Missionary series, No. 1, "Delhi" (London 1891), p.4。

地圖15 西元一六五八年的蒙兀兒帝國

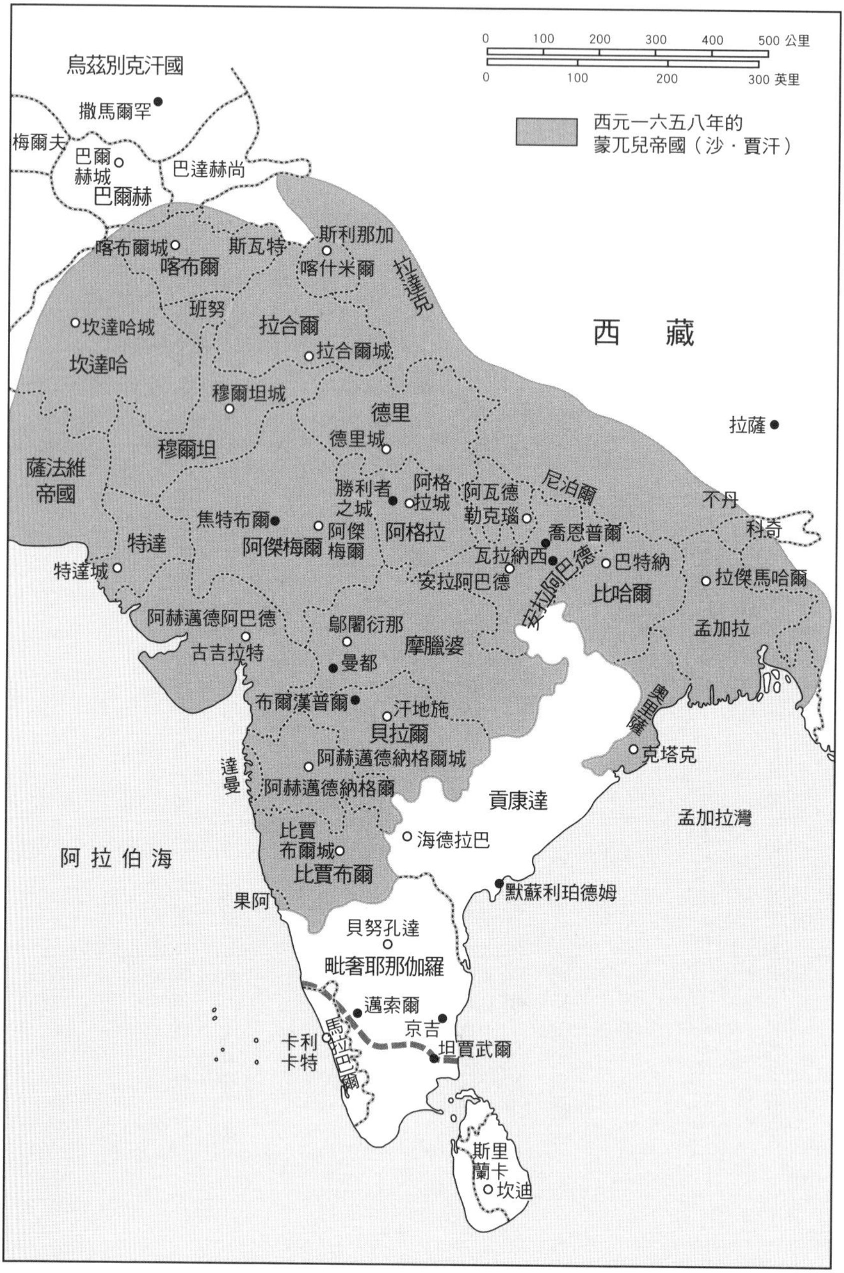
0 100 200 300 400 500 公里
0 100 200 300 英里
西元一六五八年的蒙兀兒帝國（沙・賈汗）
烏茲別克汗國
撒馬爾罕
梅爾夫
巴爾赫城
巴爾赫
巴達赫尚
喀布爾城
喀布爾
斯瓦特
斯利那加
喀什米爾
拉達克
班努
坎達哈城
坎達哈
拉合爾
拉合爾城
西藏
穆爾坦城
穆爾坦
德里
德里城
拉薩
薩法維帝國
勝利者之城
阿格拉城
阿瓦德
勒克瑙
尼泊爾
不丹
科奇
焦特布爾
阿傑梅爾
阿格拉
喬恩普爾
瓦拉納西
安拉阿巴德
巴特納
拉傑馬哈爾
特達
特達城
比哈爾
孟加拉
阿赫邁德阿巴德
古吉拉特
鄔闍衍那
曼都
摩臘婆
布爾漢普爾
汗地施
貝拉爾
奧里薩
克塔克
達曼
阿赫邁德納格爾城
阿赫邁德納格爾
貢康達
孟加拉灣
海德拉巴
比賈布爾城
比賈布爾
阿拉伯海
默蘇利珀德姆
果阿
貝努孔達
毗奢耶那伽羅
邁索爾
京吉
卡利卡特
馬拉巴爾
坦賈武爾
斯里蘭卡
坎迪

復健康，隨後被奧朗則布軟禁在阿格拉堡，從他的房間裡可以看到亞穆納河畔的泰姬瑪哈陵。在他的女兒賈哈納拉（Jahanara Begum）的陪伴下，沙・賈汗繼續生活了八年時間，期間與他的兒子交換著言詞憤怒的信件。儘管王子和他們的兒子都死了，沙・賈汗的最後幾年也過得很悲慘，但奧朗則布的成功使蒙兀兒帝國的軍事成就和帝國輝煌得以延續。雖然具有破壞性，但蒙兀兒王子之間的繼承戰爭再次產生出最有能力的指揮官成為新的皇帝，奧朗則布證明自己是一位不知疲倦的戰士，他親自指揮軍隊，直到西元一七〇七年他去世的那一刻為止。

第七章

黃金時代裡的帝國文化

簡述

輝煌者蘇萊曼和沙・賈汗都認為自己是劃時代的人物，他們每個人都在心中將自己視為所羅門（先知蘇萊曼）般的人物，都是獨特的王朝個體。蘇萊曼認為自己是「伊斯蘭的偉大國王」；沙・賈汗則自稱「第二位吉星相會之主」（Sahib-i Qiran-i Sani，也就是帖木兒第二）。這兩位君王都建造出不朽的建築物以頌揚他的統治，並使之獲得正當性。在鄂圖曼帝國裡，蘇萊曼雇用帝國首席建築師錫南在伊斯坦堡和埃迪爾內建立起宏偉的帝國清真寺，從而宣揚蘇萊曼的威嚴，以及他支持的正統遜尼派伊斯蘭觀念；而在印度，沙・賈汗親力親為地監督著昂貴建築工程的推進，無論是位於喀布爾的巴布爾墓園裡的大理石圍牆，還是德里新皇城的建設，他都積極地參與建築工程。但這些建築工程的光輝都被泰姬瑪哈陵掩蓋了。在沙・阿巴斯一世之後的伊朗，沒有任何伊朗君主能夠和上面提到的兩位君主相提並論，甚至沒有哪個伊朗君主聲稱自己是第十二代伊瑪目的代理人或現身的先兆。在貧窮、政治上平靜的薩法維王朝後期，最重要的建築是蘇丹・胡塞因在伊斯法罕興建的新清真寺和宗教學院建築群，這是一個安靜美麗的小地方，建在沙・阿巴斯的大廣場附近。詩歌和繪畫在蘇萊曼和沙・賈汗的帝國就像在伊朗一樣持續發展，但十七世紀伊朗詩人薩伊布的作品才可稱為構成這個時代最重要的文學成就。他創作大量的詩集，代表許多評論家現在認為是具有影響力的印度風格文學的成熟高峰。

建築

鄂圖曼人：錫南和帝國建築的典範

鄂圖曼帝國黃金時代的偉大建築是帝國的清真寺，這些高辨識性的鄂圖曼風格建築保留了西元一三三三年在結構簡單的伊茲尼克清真寺中首次看到的圓頂方形結構核心，這項特點被稱為「貫穿鄂圖曼帝國建築的精髓」[1]。與鄂圖曼帝國早期歷史一樣，清真寺仍是帝國建築的重要代表；印度的情況則有所不同，清真寺的重要性不如紀念性陵墓。錫南（約西元一四九〇／九一－一五八八年）是十六世紀鄂圖曼世界最重要的建築師，由於他的長壽、地位和自傳著作，而成為前工業化伊斯蘭世界中最知名的建築師。身為一個德夫希爾梅的被徵召者，這位安納托利亞基督徒皈依了伊斯蘭教，與其他

1. Hillenbrand, Islamic Art and Architecture, 257.

許多年輕人一樣，起初被培訓成耶尼切里。他最重要的建築，伊斯坦堡的蘇萊曼清真寺（Süleymaniye mosque）和前鄂圖曼帝國歐洲首都埃迪爾內的塞利姆清真寺（Selimiye mosque），只是他在擔任蘇萊曼的工程總管期間（西元一五二〇—一五六六年）設計的一百多座建築中的兩座。他的辦公室是一個專門的政府部門，產生的建築工程計畫遍布整個帝國。[2]

錫南設計了紀念勝利的建築，在建築和政治意義上都大獲成功。在建築上的成功並不是因為他改變了鄂圖曼建築過去的樣貌，而是因為他以一種創造性的方式闡述早期的特徵。他設計的清真寺外觀「被認為成功顛覆了伊斯蘭清真寺建築標準中對內部裝飾的強調」，這一點異常重要，正如它們主宰了所在城市的天際線景觀。[3] 它們外觀上最突出的兩個特點是穹頂和宣禮塔。沒有裝飾的穹頂包括一個巨大的中央穹頂（central dome），被半圓頂（semi dome）和較小的圓頂被安置在高低不同的高度位置上對稱包圍著，從遠處看會產生大量磚石的層疊效果。以蘇萊曼清真寺的四根宣禮塔為例，錫南所設計的宣禮塔特別高，像鉛筆般又尖又細，是更早期的設計風格。一六一四年時，義大利旅行者皮埃特羅・德拉・瓦萊就曾對伊斯坦堡的清真寺讚不絕口，他說它們沿著城市的高度分布，是這個嘈雜城市的景觀中最令人印象深刻的建築。當時和現在一樣，這些清真寺主宰著伊斯坦堡的天際線景觀，穹頂和宣禮塔的高空奇觀令人驚嘆：

最引人注目的是清真寺，其中有四、五座清真寺是由土耳其的皇帝建立的。它們都建在高高的山丘上，因此從海面上可以看到它們的兩側，並且排成一排，每座都離得很遠，因而或多或少地遍布在整座城市的縱長上。它們都是用石頭精心建造的。在建築外觀上，彼此之間沒有什麼不同，每一座都是神殿的形式，既有方形也有圓形，就像米開朗基羅在羅馬設計的聖彼得大教堂一樣；我相信他們使用的是聖索菲亞大教堂的模型。[4]

在令人望而生畏、輝煌壯闊的帝國式外觀中，建築師錫南設計了巨大的開放空間，清真寺內部的色調比許多早期建築更加溫暖、明快。他使用帶有花草紋樣圖案的彩色瓷磚，讓建築物內部視覺活躍起來。在錫南的時期，這些瓷磚已經是在伊茲尼克，而不是

2. J. M. Rogers在Sinan (London and New Delhi: I. B. Tauris and Oxford University Press, 2006)中介紹這位建築師，但是關於錫南建築作品的文化歷史，Necipoğlu厚重、配有精美插圖的著作，是了解鄂圖曼建築不可或缺的佳作。見Necipo lu, *The Age of Sinan*。
3. 同上，21。
4. Della Valle, *The Pilgrim*, 8.

在伊朗製造了。然而，與早期帖木兒建築中使用的大量瓷磚相比，瓷磚在錫南的手裡仍然處於配角。在錫南的清真寺設計中，書法扮演了重要角色，他沒有採用更早時期的《古蘭經》和波斯詩句銘文一起出現的方式。他設計的清真寺幾乎只包含《古蘭經》的段落，宗教指導強化了蘇萊曼作為伊斯蘭偉大君主的自我形象。[5] 書法作品特意使用醒目的字體，對於識字的禮拜者來說，它們是可辨讀的，參加帝國清真寺的星期五聚禮的上層階級男性中的大多數人應該都能理解。至於可能是後來才添加上去、內牆上懸掛的巨大圓盤，也是鄂圖曼帝國清真寺與薩法維王朝和蒙兀兒王朝有所區別的一個特徵。這些圓盤用先知穆罕默德和前四位正統哈里發的名字來凸顯遜尼派伊斯蘭教的認同，這種書法是辨識遜尼派伊斯蘭最明顯的特徵。[6]

除了視覺效果以外，這些建築的作用還在於它們和拜占庭帝國歷史的聯繫，是鄂圖曼帝國輝煌的聲明，也是遜尼派穆斯林正統觀念為鄂圖曼王朝服務的象徵。正如伊本・赫勒敦在西元十四世紀所觀察到的，建築展現了一個王朝的權力，而穆斯林建築師，就像早期的非穆斯林建築師一樣，有意識地尋求超越以前統治者的成就。就伊斯坦堡而言，聖索菲亞大教堂為鄂圖曼人樹立不朽的宏偉標竿，錫南明確地做出使之黯然失色的努力，而且他在自傳體文章中聲稱，他已經獲得了成功：

對於這個時代的工程師和吉慶紀念建築的監督者來說，以聖索菲亞（Ayasofya tarzında）的風格／模式建造的建築很顯而易見的並不意謂著精緻……直到蘇丹的這位僕人完成了王子蘇丹穆罕默德尊貴的清真寺（即位於伊斯坦堡的王子清真寺）為止。願真主保佑他的墳墓。這座建築成為蘇萊曼・汗・蘇丹尊貴建築群的模型——願他的墳墓清淨無染。[7]

蘇萊曼清真寺是「第二位所羅門（蘇萊曼）所委託的新所羅門聖殿」，蘇萊曼的八角形陵墓緊挨著清真寺的入口，與蘇萊曼下令修繕的聖石穹頂的八角形設計相呼應，這座穹頂正位於穆斯林認定的所羅門聖殿原址上。[8]

錫南在解釋他的建築成就時，禮貌地提到了真主襄助和「征服各國的鄂圖曼家族的

---

5. Necipo lu, *The Age of Sinan*, 103-8.
6. 即使不是全部，但這種圓盤多半是後來添置在清真寺內部的。
7. 388 Gülrü Necipo lu引於"Challenging the Past: Sinan and the Competitive Discourse of Early Modern Islamic Architecture," *Muqarnas* 10 (1993), 172。
8. 同上，173。

吉祥君權和崇高願望」，但他並沒有詳細說明蘇萊曼清真寺建築群的宗教意義，該建築群是典型的庫利耶。[9]除了清真寺還包括醫院、公共廚房、安養院、醫學院、浴室、噴泉、四所伊斯蘭學校、一所《古蘭經》學校、一所專門研究聖訓的學校、公共浴室，最後還有蘇萊曼和妻子許萊姆的八角形陵墓，以及隱藏在不起眼角落的錫南本人的樸素墳墓。值得注意的是，在征服伊斯坦堡之前鄂圖曼帝國宗教建築裡的一個顯著特點——蘇菲旅舍沒有出現。[10]在這個庫利耶建築群中，蘇萊曼對遜尼派伊斯蘭教的體制承諾體現在專門的聖訓研究機構和四所相鄰的宗教學院中，分屬四個遜尼派伊斯蘭中的四個法律學派。[11]

這些宗教學院具體的帝國功能在其奠基的宗教義產契約中有明確定義，它們被描述為旨在「提升宗教和宗教學問上的事務，加強世間王權的運行機制並在後世獲得幸福」。[12]來自周邊市場裡的義產收入支持了教師和學生的開銷，以及供給清真寺的職能部門，例如每天早上為蘇丹祈禱的《古蘭經》誦讀者，以及負責講道和「為先知、聖伴、早期鄂圖曼蘇丹的靈魂以及當今蘇丹哈里發的國祚延續」而祈禱的教職人員。[13]

波斯的「印度之夏」；印度人的黃金時代

在建築以及政治和軍事方面，儘管沙・阿巴斯一世沒有把自己當成伊朗的所羅門王，但他的統治象徵薩法維王朝成就的頂點；對大多數伊朗君主來說，呼應前伊斯蘭時期的薩珊王朝就已足夠了。阿巴斯在伊斯法罕的新廣場和大道代表了他的偉大成就，皮埃羅・德拉・瓦萊對鄂圖曼帝國的伊斯坦堡和薩法維帝國的伊斯法罕進行了獨特的比較評估。他強調的建築差異反映出義大利人的偏見，也反映出鄂圖曼和伊朗文化的基本和獨特之處：伊斯坦堡的帝國清真寺和伊斯法罕的花園城市。

德拉・瓦萊講述他在西元一六一七年二月二十二日抵達伊斯法罕時的感受，作為一個熟悉廣場的義大利人，他對國王廣場和環繞它的市場作出特別的回應，並尖銳地評論

---

9. 同上，172。
10. 見上文第六章的內容。
11. 譯者註：分別為哈奈菲、沙菲儀、馬利克和罕百里學派。
12. Necipoğlu, "The Süleymaniye Complex in Istanbul: An Interpretation," 96.
13. 這個特別的義產機構仍然保存著精采細節。見Kemâl Edîb Kürkçüo lu, *Süleymaniye Vakfiyesi* (Istanbul: Vakiflar Umum Müdürlü ü, 1962)。

相對不那麼輝煌雄偉的薩法維清真寺。他描述的對稱性、水道和花園是伊朗物質、文學和藝術文化的象徵：

> 至於建築，整體而言比君士坦丁堡的要好，儘管它們沒有那麼高……總而言之，東方的建築非常好；而市場的話，首先要說，沒有哪裡比這有更好的市場了，它們建得非常精美、寬敞、有拱頂、勻稱、在建築上也很美觀……詳細地說，這裡沒有像突厥人在君士坦丁堡建造的那五、六座清真寺；但有兩樣東西，在我看來，就其種類而言，無論是在君士坦丁堡或基督教世界的任何地方，都沒法和這裡的相媲美。[14]
>
> 其中之一是主廣場……[15] 它完全被設計精美的對稱建築包圍著，沒有被街道或其他東西打斷，它有巨大的門廊，下面是商店的地板……如此大規模的和諧建築真讓人賞心悅目，儘管（羅馬）納沃納廣場（Piazza Navona）的房屋在我們看來更高，用我們的方式裝飾得更豐富，但它們缺乏規則性……我敢拿這裡的廣場放在納沃納廣場之前比較。在廣場的四面八方，離門廊不遠的地方，流淌著一條大的水道，優美筆直，兩旁有護欄……而在流水之外，朝向門廊的方向，延伸出一排非常密集而均勻的綠樹。當它們在幾天後長出樹葉時，我相信將是世界上最美麗的風景。

德拉瓦萊描述的「另一個值得注意的特徵」是鄰近的綠樹成蔭的四花園大道（Chahar Bagh Avenue）。大道的兩旁是公共花園和亭子，這是一個典型伊朗四花園的拉長版本，特點是在兩到三英里長的道路中間有一條石渠，上面有溪流和噴泉。時至今日，它仍像那個時代一樣，是一個供人在傍晚時分休閒散步的公共空間。[16]

阿巴斯一世之後的伊斯法罕

西元一六二九年沙・阿巴斯一世去世後，儘管沙・薩菲一世（西元一六二九—一六四二年在位）和沙・阿巴斯二世（西元一六四二—一六六六年在位）政府的統治確實象徵了一種「印度之夏」，薩法維伊朗其實並未經歷壯闊的征服或特別耀眼的建築黃

---

14. 正如德拉・瓦萊所注意到的，國王清真寺（今稱伊瑪目清真寺）在他造訪伊斯法罕的時候仍未完工。這大概可以部分解釋他對於清真寺做出的評論，他描述了位於阿里卡普宮殿對面的謝赫魯特法拉清真寺。這座清真寺的名字紀念的是一個我們在第三章的內容裡提過、來自黎巴嫩的什葉派宗教學者。
15. 伊斯法罕國王廣場的面積大約是威尼斯聖馬可廣場的七倍大。della Valle, *The Pilgrim*, 123，英文版編輯George Bull加註。
16. Della Valle, *The Pilgrim*, 124.

金時代。這兩位統治者雖然都是從後宮裡走出來的，但沙菲的統治最初由一位特別能幹和誠實的大臣管理，而沙．阿巴斯二世似乎在各方面都是一個正派、負責任的人，他不參與對外戰爭（除了從隔壁的印度奪回坎達哈），同時也努力、公正地管理國家。他在宗教上也很寬容，對基督徒尤其如此。他藉由建立對更多省分的直接控制來增加流入王室國庫的資金，並親自管理自己的財產。但他也像其他的薩法維和許多蒙兀兒王朝的統治者一樣，沉溺在酒精、毒品和後宮裡，並可能死於梅毒，當時只有三十九歲。除了這些常見嗜好，他的一項重大行政失誤是允許薩法維王朝的軍隊萎縮，這緩慢、持續的過程最終導致一七二二年薩法維王朝被阿富汗人終結。

阿巴斯二世國王時期最令人難忘的兩處建築遺跡是四十柱宮（Chihil Sutun palace）和哈紏橋（Khadju bridge）。宮殿是於西元一六四七年建成，離大廣場不遠，曾在當時的桂冠詩人薩伊布．大不里茲（Sa'ib Tabrizi）的詩中出現。它是一座大型的長方形建築，有一個高大的柱狀門廊（tâlâr），呼應大流士和薛西斯（Xerxes）統治時期阿契美尼德帝國的覲見廳，是用來舉行加冕儀式、外交接待和進餐的場合。[17] 沙．阿巴斯二世在一六四三年至一六四四年在位期間也建造了這種覲見廳，位於廣場旁的阿里卡普宮殿中類似的柱子區域。[18] 四十柱宮的門廊上有十八根柱子，後面還有兩根，它們的影子倒映在前方的水池中，「四十柱」的名字便是由此而來。在花園的環繞下，描述歷史事件的壁畫以及傳統的波斯宴飲場景，結合了傳統的波斯和歐洲風格。這些歷史畫作表現出薩法維人與東邊鄰國的關係，其中一幅畫作描繪了胡馬雍在伊朗受到塔赫馬斯普國王的接待。這些畫作可能反映出沙．阿巴斯二世對一六四九年從蒙兀兒人手中重新奪回坎達哈的關注。[19] 我們也許可以認為，四十柱宮的修建說明了阿巴斯二世自認為他的統治到達一種薩法維統治的黃金時代。[20] 至於構思精美的哈紏橋是建造在建築遺址之上，既為車輛服務，道路兩側一連串有屋頂的拱形通道也為行人服務。[21] 就像它的前身，由阿里．韋爾迪．汗（'Ali Verdi Khan）在沙．阿巴斯一世時期建造、連接伊斯法罕和亞美尼亞社區祝爾法的三十三孔橋（Sih u Sih Pul）一樣，哈紏橋也是一處富有想像力的城市聚會場所。從它有頂的人行道到河邊的石階，一直吸引著古往今來的人到這裡沉思、抽

17. Ingeborg Luschey-Schmeisser, "Cehel Sotûn, Isfahan," *Encyclopaedia Iranica*, Brill Online, 113.
18. Priscilla Soucek, " 'Âlî Qâpû," Encyclopaedia Iranica online, 871.
19. Sussan Babaie, "Shah 'Abbas II, the Conquest of Qandahar, the Chihil Sutun, and its Wall Paintings," *Muqarnas* 11 (1994), 134–6.
20. 同上，139。
21. 見德拉．瓦萊對於他在沙．阿巴斯一世時期看到橋的讚美：「至少和羅馬的任何一座橋同樣寬闊。」*The Pilgrim*, 127.

水煙和舉行家庭野餐。

除了這座橋以外，薩法維下半葉時期建造的另一座令人難忘的建築是俗稱「國王之母」（Mader-i Shah）的清真寺和宗教學院建築群。它建於十八世紀初，是在虔誠、無力主政的蘇丹·胡塞因國王統治時期建成，[22] 更常被稱為蘇丹尼（Sultani）或四花園伊斯蘭學校（Chahar bagh madrasa），和附近的街道同名。它似乎也是一個統治象徵，因為這所精巧可愛、典型環繞式的學院是在伊朗什葉派神學家變得非常有影響力時建造。其影響力超過國王作為個人，以及作為薩法維王朝早期的什葉、蘇菲的雙重領袖魅力。到了這個時期，薩法維人在宗教上的領袖魅力似乎已經完全消失了。這座清真寺和伊斯蘭學校作為薩法維王朝最後一個重要建築群，幾乎成為什葉派烏里瑪教權黃金時代的象徵。

「帖木兒第二」——沙·賈汗統治下的印度

與後來薩法維王朝的謙遜野心和衰落命運形成鮮明對比的，是沙·賈汗在整個帝國裡持續不斷進行的輝煌建設。他崇高的自尊、高雅的品味和雄厚的財力，使他有能力建造出許多美不勝收的世俗和宗教建築。對稱式大理石建築是經典的蒙兀兒風格。[23] 泰姬瑪哈陵只是沙·賈汗眾多保存完好的建築傑作中的一座，但也當之無愧地被人們認為是前工業化世界中實現完美設計的建築之一。這是一座耗時十二年、耗資五百萬盧比建造的帖木兒風格墳墓，也是鄂圖曼帝國、薩法維帝國和蒙兀兒帝國中最後一座偉大的穆斯林帝國建築。正如當時的史官阿布杜·哈米德·拉胡里（'Abd al-Hamid Lahauri）所說：「在這個和平的統治時期，建築工作已經到達如此地步，甚至讓那些難以取悅、周遊世界的人，以及在此無與倫比的藝術領域中的諸多傳奇大師也感到驚訝。」[24] 甚至連「傳奇的大師」錫南也會嘆為觀止。

---

22. Stephen Blake討論了它和其他位於伊斯法罕的薩法維建築，並且將它們定位在很實用的地圖上。見Stephen Blake, *Half the World: The Social Architecture of Safavid Isfahan, 1590-1722* (Costa Mesa, Cal.: Mazda, 1999), 159-63。

23. 見Ebba Koch對於沙·賈汗主要建築工程的詳述：Mughal Architecture, 93–124，以及她在著作中討論到對經典原則的嚴格遵守，見*The Complete Taj Mahal* (London: Thames and Hudson, 2006), 104–13。很難盡數十七世紀中葉蒙兀兒建築的數量，這些建築還包括位於塔內薩（Thanesar）一座令人懾服的瑪德拉沙（伊斯蘭學院），位於德里西北方向不到一百英里處，裡面有一座八角形的陵墓。見Subhash Parihar, "A Little-Known Mughal College in India: The Madrasa of Shaykh Chillie at Thanesar," *Muqarnas* 9 (1992), 175–85。

24. 摘自Koch, *The Complete Taj Mahal*, 84。

泰姬瑪哈陵在設計上與胡馬雍的八角形陵墓大致相似，但它們的比例結構不同，泰姬瑪哈陵具備諸多使其與眾不同的特色。它由閃閃發亮的白色大理石包覆，建造在一個氣勢恢宏的大理石高台之上。建築外牆上裝飾著花草紋樣浮雕，上面有一個花苞形的穹頂，這種造型的穹頂可能來自於德干地區的建築。穹頂附近的四座亭子與胡馬雍的陵墓相似，但建築兩側的四根宣禮塔卻不是早期印度—穆斯林建築的典型，可能受到鄂圖曼帝國的啟發。[25] 蒙兀兒人並未在此使用薩法維建築和早期帖木兒建築特有的彩色瓷磚。相反的，泰姬瑪哈陵的外觀在入口處裝飾著精美的《古蘭經》經文，這在鄂圖曼和薩法維宗教建築中也很常見，但它的特點是用寶石鑲嵌在整個大理石結構上的精緻花卉圖案。印度工匠從歐洲工匠那裡學到這種義大利的鑲嵌技術（pietra dura）。這種技術早在十四世紀就可見於佛羅倫斯的建築上，蒙兀兒工匠還將它應用在沙·賈汗後來的王座大廳之中。泰姬瑪哈陵的兩側是一座小型清真寺和接待廳，都是用紅色砂岩建造的，上面鑲嵌著大理石和三個白色大理石的洋蔥型穹頂。這三座建築都位於一個典型的四花園的尾端，經由巨大的門樓進入，門樓上裝飾有自己的亭子、《古蘭經》銘文和白色大理石的鑲嵌裝飾。[26]

設計者在泰姬瑪哈陵的外面規劃了一座廣場，由兩條相交的集市街道分成四個部分，建造四座商隊客棧。沿著街道修建的商隊客棧和商店是養護泰姬瑪哈陵建築群的必要條件，因為它們構成了義產的一部分，用於支付建築物的維護工作和支付工作人員的工資。從附近三十個村莊裡徵收上來的土地收入則是除了租金之外不可少的補充。在財務方面，泰姬瑪哈陵建築群與鄂圖曼帝國的伊斯坦堡和薩法維王朝的伊斯法罕相似，清真寺、陵墓、市場以及宮殿構成穆斯林帝國城市的標準建築群，由商店和村莊為義產基金會提供收入。這種商業綜合體的經濟影響也很相似，它有助於將已經很繁榮的帝國首都變成主要的商業中心。阿布杜·哈米德·拉胡里就描述了這樣一幅場景：

> 在這些商隊裡，他們買賣來自各個地方的商品，來自各個國家的各種貨物，時下的各種奢侈品，以及文明和舒適生活所必需的東西從世界的各個角落匯聚而來。在商隊客棧的後面，商人建造許多堅固的房屋（manazil-i pukhta）和商隊驛站。這個為永恆而建立的繁榮居住地已經成為一個大都市，稱為蒙穆塔茲阿巴德（Mumtazabad）。[27]

25. 同上，180。
26. 就在泰姬瑪哈陵的河對面，有一座令人愉快的花園，名叫月光花園（Mahtab Bagh）。可能因為它太常被洪水淹沒，這座花園就被後人遺忘了，直到一九九〇年代的印度考古調查才又被重新發現。見 Moynihan, *The Moonlight Garden*。
27. Koch, *The Complete Taj Mahal*, 257.

儘管並非「永恆」，但沙・賈汗至少主持了一個短暫的歷史時刻。在這個時期裡，巴布爾最初征服印度的目標，在其後代「文明和舒適的生活」中得以充分實現。

詩歌

鄂圖曼人：馬赫穆德・阿卜杜・巴基「文明而舒適的生活」和奈伊利的印度風格詩歌

從沙・賈汗在位時期的很久之前，一直到蘇萊曼在位的時期，許多鄂圖曼帝國的官員和官僚體制內的知識分子都享受著「文明和舒適的生活」。對於那些有幸出生在伊斯坦堡的人來說尤其如此，在這座城市裡，他們可以接受優秀的宗教學院教育和皇室的贊助。馬赫穆德・阿卜杜・巴基（Mahmud ʻAbd al-Baki，生於西元一五二六年）就是這樣一個人，他的一生跨越了鄂圖曼帝國的黃金時代，他的詩歌在很多方面都反映出這個時代的特徵。他出生在一個相對貧窮的家庭裡，但仍然屬於知識階層。他的父親在地位顯赫的法提赫清真寺（Fatih mosque）裡擔任穆安津（muezzin，宣禮員）的職務，他後來進入一所瑪德拉沙接受教育，並在那遇到一些鼓勵他發揮文學天賦的詩人和學者。阿卜杜・巴基在二十多歲時顯然已經成為一名優秀的詩人，當蘇萊曼於西元一五五五年從伊朗戰役中歸來，阿卜杜・巴基為這位蘇丹獻上一首頌詩。蘇丹的讚賞讓阿卜杜・巴基有機會進入宮廷和帝國的貴族階層。他成為蘇萊曼的文學夥伴，與蘇丹交換詩句，甚至被要求糾正蘇丹的詩歌。阿卜杜・巴基的政治靈活性與他的文學技巧不相上下，因此也能夠成功地在鄂圖曼帝國宮廷生活的險灘上遊刃有餘，並得到蘇萊曼的兩位繼任者的贊助。在蘇萊曼去世後，他被任命為麥加和伊斯坦堡的法官，之後又被提升為安納托利亞和魯梅利亞（Rumeli）的軍法官。穆罕默德三世認定他是「Sultan al-shuʿara」——詩人中的蘇丹（桂冠詩人），他在西元一六〇〇年去世時享受到舉行國葬的禮遇。[28]

馬赫穆德・阿卜杜・巴基和他同時代的歷史學家和詩人穆斯塔法・阿里一樣，是真正的鄂圖曼帝國的知識階層人士。阿卜杜・巴基的母語毋庸置疑是突厥方言，但在他六歲左右開始接受正式教育後，他應該學了阿拉伯語（穆斯林的宗教語言）和波斯語（高級文學和宮廷語言）。[29]他的詩歌是用複雜且高度波斯化的宮廷語言形式寫成，被稱為

28. Fahir İz, "Bâkî, Mahmûd ʿAbd al-," *Encyclopaedia of Islam* II, Brill Online.
29. 請參考Fleischer對於穆斯塔法・阿里的受教育情況的論述，"The Making of an Ottoman," *Bureaucrat and Intellectual in the Ottoman Empire*, 13-40。

鄂圖曼語，這種突厥方言對於安納托利亞農村的農民和游牧民來說是難以理解的。他和阿里一樣，可能也喜歡「酒館中的放蕩」，在那裡，年輕人可以放縱青春期的衝動，「有時是對漂亮的女孩，有時是對英俊的男孩。」[30]阿卜杜・巴基和伊斯法罕或德里有抱負的詩人一樣，參加過伊斯坦堡的文學雅集，在那裡遇到其他的作家和學者。在他的一生中，甚至在他被任命為重要的宗教法官之後，他一直都被稱為是一個善於交際、有魅力的人，他樂於與有學問、有智慧的朋友交往。與鄂圖曼帝國的許多其他菁英階層成員以及與他們同時代的伊朗和印度人一樣，阿卜杜・巴基似乎既不是循規蹈矩的正統主義者，也不是熱情的虔誠者，正如他的一首加札勒所顯示的。這首詩與許多讚美性的頌詩一起構成他詩集中的大部分作品：

如果我聽從鎮上聖徒的建議，

那麼春天、心愛的人和愉快的酒怎麼辦？[31]

在他用鄂圖曼語寫作之前的幾個世紀裡，這些情感和語彙一直是波斯詩歌的主要內容，當烏爾都語在十八世紀取代波斯語在印度穆斯林中的地位時，它們也再次出現在烏爾都語中。無論詩人的個人傾向如何，他們都會寫這樣的詩句，對別的詩人來說，這些詩句可能會被認為是一種文學套路而已。在阿卜杜·巴基的案例中，這些詩句可以認真對待，並且是帶著他自己的幽默感加以認真對待，因為這些文字似乎準確地反映出他的社會傾向。

詩人奈伊利（Na'ili）大約生於阿卜杜·巴基七十五年後的一六一〇年左右（卒於西元一六六六年），遠在穆斯塔法·阿里和其他人開始哀嘆鄂圖曼帝國衰落之後。他提供了一個知識分子階層詩人的反例，職業、前景和風格都非常不同。奈伊利的父親是礦業局的小官僚，他的兒子在完成瑪德拉沙裡的教育後，整個職業生涯顯然都待在礦業局。他是一位多產的詩人，也是重要的哈勒維迪蘇菲道團成員，和阿卜杜·巴基一樣，他也為鄂圖曼帝國的菁英階層成員寫過頌詩，但與政治上成功的前輩不同，奈伊利從來沒有吸引到過王室的青睞或世俗、宗教官員的支持。他的不成功是由於他的加札勒特質截然不同，不能簡單地歸因於鄂圖曼帝國政治財富的下降，而是由於奈伊利自己內向的個性，他未能吸引贊助，也未受到在伊朗和印度的印度風格作家的影響。薩法維和蒙兀兒詩人的隱喻語言「使他能夠創造出一種必須根據其自身術語來理解的反詩學

30. 同上，23。

31. Andrews et al., *Ottoman Lyric Poetry*, 96.

（counter-poetics），這種語言在後來的十七和十八世紀的鄂圖曼詩人中被證明是具有影響力的。」[32]然而，無論個人、職業和文學的影響如何，這些「反詩學」在奈伊利的一首詩中表現得很清楚，他利用花園和愛人——無論是實際的愛人還是神，痛苦地嘲笑自己的命運：

> 哦，奈伊利，從財富的黑色花園的樹苗上
> 既不長出慾望的花蕾，也不長出憧憬的玫瑰。

在這種文學文化中，花園總是象徵著希望結合的戀人或尋求真主的蘇菲，鑑於這首詩中這種相反的意象，很容易理解為什麼他不受歡迎。「他整體的詩歌策略是深刻顛覆性的。」[33]

無論這一、兩個人在當時或後來是多麼具有影響力，僅透過對這兩位詩人的簡單介紹，不可能充分展現出鄂圖曼帝國文學文化的多樣世界或是任何一個社會的文學文化。例如，阿卜杜．巴基的同時代人福祖利（Fuzuli，西元一五五六年卒）雖然被認為是鄂圖曼帝國的詩人，但他是一個來自伊拉克的什葉派。他不僅以東突厥方言創作詩歌，還以阿拉伯語和波斯語寫作，並為薩法維王朝和鄂圖曼王朝提供詩歌，他呈送詩歌作品的

對象取決於是哪個國家控制了他的家鄉。除了這種複雜的情況，詩歌還為鄂圖曼帝國的文人提供許多不同的用途。它是一種常見的友好交流手段，就像同時代的中國士大夫的做法一樣。

鄂圖曼人和他們的波斯語文學同胞一樣，也運用詩歌表達神聖和世俗的愛情，諷刺他們的敵人，讚美他們潛在或實際的贊助者，並將寫詩作為傳達重要思想或資訊的一種著名方式。許多詩歌，特別是加札勒，都是唱出來的，而且是在樂器伴奏下唱出來的；正如我們所看到，最受歡迎的詩歌是藝術書法的靈感來源，也是插畫手抄本的主題。大多數有文化的男子都是詩人，有些婦女也是如此。黃金時代詩歌的形象和主題維持了它們的流行，甚至在奈伊利和其他人嘗試使用印度風格，或是像奈伊利一樣開始在詩中加入流行的伊斯坦堡歌曲時亦然。[34]

---

32. Walter Feldman, "The Celestial Sphere, the Wheel of Fortune, and Fate in the Gazels of Naili and Baki," *International Journal of Middle East Studies* 28, No. 2 (May 1996), 199 and n. 21. 作者在注釋中引用了土耳其學者Ipekten對於印度風格對奈伊利詩歌作品構成之影響的研究。

33. 同上，212。

34. 同上，198。

伊朗：大不里士的薩伊布和印度風格的勝利

薩法維伊朗的波斯詩歌也同樣多樣化。雖然在一五五〇年代時，塔赫馬斯普的「真誠懺悔」使他正式屏棄了傳統的宮廷文化，但伊朗主要城市裡（例如赫拉特和舍拉子）的省長或總督仍然會資助音樂家、畫家和詩人。儘管如此，這些城市和其他城市的許多詩人最終還是移民到印度。他們出於各種個人、社會、宗教或經濟上的原因離開故土，幾乎都被德干和蒙兀兒宮廷的財富和折衷主義所吸引。這種趨勢甚至在沙・阿巴斯一世更有利的開明統治中仍然持續，這位國王利用伊朗的有限資源著手解決該國驚人的經濟、政治和軍事問題。他最喜愛的作家之一考薩里（Kausari）在他的作品中解釋了許多伊朗詩人不滿的經濟原因，他寫道：

> 在這個國家，沒有言論的買家，
> 沒有人關注言論的市場。[35]

十七世紀中期的移民詩人阿什拉夫・馬贊達拉尼（Ashraf Mazandarani）的父親曾和伊斯法罕的馬吉利西家族聯姻，他在詩中描述了印度的經濟吸引力：

> 從伊朗來到印度的人都會想像，
> 在印度，黃金就像夜空中的星星一樣散落各地。[36]

文學移民的數量有如過江之鯽，這些逐利的詩人被稱為「印度商隊」，但伊朗的詩人資源並沒有因此被掏空。在薩菲一世和阿巴斯二世較為平和的統治時期裡，伊朗的詩歌再次興盛起來，當時有許多知名的作家居住在伊斯法罕。米爾札·穆罕默德·薩伊布·大不里茲（Mirza Muhammad Sa'ib Tabrizi，西元一九五二—一六七六年）是這些作家中最有影響力的人物，他現在被廣泛認為是薩法維歷史上最偉大的詩人。儘管他出身自一個富裕的商人家庭，但也在西元一六二四／二五年移民到印度；七年後，他年邁的父親來到德里要求他回家，他同意了，並在伊斯法罕度過餘生。儘管沙·阿巴斯二世認定薩伊布為「詩歌之王」（Malik al-shu'ara，桂冠詩人），但他從來不是一個真正的宮廷詩人。他擁有的財富使他獨立於皇家或貴族的支持，但他也為印度和伊朗的贊助人寫過頌詩。眾多繁榮的伊斯法罕商人和官僚可能聚集在他的身邊，或許還有在伊斯法罕眾

35. 引自Ghani, *A History of Persian Language and Literature*, II, 168。

36. Guchin-i Ma'ani, *Karvan-i Hind* (Tehran: Intisharat-i quds-razavi 1369/1970), I, 71.

多的咖啡館或酒館中與他一起抽菸、喝咖啡或喝酒的文人朋友。[37]

薩伊布長壽而舒適的生活使他可以自由地創作出大量詩篇。他所創作的七萬五千行詩句中大部分都屬於加札勒，這種詩體在當時仍然是波斯語和突厥語詩人最重要的詩歌形式。在他的一生中，以及在他去世後的至少一個世紀之內，伊朗人開始對薩伊布的詩作大加讚賞。到了後來，尤其是在十九世紀時，他的作品由於有別於哈菲茲和薩迪的「經典」詩句的新奇特點，這些作品都受到嚴厲批評，並最終遭到忽視。就在那時，「印度風格」這個用來嘲笑新式詩歌的稱呼被發明出來，許多伊朗評論家將之與印度作家連結，或歸咎於印度作家。從許多伊朗知識分子的角度來看，他們代表了「純粹」伊朗文化一種骯髒或墮落的形式。事實上，正如我們所看到的，菲加尼等作家是這種風格的始作俑者，但在十七世紀中後期，薩伊布是其最負盛名的代表，「薩伊布作為一個詩人，在波斯、印度、中亞和土耳其的知名度是當時任何其他波斯語詩人所無法比擬的。」[38]

薩伊布熟悉阿克巴時代早期印度風格詩人法伊茲、納齊里等人的波斯語詩，並對他們讚賞有加：

哦，薩伊布，你應該和納齊里比肩！

烏爾菲遠不及納齊里！[39]

他將自己的詩歌歸類於「新鮮風格」，陶醉於新的主題和「不熟悉或陌生的概念」，他還將流行口語引入加札勒的語言中。[40]如下面的詩句，他暗示自己的創新：

薩伊布，一個拿著
陌生和外來主題的人，
完全從世俗的熟人中
抽身而去了。[41]

37. Rudi Matthee, *The Pursuit of Pleasure: Drugs and Stimulants in Iranian History 1500-1900* (Princeton University Press, 2005), 165-72.
38. Ghani, *A History of Persian Language and Literature*, 290. 另見M.F. Köprülü, "Literature, the Eighteenth Century," "Othmânli," *Encyclopaedia of Islam II*, Brill Online。
39. 同上，73。
40. Paul Losensky, "Sa'eb of Tabriz," *Encyclopaedia Iranica* online, 6, 7.
41. Shamsur Rahman Faruqi, "A Stranger in the City: the Poetics of *Sabk-e-Hindi*," PDF file, Google Scholar, online.

在另一首詩中，他對那種令許多後來的讀者望而卻步的微妙主題表達出喜悅：

對我們來說，奢侈的時刻，是把精細和微妙的主題掌在手；因為沒有別的東西是
新月，它預示著，
思考著微妙思緒的人們的節慶。[42]

他認為，他的想法是如此微妙，讀者根本無法猜測。他還寫道：

繪畫，在無聲的驚嘆中
對畫家的狀態一無所知，
不要要求畫在布上的人物
會透露隱藏的意義。[43]

在印度的印度風格：迷一般的比迪勒（Bidil）

就如同鄂圖曼帝國和薩法維伊朗，印度的文學界也是多元的，不可能用單一文學家

的案例就能完滿地體現。伊斯坦堡和伊斯法罕的咖啡館文化似乎從未到達阿格拉或德里的程度，印度的眾多宮廷、蒙兀兒貴族的財富吸引了如此多的伊朗人，保證了充滿活力之文學傳統的延續性，在阿克巴的晚年表現得非常明顯。伊朗詩人向印度的移民潮一直持續到最後一位偉大的蒙兀兒統治者奧朗則布的苦修眼光之下才開始減少，賈漢吉爾和沙・賈汗統治時期的桂冠詩人都是來自伊朗的移民。

米爾札・穆罕默德・塔利布・阿穆里（Mirza Muhammad Talib Amuli，卒於西元一六二六／二七年）在一六一八年成為賈漢吉爾的桂冠詩人。他來自馬贊達蘭的阿穆爾（Amul），可能是什葉派信徒，他為紀念沙・阿巴斯一世而寫了頌詩，但在伊朗並不太成功，這顯然促使他像許多人一樣去了印度。與當時的許多其他詩人一樣，他主要也是創作加札勒，在這些詩歌中，他嘗試使用新奇的比喻和隱喻，使得十八世紀時的伊朗評論家阿里・貝格・阿札爾（'Ali Beg Azar）在其著名的作品《火之屋》（*Atashkada*）中貶斥他的寫作。[44] 阿里・貝格同樣對米爾札・阿布・塔利布・卡利姆（Mirza Abu

42. 同上，32。這裡提及的節慶是指開齋節（Id al-fitr或Id al-saghir，象徵度過齋月）and its beginning is determined by the position of the moon.或古爾邦節（Id al-adha，紀念亞伯拉罕／易卜拉欣為真主宰牲）。
43. 同上，36。
44. Munibur Rahman, "Talib Amuli," *Encyclopaedia of Islam* II, Brill Online.

Talib Kalim，西元一五八二—一六五一年）的作品不屑一顧，他是沙・賈汗的桂冠詩人。卡利姆也是一名來自伊朗的移民，他從卡尚（Kashan）去印度，在加入沙・賈汗的宮廷之前，曾到過德干。與早期的宮廷詩人一樣，他寫了一些頌詩稱頌贊助人的勝利，但他也創作了大量的其他詩篇，受到同時代人的廣泛讚譽。[45] 然而，他也用「新鮮風格」寫作，阿里・貝格說他：「他有一段時間在哈馬丹。最後他去了印度，並在那裡為沙・賈汗服務多年。他擁有各種詩篇，但在瑪斯納維詩（masnawi）、頌詩、魯拜詩方面並沒有什麼值得稱道的。」[46]

然而，後來的伊朗人對這些作家的反感，與他們對在印度出生的詩人比迪勒（Bidil）的反應相比，就顯得微不足道了，在他們看來，比迪勒是印度風格最極端的代表，也是最晦澀難懂的詩人。[47] 對比迪勒的詩作進行分類或追溯其前身是很困難的一件事，因為他至少在早期生活中是一個瘋癲的神祕主義者，一個精神流浪者（qalandar），一個堅定地拒絕宮廷任命和拒絕寫頌詩的人。[48] 比迪勒是帖木兒的巴魯刺思（Barlas）部族的後裔，西元一六四四年出生於印度巴特那（Patna），本名為米爾札・阿布杜・卡迪勒・伊本・阿布杜・哈利克（Mirza ʻAbd al-Qadir ibn ʻAbd al-Khalik）；去世於西元一七二四年。在十幾歲時，他在孟加拉和奧里薩展開精神追求，並最終前往德里，在那裡，他成為一位退隱者（majzub）的弟子，他放棄所有世俗的牽掛以尋求神恩。比迪勒寫下數以千計的詩句，其中許多仍未得到編輯或出版，他的作品在二十一世紀的阿富汗、烏茲別克和塔吉克有廣泛的讀者。他一些作品的標題——〈諾斯底主義〉（'Irfân）、〈微妙之處〉（Nikât）、〈魅力之符〉（Tilisim-i hayrat）——暗示了大部分詩作的神祕複雜性。雖然比迪勒和他的一些文學前輩一樣，寫的是「新的意涵」和與溝通有關的問題，他也專注於蘇菲對精神結合的追求。他許多謎一樣的詩作似乎表達出他在描述自己無法表達的精神狀態方面的挫敗感。比如：

一個從白中知道有黑的學者，
不要相信它會知道真主的奧祕，

45. 見一首寫於一六三一年、慶祝蒙兀兒人的頌詩，當時有三十多個阿富汗敵人的首級被送到阿格拉。Begley and Desai, eds., *Shah Jahan Nama*, 57.
46. Ghani, *a History of Persian Language and Literature*, I, 295.
47. 近年來伊朗人似乎變得對他更寬厚了，他們於二〇〇六年在德黑蘭舉行了一場關於比迪勒的國際會議（International Congress on Bidil）。見BBC波斯語網站二〇〇八年三月三十日對這場會議的描述。
48. 關於他的作品清單，見D. N. Marshall, "Bidil, Mîrzâ 'Abd al-Qâdir," *Mughals in India: A Bibliographical Survey* (Bombay: Asia Publishing House, 1967), 114–15。

因為這奧祕是需要被知道的。我說一句話，
但只是在我達到完美至善之後。
當你不理解的時候，便理解了。[49]

或者在下面的詩句中再次提到的：

呀！如此多的意義
被無意識的、外來的語言所阻擋，
它們所有大膽的美
都隱藏在神祕的面紗後面。[50]

繪畫

鄂圖曼人：現實主義的戰鬥場景，刻板的肖像畫

咸認鄂圖曼繪畫的古典或黃金時代是西元十六世紀末的蘇丹蘇萊曼及其直接繼承人

的統治時期，但與許多其他地方的藝術繁榮期一樣，蘇萊曼時代的藝術是前期發展的成果。透過建立繪畫之家和任命第一位屬於他的「王書」作者（ahnameci），穆罕默德二世為鄂圖曼帝國的細密畫藝術奠定了制度基礎，但塞利姆一世對大不里士的征服，也為鄂圖曼帝國的藝術發展（瓷磚和繪畫）提供強大的起始動力。這是因為鄂圖曼人在大不里士的勝利導致大量伊朗人遷移到伊斯坦堡，他們為十六世紀的鄂圖曼藝術提供第一批生產者。[51]

大量的伊朗藝術家從赫拉特途徑大不里士，或從大不里士、舍拉子，進入伊斯坦堡的宮廷畫坊中，再加上來自先前的白羊和帖木兒統治者的私人藏書，以及塞利姆一世從薩法維人手中得來的藏書，促成了我們所觀察到隨後爆發的巨大創作能量。[52]

49. Faruqi, "The Poetics of Sabk-i Hindi," 36. 見A. S. Bazmee Ansari, "Bîdil, Mîrzâ ʻAbd al-Kâdir b. ʻAbd al-Khâlik Arlâs (or Barlâs)," *Encyclopaedia of Islam* II, Brill Online。
50. Faruqi, "The Poetics of Sabk-i Hindi," 39.
51. 直到十六世紀中葉，伊茲尼克才取代帖木兒式設計，成為鄂圖曼帝國裝飾瓷磚的樣式。見Gülrü Necipo lu，"From International Timurid to Ottoman: A Change in Taste in Sixteenth Century Ceramic Tiles," *Muqarnas* 7 (1990), 136-70。
52. Atıl, "The Art of the Book," 164.

在蘇萊曼統治時期，繪畫之家（宮廷畫坊）中的藝術家製作了五十多部手抄本，其中四分之三是波斯經典文學作品，其餘大部分是當代歷史事件，這是鄂圖曼帝國歷史編纂學的代表性體裁，也是早期和古典鄂圖曼國家獨尊尚武精神的再次體現。[53]後來的繪畫體裁還包括詩歌選集的插畫，這種類型的插畫最早見於西元十五世紀中期的舍拉子。十六世紀晚期的一本鄂圖曼帝國加札勒詩選中，包括阿卜杜・巴基、海雷提（Hayreti）、女作家米赫里・哈敦（Mihri Hatun）和印度—波斯作家祖胡里（Zuhuri）等知名鄂圖曼帝國詩人的作品。[54]

從風格上看，許多甚至大多數早期手稿都是以大不里士風格處理的，這種風格綜合了帖木兒和白羊的影響。這些手稿中包括帖木兒時代後期來自赫拉特的藝術家作品，例如在赫拉特製作的納瓦伊和賈米圖文並茂的詩集，這些藝術家以突厥語和波斯語創作，另外還有內札米的《五卷書》和菲爾多西的《列王記》。鄂圖曼突厥人對他們只是複製伊朗詩句、繪畫和書法而沒有自己的創造力的指控十分敏感，有人甚至會為他們的版本做出辯護。因此，十六世紀的文學史家塞希・貝格（Sehi Be，卒於西元一五四八年）在談到詩人夏伊（heyi）對內札米的《霍斯陸和席琳》的改編時寫道：

為心愛的人脫去波斯人的服裝

他立即給她穿上魯米〔安納托利亞人〕風格的衣服。
從她／他的肩上取下破舊的布，
他以魯姆的綢緞代替了它。[55]

然而，早在西元一五三〇年時，就有藝術家為內札米的《五卷書》製作以伊朗風景為背景，但展示當地建築風格的插畫。畫家們創作出越來越多具有鄂圖曼風格的作品，不僅是因為這些作品中的人物都穿著鄂圖曼人的服裝，在鄂圖曼的建築中穿梭，更因為他們對波斯經典故事的渲染更加逼真。[56]

---

53. 鄂圖曼人和菁英階層都會收集有插畫的波斯語手抄本，而且在十六世紀時，很多人都擁有在舍拉子製作的手抄本。見Lâle Uluç, "Selling to the Court: Late Sixteenth-Century Manuscript Production in Shiraz," *Muqarnas* 17 (2000), 73–96。

54. J. M. Rogers, *Empire of the Sultans* (London: Nour Foundation, 2000), 242. 祖胡里（西元一六一六年卒）曾經受到薩伊布的讚揚，他先是為沙・阿巴斯寫作，然後如同很多伊朗人一樣移居印度，在德干地區的比賈布爾蘇丹國度過餘生。他的詩作也以偏離古典規範的新風格為特色，因此可以被歸入一般的印度風格詩人中。

55. 摘自Serpil Bagci, "From Translated Word to Translated Image: The Illustrated ehnâme-i Türkî Copies," *Muqarnas* 17 (2000), 162。

56. 同上，171。

寫實主義也是歷史繪畫流派的突出特點，畫家不僅描繪沙場上的戰鬥，還製作詳細、準確的城市和堡壘圖以及鄂圖曼世界的地理圖。西元一五五八年製作的《蘇萊曼之書》（Süleymanname）便以寫實主義為特點，這部作品記載西元一五二〇年至一五五八年的統治史，是「第一部偉大的鄂圖曼歷史手抄本」，它開啟了「舍拉子的裝飾細節、土耳其人物的風格和鄂圖曼敘事傳統的融合過程。」[57]這部作品定義了本世紀後半葉的歷史繪畫規範，以宮廷和戰鬥場景為特色——作品中的歐洲人由一位常駐歐洲的藝術家準確地呈現出來。在由五位藝術家共同完成的六十九幅畫作中，有一幅描繪徵召年輕基督徒兒童為德夫希爾梅的場面，這些兒童將會皈依為穆斯林並為朝廷服務。[58]後來這一類君王之書的作品很多，例如史官賽義德・魯格曼（Seyyid Lokman）在西元一五六九年至一五九五年期間擔任職位時製作的君王之書。西元一五九二至一五九三年，魯格曼還創作了另一種類型的現實主義繪畫，即他的《慶典之書》（*Surname*）中的插畫，這是一部慶祝皇室出生、婚禮和割禮的作品，這些儀式性事件在伊斯坦堡的街道上公開展現鄂圖曼帝國的輝煌偉大。[59]此外，魯格曼還為著名的鄂圖曼帝國蘇丹系譜（Kifayet al-İnsaniye fi email-i Osmaniye）撰寫文本。然而，這份蘇丹系譜中的插畫是此類型的第一批畫作，屬於單獨、個人化的皇家肖像畫，它們既不算是寫實主義，也不能和蒙兀兒繪畫中表現出的心理複雜性相比較。

藝術家納卡什・奧斯曼（Nakkaş Osman）為這個系譜繪製了十二幅肖像畫，其中最早的四幅畫中，肖像完全是憑空想像出來的，其他的則是根據大維齊爾索科魯・穆罕默德・帕夏（Sokollu Mehmet Pasha，西元一五七九年卒）提供給他的威尼斯肖像畫為基礎創作出來。他為後來的幾位蘇丹描繪了明顯的面部特徵，模仿威尼斯人的原作，連姿勢都和威尼斯肖像畫中人物完全相同，身上穿著逐漸變得更優雅的服裝，反映出帝國的日益強盛。儘管納卡什・奧斯曼採用威尼斯原作的肖像畫，但他沒有採用義大利人的藝術慣例，這些慣例在穆罕默德二世統治時期是可以接受的，當時鄂圖曼帝國的宮廷更為多元國際化，與蘇萊曼及其繼任者在位時日趨嚴謹的哈奈菲學派遜尼伊斯蘭精神形成對比。這些肖像畫是為搭配魯格曼的文字而繪製的，它採用伊斯蘭的面相學（Islamic science of physiognomy），將面部和其他身體特徵作為內在性格的反映。用他的話說，每個鄂圖曼帝國的蘇丹都是一個「神聖靈感的倉庫，他們每個人的先天才能各不相

57. Denny, "Dating Ottoman Turkish Works in the Saz Style," *Muqarnas* 1 (1983), 106.

58. 同上，174。

59. Esin Atıl, "Levni and the Surname: The Story of an Eighteenth Century Ottoman Festival," *Muqarnas* 10 (1993), 181–2.

同。」[60] 這些畫作和隨附文字的目的是美化鄂圖曼王朝的血統世系，此世系因國祚長久而獲得統治正當性。相比之下，蒙兀兒王朝的阿克巴和他的繼任者製作的皇室肖像畫則說明了他們無懈可擊的統治血統，他們的家譜有的追溯至帖木兒，有的則是追溯至神話中感光受孕的蒙古女性祖先阿蘭豁阿（Alun Gua）。[61]

伊朗細密畫傳統鄂圖曼化的明顯例外之一是當代奇異的薩茲風格（Saz style），這個名稱源自於其作畫工具包括蘆管筆（saz qalami）。來自伊朗的藝術家又一次與伊斯坦堡培養出的風格有所關聯，有兩位伊朗藝術家：沙．庫里（Shâh Qûlî或 ahkuli，卒於西元一五五五／五六年），他是塞利姆征討大不里士帶回來的藝術戰利品之一；另一位是沃利江（Walî Jân或Velican），他是在本世紀的晚些時候，也許是西元一五九九年到達伊斯坦堡的。薩茲風格的繪畫代表一種中國風格，帖木兒、薩法維和鄂圖曼人稱其為「中國（契丹）風」（hatayi或khatâ'î）。這些圖畫的特點是受中國藝術風格影響的茂盛樹葉、藤蔓和花朵、帕麗（peri，仙女）和其他神話生物，以及最重要的龍。鄂圖曼畫家對這種風格的使用代表中國藝術影響的西漸，這種影響在蒙古時代十分盛行，並在帖木兒的世紀復甦。這種風格的成熟例證之一可以在《蘇萊曼之書》的裝訂上看到。薩茲風格的圖畫在鄂圖曼帝國的藝術中持續到十六世紀末，並在一六三〇年代得以復甦，一直到十八世紀仍有出產。這種風格不僅存在於圖畫中，而且「從這些紙面的圖像中衍生出來……可說出現在所有的鄂圖曼裝飾藝術形式中，從書籍裝訂到紡織品、地毯、金屬製品、石雕和陶瓷皆然。」[62]

雖然鄂圖曼帝國和歐洲國家存在緊密的聯繫，但是古典時期的鄂圖曼繪畫缺少一個在十六和十七世紀的伊朗和印度都可以找到的來自歐洲藝術的實質性影響。[63]只有在一七二〇年代，也就是所謂的「鬱金香時期」（Tulip Period），歐洲的影響才出現或重新出現，當時繪畫之家的復興促成了鄂圖曼藝術的第二個經典時代。[64]特別值得注意的是，鄂圖曼人早先曾試圖僱用義大利文藝復興時期的藝術家，但他們對西方藝術慣例的興趣卻進展得相當緩慢。這也許是由於鄂圖曼人和東歐各國之間的長期敵對狀態，以及鄂圖曼人強烈的遜尼派正統觀念——與早期蒙兀兒人放任的宗教態度形成對比。無論如何，就在納卡什・奧斯曼創作他的鄂圖曼帝王肖像畫時，阿克巴的畫家開始熱情地模仿耶穌會士從弗拉芒（Flemish）和日耳曼帶到阿格拉的世俗和宗教藝術。

---

60. 摘自Gülru Necipoğlu，"The Serial Portraits of Ottoman Sultans in Comparative Perspective," Julian Raby et al., *The Sultan’s Portrait* (Istanbul: I Bank, 2000), 33–4。

61. 見Sheila Canby ed., *Humayun’s Garden Party* (Bombay: Marg, 1994)，作者在書中討論了蒙兀兒王朝專注事項的不同層面。

62. Denny, "Dating Works in the Saz Style," 103.

63. Oleg Grabar, "An Exhibition of High Ottoman Art," *Muqarnas* 6 (1989), 3–4.

64. Atıl, "The Art of the Book," 223.

薩法維王朝

就在鄂圖曼帝國的繪畫達到成熟的經典風格時，伊朗的藝術也在發生根本性的變化。到西元一五五六年時，沙塔赫馬斯普已經完全拒絕了皇家對繪畫或任何其他世俗藝術的進一步贊助，但是在塔赫馬斯普的姪子易卜拉欣・米爾札（Ibrahim Mirza）統治的馬什哈德等地區中心，以及藝術家仍然在舍拉子繼續製作插圖手抄本，儘管規模和品質都不如以往的《列王記》或內札米的《五卷書》那樣的皇家作品。易卜拉欣・米爾札是一位忠實的藏書家，在失去地位之前，他曾委託人為賈米的詩歌《七寶座》（Haft Aurang）繪製精美的插圖。舍拉子成為一個尤其重要的生產中心，有一些畫家離開如今已然冷肅的加茲溫宮廷，開始到南方城市定居，他們在舍拉子製作許多後來為鄂圖曼帝國統治者和官僚所獲的文本。舍拉子的畫家開創一種獨特的伊朗藝術流派，特點是普遍使用蠟彩（pastel colors），並嚴格遵守一套比例，「這是一套數字關係，基本上是二（和#）：五。這個比例控制著書頁的大小……它控制書頁上文字部分的大小，同時也控制文字欄的寬度（如果是詩歌作品的話）以及彩色邊框的寬度。」[65]

在塔赫馬斯普的禁令之後，一些畫家去了印度——或者更準確地說，以米爾・穆薩維爾（Mir Mussavir）和米爾・賽義德・阿里（Mir Sayyid ʻAli）的狀況而言，他們在胡馬雍離開塔赫馬斯普的宮廷後繼續陪伴著他，並最終到達印度，在那裡協助建立了蒙兀兒畫派。其他人則移居到鄂圖曼帝國的統治區。有一些留在伊朗的人開始專注於製作單頁的畫：肖像畫、風景畫、書法樣本或其他主題，而不再是製作整部的畫冊。早期的畫家，即使從事規模宏大的皇家手抄本工作，也會偶爾製作一些同時代人的個人肖像畫，但當皇家贊助突然消失時，他們又會再創作出許多單頁的個人作品。在呼羅珊地區的小鎮（如薩布札瓦），一些畫家繼續製作著規模較小的菲爾多西、內扎米、哈菲茲、阿米爾．庫思露．迪赫拉維等人撰寫詩篇的插畫。

薩法維藝術的其中一個面向有時候與單頁畫作如雨後春筍般出現有關，這種「畫冊」（muraqqa'）是精心組合但情節互不相關的畫集，包括個人畫、宮廷和鄉村場景、花草、野生動物和書法作品。帖木兒王朝的王公在西元十五世紀時就已經開始委託製作畫冊了，薩法維人無論在塔赫馬斯普突然放棄早年藝術熱情的之前和之後都製作了其他的畫冊；其中一本是為塔赫馬斯普國王本人製作的。[66] 然而，這些畫冊的興盛不能連結到塔赫馬斯普拒絕宮廷對世俗藝術的贊助，它們代表了伊朗繪畫的重要方面之一，後來

65. Sims, *Peerless Images*, 69.
66. David J. Roxburgh, *The Persian Album, 1400-1600* (New Haven and London: Yale University Press, 2005), 184.

並在蒙兀兒印度得以複製。這些畫冊由精心組合的單頁構成，保存和展示著精緻驕貴的藝術作品，它們共同反映了高級波斯—伊斯蘭文化的許多層面，並證實贊助人的社會菁英地位，這些贊助人幾乎都是王室或貴族階層的成員。比方說，沙塔赫馬斯普的兄弟巴赫拉姆·米爾札西元一五四四至四五年畫冊的第一頁上出現一個雅集場景（suhbat或是majlis），這種活動是這三個穆斯林帝國的貴族文化及其帖木兒王朝歷代君王所共有的文化活動：

> 這幅畫描繪朝臣的聚會，每個人的名字都寫在頂部的標題中。這場活動是一場雅集，是一場談話、唱歌、音樂和飲酒的盛會。主持這次露天集會的是「西瓜蘇丹」（Qarpuz Sultan），他是司儀，身上穿著精美的衣服……侍飲者（持杯人，saqi）是「生命的禮物」（Tuhfda Jan），為西瓜蘇丹倒上葡萄酒……在前景中，紅臉的努曼大師（Master Nu῾man）吹著長笛，胖胖的「跳舞的怪傢伙」（Turfa Raqass）抬著腿，伸著胳膊，隨著音樂起舞。第五個人是毛拉納·艾哈邁德·法什什（Mawlana Ahmad Fashsh，「戴彩色圍巾的艾哈邁德」），他正在喝杯中酒。[67]

Majlis是集會或休閒雅集的稱呼，這種活動尤其與皇家或貴族的集會相關，其中一部分原因是這些場合偶爾會在專門介紹王朝歷史的資料中提到。這個稱呼，或是它的近義詞suhbat（談話），也可以用來形容在伊斯坦堡、伊斯法罕、德里——或更小的城市裡的藝術家、學者和有抱負的詩人之間的社交活動。蒙兀兒王朝的建立者巴布爾在其內容豐富的自傳中提供了一些關於貴族雅集最生動的描述。例如，西元一五一九年十月，巴布爾在自傳中說，他騎馬離開了喀布爾，在西元一五二五／六年入侵印度之前，他在喀布爾統治的一個名叫伊斯塔里夫（Istalif）的知名村莊裡觀賞秋葉，這是阿富汗首都北部的一個葡萄酒產區。他在自傳中記載道，第二天他和他的手下喝了一整天的酒，一直睡到中午禮拜時間，洋洋灑灑地走到附近的另一個村莊去看秋葉，並在路上吃了一些ma'jun——一種許多帖木兒人喜歡、摻有麻醉藥的糖果。然後他們又喝了酒，一直喝到晚上的禮拜時間。在他其他的描述中，詩人會創作和／或演唱他們的詩句，舞者會表演，隨著音樂響起，年輕的男孩或奴隸有時被追趕。如果男人夠清醒的話，他們會討論軍事戰略。這就相當於穆斯林版本的古希臘人酒宴（symposium），在那裡，「酒和現場氣氛的愉悅所帶來的快樂狀態……（促進了）進行建設性對話和欣賞詩歌的適當情緒。」[68]

---

67. 同上，245。

68. Dale, The Garden of the Eight Paradises, 179-83.

沙．阿巴斯一世和大多數伊朗貴族一樣，十分喜歡這種雅集（這些活動經常成為繪畫的主題），但他似乎對藝術，或至少對書籍藝術的興趣並不大。他似乎也沒有對當時的鄂圖曼人所喜歡的那種正式、理想化的人物肖像畫產生任何興趣。從他的關鍵時代流傳下來的大部分藝術都是單頁畫和大型壁畫。在沙．阿巴斯的統治時期裡，最傑出的宮廷藝術家是阿卡．禮札或禮札伊．阿巴斯（'Aqa Riza or Riza-yi 'Abbasi，約生於一五六五年，卒於一六三五年），他在西元一五八七年左右加入沙．阿巴斯的宮廷，對整個十七世紀的薩法維繪畫產生影響。他擅長為年輕的朝臣畫像，也畫十分婀娜的女人以及其他個人畫像，比如他有一幅精美的文書官畫像。[69]

在西元一六〇三年至一六一〇年的大約七年時間裡，他離開宮廷，在首都過著放蕩的生活，當時他創作了一系列情感豐富的荒野中的男子畫。宮廷歷史學家伊斯坎德．貝．穆欣（Iskander Beg Munshi）將這個時期的他描述為「避免與有才華的人交往，而是混跡於……下等人中。在當時，他對這種閒散的輕浮行為略有悔意，但對自己的藝術很少關注……他變得脾氣不好，愛生氣，也不善交際。」[70]重新回到宮廷中後，阿卡．禮札改變早期的風格，以深色的半色調取代明亮的原色，畫出沉重的人物，而不是他早年那種令人愉快的、輕巧的年輕人。他還從帖木兒王朝的歷史中尋找靈感，並模仿十五世紀末帖木兒王朝赫拉特宮廷中偉大的大師貝赫札德一系列的畫。當其他藝術家為插畫手抄本做出貢獻時，他繼續專注在單頁作品上，就如同他最著名的學生穆因．穆薩維爾（Mu'in Musavvir）筆下所描繪的，他是一個滿頭白髮、戴著眼鏡的老人，在為一個歐洲人畫肖像。[71]

穆因．穆薩維爾自西元一六三五年就開始畫這幅作品，但直到一六七三年才完成，除了表現出他那有影響力、脾氣暴躁的老師外，這幅畫還有其他方面的重要性。首先，穆因．穆薩維爾對具體、栩栩如生的肖像畫的喜好，加上他在畫上做筆記的習慣，使他的作品可以確定創作年分，並將其與具體的地點和事件連結起來，為「伊朗人對繪畫藝術態度的根本變化」提供了一個例子。[72] 其次，他的《阿卡．禮札為歐洲人畫肖像》提醒了觀察者，表現出伊朗藝術家在十六世紀初的幾十年時間，已經開始關注歐洲人和歐洲藝術。歐洲現在取代了中國，成為外國靈感的主要來源，來自中國的藝術曾在蒙古人統治的時代作為靈感來源。阿卡．禮札似乎把歐洲人當作是奇物來畫——一種西方

69. Canby, *Persian Painting* (London: Thames and Hudson, 1993), 100.
70. 摘自Sims, *Peerless Images*, 72。
71. Canby, *Persian Painting*, 98-101 and Sims, *Peerless Images*, 274-5.
72. Sims, *Peerless Images*, 274.

幻想，將他們作為具異國情調，但尚無威脅的民族，至少在伊朗是這樣。然而，他的繼任者與印度的藝術家一樣，開始模仿歐洲繪畫，吸收例如陰影和透視景深的西方藝術技巧。

伊朗藝術家在十七世紀中葉開始使用歐洲的技法，到薩法維時代結束時，他們已經普遍將西方元素與傳統的伊朗環境融合起來。十七世紀末的藝術家穆罕默德·札曼（Muhammad Zaman）是這種充滿活力的新折衷主義風格最重要的實踐者，他的作品「從本質上講……是由描寫人物和事件的現實主義風格構成的；它捕捉影子，有透視表現的樹木或是顯示出空間距離的尖角建築物。」[73] 穆罕默德·札曼的技巧中最令人驚嘆的例子是他在一六七五年創作的《巴赫拉姆·古爾屠龍》，裡面暗示了《列王記》中的情節。[74]

此外，穆罕默德·札曼和這個時代的其他畫家也開始受到蒙兀兒藝術的影響，或者至少在他們的畫中描繪穿著典型蒙兀兒貴族服飾的印度穆斯林。[75] 在這一點上，他們並不是創新者，因為幾年前，一位伊朗藝術家曾沉迷於自己的東方幻想中，在四十柱宮的一面牆上描繪了一個印度場景：這個想法來自一六〇四年之前某個時候為阿克巴的兒子達尼亞爾（Daniyal）寫的一首波斯詩歌。這首詩名為〈燃燒與融化〉（Suz u gudaz），描述一位年輕的印度新娘即將面臨的殉夫行為（sati），她的丈夫在結婚後意外死亡，現在她選擇在丈夫的葬禮上犧牲自己。然而，這幅畫所依據的詩句是蘇菲主義的隱喻，而不是描述真正的殉葬。

印度

在賈漢吉爾和沙·賈汗的統治時期，印度繪畫也在繼續發展，藝術創作得到皇帝高雅的品味和奢侈作風的贊助，也受到皇家畫坊中穆斯林和印度教藝術家的創造性折衷主義推波助瀾。蒙兀兒人會在宮廷圖書館中收集插圖手抄本和畫冊。他們的收藏興趣是出於三個明顯的原因，可能也是鄂圖曼人和薩法維人收集它們的原因：審美、擁有著名作家和藝術家作品的聲望，以及每份文本所擁有的經濟價值，他們的圖書管理員在每份作品的空白處都仔細記錄了這些價值。[76]

---

73. 同上，77。

74. 同上，310-11。

75. 見Muhammad Zaman的"A Prince on Horseback with a Courtier and Servants," Canby, *Persian Painting*, 112。

76. John Seyller在翻譯和討論皇家手抄本的頁邊注釋時，對於皇帝獲得這些作品的動機提出有趣的分析，見"The Inspection and Valuation of Manuscripts in the Imperial Mughal Library," *Artibus Asiae* 57, No. 3/4 (1997), 243-9。

眾所周知，阿克巴曾親自查看、推動藝術家的創作，他的兒子賈漢吉爾也向他的回憶錄讀者吹噓自己在藝術方面的造詣。他在西元一六一八年的一段話中寫道：

至於我自己，我對繪畫的喜愛和我對繪畫的判斷已經到達這種程度：只要任何作品被帶到我面前，無論是已故的藝術家還是當今的藝術家，在沒有告訴我名字的情況下，我就能馬上說出這是誰的作品。如果一幅畫中有許多肖像，而每張臉都是不同的大師的作品，我也能指出哪張臉是哪一個畫家的作品。[77]

在同一段文字中，賈漢吉爾將他最喜歡的畫家之一，阿布·哈桑（Abu'l Hasan），與伊朗、鄂圖曼和蒙兀兒的偉大藝術家、蘇丹·胡塞因·白卡拉手下的貝赫札德進行一番比較，並做出有利的評價。他還提到，阿布·哈桑的父親實際上是一位名叫阿卡·禮札伊的赫拉特畫家，在賈漢吉爾還是王子的時候就加入了賈漢吉爾的行列。賈漢吉爾將阿布·哈桑和另一個人，吾斯塔·曼蘇爾（Ustad Mansur）稱為他和他父親阿克巴時代極富天賦的藝術家。賈漢吉爾對自己的審美意識和喜好非常自信，因而在他加冕之後將許多人從皇家工作室裡解僱，因為他覺得他們的水準不夠格。

在評估蒙兀兒藝術品的數量和品質時，我們很難像鄂圖曼帝國的蘇丹蘇萊曼那樣，將其輝煌時期限制在一個統治時期裡。阿克巴統治時期的藝術在某些方面與他兒子和孫子的藝術不同，但同樣成就卓然。事實上，阿克巴的工作室生產的藝術品在三位統治者中的範圍是最廣的。更準確的說法是，從阿克巴統治的最後二十年到一六五八年奧朗則布推翻沙・賈汗的統治，蒙兀兒人的繪畫在七十五年的時間裡獲得蓬勃的發展。與伊朗一樣，後來的畫家製作的文學作品，插圖手抄本較少。相反的，他們專注於描繪個人、夫婦、社交雅集和宮廷場景的單頁作品。鑑於宮廷畫坊中的大量作品，我們很難對賈漢吉爾和沙・賈汗統治時期的繪畫有一個充分概括的印象。然而，有幾個趨勢可以將十七世紀的蒙兀兒藝術與十六世紀末和十七世紀初伊斯坦堡和伊斯法罕的藝術區分開來，這些例子再次證明伊朗的細密畫傳統在鄂圖曼和蒙兀兒帝國的不同環境中差異有多麼大。

賈漢吉爾特別欣賞寫實、心理複雜的肖像畫，穆斯林藝術家哈希姆（Hashim）和印度教徒比山達斯（Bishan Das）與戈瓦贊（Govardhzan）都擅長此類作品。蒙兀兒的繪畫一般都「認可、表現和研究它所描繪的人的個性和個人獨特性；而且它愈發成為一種肖像藝術」，但不是像鄂圖曼帝國的那種皇家肖像畫。[78]哈希姆是來自德干地區的人，

77. *Tûzuk-i Jâhangîri*, II, 20.
78. Beach, *Mughal and Rajput Painting*, 82.

他創作了許多個性化的精美肖像畫，比方說，他為比賈布爾的易卜拉欣・阿迪勒・沙二世（Ibrahim Adil Shah II）所畫的作品完成於一六二〇年代某個時候，他當時在阿格拉工作。大約在同一時期，他為賈漢吉爾畫了兩幅小畫，一幅畫裡表現了一個鄂圖曼人的形象，另一幅是基督徒繪畫的複製品，表現了一個戴十字架的女人。他為賈漢吉爾和沙・賈汗創作優雅的帝國肖像畫，美化王朝的成員。

相比之下，比山達斯是阿克巴的畫坊中一位畫家的姪子，擅長為社交雅集或歷史事件中的個人畫像。他曾被選為西元一六一三年蒙兀兒帝國派往伊斯法罕造訪沙・阿巴斯使團中的隨行人員。這個使團有兩個目標：緩解和鄰國之間的緊張關係，以及向薩法維人提醒蒙兀兒帝國的財富，一行人馬中包括數千名僕人、數百名訓鷹師，和裝備豪華的大象。使團停留在伊朗的六年時間裡，比山達斯畫了一幅阿巴斯國王的肖像，賈漢吉爾在他的回憶錄中對這幅畫大加讚賞：「他把我的兄弟國王畫得栩栩如生，因而當我它拿給我的僕人看的時候，他們也對這幅畫讚不絕口。」[79] 戈瓦贊（Govardhan）是一個巴薩萬「在精神上的繼承人和弟子」，他在阿克巴的畫坊中作畫，也和他的同事一樣，畫出許多華麗的君王肖像以及奢華的宮廷場景。與其他蒙兀兒藝術家相比，他吸收更多歐洲藝術的經驗，使他的肖像畫具有獨特的自然風格和表現力。他的〈露台上的年輕王子和他的妻子〉（A Young Prince and His Wife on a Terrace）和〈賈漢吉爾在侯麗節日上玩耍〉（Jahangir Playing Holi）是其技巧的典範，但最出名的可能是蘇菲和苦行僧的畫作。[80] 然而，他最令人驚嘆的作品可能是他為垂死的、深陷毒癮、形如枯槁的朝臣伊納亞特・汗（'Inayat Khan）畫的肖像。[81]

賈漢吉爾的藝術贊助中另一項代表性特點，是他在位期間的畫作中經常出現基督教的形象。這些並不是他同情基督教的公開聲明（就如同許多耶穌會士真心期許或相信的那樣），在解釋它們的意義時，我們必須要考慮到賈漢吉爾對西方異國藝術的迷戀，無論這些圖像是否屬於基督教。基督教符號並沒有出現在公共場所，而是出現在畫冊和接待大廳裡，在那裡，只有相對少數的王室成員或蒙兀兒貴族才能看到它們。耶穌、瑪麗的圖像比較常見，這也許並不必大驚小怪，因為他們是受到穆斯林崇敬的人物，並且經常出現在包括巴布爾的女兒古麗巴丹・碧甘的回憶錄在內的文字紀錄裡。在某些案

79. *Tûzuk-i Jâhangîri*, 116–17. 另見Amina Okada重新製作的繪畫，*Indian Miniatures of the Mughal Court*, 158。

80. 侯麗（Holi）是在印度流行的春季節日，原是一種生育儀式，這質樸的來源現在已經被善意地潑灑彩色顏料的活動禮貌性遮掩起來了。

81. 這段討論完全來自於Okada極其出色的著作*Indian Miniatures at the Mughal Court*, 185-206。

例中，裝飾在賈漢吉爾肖像上的小天使很明顯是為了強調他的神聖地位，例如，在西元一六二〇年前後完成的著名畫作中，他用弓箭消除了貧困，拿著皇冠的小天使飛在他的上方。[82] 阿克巴和賈漢吉爾不受教義拘束的宗教態度（賈漢吉爾的開放程度略遜於阿克巴），顯現在他們統治期間不同的蒙兀兒宮廷氣氛之中，加上賈漢吉爾自身為美學家的特殊生活，都可以解釋這些圖像為什麼可以在蒙兀兒藝術中出現。除了少數例外情況，它們並未出現在鄂圖曼或薩法維王朝的繪畫中。

蒙兀兒藝術在沙．賈汗的統治時期裡持續蓬勃發展，藝術家仍然會為皇帝和他的貴族製作優雅的個性化肖像作品。藝術家還會為王朝歷史繪製插畫，自從畫家在十六世紀末為《巴布爾之書》以及後來阿布．法濟勒的《阿克巴之書》繪製插畫以來，這些插畫一直是蒙兀兒宮廷畫坊中的儲備品項。圖文並茂、畫工精細、篇幅巨大的《帕迪沙之書》（*Padishah nama*，偉大君王之書）為沙．賈汗的輝煌建築工程提供藝術上的參照，這本書是對號稱「帖木兒第二」在視覺上的輝煌讚美。與鄂圖曼歷史文本一樣，它的畫裡描繪實際發生的宮廷事件，如一六三一年接待伊朗特使、婚禮和其他王朝慶典、皇家的英勇行為、狩獵、戰鬥及其可怕的後續事件，比如把阿富汗人的汗王賈漢．洛迪（Afghan Khan Jahan Ludi）斬首。然而，隨著這些插畫的出現，蒙兀兒藝術的輝煌世紀也來到了尾聲，直到十八世紀才以一種較為貧乏的形式復甦。

奧朗則布在西元一六五八年奪取父親的王位，他以正統伊斯蘭教規範的觀點看待繪畫，這就像伊朗的塔赫馬斯普國王在晚年所採取的做法一樣，大致取消了宮廷對於藝術活動的贊助。然而，奧朗則布將自己視為一名穆斯林統治者，在他統治時期為數不多的繪畫作品中，有一幅是在他廢黜父親的時候完成的；畫中所有的蒙兀兒皇帝和他們的帖木兒王朝祖先，都出現在一個圍坐在一起的半圓構圖中。[83] 奧朗則布恰如其分地沒有為後世留下偉大的建築、繪畫或文學作品，而是留下一部伊斯蘭遜尼派哈奈菲教法學派的法律集成之作《律法大典》（*Fatawa-yi ʻAlamgiri*），這部著作後來在遜尼派法律的核心地帶——鄂圖曼帝國裡十分流行。

82. Pratapaditya Pal, *Indian Painting* (Los Angeles: Los Angeles County Museum of Art, 1993), I, 262-5. 另見Gawin Alexander Bailey, "The Indian Conquest of Catholic Art: The Mughals, the Jesuits, and Imperial Painting," Art Journal 57, No. 1, *The Reception of Christian Devotional Art* (Spring 1998), 24-30。

83. 這幅畫是由Bhawani Das繪製的，名為"A Dynastic Line from Timür to Aurangzeb"，可見於Linda Leach, "The Timurids as a Symbol for the Emperor Jahangir," Canby ed., *Humayun's Garden Party*, 82-96。

第八章

追尋鳳凰

簡述

西元一六〇〇年時，鄂圖曼帝國、薩法維帝國和蒙兀兒帝國構成世界上最成功的四個王朝帝國中的三個。當時的世界上只有明朝中國統治更多的人口、擁有更大的領土和更多的財富。每個穆斯林帝國的君主都面臨著許多棘手問題，但是那些前往伊斯坦堡、伊斯法罕、阿格拉和德里的歐洲造訪者幾乎無一例外地對這些都城和它們所代表帝國的活力印象深刻。然而，在一個世紀之後，薩法維王朝已經進入末期的停滯，蒙兀兒王朝對印度斯坦的領土控制正在萎縮，甚至當他們的軍隊已經拓展到印度東南海岸時也不例外，鄂圖曼王朝則是在對維也納的第二次圍攻中遭遇了災難性失敗，即將進入「鬱金香時期」，這是一個自我放縱時代的迷人標籤，象徵著帝國活力的喪失。西元一七二二年，薩法維王朝土崩瓦解；十七年後，蒙兀兒的皇帝墮落成一個北印度小國的統治者；西元一七七四年，伴隨著俄羅斯帝國的勝利，鄂圖曼人與之簽署《庫楚克－凱納吉條約》（*Treaty of Küçük Kainarji*），此事件象徵著鄂圖曼帝國長達一個半世紀解體過程的開始，在此期間，歐洲人和鄂圖曼帝國的臣民將會把這個帝國拆散。

假如十四世紀的穆斯林哲學－歷史學家伊本．赫勒敦當時在場並見證這些帝國的崛起和崩潰，他可能會從哲學的角度評論，說王朝的衰落是不可避免的，因為正如他在北非部落王國身上所看到的，由於新建立國家的社會、政治和軍事環境以及王朝成員和統治菁英的心理變化，征服者原有的活力和他們的社會凝聚力不可避免地萎縮。在社會學中，這種現象被稱為家族血統的布登勃洛克理論，認為成功家族的情況和態度會在世代交替的過程中發生變化，不可避免地導致家族的衰落。[1] 除了伊本·赫勒敦拿出他的模型來解釋一個部落王朝的週期性興衰，在考慮實際上的政權時，這種理論不可避免地會被簡單化，尤其是伊本·赫勒敦的理論，儘管他的見解很精闢，但並沒有論及反常的個性或個人的輝煌成就在興衰中所發揮的作用。

在研究王朝帝國時，我們很自然地首先會從王朝成員的身上尋找最初成功和最終失敗的原因。諸如在穆罕默德二世和蘇萊曼、伊斯瑪儀國王和阿巴斯國王、巴布爾和阿克巴等人身上尋找答案，這說明了充分參與、動力十足、冷酷無情的個人在建立國家方面所具有的重要性，同時也可以看到，這些偉大君王的繼任者其個人缺陷往往促成或直接導致一個國家的機構、財政和領土控制情形的惡化。除了這些司空見慣的看法之外，導致鄂圖曼帝國、薩法維帝國、帖木兒帝國或蒙兀兒帝國最終滅亡的因素在每個案例中都

1. 這個理論指的是一個家族「窮不過三代，富不過三代」的興衰過程，「布登勃洛克」的名字是來自托馬斯·曼的小說作品《布登勃洛克家族》（*Buddenbrooks*）。

明顯不同：結構性因素，如資源匱乏的問題就在薩法維伊朗特別嚴重；深刻的社會、宗教或社會變化在晚期蒙兀兒印度特別明顯；而外部趨勢，如東歐君主國和西歐商業國家的崛起和新的侵略性擴張，則對鄂圖曼帝國造成深刻影響。這些因素以不同的方式促成這些曾經氣勢如虹的帝國之消亡。

這些國家之間最根本的區別在於，薩法維王朝和蒙兀兒王朝的衰落幾乎完全是由於其領土和社會內部的原因。這兩個王朝在崩潰或衰落之前並沒有被歐洲人的擴張從根本上削弱，他們的統治者和政權在政治結構、軍事組織和精神面貌上與一個世紀前相比完全沒有變化。後期的薩法維王朝從未受到歐洲大國的攻擊，伊朗也不曾受到歐洲擴張的影響，直到十九世紀初俄國人擴張到高加索地區才改變這樣的情況。在印度，當英國軍隊進入蒙兀兒人的領土時（一七五七年在孟加拉），蒙兀兒帝國已經萎縮成一個小王國，成為印度教徒或阿富汗勢力的傀儡，沒有能力抵抗內部或外部的敵人。

相比之下，鄂圖曼人繼續戰鬥著，它在十七世紀首先經歷從王朝政權到朝臣政權的轉變，然後在十八世紀末，鄂圖曼帝國又按照威脅其帝國生存的歐洲國家，開始對鄂圖曼軍隊、鄂圖曼國家甚至是社會進行徹底重組。鄂圖曼帝國在抵禦歐洲擴張、野心勃勃的省級大員和民族主義的同時，試圖實現現代化，但最終成為第一次世界大戰的受害者，這次戰爭也奪走了兩個具有悠久王朝歷史的歐洲多民族帝國的生命。

薩法維伊朗

要確定促使薩法維王朝在西元一七二二年突然崩潰的因素並不困難。直接而明確的原因是薩法維軍隊的惡化，在整個十七世紀中，薩法維軍隊不斷地萎縮。這本該是一個個人、強大的統治者，或是一個自信、穩健的大臣就可以解決的問題。沙．阿巴斯一世曾經重組薩法維軍隊，並擊敗強大的鄂圖曼帝國軍隊，甚至連沙．阿巴斯一世的兩位繼承人也分別對鄂圖曼人和蒙兀兒人發動過成功的軍事行動。然而事實證明，薩法維王朝最後兩位出身後宮的國王，對復興沙．阿巴斯一世的現代化軍隊不感興趣和／或沒有能力，在他們的統治期間，行政效率和農村的安全環境也明顯退化。

西元一七二二年時，在阿富汗人反抗坎達哈的薩法維省長之後，沙蘇丹．胡塞因領導的齊茲爾巴什部隊證明自己甚至無力擊退一支武裝薄弱的阿富汗部落部隊，他們讓這支阿富汗部隊得以向伊斯法罕進發。在首都伊斯法罕附近的一場戰鬥中，阿富汗人擊敗了一支規模更大、武器更精良，但領導不力的薩法維軍隊，薩法維人的軍隊由一名齊茲爾巴什部落成員指揮，經過阿富汗軍隊七個月的破壞性圍攻，瑪赫穆德．吉爾扎伊（Mahmud Ghilzai）攻破了伊斯法罕。蘇丹．胡塞因退位，並宣布他的阿富汗征服者為新的國王。儘管薩法維王朝的一位王子逃了出來，並宣稱自己是塔赫馬斯普二世，但薩法維王朝的國家已經不復存在了——阿富汗人的作為也確定了這項政治現實，他們摧毀薩法維王朝的檔案，據說這些檔案資料都被傾倒進伊斯法罕的札因代河裡。

在七年時間裡，粗枝大葉、常年互相爭鬥的阿富汗各部落成員，證明自己是沒有能力統治國家的，他們的勢力最終被納迪爾·庫利·汗（Nadir Quli Khan）所取代，他是原來齊茲爾巴什部落聯盟中阿夫沙爾部（Afshar）的領袖，當時他的部族勢力集中在呼羅珊地區。他是一名以典型中亞征服者作風行事的部落領袖，在伊朗和阿富汗進行無情的征戰，並於一七三九年成功入侵印度，給予已經衰弱不堪的蒙兀兒王朝致命一擊。他還對於在伊朗復興遜尼派伊斯蘭教表現出興趣，但並未受到廣泛支持。他在一七三六年以納迪爾·沙（Nadir Shah）的名號加冕，此前曾有兩個無能為力的薩法維王子施行短暫統治。但是納迪爾·沙的統治也並未長久，他野蠻、非理性的殘忍行徑促使阿夫沙爾和卡札爾部落成員在一七四七年暗殺了他。在十八世紀餘下的歲月中，直到一七九六年卡札爾部落獲得霸主地位，伊朗解體成一個由不同部落主導的部落勢力大雜燴。整個十八世紀曾有五個不同的部落王朝統治著伊朗的不同地區。

除了薩法維王朝軍事力量明顯薄弱，還有其他因素導致其崩潰。西元十七世紀下半葉，自然災害困擾著薩法維王朝統治下的伊朗，這一系列的衝擊使得結構薄弱的伊朗經濟更加不足。[2] 這些災難凸顯出需要一位強而有力的領袖，然而這個時期，薩法維人的領導力卻鮮有體現。後宮培育的統治者並不一定都是無能之君，但最後兩位薩法維國王顯然都是能力不足的君主。薩菲二世（後改名為蘇萊曼，西元一六六六－一六九四年在位）是個酒鬼，雖然這項嗜好在薩法維家族中並不罕見，但他在長達二十八年的統治中，似乎沒有積極治理國家的慾望。[3] 幸運的是，他不必面對災難性的危機，隨著時間推移，他在後宮裡的時間越來越多，處理國家事務的時間則越來越少。在此期間，伊朗脆弱的財政狀況不斷惡化，儘管一些有能力的大臣做出了種種努力，其中有些人在面臨

2. Andrew J. Newman認為，相較於統治者個人的無能，自然災害、王朝無法控制的地區和世界範圍的經濟發展，才是造成薩法維經濟和政治問題的根本原因。請參考他的著作*Safavid Iran*, 94-5。對於薩法維王朝後期歷史的標準解釋，評價這段時期是無解的衰退期，他給予猛烈的批評，但是他沒有討論到軍隊的組織或是軍隊領導層的素質。

3. 關於薩法維王朝晚期時的大臣，以及對Newman關於十七世紀晚期薩法維統治的一般能力論點做出回應，Rudi Matthee在兩篇重要的文章中對此時期的薩法維行政管理進行複雜細緻的分析。首先見他對於行政系統的討論，在這個系統裡，部長大臣獲得的權力與國王的羸弱直接相關，“Administrative Stability and Change in Late-17th Century Iran: the case of Shaykh ‘Ali Khan Zanganah (1669–1689),” *International Journal of Middle East Studies* 26 (1994), 77–98。其次見他對於沙蘇萊曼和鄂圖曼人之間和平關係的分析，Matthee教授在文中指出，這種和平關係並非僅僅是因為他不務政事，而是反映出更複雜的考量，但是也體現出薩法維軍隊的不堪狀況。“Iran’s Ottoman Diplomacy during the Reign of Shâh Sulaymân I (1077–1105/1666–94),” Kambiz Eslami ed., *Iran and Iranian Studies* (Princeton: Zagros, 1998), 148–177.

挑戰的情況下表現得非常出色。然而，他們中沒有一個人可以擁有與十七世紀下半葉統治鄂圖曼帝國的科普魯律（Köprülü Mehmed Pasha）大維齊爾相當的權力。[4]不過不管怎麼說，沙蘇萊曼的慵懶和沙・阿巴斯一世那種無限精力之間的尖銳對比實在無法令人忽略。當蘇萊曼的兒子蘇丹・胡塞因（西元一六九四－一七二二年在位）走出後宮加冕時，甚至比他的父親更無能，更不合群。兩人統治之間的主要區別在於，虔誠、消極、隱忍的蘇丹・胡塞因更加受到什葉派烏里瑪的控制。

薩法維後期伊朗的什葉派伊斯蘭教

穆罕默德・巴基爾・馬吉利西無論作為一個機構的什葉派烏里瑪或是其個人身分，都對後來的薩法維帝國以及之後的伊朗歷史產生重大影響。伊朗的什葉派烏里瑪機構起初幾乎是靠薩法維王朝的君主憑空建立起來的，其影響力隨後穩步增長，特別是在塔赫馬斯普一世和沙・阿巴斯一世統治時期。在伊朗，大幅失去宗教魅力的軟弱統治者和組織良好的宗教學者（其中一些成員主張第十二位伊瑪目是什葉派穆斯林社區的唯一合法領袖）的結合，在十七世紀末產生了一種獨特的帝國狀態。與鄂圖曼帝國和蒙兀兒帝國不同，鄂圖曼帝國的蘇丹將遜尼派神學家作為國家的一個部門，並將其制度化，而蒙兀兒帝國的統治者在追求自身王朝利益的同時，對宗教學者的庇護採取傳統穆斯林統治者的態度，而在伊朗，宗教學者取得了獨特的自治權力和政治影響力。

甚至在柔順的國王蘇丹．胡塞因登基之前，一些烏里瑪成員就主張在伊朗建立一個更純粹的什葉派國家。他們經常勸說其前任國王對蘇菲和宗教少數群體加以壓制，少數什葉派神學家甚至公開否認君主政權的合法性。巴基爾．馬吉利西自西元一六八七年起擔任伊斯蘭的大教長，現在被任命為毛拉博士（mulla bashi，即最高宗教官員），他代表了什葉派烏里瑪在薩法維國家內穩步增長的權力，他還強烈主張，只有高級神學家才能作為隱祕伊瑪目的代表來解釋教義和裁決儀式事宜，包括擁有對宗教稅收方面的管理權。從本質上講，他為什葉派烏里瑪爭取到阿里．卡拉基在十六世紀時所擁有的權力。不過，穆罕默德．巴基爾．馬吉利西並沒有質疑薩法維君主的統治正當性，而是支持這個王朝。儘管如此，他還是在大眾傳播的小冊子和聖訓研究中不斷努力，在全國範圍內進一步向民眾灌輸什葉派的正統思想。

馬吉利西是個複雜的人，他的宗教訓練使他接觸到西元十七世紀中葉伊斯法罕的不同教義潮流。他既向迫害蘇菲並憎恨哲學家派別的不寬容什葉派神學家學習，也向更自

4. 見後，273

由和有哲學傾向的烏里瑪成員學習。他與早期的一些神學家和大臣不同，巴基爾．馬吉利西並未積極打壓亞美尼亞人、猶太人或蘇菲，這曾是一六五〇年代末的維齊爾穆罕默德．貝克（Muhammad Bek）的主要做法，也是馬吉利西同時代一位部長的通行政策；但他確實騷擾了印度商人和金融業者，這群人在十七世紀末時成為伊朗經濟怨氣的主要目標。[5]

在缺乏政府記錄的情況下，我們不可能量化蘇丹．胡塞因國王統治時期薩法維政府財政的整體狀況。在他執政之前，對宗教少數群體的零星迫害，以及之後在某種程度上的持續，加劇了王朝脆弱的財政問題。僅是藉由採納巴基爾．馬吉利西的建議，取消酒館和其他非伊斯蘭教活動，蘇丹．胡塞因國王的政權就使這些有利可圖的行業稅收每天減少約五十公斤黃金。[6]更嚴重的是，對印度教徒的騷擾不可避免地威脅到貿易和資本供應，並進一步減少稅收，印度教徒是帝國裡兩個最大、最富有、最具影響力的商人群體之一，這麼做的後果和先前對亞美尼亞人和猶太人的攻擊一樣。然而，我們不可能精準量化宗教少數群體遭到打壓的情況對經濟的破壞程度有多大。

考慮到伊朗經濟的根本性弱點，只有像沙．阿巴斯一世對刺激本土生產和商業謹慎關注，才能確保王朝的財政穩定。這包括他對旅行商人安全的關注，表現在建造商隊客棧和任命巡邏隊（拉赫達爾，rahdar）在主要貿易路線上巡邏——這項制度與薩法維政府的大多數其他方面一樣，都已經在十七世紀末時廢弛了。伊朗的兩大外銷商品——絲綢和地毯的生產和出口，在最後兩位國王的統治期間也可能有所下降。銷往英國東印度公司的孟加拉絲綢可能也侵蝕了伊朗的絲綢市場，而地毯製造肯定同樣會下降，因為它依賴皇家的贊助。[7] 如果沒有這些商品的出口收入，資金就會繼續從國內流向印度，用以支付香料和布匹。因此，到西元一七二二年的時候，縱使又有一個新的沙・阿巴斯一世登基，薩法維政權也沒有多少錢可以用來重建軍隊和恢復國家的秩序了。一直到二十世紀發現石油並實現石油國有化，伊朗才重新獲得一定程度的繁榮，因為伊朗人有時會對近代穿越他們國家的來訪者說：「看看你的周圍，沒有石油的話，我們就什麼都沒有了！」[8] 在薩法維時代，與這句話相應的經濟慨嘆應該是：「沒有絲綢的話，我們就什麼都沒有了。」

---

5. Newman, *Safavid Iran*, Chapters 6 and 7.
6. Matthee, *The Pursuit of Pleasure*, 93.
7. R. M. Savory, "Economic and Commercial History: Trade Relations with Europe," in *Safawids, Encyclopaedia of Islam* II, Brill Online.
8. 這是一九七六年十一月時，在一輛從德黑蘭開往舍拉子的公車上，一個伊朗人對我做出這番評論。

地圖16 一七九八年的卡札爾伊朗

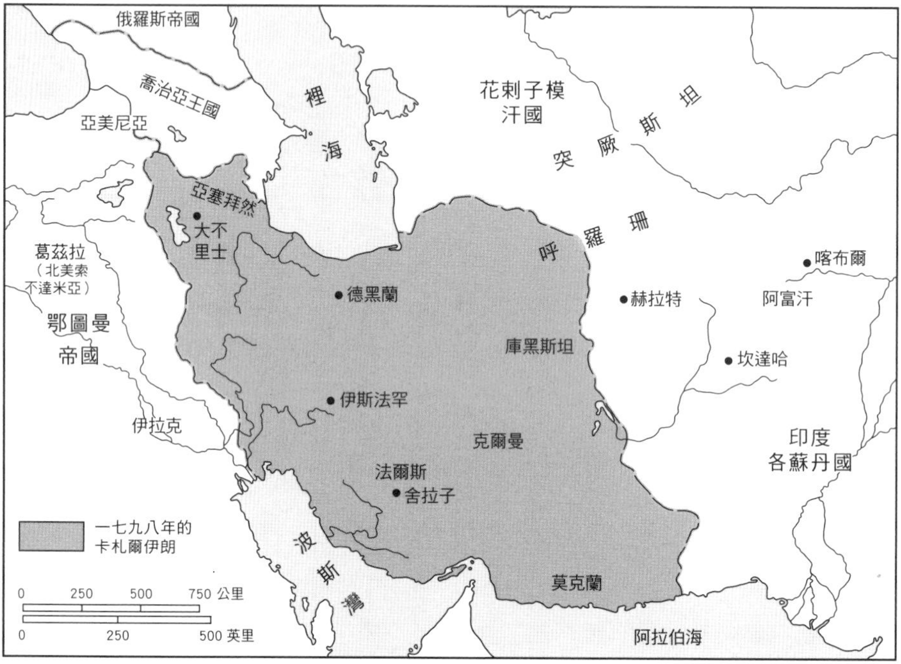

後薩法維時期的伊朗：齊茲爾巴什諸王朝

伊朗人的政權，或者說是在伊朗的政權的復興任務留給了卡札爾人（一七九六—一九二五）。卡札爾是另一個齊茲爾巴什部落，他們於西元一七九六年建立起一個新王朝，並將首都設在靠近他們部落家園的德黑蘭。[9]從某些方面來看，卡札爾王朝的統治是薩法維王朝的延續，他們的統治正當性完全來自於部落領導；他們不擁有也不曾聲稱擁有宗教上的神聖性。在正當性方面，他們採取一種平衡的做法。他們支持什葉派宗教學者，但他們也試圖說服伊朗公眾接受他們代表前伊斯蘭時期伊朗帝國傳統的延續。[10] 第二位卡札爾王朝的統治者法提赫・阿里・沙（Fath ʻAli Shah，西元一七九八－一八三四年在位）曾要求宮廷藝術家為他訂製一部《王中王之書》（*Shahanshah-nama*），其中的法提赫・阿里・沙的形象與菲爾多西的《列王記》中的英雄有相同之處。除此之外，他還訂製了表現自己打獵和宴飲活動的宮廷生活摩崖浮雕，這些浮雕被特意選擇在阿契美尼德（西元前五五〇－三三一年）和薩珊（西元二二一－六四二年）王朝的君主摩崖浮雕附近，以加強國王的帝王形象。

然而，在十八世紀時，伊朗什葉派的烏里瑪獲得了更大的權力和獨立性，其中的烏蘇里學派開始支配阿赫巴里學派。他們的穆智台希德（即什葉派教義的解釋者）在伊拉克的什葉派聖地鞏固了他們的權威，隨後在伊朗成為活躍的神學家。[11] 在卡札爾王朝時

9. Gene Garthwaite在他的著作*The Persians*的第七章中簡要歸納了卡札爾時期的狀況。

10. 關於卡札爾王朝的歷史、意識形態和繪畫的精采介紹，請參閱Layla S. Diba編輯，*Royal Persian Paintings: The Qajar Epoch 1785-1925* (London: I. B. Tauris for the Brooklyn Museum of Art, 1998)。

11. 請參考新出版的*New Cambridge History of Islam*中由Gene Garthwaite執筆的對十八世紀伊朗的討論。並參考Amir Arjomand對十八和十九世紀伊朗歷史的簡要分析，見*The Turban for the Crown: The Islamic Revolution in Iran* (Oxford University Press, 1988)。

期，他們的影響力穩步上升。因此，在十九世紀的後半葉，當什葉派神學家和民族主義知識分子公開挑戰卡札爾人的統治正當性時，他們的地位是十分脆弱的。

卡札爾王朝的國王在伊朗的主要省分和城市恢復了一定程度的中央控制，但是在伊朗高原的許多農村地區容忍部落自治。與同時代鄂圖曼帝國的統治者一樣，卡札爾王朝的統治者也面臨著在抵禦歐洲入侵的同時進行治理的問題，這些入侵始於俄羅斯對高加索地區的擴張和征服，而伊朗是高加索地區的宗主國。俄羅斯與伊朗雙方簽訂的《古利斯坦條約》（*Treaty of Gulistan*，一八一三年）和《土庫曼恰伊條約》（Treaty of *Turkmenchay*，一八二八年）讓俄羅斯人的征服成果成為鐵一般的事實，俄羅斯人獲得在伊朗領土上的「領事裁判權」，這項權力在此時已成為鄂圖曼帝國的痛苦來源。這開啟了歐洲勢力直接或間接介入伊朗的一百年，在此期間，俄國人和英國人展開競逐，他們都希望自己能在伊朗獲得領土和經濟上的優勢。

歐洲人構成的挑戰刺激了伊朗邁出自從沙・阿巴斯一世執政以來第一次、猶豫不決的現代化步伐，一八一〇年，在位的卡札爾王朝國王法提赫・阿里・沙曾短暫地將注意力從繁衍數以百計的後代轉移到歐洲上，他派出一批到歐洲留學的伊朗學生。隨著俄羅斯和殖民印度的英國政府對伊朗事務不斷加深干預，後來的卡札爾國王納斯爾・丁・沙（Nasir al-Din Shah，西元一八四八—一八九六年在位）採取了更多措施來加強卡札爾政府，並任命了一位改革大臣。[12]這位改革大臣名叫阿米爾．凱比爾（Amir Kabir），他開始按照當時鄂圖曼帝國大臣出於類似原因進行的改革路線來實現伊朗的現代化，他曾在伊斯坦堡從事外交工作，因此熟悉鄂圖曼人進行的這些改革。阿米爾．凱比爾開始對軍隊、國家和教育機構進行系統性的重組，但是在這些改革得以真正實施之前，他就被心中忐忑不安、缺乏安全感的納斯爾．丁國王下令謀殺了。此後，納斯爾．丁基本上放棄了對這個傳統世襲王朝進行結構性改革的嘗試，而是讓伊朗淪為俄羅斯、英國和其他較小的歐洲國家的非正式殖民地，這些國家在十九世紀末獲得對伊朗經濟和軍事事務等諸多方面的控制權。

例如在一八七二年，路透男爵（Baron de Reuter）獲得在伊朗的商業和工業特許經營權。這些特許權後來被取消了，但是他又在一八八九年獲得組建第一家伊朗帝國銀行的許可，還包括發行紙幣的權利。俄國人則被授權訓練一支俄羅斯風格的哥薩克旅，試圖將國王的軍事權力擴大到不可靠的部落徵兵之外。其他各種出讓主權的做法也接踵而來，比方說，比利時人獲得對伊朗海關的控制。最具爭議性的是英國在一八九〇年獲

12. Abbas Amanat, *Pivot of the Universe: Nasir al-Din Shah Qajar and the Iranian Monarchy 1831-1896* (Berkeley: University of California Press, 1997).

得對伊朗全國菸草的特許經營權，引發民眾對政權和外國勢力的強烈反應和重大抗議。這些抗議活動被理所當然地視為本地人發起的民族主義反抗，參與其中的有烏里瑪、商人、城市無產階級和受歐洲影響的自由派知識分子。[13]

一九〇五至〇六年，在納斯爾．丁的繼任者穆札法爾．丁．沙（Muzaffar al-Din Shah，西元一八九六－一九〇七年在位）統治期間，出於對歐洲人日益強大的統治力和政權腐敗的憤怒，受過西方教育的知識分子、什葉派烏里瑪成員和伊朗牧民巴赫提亞爾部落（Bakhtiyari tribe）領袖組成的複雜聯盟起義，要求並迫使這位重病的國王制定憲法。然而，這是一個不尋常也不穩定的聯盟。受過歐洲教育的知識分子尋求自由主義的議會民主和歐洲式的君主立憲。什葉派烏里瑪的行動主要是出於對他們認為的腐敗和不合法政治領導層的敵意，這與一些薩法維時期的宗教學者對晚期薩法維王朝的批評相呼應。[14] 由自由派部落領袖領導的巴赫提亞爾人，動機同樣來自傳統部落對於任何一個中央集權政府的敵意。[15]

禮薩．沙和帝國間歇期

在接下來的二十年裡，這個政治聯盟的治理情況也不盡如人意，他們受到保皇派政變未遂、嚴重的財政問題以及俄國人和英國人進一步干預的困擾，尤其是在一九〇七年時，伊朗被這些歐洲列強劃分成不同的勢力範圍。[16] 第一次世界大戰的戰情更是加劇了一個脆弱、分裂的立憲政權要面臨的所有困難。一九二六年，由俄國人訓練的哥薩克旅軍官禮薩・汗（Reza Khan）加冕為新的巴勒維王朝（Pahlavi dynasty）的國王，該王朝以古代伊朗的戰士英雄巴勒維人（pahlavans）命名，有意讓人聯想起前伊斯蘭時期伊朗君主的輝煌。巴勒維的意識形態頌揚的是位於舍拉子附近、阿契美尼德王朝的禮儀之都波斯波利斯（Persepolis），而不是位於伊朗的馬什哈德或伊拉克的卡爾巴拉、納傑夫的什葉派聖城。禮薩・汗是現代化、中央集權的軍事民族主義者，與他同時代的穆斯塔

---

13. 關於這些知識分子中的其中一人，曾創辦伊朗第一家報紙的米爾札・瑪爾庫姆・汗，見Hamid Algar, *Mirzâ Malkum Khan: A Study in the History of Iranian Modernism* (Berkeley: University of California Press, 1973)。
14. Hamid Algar, *Religion and State in Iran, 1785–1906* (Berkeley: University of California Press, 1969).
15. 在各種各樣的著作中，英國波斯學家E. G. Browne的研究是經典之作。*The Persian Revolution of 1905–1909* (New York: Barnes and Noble, repr. 1966).
16. Jennifer Siegel, Britain, *Russia and the Final Struggle for Central Asia* (London and New York: I.B. Tauris, 2002). 另見曾經被任命為「財政專員」，試圖在內外交困的局面中穩定伊朗金融的美國人Morgan Shuster引人入勝的記錄*The Strangling of Persia* (New York: The Century Company, 1912)。

法・凱末爾・阿塔圖克一樣，從根本上敵視烏里瑪和游牧民這兩個阻礙現代化的群體。禮薩・汗奉凱末爾為效法的榜樣，展開一系列世俗現代化改革，當時的凱末爾剛剛在三年前在鄂圖曼帝國的廢墟上建立了一個土耳其民族國家。

然而，禮薩・沙和他的兒子從來沒能成功為自己樹立起統治正當性的魅力，經過五十年的世俗現代化、政治上的壓制，卻仍然無法消除烏里瑪的影響力，而宗教學者群體是除軍隊外唯一的「國家」機構。一九七九年時，在對什葉派國家世俗當局的非正當性抱怨了好幾個世紀之後，正是烏里瑪取代了巴勒維王朝，獲得國家的統治權力。[17] 一個伊朗神學家政府的建立，是伊斯蘭世界歷史上的一個獨特事件。

蒙兀兒人

如果薩法維王朝在西元一七二二年突然崩塌可說是容易理解和解釋，納迪爾・沙・阿夫沙爾（Nadir Shah Afshar）在一七三九年擊敗蒙兀兒王朝的事件就不是如此了，這個事件代表蒙兀兒帝國作為一個真正帝國的結束，也象徵蒙兀兒人的王朝邁入沒有明確死期的慢性死亡過程。關於蒙兀兒人，顯而易見的問題是沙・賈汗手下那個富裕、強大的帝國如何能在他遭廢黜的八十年後便惡化到如此程度，導致一七三九年在位的皇帝甚至抵禦不住一個伊朗部落的酋長，無法阻止德里遭到洗劫，國庫和紅堡的財富也遭劫掠一空，連蒙兀兒主權的象徵——沙・賈汗的孔雀王座都被奪去。這個問題並沒有簡單的答案，甚至對導致蒙兀兒帝國這次可恥失敗的因素也沒有任何受到普遍認可的分析。大多數學者都認為，蒙兀兒帝國在沙・賈汗的兒子和繼任者奧朗則布統治期間開始走向衰落，但這些學者很少能就問題的確切性質或帝國隨後崩潰的必然性達成一致。[18]

如果統治者的治理效率是研究一個王朝帝國滅亡時必須提出的首要問題，以蒙兀兒帝國而言，沙・賈汗由自己的兒子奧朗則布繼任（和囚禁），而奧朗則布在西元一六五八年登基時，是一位積極進取、久經考驗的指揮官。與薩法維伊朗和鄂圖曼帝國的統治者相比，奧朗則布是一位有能力的君主，薩法維王朝的最後兩位君主很少離開他們的宮殿、酒杯或是禮拜毯，鄂圖曼王朝的蘇丹則早已退出人民的視線和日常國政事

17. 關於伊朗烏里瑪的意識形態、組織和個性的深入討論，見Michael Fischer, *Iran: From Religious Dispute to Revolution* (Cambridge, Mass.: Harvard University Press, 1980)。

18. 關於解釋蒙兀兒帝國崩潰原因各種理論的總結，尤見Alam, The Crises of Empire, 2-10; M. N. Pearson, "Shivaji and the Decline of the Mughal Empire," in "Symposium: Decline of the Mughal Empire," *Journal of Asian Studies* 35, No. 2 (February 1976), 221-35; M. Athar Ali, "The Passing of Empire: The Mughal Case," *Modern Asian Studies* 9, No. 3 (1975), 385-96。

務，但奧朗則布仍然是親自領導蒙兀兒軍隊的君王，並一直持續到他四十九年統治生涯結束；他從未像薩法維人般屈服於放蕩的後宮生活，也沒有沉迷於使賈漢吉爾和過去許多蒙兀兒王子喪失能力的酒和毒品。在某些方面，奧朗則布與阿克巴很相似。他像這位先祖一樣擁有巨大的活動力，親自領導成功的戰役，征服大量的領土，並在位統治近半個世紀。他遵從受到記載的阿克巴遺訓，即統治者應該不斷地進行征服。然而，在遺訓的其他面向，奧朗則布的做法則與阿克巴的先例大相徑庭。

奧朗則布具有宗教禁慾主義者的性格，他踐行宗教紀律、樸素，在精神上自負和關注自我。他在王位繼承戰爭中譴責不寬容，並援引祖先的宗教自由性以贏得拉傑普特人的支持，但一旦掌權，就常常表現得像一個不願接受妥協的正統穆斯林。[19] 他譴責他哥哥達拉．舒庫赫的蘇菲主義和離經叛道，以便為處死他的做法予以辯護，在奧朗則布的統治過程中，他支持遜尼派伊斯蘭教的哈奈菲教法學派，消除伊斯蘭法律所不認可的做法，並試圖脅迫非穆斯林皈依伊斯蘭教。在其他具有暗示性的做法中，他取消使用伊朗太陽曆，轉而使用伊斯蘭的太陰曆。[20] 他是克制、正統的納格什班迪蘇菲道團分支的門徒，他所在的道團是由謝赫．阿赫邁德．希爾欣迪（Shaikh Ahmad Sirhindi）在西元十六世紀初發展出來的印度分支（mujaddidi，復興派）。奧朗則布委託編寫了稱為《律法大典》的哈奈菲學派法律裁決的阿拉伯語巨著，該書後來在鄂圖曼帝國的宗教學者中十分受歡迎。[21]奧朗則布其哈奈菲教法學派的遜尼派觀念似乎與鄂圖曼帝國蘇丹蘇萊曼的正統觀念相呼應，但鄂圖曼蘇丹主要是以國家主義者的身分進行統治，按照典型的鄂圖曼王朝傳統，他的動機是為了穩定鄂圖曼人的統治，而不是出於虔誠的不容忍。奧朗則布的清教徒態度和對印度教徒的騷擾，說明了兩者之間的差異。

某種程度上，奧朗則布在「真誠的懺悔」之後仿效了薩法維王朝的塔赫馬斯普，結束宮廷對大多數音樂、詩歌和繪畫的贊助，禁止使用酒精、毒品的行為，停止繪製新的王朝歷史，禁止慶祝流行的波斯瑣羅亞斯德教努魯茲節。[22]他重新對印度教徒徵收朝聖

19. Khan, “State in Mughal India,” 31-2.

20. Aziz Ahmad, “Dara Shikoh and Aurangzeb,” in his *Islamic Culture in the Indian Environment* (Oxford: Clarendon Press, 1964), 197.

21. Alan M. Guenther, “Hanafî Fiqf in Mughal India: The Fatâwa-i ‘Âlamgîrî,” in Richard M. Eaton ed., *India’s Islamic Traditions* (New Delhi: Oxford University Press, 2003), 209–33. 另見Mu‘in al-Dîn b. Sirâj al-Dîn Khwänd Shâh’s work Ganj-i sa‘adat. 這是一部完成於一六六三年，納格什班迪道團獻給奧朗則布的專著，引自D. N. Marshall, *Mughals in India: A Bibliographical Survey*, Vol. I (Bombay, Asia Publishing House, 1967), No. 1297，以及關於希爾欣迪的內容：Friedman, *Shaykh Ahmad Sirhindi*。

22. 關於音樂的部分，見K. Butler Brown謹慎、修正觀點的文章“Did Aurangzeb Ban Music?” *Modern Asian Studies* 41, Part I (January 2007), 77-120。

稅，並在西元一六七九年徵收吉茲亞稅，下令拆除最近建造的寺廟，鼓勵改宗並懲罰叛教行為。簡而言之，在他的統治過程中，奧朗則布幾乎是按照十四世紀時的齊亞爾丁·巴拉尼冀望的印度—穆斯林統治者應該做的方式，或說是按照和奧朗則布同時代的薩法維國王蘇丹·胡塞因尋求的統治方式來治理。雖然一些貴族和地方官員反對他的政策，但一些烏里瑪卻順水推舟，恐嚇非穆斯林，特別是城鎮中的富裕印度教徒。[23]奧朗則布不僅疏遠許多印度教徒，藉由放棄宮廷議事廳的傳統貴族社交活動，他還切斷了與許多穆斯林和印度教貴族密切的個人關係，也弛廢巴布爾在十六世紀初時曾向他的兒子胡馬雍所建議，如果希望成為一個成功的君主，就要培養關鍵的人脈聯繫。就像巴布爾曾寫道：「獨處與王道是不相配的。」[24]

奧朗則布在位期間發生的重大衝突，常常被指責為他在宗教上的清教主義和不容忍的後果，他也被認為是十七世紀後半葉蒙兀兒帝國對某些地區最終失控的始作俑者。然而，要證明這種因果關係並不是一件簡單的事情。奧朗則布與歷任統治者一樣，被迫在整個統治期間不斷和忤逆或反叛的地方家族或地產大員（zamindars）相鬥。阿克巴的歷史學家阿布·法濟勒在十六世紀末時曾觀察到：「印度斯坦大多數地產大員的習慣不是一心一意走一條道路，而是向各方面看，加入任何有勢力的人或是形勢看好的勢力。」[25]這樣的人數目沒有成千也有上百，他們是阿富汗穆斯林和印度教徒，從未接受蒙兀兒人統治的正當性或永久性。然而，奧朗則布還不得不面對三個更嚴重的問題，這些威脅對蒙兀兒人主權的威脅遠遠超過省級大員的叛亂，分別是：錫克教在旁遮普的影響擴大；一個重要拉傑普特家族的叛亂；以及最重要的，一個新的強大力量在德干地區崛起，他們是非穆斯林的馬拉塔邦聯（Maratha Confederacy）。

蒙兀兒印度晚期的錫克教徒

奧朗則布與錫克教徒交往是一個可以提供答案的例子，說明奧朗則布並不是創造出這個麻煩，而是加劇了這個麻煩。就像我們已經了解到的，錫克教代表一股以旁遮普為中心、複雜的社會宗教運動。它一開始的發展是為了在伊斯蘭教和印度教之間建立一座橋梁，並逐漸導致這個在蒙兀兒帝國最富有、最具戰略意義的省分之一形成獨特的社

23. Satish Chandra, "Jizya and the State in India during the Seventeenth Century," in Eaton ed., *India's Islamic Traditions*, 133-49.
24. Richards, The Mughal Empire, 173, and Dale, *The Garden of the Eight Paradises*, 45.
25. 摘自Pearson in "Shivaji and the Decline of the Mughal Empire," 226。

會秩序。賈漢吉爾在西元一六〇五年處決第五位錫克教導師阿勒江（Arjun），此舉已經促成錫克教的激進化，賈漢吉爾在他的回憶錄中精確地指出，阿勒江「吸引了許多心地單純的印度教徒，甚至還吸引了一些無知和愚蠢的穆斯林信徒。」[26]賈漢吉爾似乎更關心社會秩序而不是宗教，但他對這項運動的傳播的擔憂是正確的。他把導師阿勒江的兒子囚禁在格瓦里爾堡壘（Gwalior fortress），後來把納克什班迪道團的謝赫・阿赫邁德・希爾欣迪也關在那裡，顯然也是因為他擾亂了社會秩序，但這麼做對於延緩運動的發展毫無幫助。

西元一六六四年，錫克教徒選擇了一位新的領袖泰格・巴哈杜爾（Tegh Bahadur），他在接下來的十年裡走遍了整個旁遮普，傳播新信仰，並成功地讓更多賈特人改宗，他們是該地區最重要的印度教農業種姓成員。在一六七〇年代，奧朗則布聽說錫克教徒正如同賈漢吉爾早先觀察到的，正在努力讓穆斯林改宗到這個新宗教去，於是他逮捕錫克導師，在穆斯林宗教法庭上以褻瀆罪審判他，然後處以死刑。這使日益壯大的錫克教社區對蒙兀兒人抱持長久的仇恨，並促使下一任錫克導師戈賓德・辛格（Gobind Singh）定下一種入教儀式，從儀式上使錫克成為獨特的宗教身分。他還組織了對這個新社會宗道團體的武裝保衛。他的教義強化錫克教徒的分離意識，進一步削弱帝國對旁遮普的控制，最終導致十八世紀末的旁遮普形成一個錫克教國家。因此，錫克教運動並不是簡單的地產大員叛亂，而是演變成一個新宗教社群的宗教運動，蒙兀兒統治者無法控制它的擴張和演變。蒙兀兒王朝並沒有創造出錫克教，阿克巴曾熱心地資助過他們；奧朗則布只是加劇了錫克教徒對蒙兀兒人的敵意，這種敵意可以追溯到賈漢吉爾的統治時期。[27]

拉傑普特人的叛亂

在處決錫克教導師後不久，奧朗則布在拉傑普特貴族中引發了一場叛亂，拉傑普特貴族是享有特權的印度教酋長階層，阿克巴曾在戰場上擊敗他們，讓他們為帝國效力並予以提拔，同時讓他們擔任阿格拉和德里以西沙漠地區這片歷史家園的管理者。在阿克巴、賈漢吉爾和沙·賈汗的統治下，拉傑普特人發展成蒙兀兒帝國體系中最高效和忠誠的成員，在西元一六五八至五九年，帝國中地位最高的貴族是齋浦爾（Jaipur）的拉傑

---

26. *Tûzuk-i Jahângîrî*, I, 72.

27. Khushwant Singh, *A History of the Sikhs* (Princeton University Press, 1984), and Grewal, *The Sikhs of the Punjab*。

普特大君（Rajput Maharaja），他在王位繼承戰爭中支持奧朗則布。[28] 然而，在奧朗則布統治期間，他減少了為自己做事的拉傑普特人的數量，並限制他們在家鄉以外的發展機會和收入。西元一六七九年，當焦特布爾（Jodhpur）大君去世後，奧朗則布利用已成為既定做法的帝國權利正式冊封新的大君，他無視該家族的意願，指定一個不受歡迎的繼承人，從而疏遠了這個家族——而且最終還提出，只有其新出生的嬰兒在皇家後宮中以穆斯林的方式撫養後，才會冊封該家族指定的繼承人。

當焦特布爾的拉傑普特拒絕這個提案後，衝突就公開爆發了，奧朗則布派出了軍隊占領焦特布爾，拉傑普特王國中許多寺廟遭到破壞和摧毀，這也促使了鄰近的拉傑普特統治者梅瓦爾（Mewar）也加入了戰事。在這些事情發生的同年，奧朗則布重新對印度教徒徵收吉茲亞稅，雖然他明確指出拉傑普特貴族不必繳納這項稅賦，但是這位蒙兀兒皇帝的不寬容正是他的兒子阿克巴不滿的癥結所在，一六八〇年，阿克巴響應拉傑普特人的懇求，向他的父親造反並在一六八一年一月稱帝。奧朗則布出擊，打敗了他造反的兒子和梅瓦爾的拉傑普特人，後者被迫接受吉茲亞稅，但是焦特布爾的拉傑普特人繼續頑抗了又一代人的時間。其他的拉傑普特首領並沒有叛離蒙兀兒人，但奧朗則布將繼承的過程變成一個宗教問題，並在梅瓦爾強行徵收吉茲亞稅，他改變了帝國與這個關鍵階層的關係，當時這個階層中的許多首領已經熱情地接受了蒙兀兒帝國的文化。

對於那些試圖了解蒙兀兒人的統治在十八世紀是如何迅速萎縮的人來說，認識拉傑普特叛亂是非常重要的。因為蒙兀兒帝國領土上有數百、甚至數千名在當地根深柢固的印度教和阿富汗血統的人，他們在蒙兀兒帝國被歸類為地產大員，這類人在鄂圖曼帝國則是被稱為省級仕紳大員（ayyan）。不過，在印度的案例中，許多最有權勢的地方要人都不是穆斯林。拉傑普特人站在特權階層的一端，他們對帝國的忠誠是建立在帝國強制力的持續展現和他們能參與蒙兀兒體系利益的基礎上。例如，拉傑普特人曾利用他們的帝國關係，在家鄉鞏固和豐富自己的利益。

當蒙兀兒人的政權在十八世紀衰落，這些家族中的數百人，無論是之前的大君（拉賈）、雄心勃勃的農民，還是阿富汗冒險家，都可以而且確實在帝國崩潰後和被英國征服前的權力真空中逐漸重建他們先前的自治權或建立新國家。在德里—阿格拉道路的沿線地區，一群從事農耕、有凝聚力的賈特種姓家族或群體就是這樣如此，他們的職業身分和易守難攻的家鄉地形，使他們即使是在十七世紀末時仍然能公開地和帝國爭奪稅收

28. 關於解釋蒙兀兒帝國崩潰原因各種理論的總結，尤見Alam, The Crises of Empire, 2-10; M. N. Pearson, "Shivaji and the Decline of the Mughal Empire," in "Symposium: Decline of the Mughal Empire," Journal of Asian Studies 35, No. 2 (February 1976), 221-35; M. Athar Ali, "The Passing of Empire: The Mughal Case," Modern Asian Studies 9, No. 3 (1975), 385-96。

收入，襲擊帝國商隊，進行激烈的戰鬥，有時還能打敗蒙兀兒指揮官。[29]

馬拉塔構成的挑戰

然而，奧朗則布與錫克教徒和拉傑普特人之間的困局，與他為解決馬拉塔人（Marathas）崛起帶來的挑戰而進行的鬥爭相比顯得微不足道。馬拉塔人是一個集中在馬哈拉施特拉（Maharashtra）山區的印度教種姓群體，他們聚集在後來成為英國人商業定居點的孟買東南部。他們對蒙兀兒人的統治構成巨大的內部威脅，一如十九世紀上半葉鄂圖曼帝國的埃及總督穆罕默德·阿里對鄂圖曼帝國蘇丹構成的威脅，儘管兩者具有的統治正當性完全不同。奧朗則布沒有能力解決馬拉塔人的挑戰通常被認為是他最大的失敗。

奧朗則布第一次接觸馬拉塔人是在西元一六三六年，當時沙·賈汗把他派去印度中部，部分作為阿克巴在近一個世紀前開始向南擴張蒙兀兒勢力的持續嘗試。在沙·賈汗的領導下，奧朗則布將最後兩個由穆斯林統治的德干蘇丹國降為納貢地位。這兩個國家是說馬拉地語（Marathi-speaking）、位於西部的比賈布爾，和講泰盧固語（Telegu-speaking）、位於東部地區的貢康達（Golconda）。奧朗則布的父親於一六五七年九月病倒時，才剛剛與比賈布爾的蘇丹談妥和平條款，這時候王位繼承戰爭開始，奧朗則布於是率兵北撤去爭奪王位。

西元一六八一年，他親自帶著三位王子、大部分帝國軍隊、後宮、家人以及大部分帝國行政人員返回該地區。他再也沒有回到阿格拉或德里，而是在德干地區度過他的餘生。與他同時代鄂圖曼帝國和薩法維王朝在宮廷養尊處優的人相比，可謂天差地別。伊本·赫勒敦可能會說奧朗則布是他所提出「不可避免的王朝衰退理論」中的例外。但無論如何，當時奧朗則布南下的直接原因是他的兒子阿克巴再次發起叛亂，阿克巴在一六八一年戰敗後逃往南方，並在馬拉塔宮廷裡避難，該宮廷位於孟買東南約一百公里之崎嶇山地上的一個要塞裡。

阿克巴把他的叛亂說成是回應奧朗則布不寬容的破壞偶像行為和對印度教徒重新徵收讓人深惡痛絕的吉茲亞稅，在西元一六七四年加冕的馬拉塔人領袖公開批評奧朗則布否定了先前那位阿克巴訂下的寬容政策。透過向強大的拉傑普特和馬拉塔領袖與不同意

---

29. Mahesh Chandra Pradhan, *The Political System of the Jats of Northen India* (Bombay: Oxford University Press, 1966) and R. P. Rana, *Rebels to Rulers: The Rise of Jat Power in Medieval India, c. 1665–1735* (New Delhi: Manohar, 2006).

奧朗則布宗教政策貴族中的穆斯林成員發出呼籲，阿克巴王子的行為顯示，印度菁英階層裡的大量成員對他父親的不容忍政策感到不滿。作為潛在的蒙兀兒統治者，他的叛亂也代表一種可怕的威脅，對於他的新馬拉塔聯盟來說更是如此。

奧朗則布在德干地區的二十六年征戰歲月，將蒙兀兒帝國的重心從其歷史中心阿格拉和德里轉移出來，他決定留在南方是王朝歷史的一個轉折點。在這些年裡，奧朗則布完成了蒙兀兒人的目標，也就是征服並整合該地區的穆斯林勢力，西元一六八五年和一六八七年之間，他擊敗了比賈布爾和貢康達，並開始將這些領土納入帝國的進程。在他生命的最後階段，他的軍隊已經到達東南海岸，靠近英國人在馬德拉斯（Madras）的定居點。然而，馬拉塔問題從未得到解決；它的根源在於一六四〇年代和一六五〇年代馬拉塔王國創始人希瓦吉·邦斯拉（Shivaji Bhonsla）的卓越成就。

希瓦吉是一個講馬拉地語的地主之子，他職業生涯的大部分時間都在為阿赫邁德納格爾（Ahmadnagar）的穆斯林蘇丹國服務。在蒙兀兒人吞併阿赫邁德納格爾後，希瓦吉的父親在比賈布爾服役，同時保留他在孟買東部浦那（Pune）附近的大莊園作為獨立領地。希瓦吉的家族屬於在禮儀上低下的農業亞種姓，其許多成員也曾在穆斯林德干半島的不同蘇丹國服役。他們的軍事服役和訓練使他們有別於未來的英國孟買港西南山區的其他印度教亞種姓。

希瓦吉在十八歲時繼承他父親的產業和職業，並迅速證明他比他父親或任何與他同時代的馬拉塔人具備更廣泛的政治抱負和技能。透過他的膽識、成功的掠奪、軍事上的勝利、勒索、外交和精心的組織，他沿著印度西海岸，在叢林覆蓋的山脈中以馬拉地語地區為中心開拓出實質的新國家。他首先奪取實際上或名義上屬於一個已經腐朽的比賈布爾蘇丹國（Bijapur Sultanate）領土，到蒙兀兒繼承戰爭時，他已經開始威脅到帝國的領土。在西元一六六〇年代，他成功地領導了兩次大膽的突襲，在馬拉塔人的追隨者中產生成功的魅力。

一六六三年，他襲擊了最近被帝國軍隊占領的馬拉塔人城鎮浦那，甚至還打傷奧朗則布的德干總督。然後在一六六四年，他率領騎兵突襲蘇拉特，這是蒙兀兒在古吉拉特擁有的卓越港口，是歐洲和印度洋貿易的主要集散地。現在回過頭來看，對蘇拉特港的突襲是蒙兀兒帝國歷史上的關鍵時刻。它既暴露了希瓦吉的膽大妄為，也暴露了蒙兀兒王朝指揮官的昏庸無道，他們在得知馬拉塔人逼近的消息後，把自己關在蘇拉特堡壘中，卻對希瓦吉劫掠該城富商的行徑坐視不管，希瓦吉此役從他們那裡拿走了價值約一千萬盧比的現金和珠寶。這是一連串迅速、掠奪性的騎兵襲擊中最引人注目的一次，類似於嘎茲式的侵擾（ghazi-like incursions），這種戰法成為馬拉塔人對比賈布爾和蒙兀兒領土的代表性戰術，一百多年後，馬拉塔人終於在一七六〇年占領了蒙兀兒帝國的可憐殘餘領土。

有幾次，奧朗則布似乎已經「解決」了馬拉塔人的災患。一六六五年時，他的一名拉傑普特將軍賈伊・辛格（Jai Singh）曾圍攻希瓦吉並最終將其俘虜，希瓦吉在一六六六年被帶到坐鎮阿格拉的皇帝面前。然而，奧朗則布皇帝不僅沒有像阿克巴早先對拉傑普特人那般取勝馬拉塔領袖並將其納入蒙兀兒帝國，反而還允許他逃之夭夭。希瓦吉回到自己的家鄉，最終恢復對比賈布爾和蒙兀兒領土的攻擊，在一六七〇年再次突襲蘇拉特，而且只遇到帝國象徵性的抵抗。大多數情況下，馬拉塔人能夠戰勝蒙兀兒的重裝騎兵和追隨他們的笨重火砲聯車，在對抗中，馬拉塔人與曾在安納托利亞西部拜占庭邊境作戰的烏古斯人的無情襲擊具備某些共同特點。

蒙兀兒帝國和馬拉塔人衝突的第一個時期，在西元一六七四年希瓦吉以完全獨立的印度教大君身分的加冕過程中達到高潮，此事件被稱為印度「十七世紀最重要的政治行為之一」。希瓦吉使用印度教儀式為自己加冕，其中一位著名的婆羅門祭司宣布，他實際上不是低種姓的農民，而是與著名的梅瓦爾拉傑普特家族一樣的戰士種姓後裔。[30] 他被認為是濕婆的化身（Shiva Chatrapati），這不僅在當時的馬哈拉施特拉地區引起共鳴，也在十九世紀末反英鬥爭中的馬拉地婆羅門中引起共鳴，他們創造一個希瓦吉節日，把這個節日當作對非印度教統治敵意的儀式性表達。暗殺聖雄甘地的刺客曾批評甘地對印度穆斯林抱持的同情態度，他的怒火就是從這個環境中產生的。

希瓦吉的加冕儀式並不是印度民族主義事件，儘管在殖民時代的一些馬拉塔人將他的運動（以及後來馬拉塔人的征服）解釋為印度教對穆斯林帝國主義的抗議。但當時大多數的拉傑普特人仍然繼續為奧朗則布服務，奧朗則布在一六八九年時，似乎第二次成功地解決了馬拉塔人的問題，他抓獲、處決了希瓦吉的繼任者。然而，奧朗則布並沒有能夠安撫馬拉塔人和／或將他們納入到帝國體系中，而是發現自己仍然得和希瓦吉家族的各個成員或他們的指揮官持續作戰，先是在遙遠的東南部，然後是在馬哈拉施特拉。

從西元一六八九年到一七〇七年奧朗則布死前，他一直留在德干地區與獨立的馬拉塔指揮官聯盟作戰，這些人已經成為奧朗則布難以斬草除根的禍患。他們在帝國的領土上進行突襲，削弱蒙兀兒的決心和整個德干地區的帝國經濟。奧朗則布的軍隊，有些仍由重要的拉傑普特族首領指揮，在一六八九年至一七〇七年期間一系列看似永無止境的戰役中繼續贏得勝利，但這位蒙兀兒皇帝從來沒能徹底地摧毀馬拉塔人的力量，也未能夠談判達成可能穩定蒙兀兒邊境的和平。在一六八九年之後的德干地區，「公共秩序、政治權威、政治穩定以及農業和工業生產都不斷急速下降。」[31]

---

30. Richards, The Mughal Empire, 213.
31. 同上，252。

蒙兀兒王朝的崩潰

這種不斷惡化的局面是奧朗則布的個人失敗嗎？要直接歸咎於他的宗教態度嗎？部分原因可能是由於他不寬容的個性，但這不應該完全掩蓋他非凡的活動力或戰術指揮能力。馬拉塔人的問題與錫克教的情況相似，都是在蒙兀兒統治者之外產生的，他們構成的挑戰也許是阿克巴可能解決的，但其他的統治者卻無法解決。奧朗則布直至去世前似乎都散發著一種深刻的失敗感，但這主要是反映出他筋疲力盡的挫折感，還是反映出他對於殺死兄弟和囚禁父親的做法有出於宗教虔誠的悔恨，我們目前並不清楚。在他去世後，馬拉塔人演變成一個新的、更有凝聚力的政治結構，由希瓦吉家族的婆羅門大臣領導，在一七一九年，一支馬拉塔部隊騎馬來到德里，加入蒙兀兒王朝的政治。到一七三九年時，當伊朗人納迪爾．沙．阿夫沙爾入侵印度並洗劫德里時，馬拉塔人已經占領並管理著阿格拉以南和以西的大部分帝國領土了，在一七五二年時，馬拉塔人已經成為被削弱的蒙兀兒王朝的「保護人」。[32]

雖然奧朗則布在去世後留下不斷惡化的政治局勢，但他的繼任者，巴哈杜爾．沙（Bahadur Shah）卻是一個經驗豐富、身經百戰的人，他在一場典型的蒙兀兒王位繼承戰爭中擊敗自己的兄弟，並繼承價值二點四億盧比的帝國國庫，這筆資產比阿克巴在一六〇五年去世時留下的財富還要更富裕。[33]因此，巴哈杜爾・沙有足夠的資源來購買老貴族的忠誠，以及積極開展運動的經驗和意願。事實上，巴哈杜爾・沙是蒙兀兒王朝最後一位有能力、有成效的統治者，幾乎在當上皇帝之前，他就面臨著焦特布爾拉傑普特統治者的叛亂，接著是旁遮普錫克教徒的民眾反抗和馬拉塔人在德干地區的持續掠奪，這種突襲掠奪現在已經滲透到帝國的北印度領土上。

巴哈杜爾・沙最終未能恢復蒙兀兒王朝的權威，也未能阻止其相對於錫克教徒、拉傑普特人和馬拉塔人的權力衰退，這有一部分原因是出於他的政策，也有部分原因是出於他繼位時便年事已高。在一七〇八年焦特布爾的拉傑普特叛亂之後，巴哈杜爾・沙在焦特布爾王國實行不寬容的穆斯林統治，並在加強帝國對拉賈斯坦的控制時損害了所有拉傑普特酋長的忠誠度，拒絕舊有的家園持有地，從而在根本上廢除了阿克巴的拉傑普特解決方案。一年後（一七〇九年）發生的錫克教起義並非巴哈杜爾・沙的責任，但在皇帝親自迫使錫克教徒返回山區之前，武裝薄弱的錫克—賈特農民在反帝國仇恨和

32. 關於馬拉塔人的征服，請參考Stewart Gordon的論述和分析：*The Marathas 1600-1818* (Cambridge University Press, 1993), 91-153。
33. John F. Richards, "Mughal State finance and the Premodern World Economy," *Comparative Studies in Society and History* 23, No. 2 (1981), 293.

宗教熱情的推動下，蹂躪重要的旁遮普平原大部分地區一年有餘，他們又由此開始，在一七一一年組織新的進攻，直到巴哈杜爾．沙在一七一二年去世之前也未能平息。另外，當巴哈杜爾．沙掌權之時，希瓦吉的馬拉塔後裔和獨立的指揮官已經瓦解了蒙兀兒人在德干地區的權威。此事並不能歸咎於他，他以六十四歲的高齡登基，當他在一七一二年（享年七十歲）去世時，幾乎沒有時間鞏固他的權威。這是蒙兀兒王朝歷史上最短的在位統治時間，他的去世引發了另一場代價高昂而混亂的繼承之爭，被證明是該王朝瓦解的近因。

西元一七一二年至一七三九年這段時間是蒙兀兒帝國還稱得上名副其實的帝國的最後幾年光景。一七三九年後，這個帖木兒後裔堅立的王朝仍然施行統治，但其權力範圍已不過是一個位於北印度的城邦了。新皇帝賈漢達爾．沙（Jahandar Shah，西元一七一二—一七一三年在位）幾乎可說是被一個強勢大臣掌握的傀儡，這是自阿克巴青年時代以來，蒙兀兒王朝歷史上第一次出現這種情況。也許是因為他的無權，賈漢達爾．沙在位僅僅一年時間，他是個經常酗酒、輕浮、自我放縱的享樂者，放蕩、公開地與他以前的小妾過著醉生夢死的日子（她是一個宮廷音樂家的女兒，現在上位成了他的主要妻子）。財政和行政系統正在慢慢瓦解，雖然大量的收入仍然源源不斷地從管理良好的孟加拉省持續匯入德里的金庫中，但這些財富甚至不足以付清將新皇帝領到王位上的軍隊開支。與十七世紀中期鄂圖曼帝國的情況不同，當時科普魯律家族（一個大臣家族）拯救鄂圖曼帝國的政府，在蒙兀兒印度卻沒有類似的官員獲得權勢，這也許是因為蒙兀兒統治者積極的統治作風從未允許任何類似的強大大臣階層興起。

賈漢達爾・沙不光彩的個人生活和無法收買帝國貴族忠誠的現實，使他很容易受到在王位繼承戰爭中喪生兄弟的兒子所領導的政變攻擊。新上台的皇帝法魯克西亞爾（Farruksiyar）屠殺了他的對手，並弄瞎三位帖木兒後裔的王子，其中包括他自己的弟弟。法魯克西亞爾在隨後的六年裡一直在為確保自己的統治而努力，他還要為確保自己能活下來而分心，如此局面讓這個正在瓦解中的帝國狀況進一步惡化，最後在西元一七一九年，他被他名義上的盟友，來自賽義德家族的兩兄弟廢黜並弄瞎，他們來自一個長期定居在北印度的家族，是蒙兀兒王朝長期的忠實支持者。兩兄弟統治了一年時間，然後又有一群貴族試圖藉由釋放被俘的蒙兀兒皇帝穆罕默德・沙（Muhammad Shah）並允許他執政以復活帖木兒後裔家族的統治。然而一切已經都太晚了。馬拉塔和拉傑普特人已經獨立，錫克教徒在旁遮普的影響力越來越大，許多蒙兀兒人的各省總督已經逐漸脫離了無能的中央政府，演變成割據一方的統治者。當納迪爾・沙於一七三九年率軍突入印度時，曾經強大的蒙兀兒軍隊已經沒有能力保衛帝國的心臟地帶了。伊朗人奪取曾經奢華富裕的國庫裡剩餘的財富，奪取沙・賈汗的孔雀寶座，並帶著財富返回伊朗，為納迪爾．沙在伊朗進行的殘酷征戰再提供了幾年的資金。

沒有穆斯林帝國的印度穆斯林

自從十六世紀末以來，鄂圖曼帝國的學者就開始編寫帝國衰落的文章了，但是伊朗和印度的歷史研究情況不同，很少有官員或是學者提出帝國衰落理論，儘管他們的帝國正在走向崩潰。雖然蒙兀兒人擁有無可挑剔的突厥─蒙古血統，但他們從未創造出那種激勵鄂圖曼帝國官僚的精神，甚至（或尤其）讓鄂圖曼人的「奴隸」大臣所受到的那種國家忠誠感召力。已知對於蒙兀兒政權的解體作出公開反應的少數人之一是宗教學者沙．沃里烏拉（Shah Waliullah，西元一七〇三─一七六二年），他的作品也是現存少數有關於蒙兀兒印度衰落的諫言著作之一。[34]

沙．沃里烏拉的父親是沙．阿布杜．拉希姆（Shah ʿAbd al-Rahim），他是奧朗則布哈奈菲遜尼派法律典籍鉅著的編纂者之一。沙．沃里烏拉是遜尼派納格什班迪蘇菲道團印度分支的追隨者，該印度分支是由謝赫．阿赫邁德．希爾欣迪發展於十七世紀初，後來以納格什班迪道團的形式傳播到鄂圖曼帝國領土。沙．沃里烏拉是一位非常認真且有影響力的宗教學者，他曾在漢志研究聖訓和伊斯蘭教法多年，在同時期，重要的原教旨主義學者穆罕默德·伊本·阿卜杜·瓦哈布（Muhammad Ibn ‘Abd al-Wahhab）也正在麥加和麥地那學習。

沙·沃里烏拉在一七三二年回到印度，他在大量書信和其他各處寫下關於蒙兀兒王朝的政治混亂和經濟崩潰的文章。正如整個伊斯蘭世界的烏里瑪在應對政治危機時的典型做法，沙·沃里烏拉提出的解決方案是傳統的政治和宗教解決方案：重建穆斯林權力，振興伊斯蘭思想和實踐。以他而言，他邀請阿富汗人入侵印度，重建穆斯林主權，並主張結合蘇菲實踐和伊智提哈德，從而調適伊斯蘭與人類社會的演變。在這項重點中，沙·沃里烏拉反映出他所處的時代與他十七世紀初的智識先驅——納格什班迪蘇菲謝赫·阿赫邁德·希爾欣迪所處的時代已經不同了，環境發生根本性的變化。他在《來自真主的論斷》（Hujjat Allâh al-bâligha）序言中寫道：「已經是時候了，伊斯蘭教的宗教法律應該完全披上理性和論證的外衣。」[35]

沙·沃里烏拉發起了由印度穆斯林進行的一連串嘗試以恢復印度—穆斯林社區。

---

34. 與這個議題相關的資源包括Aziz Ahmad, “The Walî-Ullâhî Movement,” *Islamic Culture in the Indian Environment*, 201-9。

35. 同上，205。

地圖17 西元一七〇七年時的蒙兀兒帝國

0 100 200 300 400 500 公里
0 100 200 300 英里
西元一七〇七年（奧朗則布）時的蒙兀兒帝國
烏茲別克汗國
撒馬爾罕
梅爾夫
巴爾赫城
巴達赫尚
巴爾赫
喀布爾城
斯瓦特
斯利那加
喀什米爾
拉達赫
喀布爾
班努
坎達哈城
拉合爾
拉合爾城
坎達哈
西藏
穆爾坦城
德里
德里城
拉薩
穆爾坦
薩法維帝國
阿格拉城
勝利者之城
阿瓦德勒克瑙
尼泊爾
不丹
焦特布爾
阿傑梅爾城
阿格拉
科奇
特達
阿傑梅爾
喬恩普爾
瓦拉納西
巴特納
拉傑馬哈爾
特達城
安拉阿巴德城
安拉阿巴德
比哈爾
阿赫邁德阿巴德
鄔闍衍那
孟加拉
古吉拉特
摩臘婆
曼都
布爾漢普爾
汗地施
奧里薩
貝拉爾
克塔克
阿赫邁德納格爾城
達曼
阿赫邁德納格爾
貢康達
孟加拉灣
比賈布爾城
海德拉巴
阿拉伯海
比賈布爾
默蘇利珀德姆
果阿
貝努孔達
毗奢耶那伽羅
邁索爾
京吉
馬拉巴爾
卡利卡特
坦賈武爾
斯里蘭卡
坎迪

與鄂圖曼帝國相比，印度穆斯林享有更高的自主權，而鄂圖曼帝國的烏里瑪是從屬在鄂圖曼政權之下的。根據已知的情況，在伊斯坦堡，沒有一位宗教學者曾經就鄂圖曼帝國的穆斯林在十九世紀的衰落問題發表過重要專著論述，也沒有採取任何獨立的行動來改革社群。相比之下，印度穆斯林沒有帝國政權可以依靠，他們對十九、二十世紀由基督徒統治、經濟上從屬於印度教徒的社區蕭條狀態做出各種反應。其中之一是制度化的宗教復興，代表沙．沃里烏拉使命的精神延續。他的兒子展開這項工作，由在英國人創辦的德里學院其中一些成員持續努力進行。[36] 這項發展的高峰是迪奧班迪宗教學院（Deoband Madrasa）在一八六八年成立，這是一個反對印巴分治的宗教機構，但在體制上致力於地方上的穆斯林復興，其基礎是《古蘭經》和聖訓的權威和指導，以及蘇菲虔誠的正當性。[37] 這個宗教學院催生出一些衛星機構，其中幾所機構在培訓巴基斯坦的保守派穆斯林神學家和學生方面發揮作用，其中也包括阿富汗塔利班的成員。[38]

36. Peter Hardy在他的書中提供對英國統治下穆斯林的考察：*The Muslims of British India* (Cambridge University Press, 1973)。

37. Barbara Daly Metcalf, *Islamic Revival in British India: Deoband 1860-1900* (Princeton University Press, 1982).

38. 塔利班的名稱是阿拉伯語詞Talib的波斯語複數形式，意思是「知識的尋求者」或者「學生」。

第二種趨勢更接近於十九世紀鄂圖曼帝國的一些西化改革努力，是由賽義德·阿赫邁德·汗（Sayyid Ahmad Khan）所領導的，他是蒙兀兒官員家族的後代，最終走向尋求西方理性主義、現代教育的途徑，他以英國牛津—劍橋的貴族模式，創造一個新的、虔誠，但接受西方教育的菁英群體。他的阿里格爾穆斯林大學（Aligarh Muslim University）培養的新穆斯林與同時代十九世紀末鄂圖曼學校培養的是同一種新穆斯林，只是阿里格爾大學以英語作為教學語言，其精神核心有如基督教強調身體強健的印度—穆斯林版本，體育和各種賽事是男性本科教育的一部分。[39] 這所大學的一些畢業生參與了一九一九至一九二四年的護哈里發運動（Khilafat Movement），這是一場印度—穆斯林政治運動，旨在拯救鄂圖曼哈里發並最終拯救鄂圖曼國家。專業律師背景出身的穆罕默德·阿里·真納（Muhammad ʿAli Jinnah）也來自這種西化傳統，儘管他受教育的地點是在倫敦而非在印度，他希望透過給印度穆斯林一個新的國家來保護他們不被淹沒在印度教徒的海洋中，這個國家不是伊斯蘭國家，而是像蒙兀兒帝國一樣，由穆斯林統治，並為穆斯林服務的國家。在一九四七年，他帶領北印度穆斯林成立巴基斯坦，這是印度穆斯林的政治避難所，但有趣的是，這是一個以英國制度為基礎的世俗國家，並且強調它不是一個伊斯蘭神權國家。大多數印度穆斯林留在印度，有些人是主動留下，有些人則不太自在。

鄂圖曼人：衰落還是復興？

在蘇萊曼蘇丹於西元一五六六年去世後，他的繼任者塞利姆二世（西元一五六六—一五七四年在位）和穆拉德三世（西元一五七四—一五九五年在位）繼續為帝國開疆拓土，分別於一五七三年和一五七四年征服了塞普勒斯和突尼西亞，並在一五七六年沙塔赫馬斯普去世後對薩法維帝國進行成功的長期戰爭。鄂圖曼人在西元一五八三年和一五八五年占領了高加索的部分地區和大不里士，並在一五八七年使喬治亞成為鄂圖曼帝國的附庸國。一五九〇年，新的薩法維統治者沙・阿巴斯被迫提出和平請求。然而，儘管如此，歷史學家和文官穆斯塔法・阿里（西元一五四一—一六〇〇年）於西元一五九〇年代寫了一本百科全書式的歷史著作，在其中痛苦哀嘆由於偏離蘇萊曼統治時期的規範而導致帝國的衰落。腐敗加劇，軍隊混亂，維齊爾的權力下降，作者所屬、經宗教學院培養出來的知識菁英階層失去權威，經濟問題，以及後宮的惡劣影響——這一切都是由於在位蘇丹的鬆懈和不負責任導致。[40] 和許多作家一樣，在穆斯塔法・阿里的

---

39. David Lelyveld, *Aligarh's First Generation* (Princeton University Press, 1978).
40. 這項討論的基礎是Fleischer's *Bureaucrat and Intellectual in the Ottoman Empire*, Chapter 1.

眼裡，鄂圖曼帝國衰落是個人責任的問題。當然，他是在帝國受到歐洲列強擴張的威脅之前寫下這些內容的，這種威脅是任何鄂圖曼官員都無法控制的。

穆斯塔法·阿里是一個受過良好教育的鄂圖曼人，他的父親不是菁英階層成員，也不是不用交稅的戰士和當官的阿斯凱里階層成員，而是富有、受過良好教育的商人，因此是一個交稅的平民。他的祖父可能是一個波士尼亞人家庭奴隸。穆斯塔法·阿里在伊斯坦堡的菁英宗教學院裡接受教育，這些學校培養鄂圖曼帝國高級文化的代表，他們在接受這種教育後可以擺脫平民的身分，加入帝國的菁英階層。西元一五九一年，也就是穆斯林曆法的千禧年之初（伊朗的阿巴斯一世在位和印度的阿克巴在位期間），穆斯塔法·阿里開始書寫他的里程碑之作，隨著鄂圖曼帝國征服和勝利的步伐放緩，並在十六世紀末和十七世紀遭到逆轉，他在作品中發出的慨嘆後來長成宗教學者的輓歌。

穆斯塔法·阿里因無法獲得他夢寐以求的皇室任命而感到沮喪，但他還是發現了鄂圖曼帝國的許多實際、日益嚴重的問題。首先，儘管他不可能知道，但一五九〇年的鄂圖曼—薩法維條約象徵著帝國的擴張極限。雖然鄂圖曼人在這之後還是打了很多場重要的戰役並取得勝利——甚至在一六八三年第二次圍攻維也納，但帝國的驚人擴張已經結束了。其次，西元十六世紀末在高加索和伊朗的長期戰役並沒有產生以相對較少的成本獲得重大收入增長的領土（例如之前在一五一七年征服埃及那樣）；在西元一五一五至一六年，為了應對連續征戰的成本，阿克謝被徹底貶值到先前價值的一半。在世紀之交時，它再次貶值，從一五八〇年代到一六九〇年代，鄂圖曼政府都有財政赤字。[41]第三，在西元一五六二年巴耶濟德和他的兒子被謀殺後，繼承制度發生根本性的變化。到十六世紀末時，鄂圖曼帝國的繼承權已經不再由王子之間的繼承戰爭和隨後不可避免的自相殘殺來決定了。

塞利姆和穆拉德都是以唯一倖存的成年兒子身分坐上王位的，這種模式隨著穆拉德的長子穆罕默德三世在一五九五年的登基得以延續，他是唯一一個擔任過省長的蘇丹，他的其他兒子都太年輕了，無法有這樣的歷練。這三次的王位繼承樹立起王室長子繼承制的先例或習俗，從這時起，鄂圖曼帝國的王子也不再與他們的母親和顧問一起在年幼時被任命為省長，而印度的蒙兀兒人則繼續遵循著這項帖木兒家族的傳統。相反的，王子從此以後都在後宮中長大，繼承權不再是在戰場上決定，而是透過宮廷內的派系操作決定。這種新的模式是在沙·阿巴斯將後宮系統制度化的同時形成的，而且在長達一個世紀之久的時期裡，鄂圖曼後宮中的女性發揮了非同尋常的力量。這個時期被稱為「婦女的蘇丹國」（kadınlar sultanat）：從西元一五六八年去世的許萊姆的突出表現開始，

41. 關於阿克謝，見Darling, Revenue-Raising and Legitimacy中akçe的參考介紹。

一直持續到西元一六五一年蘇丹穆拉德四世的母親去世。在十七世紀裡，儘管有些統治者比其他統治者更有效地維護自身權力，但是蘇丹的權力仍然掌握在後宮之中。

西元一五九五至九六年和一六八七年之間，有七位蘇丹在位，當最後一個蘇丹穆罕默德四世（西元一六四八－一六八七年在位）在一六四八年幼年登基成為蘇丹時，雖然身在其位，但未掌握實權。從西元一五八五至八六年鄂圖曼帝國貨幣貶值，到「婦女蘇丹國」時期結束之間的重疊時期是一個異常動盪的時代，更是一個混亂的時代，具有深刻、嚴重的內部和外部問題，其中許多問題因帝國的嚴重財政困難而加劇。首先，安納托利亞地區心懷不滿的鄂圖曼帝國軍官和其他人發生複雜而多次的傑拉里叛亂（Celali rebellions），這些叛亂從一五九六年開始，危機一直持續到一六一〇年，在這之後也沒有完全穩定下來。其次，在此時新上台的伊朗統治者阿巴斯一世用他的新軍隊領導了一系列的戰役，到一六〇五年時，他已經奪回在早期鄂圖曼－薩法維衝突中失去的所有伊朗領土，包括巴格達在內。然後在西元一六二二年，以前忠心耿耿、紀律嚴明的奴隸部隊耶尼切里起義，這次起義最終導致在位的蘇丹奧斯曼被謀殺，由一位在精神上無法勝任的前任統治者穆斯塔法取代，在同一年的晚些時候，穆斯塔法被伊斯坦堡的烏里瑪廢黜。最後，在十七世紀上半葉，派系衝突一直困擾著鄂圖曼宮廷，一直到一六四八年，穆罕默德四世的祖母、七歲男孩登基時主導國家的人物科西姆・蘇丹（Kösem Sultan）

被謀殺後才有所緩解。

在這樣的局面下，就難怪來自馬其頓的德夫希爾梅奴隸格爾迪傑利·和卓·穆斯塔法·貝（Gördidjeli Kodja Mustafa Beğ）會於一六四〇年向穆拉德四世呈上他所寫關於鄂圖曼帝國衰落的《專論》（*Risale*）：他在文中認為，只有回到蘇萊曼一世之前的「想像中的完美」時代，才能阻止鄂圖曼帝國的衰落。[42] 他的專著特徵是持保守或守舊觀點，與大多數十九世紀改革方案中的現代化和／或西方化思想相比，這種保守觀點是早期鄂圖曼帝國在探討衰退問題著作中的特點。然而，鄂圖曼帝國的特殊之處在於，十七世紀時鄂圖曼國家的政府仍然存在，也許只是因為它發生了很大的改變，已經到了讓齊納勒札德（Kınalzade）、穆斯塔法·阿里（Mustapha ʻAli）和穆斯塔法·貝（Mustapha Beğ）都幾乎不認識它的程度了。在「婦女蘇丹國」時期結束後，它被一個「維齊爾蘇丹國」的時期取代，這是一個由官僚來進行管理的國家。

---

42. C. H. Imber, "Koçi Beg/Gördidjeli Kodja Mustafa Beg," Encyclopaedia of Islam II, Brill Online.

從蘇丹的國家到維齊爾的國家

從西元一六五六年到一六九一年，是擔任大臣的科普魯律家族為帝國重新注入了活力。他們是在威尼斯人在達達尼爾海峽擊潰一支鄂圖曼帝國艦隊，並威脅到伊斯坦堡本身的同一年開始效力的。在這一年，第一位科普魯律家族的大臣科普魯律．穆罕默德．帕夏（西元一六五六－一六六一年在任）殘酷但有效地開始恢復帝國的秩序，由於威尼斯人的威脅、巴爾幹地區的動亂、伊斯坦堡的宗派衝突和安納托利亞的叛亂，鄂圖曼帝國似乎已經支離破碎了。他試圖恢復社會和宗教秩序，將當官的軍事階層和平民區分開來，將聖裔家族（saiyids，先知的後代）和非聖裔家族區分開來，這是一項複雜得多且沒有回報的任務。科普魯律．穆罕默德．帕夏的後代也證明了自己的能力，他們是開明的管理者，就像塞爾柱王朝時期的內札姆．穆勒克一樣，除了不是名義上的統治者以外，在任何意義上都是掌握實權的人。鄂圖曼帝國的蘇丹，現在不過是用花押蓋章的人而已，仍然保留著他們的統治正當性。

羅列出鄂圖曼帝國在西元十七世紀裡面臨的種種問題，總是會暗示一種普遍混亂、即將解體的感覺，這　說會讓人誤解帝國的狀況，至少對鄂圖曼帝國的許多菁英階層成員來說，這個帝國仍然是一個可行、有價值的事業。例如，在不知疲倦的鄂圖曼旅行家埃夫利亞．切勒比（Evliya Çelebi）的敘述中，鄂圖曼帝國就似乎是一個極為吸引人的地方。腐敗問題、壓迫的官員和無情的蘇丹是他在卷帙浩繁的回憶錄中一次又一次提到的事情，但是這些內容遠不如他在一六四〇至一六八〇年間在鄂圖曼帝國的國土各地遊覽的內容更豐富。鄂圖曼帝國看起來就像沙．賈汗統治下的蒙兀兒印度一樣有生命力，對他來說，是一個令人愉悅的國度。

埃夫利亞．切勒比的父親是為皇家服務的金匠，所以他出生在皇宮裡，切勒比是一個機智、受過良好教育、顯然很自負的年輕人，自從他在鄂圖曼帝國皇宮裡的青少年時代起，他就開始描述了鄂圖曼帝國生活的許多不同方面。在一段記載中，他講述了自己是如何在西元一六三六年說服了穆拉德四世（西元一六二三－一六四〇年在位）任命他為「恩伴」的，這是穆斯林宮廷中得到認可的職位：

> 我的帕迪沙，如果有一個人與團體中的每個人都相處融洽，他就被稱為「伴侶」，如果是一個酒會，那麼他就被稱為酒伴。nedim這個詞來源於münadim，它是müdamin的變形詞，müdam的意思是「酒」。因此，恩賜伴侶（nedamet）意謂著飲酒，也就是說，被酒所醉（mest-i müdam）。簡而言之，這樣的人被認為是皇室的朋友（musahib）或皇室的伴侶（nedim-i eriyari）。願上帝賜予我的帕迪沙長壽。

「好極了！」蘇丹喊道。[43]

兩年後，就在從伊朗手中奪回巴格達的戰役之前，埃夫利亞「得到了他（蘇丹）的祝福，從後宮進入斯帕希軍團，每天有四十阿克謝的津貼。」[44]他的任命凸顯出斯帕希這個詞如何演變，它不僅包括傳統的烏古斯騎兵，還包括任何帝國任命的人，甚至包括金匠受過教育的兒子。同時期的印度人可以以類似的方式被任命為曼薩布達。埃夫利亞的確在戰場上服役，但主要是作為《古蘭經》誦讀師。談到西元一六五〇年在安納托利亞與傑拉里叛軍的戰鬥時，他寫道：「當其他人在砍殺時，在下這卑微的奴僕站在阿布杜拉·帕夏的旗幟下，背誦著高貴的勝利章（《古蘭經》第四十八章）。」[45]

鄂圖曼帝國行政管理的結構變化

兩個基本的結構變化隨著鄂圖曼帝國統治的變化出現：省級仕紳大員的崛起和德夫希爾梅系統的廢除。省級名流大員的興起隨著鄂圖曼帝國蘇丹權力的下降而發生，可能有部分原因是由鄂圖曼帝國治理中至少兩個變化引起的：首先，蘇丹的權威減弱和不再積極著手統治；其次是財政問題使得馬利克哈內（Malikhane）讓稅制度於西元一六九五年建立起來，該制度將財政和行政權力讓渡給地方層級。無論如何，這是一個似乎讓人聯想起（而且十分類似）十七世紀末和十八世紀初蒙兀兒帝國財富急劇變化的過程。

與印度的情況一樣，鄂圖曼帝國的仕紳大員既代表本土菁英階層，他們在鄂圖曼帝國征服後仍然留在原地——就像印度的拉傑普特一樣，如今他們重新確立起自己的地位；也代表官員，他們透過與當地菁英人士通婚和結盟，設法在當地鞏固自己的地位，這也正是十八世紀上半葉蒙兀兒孟加拉出現的過程。[46] 事實上，西元十八和十九世紀的鄂圖曼帝國，所謂的ayyan，即扎根於農村的省級仕紳，與在安納托利亞被稱為「山谷領主」（derebey）的家族，比如洽潘奧格魯（Çapan-oğlu）家族（他們是長久以來居住在安納托利亞中部的突厥部落）是有區別的。那些沒有通婚和結盟聯繫的官員，隨著伊

---

43. Dankoff, *An Ottoman Mentality*, 36.

44. 同上，45。

45. 同上，137。

46. Philip Calkins在一篇論文中生動地描述這個過程，包括從帝國級別的總督到省級的統治者：“The Formation of a Regionally Oriented ruling Group in Bengal, 1700-1740,” *The Journal of Asian Studies* 29, No. 4 (August 1970), 799-806。

斯坦堡權威減弱，已經成為半自治的官員，比方說，蘇丹蘇萊曼的家族在整個十八和十九世紀初統治著巴格達。[47]在十八世紀，官員之間的流轉速度明顯減緩，這使得省級仕紳大員權力增加的情況得以發生。同樣情況也發生在印度。[48]

從西元十七世紀末開始，貴族作為中央政府的軍隊供應者也變得非常重要，這項發展是由於第二個重大的結構性變化造成的：作為有效戰鬥力量的耶尼切里軍團衰落和德夫希爾梅系統的惡化，後者最終在西元一七〇三年遭到廢止。在這之前，該系統已經被越來越多的自由身穆斯林所「腐蝕」了，他們將在軍團中服役視為一種有價值的職業生涯途徑。縱使他們真的受過任何方面的訓練，所受的訓練內容也與那些奴隸前輩截然不同，而且與統治者蘇丹的關係也不同。到了十七世紀末，由於通貨膨脹，訓練不足、工資低下的耶尼切里禁軍已經演變成有特權的城市駐軍，他們以商人、生意人甚至咖啡館老闆的身分謀生：事實上，一個寄生的武裝階級能夠左右蘇丹的成敗，但他們已經不再是鄂圖曼帝國軍隊中令人畏懼的打擊力量了。與伊斯蘭世界的其他奴隸制軍事體系一樣，最初為提供忠誠、有紀律的部隊而建立的部隊已經成了半自治的擁王者。

兩位十八世紀鄂圖曼帝國官員的背景和政策顯示，與早期穆罕默德二世和蘇萊曼統治下的帝國相比，這個帝國發生了多麼深刻的變化。這兩個人都出生於一六六〇年代，他們分別是易卜拉欣・帕夏・內夫希爾利（Ibrahim Pasha Nevshehirli，約西元一六六二一一七三〇年）和易卜拉欣·穆塔費里卡（Ibrahim Mütaferrika，約西元一六七〇—一七四五年）。西元一七一八年成為蘇丹阿赫邁德三世手下大維齊爾的易卜拉欣·帕夏並不是奴隸出身，而是一個自由身背景的穆斯林，他透過家族關係進入皇室中效力。他娶了蘇丹最寵愛的女兒結婚（遵循早期的模式），至少在任內的最初階段，易卜拉欣致力於和平，這將使帝國的經濟得到發展和獲得穩定。

易卜拉欣是一位詩人、書法家，而且和不願處理政務的蘇丹一樣，是一個享樂主義者，他是第一個公開向歐洲（尤其是法國）尋求改革鄂圖曼國家模式的大臣。他贊助或指導了一系列革新措施，包括建立消防隊、紡織廠、翻譯協會和由詩人內迪姆（Nedim）負責的多座圖書館，內迪姆在詩歌創作中的創新與這個時代的風氣息息相

---

47. 關於ayan的一篇案例研究，見Gabriel Piterberg, "The Formation of an Ottoman-Egyptian Elite in the 18th Century," *International Journal of Middle East Studies* 22, No. 3 (August 1990), 275-89。

48. Donald Quataert, *The Ottoman Empire 1700-1922* (Cambridge University Press, 2nd edn. 2005), 46. 另見J. H. Mordtmann, "Derebey," *Encyclopaedia of Islam* II, Brill Online。在鄂圖曼帝國的案例中，也有人是馬穆魯克後裔，他們在埃及和比鄰的阿拉伯省分裡勢力十分強大。關於十八世紀的鄂圖曼—埃及歷史，見Jane Hathaway, *The Politics of Households in Ottoman Egypt: The Rise of the Qazdaglis* (Cambridge University Press, repr. 2002)。

關。[49]他還引領了鄂圖曼歷史上最有魅力的藝術和社會時代之一，即「鬱金香時期」，在此期間，從荷蘭反向出口到伊斯坦堡的鬱金香刺激出一種新的建築風格，實現在位於伊斯坦堡的鬱金香清真寺（Lale Cami），並引發相關的藝術和文學潮流。易卜拉欣・帕夏在任期間，他和蘇丹還在博斯普魯斯海峽沿岸的山坡上建造了一些可愛的亭台（köşks），這些亭子成為貴族舉行飲酒、音樂和詩詞雅集的中心。西元一七三〇年，他終於在一場反對鄂圖曼帝國貴族放縱生活的民眾起義中喪命。這次起義是由一名阿爾巴尼亞耶尼切里所領導，他曾是一名二手衣經銷商。詩人內迪姆也在這場暴力中喪生。艾哈邁德三世在不久之後被迫退位。

易卜拉欣・穆塔費里卡（約西元一六七〇／七四—一七四五年）是易卜拉欣・帕夏手下的部長大臣之一，他曾是來自外西凡尼亞（Transylvania）的東儀派基督徒（Unitarian Christian），為了逃避哈布斯堡的宗教迫害皈依伊斯蘭教，並寫了一篇譴責羅馬天主教的專文。在加入鄂圖曼帝國後，他成了駐歐洲幾個國家的特使，但他最著名的是身為現代化改革的早期倡導者之一。他是鄂圖曼帝國新型改革倡導者的化身：他不像穆斯塔法・阿里那樣回望黃金時代，也不像印度的沙・沃里烏拉那樣希望淨化和加強伊斯蘭教的神職人員，而是像十九世紀的印度人賽義德・阿赫邁德・汗那樣，認為採用歐洲行政結構、技術和文化要素是保存帝國的一種手段。易卜拉欣・穆塔費里卡可能幫助編寫了一份提交給阿赫邁德三世的備忘錄，該備忘錄主張採用歐洲軍事技術和僱用歐洲軍官，但他最出名的舉動是他在西元一七二七年建立了鄂圖曼突厥文的印刷廠。

他這樣做得到大維齊爾易卜拉欣．帕夏的支持，更重要的是得到穆斯林最高宗教權威伊斯蘭謝赫的支持，後者的地位早已蓋過鄂圖曼帝國早期的軍法官辦公室。易卜拉欣．穆塔費里卡顯然贏得了這位宗教官員的青睞，他認為伊斯蘭的學問會從印刷技術中受益，但他的出版社只出版世俗人文和科學主題的作品。例如，其印刷的書籍之一是十七世紀鄂圖曼帝國傑出學者卡提布．切勒比（Katib Çelebi）對十七世紀中期鄂圖曼帝國海軍事務的研究和批評。[50] 在西元一七三一年的出版物中，易卜拉欣．穆塔費里卡本人藉由將帝國與歐洲國家進行比較，分析了鄂圖曼帝國衰落的原因，明確提出彼得大帝激進改革所構成的威脅。在這篇論文中，他強調需要引進歐洲發展起來的現代科學。[51]

---

49. Silay, *Nedim and the Poetics of Ottoman Culture*. 內迪姆質疑舊形式，引入新的口語詞彙，尤其是在他的波斯語詩中明確地陶醉於自己的同性戀慾望中，甚至鬍鬚對眼睛、嘴唇和頭髮的情色吸引力（第100頁）。

50. Orhon ai'k Gökyay, "Kâtib Çelebi," *Encyclopaedia of Islam* II, Brill Online.

51. Nizazi Berkes, "Ibrâhîm Mütaferrika," *Encyclopaedia Islamica* II, Brill Online. 關於這一時期的歷史書寫，見Jane Hathaway, "Rewriting Eighteenth- Century Ottoman History," *Mediterranean Historical Review* 19, No. 1 (June 2004), 29-51。

鄂圖曼人和歐洲

大維齊爾試圖將伊斯坦堡和鄂圖曼政府現代化，其中他強調與法國保持密切關係，並支持他來自外西凡尼亞的同事和其他有改革思想的人，凸顯出鄂圖曼官員和知識分子居住的地理、軍事和文化世界與伊朗或蒙兀兒菁英階層在十八世紀初時經歷的世界之間的對比。一七一八年，當阿赫邁德三世蘇丹任命易卜拉欣．帕夏為大維齊爾時，沒有任何一個薩法維或者蒙兀兒統治者或大臣受到歐洲勢力的特別吸引或是感覺受到歐洲勢力的威脅。歐洲人長期以來一直作為處於邊緣的個人存在於薩法維帝國和蒙兀兒帝國中，他們是耶穌會教士、歐洲冒險家和商人。葡萄牙人的公海海盜行為和英國東印度公司商人小團體的武裝叛亂並不足以成為刺激，它們和本土的威脅相比顯得微不足道。相較之下，鄂圖曼帝國和另外兩個帝國的情形之所以不同的一部分原因是，在伊斯坦堡有像易卜拉欣．穆塔費里卡這樣的人存在，他們是見多識廣的歐洲叛逃者或俘虜，並成為鄂圖曼帝國蘇丹的忠誠僕人。在薩法維王朝和蒙兀兒王朝的統治時期，沒有類似的官員曾在伊斯法罕、阿格拉或德里任職。

從地理上看，鄂圖曼人自十四世紀末以來一直是地中海和歐洲的強國，他們長期與不同歐洲國家發生衝突，刺激了其軍事裝備和戰術的演進。然而，儘管有著頻繁的衝突，鄂圖曼帝國與威尼斯等政權的密切商業關係也促進了藝術和知識交流。鄂圖曼帝國的擴張，從該王朝首次介入拜占庭的繼承權爭端時開始，也促使蘇丹與其他更遙遠的歐洲國家結成方便的聯盟，如蘇萊曼在西元一五三六年時與法國結盟，促成後來與法國君主的許多外交、商業和文化上的接觸。[52] 法國人在西元十六世紀向伊斯坦堡派遣了大使，並在十七世紀上半葉在伊斯坦堡駐有長期代表團。他們將伊斯蘭書籍和藝術品送到歐洲，並安排將歐洲的文本送到伊斯坦堡的宮廷。[53] 伊斯坦堡和歐洲之間的衝突、商業以及文化和知識交流也刺激鄂圖曼帝國進行在薩法維伊朗或蒙兀兒印度幾乎聞所未聞的學術研究。我們不可能找得到任何十七甚至十八世紀的伊朗人或印度人，無論是穆斯林或印度教徒、猶太人、基督徒或瑣羅亞斯德教徒，能夠對歐洲事務有和十七世紀真正傑

52. 在西元十六世紀初以前，鄂圖曼帝國與法國的關係經常發生變化，這些變化有時是受到基督教理想的影響，有時則是受到國與國關係變化的影響。比如說，在西元一四九〇年代，法國的查理八世在攻占羅馬以後，威脅要領導一場對伊斯坦堡進行的十字軍戰爭。但是到十六世紀末的時候，歐洲國家的合併讓鄂圖曼—法國的關係更加穩定、友好，來自法國的影響也隨著時間推移而不斷加強，並在十九世紀時成為占主導地位的外國文化力量。

53. 見Avner Ben-Zaken在他關於鄂圖曼帝國天文學的論文中對這些交流的總結："The Heavens of the Sky and the Heavens of the Heart: The Ottoman Cultural Context for the Introduction of Post-Copernican Astronomy," *British Journal for the History of Science* 37, No. 1 (March 2004), 6-10。

出知識分子、改革者、光照主義哲學的追隨者——卡提布・切勒比有一樣廣泛的了解和興趣。他撰寫關於天文學、地理學，以及歐洲政府宗教和政治制度的專著，並將歐洲人的軍事勝利，如威尼斯人在一六五六年的勝利，歸功於他們的科學和地理知識。[54]

卡提布・切勒比、易卜拉欣・帕夏、易卜拉欣・穆塔費里卡以及後來的鄂圖曼帝國學者和官員所產生的建言和改革計畫是受到鄂圖曼帝國命運的真正衰退所刺激。在西元十八世紀，或者說是從一六八三年第二次圍攻維也納失敗，到一七九八年拿破崙入侵埃及這段時間裡，隨著蘇丹或其大臣的權威相對於省級仕紳大員的影響力不斷下降，鄂圖曼帝國和歐洲之間的力量平衡發生逆轉。鄂圖曼帝國軍隊即使少了紀律嚴明的耶尼切里部隊，在這些年裡有時也會贏得重要的交戰，例如西元一七一一年對俄羅斯和一七一五年對威尼斯的勝利。但是，他們輸掉了關鍵的重大戰役，鄂圖曼帝國從西元一六九九年的《卡爾洛維茨條約》（*Treaty of Karlowitz*）開始讓出那些主要的征服領土：根據這項條約，匈牙利、斯洛維尼亞、外西凡尼亞和克羅埃西亞都輸給了哈布斯堡王朝。在七十五年之後，鄂圖曼人在與另一個重新崛起的歐洲君主（羅曼諾夫家族的俄羅斯帝國）的六年衝突中被擊敗。彼得大帝曾在十八世紀初振興俄羅斯帝國，而此時正由同樣強大的君主葉卡捷琳娜統治。在取得勝利的過程中，俄國人甚至將他們的波羅的海艦隊派去地中海，並在愛琴海上摧毀了一支鄂圖曼艦隊。隨著西元一七七四年《庫楚克開納吉和約》（Treaty of Küçük-Kainarjı）的簽訂，鄂圖曼人失去對克里米亞的控制，此前的克里米亞汗一直為鄂圖曼人提供最重要的軍事單位，他們填補了耶尼切里軍團衰退後留下的空白。該條約還授予沙皇在伊斯坦堡建造一座東正教大教堂的權利，並被允許作為鄂圖曼帝國東正教基督徒的保護人。

這些和東正教徒有關的治外法權代表葉卡捷琳娜要求與其他歐洲勢力早些時候在和鄂圖曼帝國各蘇丹簽訂的所謂「投降」協議中獲得的同樣權利。這些協議在阿拉伯語中一般被稱為imtiyazat，即「分離」或「區別」，起源於帝國對歐洲商人的讓步，為他們提供法律保障和帝國內的貿易特權。基於成熟的塞爾柱人慣例和許多前現代國家常見的商業手段，這種特許權最早是提供給威尼斯人的，但從十六世紀中期開始，其他最終變得更強大的歐洲列強也紛紛尋求這些特許權。法國是第一個獲得這種特許權的歐洲國家，鄂圖曼人經常根據歐洲的聯盟關係變化而給予這種特許權。法國人的特許權在西元一五九七年和一六〇二年再次得到更新，當時鄂圖曼人授予他們保護前往耶路撒冷的基督教朝聖者的權利：這讓人想起十字軍，不過是以外交形式實現。在西元一六九〇年時，法國贏得更多的特權：減少在埃及的對法國關稅，以及鄂圖曼帝國同意將耶路撒冷

54. Dankoff, An Ottoman Mentality, 231.

的一些基督教場所交給法國的天主教會。

當時，英國人正迅速擴大自己在地中海的利益，分別於西元一五八〇年和一六〇一年獲得特許權；一六〇一年的特許權免除金銀進口的關稅，反映出鄂圖曼帝國在這段時期對更多貨幣進口的迫切需求。[55]如果這些早期的治外法權可稱之為雙方互利，到了十七世紀末時，歐洲人已經開始利用這些治外法權來免除關稅了，他們還在鄂圖曼帝國的領土上建立域外基地，並最終獲得具有顛覆力的權利，為鄂圖曼帝國的基督教臣民提供與歐洲人平等的法律保護，這些臣民為法國人或英國人工作，或者可以從他們那裡買到假證書。治外法權既反映出鄂圖曼帝國相對於歐洲國家的衰弱，帝國本身更加劇了這種衰弱，以至於西元一七八八年時，法國大使將鄂圖曼帝國描述為「法國最富有的殖民地。」[56]

鄂圖曼帝國的現代化／西化

鄂圖曼帝國的半殖民地地位促使十八世紀的鄂圖曼蘇丹將軍隊「現代化」，也就是「歐洲化」。在十八世紀，他們開始僱用法國的軍事顧問，並在西元一七九三年由塞利姆三世（Selim III，西元一七八九—一八〇七年在位）建立了Nizam-i Jedid（新力軍），作為他全面嘗試振興舊秩序的一部分。[57] 他不僅希望抵禦來自歐洲人越來越頻繁的進攻，還希望重新建立對各省仕紳大員的中央集權控制。在西元一七九九年，他命令（或無效地懇求）巴勒斯坦的仕紳大員抵制拿破崙向敘利亞的進軍，這一局面也顯示出塞利姆三世意圖加強中央集權的動機。

建立一支新的軍事力量只是他為振興鄂圖曼國家所採取的一系列措施之一。這些措施包括恢復舊的機構和社會控制，以及對教育系統和行政機構進行創新改革。因此，他試圖改革提瑪爾制度，並嘗試規定鄂圖曼帝國的臣民階層應恢復穿戴傳統上被認可的服裝，以表明他們的社會地位。[58] 與這些本質上傳統保守的行為相對，塞利姆在歐洲開設

55. Paul Ricaut總結了十七世紀時英國人的治外法權：英格蘭、蘇格蘭、法蘭西和愛爾蘭等國王與鄂圖曼帝國蘇丹之間的條款和和平條件，隨著每位大使的不同時期而進行了增補和修改。(Constantinople: Abraham Gabai, 1663).

56. Halil Inalcık, "Imtiyâzât," *Encyclopaedia of Islam* II, Brill Online.

57. Stanford Shaw, "The Origins of Ottoman Military Reform: The *Nizam-i Cedid* Army of Sultan Selim III (1709–1807)," *Journal of Modern History* 37 (1965), 291-306.

58. 在關於鄂圖曼帝國的現代化改革的諸多研究中，見Bernard Lewis的早期作品*The Emergence of Modern Turkey* (Oxford University Press, 2nd edn. 1961) and Carter V. Findley, *Bureaucratic Reform in the Ottoman Empire: The Sublime Porte 1789–1922* (Princeton University Press, 1980)。

大使館，在伊斯坦堡建立了第一所「現代」（即世俗）學校，由歐洲教員培訓新的軍官階層，並開始建立新的行政基礎設施，以支持新力軍軍事單位。

塞利姆的軍事和相關教育及行政改革響應了本世紀初的建議，並創造出一個懂法語、欣賞歐洲科學的鄂圖曼新階層核心。然而，在烏里瑪著名成員的幫助下，耶尼切里在一八〇七年發生叛亂，導致一位強力的地方大員介入，在一八〇八年將一位新蘇丹送上王位。此事件讓一項協議得以達成，從表面上看，該協議具有鄂圖曼版本的《大憲章》（*Magna Carta*）的性質。新蘇丹馬赫穆德二世（Mahmud II）在各省軍隊的威脅下，同意承認各省仕紳大員的土地成為可以繼承的財產，以換取他們對蘇丹及其代理人大維齊爾正當性的承認。[59]

然而，與十三世紀的英國土地貴族相比，鄂圖曼帝國的地方大員所構成的階級要脆弱得多，他們從未真正質疑過鄂圖曼王朝的正當性，畢竟鄂圖曼王朝的聲望和壽命遠遠超過了金雀花王朝（Angevin）君主。[60] 事實上，這種「憲政」危機最終導致鄂圖曼帝國蘇丹以專制統治者身分在一個日益集中的「現代」官僚國家中重新崛起，並比十七世紀初以來的任何時候都更加集中，這顯示出蘇丹擁有潛在的正當性。在接下來的二十五年裡，馬赫穆德二世得以利用新的新力軍，並在一八二六年藉由殺死伊斯坦堡的耶尼切里並迫害他們貝克塔什蘇菲道團的同夥，最終使鄂圖曼政權擺脫耶尼切里的威脅。之後，他取消了已經過時的提瑪爾制度，將剩餘的斯帕希騎兵納入新的軍事組織中，甚至能夠奪取一些地方大員的土地，並將其分配給自己的支持者。他還建立了一個新的宗教義產管理機構，對數以萬計的「慈善」土地實行中央控制，這些土地是寶貴的農業和商業資源，是重現穆罕默德二世在十五世紀時占有許多義產土地的做法。伊斯蘭謝赫也作為宗教顧問被納入這個新興的國家體系，該體系現在包括一些「現代的」部會——民政部、外交部、農業部，和培訓文官的學校，這可能也是以法國學校為模板建立的。[61]

即使是在帝國繼續縮小時，馬赫穆德二世仍然重組了鄂圖曼帝國的制度。帝國的收縮主要是由於他或甚至現代化的各部會都無法控制的事件所造成。在塞利姆三世統治時期，鄂圖曼帝國對漢志地區和埃及本來就很脆弱的控制力也消失了。首先，苦修、遵從原教旨主義者阿卜杜·瓦哈布（'Abd al-Wahhab）的追隨者於一八〇三年控制了漢志地區；兩年後，隨著拿破崙入侵埃及和敘利亞，一名阿爾巴尼亞裔的鄂圖曼官員穆罕

59. Kemal H. Karpat, "The Transformation of the Ottoman State, 1789–1908," *International Journal of Middle East Studies* 3, No. 3 (July 1972), 251-4.
60. 關於此事，見Karen Barkay做出的敏銳評論：*Empire of Difference*, 223。
61. 同上，254-5。

默德·阿里在埃及奪權。直到一八四八年去世為止，穆罕默德·阿里一直控制著埃及和後來的敘利亞，他雖然名義上還是帝國的僕人，但實際上是一個擁有強大軍隊的獨立統治者。一八二四年，他代表蘇丹鎮壓了希臘人的叛亂，但在一八三二年，埃及人在孔亞附近壓倒了鄂圖曼帝國的新軍隊，如果不是俄國人出面阻止他們在首都建立強大的新政權，埃及人很可能已經占領了伊斯坦堡。這是反常事件，因為在整個十九世紀裡，通常是英國人和法國人限制俄羅斯人在鄂圖曼帝國領土上擴張。克里米亞戰爭是英法兩國在此目的上合作的失敗例子。儘管如此，它還是顯示出鄂圖曼政權相對軟弱的現實，即使在塞利姆三世和馬赫穆德二世成功地進行現代化努力之後。在這個世紀裡，鄂圖曼帝國繼續受到歐洲列強的支配，在第一次世界大戰期間這種關係結束之後，歐洲人和阿拉伯人終結了鄂圖曼帝國的生命。歐洲列強之間的競爭是鄂圖曼帝國能夠延續這麼長時間的原因之一。

在十九世紀的過程中，一直到第一次世界大戰結束，鄂圖曼帝國的領土面臨著俄羅斯擴張和本土獨立運動（如希臘起義）而持續萎縮，到一八三〇年時，希臘人終於建立了希臘民族國家。除了顯示在不同勢力的圍攻下振興一個帝國並使之現代化的巨大困難之外，帝國疆域的收縮也帶來將鄂圖曼帝國轉變成更加突厥化的穆斯林國家的效果，儘管這個國家裡仍然存在著大量猶太教、希臘東正教和亞美尼亞基督教少數民族。

十九世紀的鄂圖曼帝國改革

馬赫穆德二世的繼任者繼續堅持重建鄂圖曼政府，以加強對抗歐洲對手和批評者的能力，這些努力的部分動機單純是為了擺脫損害鄂圖曼主權的治外法權行為。在馬赫穆德二世去世後，新任蘇丹阿卜杜馬吉德（Abd al-Mecid）的部長，前鄂圖曼帝國駐倫敦大使雷什特·帕夏（Re it Pasha）於一八三九年宣布一系列新的措施，旨在鞏固政府，討好歐洲列強。這項改革計畫被稱為坦志麥特（Tanzimat，敕令），承諾保障生命和財產安全，平等對待包括穆斯林和非穆斯林在內的所有公民，並以固定稅取代讓稅制度，還承諾採取一些其他措施，例如新刑法的頒行。稅收方面的變化旨在改善帝國的財政狀況，而平等的公民權至少有兩個目的：安撫歐洲的批評和闡明鄂圖曼帝國公民權的新意識形態——即使在帝國境內的基督教徒數量因征服和叛亂而減少時也是如此。

坦志麥特宣言啟動了一個改革時期，一八七六年宣布的書面憲法和隨後的兩年議會期將改革推向高潮。早期對軍事現代化的重視程度有所下降，轉而進行行政和政治改革，除其他影響外，還將官僚機構的規模極大化，以監督諸如教育等職能的運行，這些職能以前一直掌握在私人手中，就教育而言，主要由烏里瑪來負責。[62] 坦志麥特改革的

62. Quataert, The Ottoman Empire, 168-72.

部分精力用於建立一個全國性的世俗教育系統，在一八五〇年代至八〇年代之間開設許多學校和學院，包括法學院、醫學院和政治學院。在一八六九年開辦、稱為技藝之屋（Dar al-Funun）的科技大學在兩年後因為來自烏里瑪成員的壓力而被迫關閉。儘管如此，一個新的教育階層逐漸在舊的宗教學者體系之外接受教育，國立學校的學生接受西歐的世俗和科學培訓，其中大部分的培訓是以法國模式為基礎，並經常以法語作為媒介。

然而，在坦志麥特時期建立的所有新學校中，於一八四六年建立的戰爭學院（Harbiye）可能是影響力最大的機構。這個學院代表一系列早期軍事改革措施的高峰，它強調數學和外語教育，起初是法語，後來是德語。戰爭學院培養出許多參政型的畢業生，他們不僅在十九世紀末時非常活躍，許多學生在一八九七年因「顛覆活動」而受審，而且在第二次世界大戰後也十分活躍，有些畢業生參與了一九六〇年的軍事政變。[63]

對於沒有被歐洲人直接殖民的國家來說，軍隊作為自我防衛事務，是典型會被當作第一個加以改革的機構，對於鄂圖曼帝國和伊朗等被間接殖民國家的許多早期領袖來說，他們手中指揮的是最「現代的」機構，這些領袖出身於行伍的背景也同樣是很典型的現象。凱末爾以及他在伊朗的同時代人物禮薩．汗，也就是後來的禮薩．沙．巴勒維

（西元一九二五—一九四一年在位）就是這樣的兩個人。相比之下，印度穆斯林最終的領袖，巴基斯坦的創立者穆罕默德·阿里·真納和與他同時期的印度教徒甘地一樣，都是在英國接受教育的律師。在英國的殖民地上，軍事指揮權是留給英國人的，而法律，就像十八世紀的美國和十九世紀和二十世紀的英屬印度一樣，則成為富有雄心的殖民地人民的晉升管道，有時也是獲得財富的管道。

文化的現代化

整體而言，法國學校的建立和在法國留學的鄂圖曼人產生出一個有點類似於英屬印度或非洲法語區殖民地的殖民菁英知識分子階層。法國文化的強大影響力在這些地方造成的文化後果之一是將歐洲（尤其是法國的）文學和藝術風格傳播到伊斯坦堡。在文學方面，席納斯（Shinasi）和納米克·凱末爾（Namık Kemal）等受過法國教育的知識分子放棄了傳統的波斯語詩歌模式，波斯語詩歌在整個十八世紀裡還一直保持流行，但缺

63. 除了各種關於此時期的概括性資料來源之外，還包括Lewis, *The Emergence of Modern Turkey* and Barkay, *Empire of Difference*的參考書目。

少生氣。十八和十九世紀的法國文學，現在被翻譯成鄂圖曼突厥語，成為受歐洲影響的新資產階級所仰望的模式和標準。

納米克．凱末爾是十九世紀下半葉這場新文學運動中的傑出人物，作為運動的代表人物，他開始初步闡述坦志麥特改革所催化出的鄂圖曼中產階級民族主義。身為詩人、記者、戲劇家、小說家、評論人和政治活動者，納米克．凱末爾具有傳統的鄂圖曼宗教和文學修養，他曾受過伊本．阿拉比的蘇菲主義以及波斯和鄂圖曼突厥語詩歌的教育。他以鄂圖曼帝國官員的身分展開職業生涯，受到一八六〇年改革後開始出版的獨立報刊和文學期刊影響。在表達冒犯政府的鄂圖曼民族主義情緒後，他與青年鄂圖曼協會（Young Ottoman Society）的成員一起去了巴黎，該協會除了其他的所謂「進步」理想外，還致力於建立制憲大會。[64]

一八七〇年，獲得大赦的納米克．凱末爾回到伊斯坦堡後，透過《警訊報》（'Ibret）傳播他的思想，並開始編排和演出愛國主義戲劇。他最著名的作品一般直接稱為《家園》（*Watan*），這是一部頌揚鄂圖曼帝國「民族」美德的戲劇，這齣戲在一八七三年導致他被監禁並流放到塞普勒斯，他在那裡花了三年的時間寫作。這些年裡，他完成了第一部小說；幾年後的一八八一年，他完成了第二部小說，這部作品表達出泛伊斯蘭理想。他於一八七六年回到新任蘇丹阿卜杜哈米德二世（'Abdülhamit II）麾下擔任國務委員會成員，一八七七年時，他再次被流放到米蒂利尼島（Mytilene），原因是他不小心說了些關於推翻蘇丹的言論，也很明顯被視為一八七七年新成立的鄂圖曼議會中的政治威脅。儘管如此，他的重要人脈關係最終幫助他先後在米蒂利尼島和羅德島獲得政府任命，他在那裡致力於改善穆斯林的地位，當地基督徒人口占多數，穆斯林是少數群體。他的工作獲得鄂圖曼帝國的獎勵，在愛琴海地區的這些年裡，他（以歐洲詩歌的格式）寫了許多愛國主義詩歌，但他在一八八七年去世前不久完成的鄂圖曼帝國歷史著作遭到禁止。納米克．凱末爾的矛盾處境實際上是年輕一輩鄂圖曼人的縮影，他們一方面支持鄂圖曼國家反抗歐洲人的干預，一方面又傳播歐洲的政治、社會和思想理想，威脅著阿卜杜勒哈米德二世（西元一八七六—一九〇九年在位）蘇丹的專制政權。

隨著阿卜杜勒哈米德二世上台，鄂圖曼帝國的歷史進入最後階段，肇因於持續喪失領土和內部的政治發展。阿卜杜勒哈米德是一個毫不留情的鐵腕君主，他登基的時候正是歐洲帝國主義列強的頂盛期，代表性事件是鄂圖曼帝國在一八七七至七八年的鄂圖曼—俄羅斯戰爭中戰敗，被迫簽訂由德國首相俾斯麥促成的和平條約。這份條約讓俄羅斯

64. F.A. Tansel, "Kemâl, Mehmet, Nâmik," *Encyclopaedia of Islam* II, Brill Online. 關於納米克．凱末爾的絕大多數學術研究都以土耳其語寫成。

劃走大多數的征服領土，接著在一九一二至一三年的巴爾幹戰爭中，鄂圖曼帝國又失去尤其寶貴的巴爾幹領土，這些地方是他們最後的歐洲領土。鄂圖曼帝國領土的損失，使這個多元文化的歐亞帝國日益變成一個主要由安納托利亞突厥穆斯林組成的國家，阿卜杜勒哈米德對這種損失的反應之一，是利用納米克．凱末爾和其他人開始闡述的泛伊斯蘭情感，畢竟這種情感對於現在占據帝國人口絕大多數的穆斯林有很強的吸引力。

阿卜杜勒哈米德二世擁有哈里發的身分，無論如何，他都能夠利用這種伊斯蘭情感，當時世界各地的穆斯林都愈發感覺到自己正在被歐洲帝國主義壓倒。阿卜杜勒哈米德二世蘇丹邀請周遊列國的穆斯林革命者哲瑪魯丁．阿富汗尼（Jamal al-Din al-Afghani）來到伊斯坦堡居住，另外還安置了其他響應泛伊斯蘭呼籲的人，比如知名度要比前者低得多的哈德拉毛（Hadhrami）神學家賽義德．法迪勒（Sayyid Fadl），他來自印度西南海岸的喀拉拉（Kerala），這裡是印度最古老的穆斯林社群所在地。[65] 鄂圖曼帝國的蘇丹作為哈里發和聖地麥加與麥地那的守護者，對生活在印度和東南亞殖民政權下的穆斯林有著很強的吸引力，對他們來說，最後一個殘存的穆斯林政權可以滿足他們重要的心理需求。在印度，英國人在一八五七年印度起義期間藉由狂轟濫炸和不分青紅皂白的屠殺重新占領德里，消滅蒙兀兒王朝可憐的殘餘勢力，泛伊斯蘭的鄂圖曼帝國的呼籲刺激了第一次世界大戰後印度穆斯林中護哈里發運動的發展。[66] 印度穆斯林舉行支持鄂圖曼帝國領土完整的示威活動，直到今天，鄂圖曼帝國的制服和獎章還會在每年收穫的節慶期間在不起眼的喀拉拉村莊裡拿出來展出，儘管它們已經失去了原本的意義。[67]

阿卜杜勒哈米德的泛伊斯蘭主義冒險可能是一個專制君主的自然反應，他需要一種意識形態使自己的統治正當化，並將鄂圖曼帝國和外國穆斯林團結起來，保衛鄂圖曼帝國。然而，他對宗教的援引直接違背了自十九世紀中期以來從伊斯坦堡和其他地方軍事和世俗學校畢業的官員和世俗知識分子的意願。隨著青年鄂圖曼黨人（Young Ottomans）逐漸失去影響力，正是這些世俗知識分子掌握越來越多的政治主動權。不過，青年鄂圖曼黨人還是激勵了他們的繼任者——青年土耳其黨人（Young Turks）的

---

65. Stephen F. Dale, *Islamic Society on the South Asian Frontier: The Mappilas of Malabar 1498-1922* (Oxford: Clarendon Press, 1980), 157.

66. William Dalrymple動人地描述最後一代蒙兀兒人的命運，以及末代蒙兀兒知識分子階層的崩解：The Last Mughal (New York: Vintage Books, repr. 2006)。關於護哈里發運動，見Gail Minault, *The Khilafat Movement: Religious Symbolism and Political Mobilization in India* (New York: Columbia University Press, 1982)。

67. Stephen F. Dale, M. Gangadhara Menon, "Nerccas: Saint-Martyr Worship Among the Muslims of Kerala," *Bulletin of the School of Oriental and African Studies* 51, No. 3 (1978), 523–38.

地圖18 鄂圖曼帝國的領土損失，西元一八〇七至一九二三年

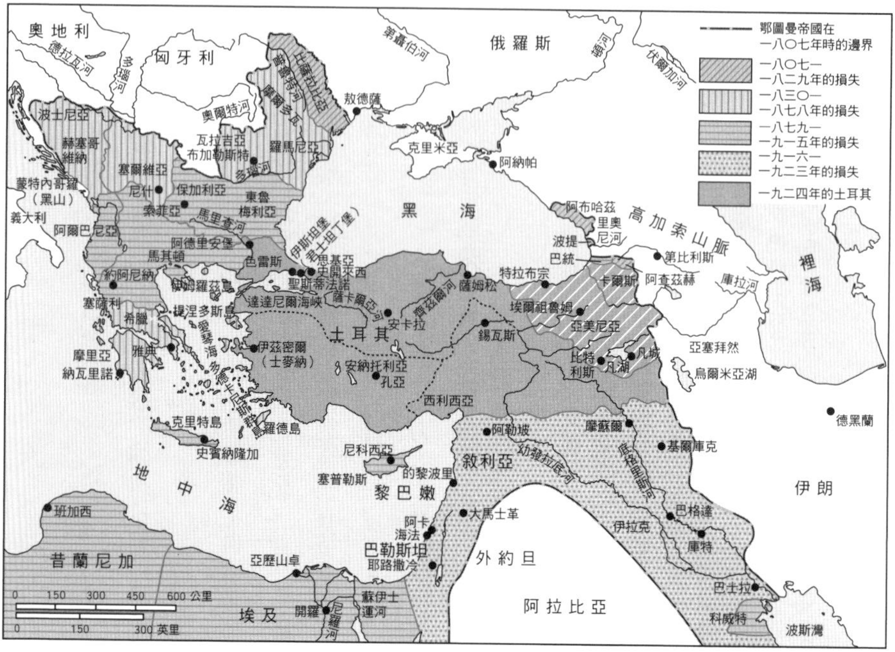

民族主義理想，這是一場由新知識階層推動的運動，其領導者也是受過軍事訓練的世俗主義者。他就是穆斯塔法．凱末爾，後來被稱為阿塔圖克（土耳其人之父）。青年土耳其黨人的祕密民族主義協會尋求打造一個世俗的土耳其人國家，他們於一八八九年首次以「聯合與進步委員會」的名義召開會議。

從這一年到一九〇八年，他們成功地發動了鄂圖曼歷史上的第一次革命，他們許多成員住在國外，在那裡出版報紙和論文，闡述新的民族主義思想。然而，正是駐紮在薩洛尼卡（Salonica）的鄂圖曼帝國中層軍官，在巴爾幹城鎮的穆斯林知名人士支持

下，成功地進行一九〇八年的青年土耳其黨人革命。[68] 這場革命代表鄂圖曼帝國歷史的終結，因為這些軍官為一個世俗的土耳其多黨共和國奠定了基礎，就其性質而言，這個共和國的領土定義為土耳其人占多數的地區。與理想是建立一個多民族或多種族的帝國的青年鄂圖曼黨人不同，青年土耳其黨人背棄了阿拉伯省分，以及漢志地區麥加和麥地那的宗教中心。

然而，決定鄂圖曼帝國命運的是第一次世界大戰。這場戰爭和鄂圖曼帝國與德國的聯盟產生兩個根本後果。首先，英國人直接或間接地透過他們的阿拉伯盟友，將美索不達米亞、敘利亞和沙烏地阿拉伯的非突厥領土從鄂圖曼帝國的控制中剝離出來。這意謂著帝國又恢復到十四世紀的狀態，幾乎完全變成突厥人的國家。其次，戰爭給了土耳其軍官階層特殊的權力，他們代表最具凝聚力的現代鄂圖曼體制，其中包括一些最激進的土耳其民族主義者。

穆斯塔法・凱末爾在一九一五年的加里波利戰役中面對英國和英聯邦軍隊獲得勝利後，成為一名聲勢水漲船高的軍官，他在一戰餘下時間的戰役中鞏固了自己的聲譽。

68. Karpat, "Transformation of the Ottoman State," 279-81 and M. Şükrü Hanioğlu, *The Young Turks in Opposition* (Oxford University Press, 1995).

一戰結束後，法國和英國占領了伊斯坦堡，並鼓勵或允許希臘人藉由占領士麥那（伊茲密爾）以追求希臘復興主義夢想，凱末爾在一九一九年召集了安納托利亞的鄂圖曼部隊，領導一場驅逐希臘人並建立新土耳其民族國家的運動。到一九二三年時，這個在一九三五年得到國父稱號的將軍獲得了勝利：他和同伴廢除了鄂圖曼帝國和哈里發制度，並在土耳其安納托利亞的中心城鎮安卡拉頒布了一部共和憲法。[69]

69. Patrick Balfour (Lord) Kinross, *Atatürk: A Biography of Mustafa Kemal, Father of Modern Turkey* (New York: Morrow, 1965) 是一本容易取得的凱末爾傳記。

結論

失去的世界

在西元一七二二至一九二三年的兩百年之間，薩法維帝國、蒙兀兒帝國和鄂圖曼帝國逐漸萎縮和崩潰。當阿富汗人攻入伊斯法罕，納德爾·沙洗劫德里，以及英國和法國在第一次世界大戰結束於伊斯坦堡登陸的時候，這些王朝的早期統治者所具有的魅力已經萎靡，活力已經大致消失了。除了建築遺跡、精美的繪畫和令人難忘的詩歌，這三個王朝的崩潰顯然還在各自的領土上留下不同的遺產。

伊朗

在伊朗的薩法維王朝是這三個王朝中最弱的，但卻留下最深刻和持久的遺產。它在阿契美尼德和薩珊帝國的歷史中心地帶建立了一個名為伊朗的國家，從而恢復伊朗的政治身分認同；薩法維王朝對清晰可辨的波斯文學和藝術文化予以贊助；它還將伊朗國家與什葉派伊斯蘭教相提並論，使以前占多數的遜尼派人口改信什葉派；並且還將一個強大、半自治的什葉派宗教學者機構制度化。伊朗的什葉派烏里瑪制度化產生了意想不到的後果，因為許多宗教學者否定了除第十二位伊瑪目或其在世的代表阿亞圖拉（Ayatollahs）以外的君主或政治領袖的統治正當性，這些高級什葉派神學家或穆智台希德就像十七世紀的黎巴嫩學者阿里・卡拉基・阿梅利一樣，有能力進行什葉派神學的伊智提哈德。然而，儘管什葉派烏里瑪的權力在卡札爾時期增加，但伊朗帝國的政治和文化傳統也經久不衰，這項傳統在一九二六年由禮薩・沙恢復，並且在伊斯蘭革命和隨後二十世紀末、二十一世紀初的什葉派神學家統治中輕鬆地延續下來。

印度

蒙兀兒帝國在印度留下的遺產則淡得多，帝國的崩潰對印度穆斯林造成的創傷，比薩法維王朝的消失對伊朗穆斯林的創傷來得深刻。畢竟，伊朗人是繼續由講波斯語的什葉派穆斯林國王所統治，他們與薩法維王朝的宗教和帝國語彙相同。隨著蒙兀兒統治者從皇帝變成德里的國王，再變成馬拉塔的傀儡，最後成為仰英國人鼻息的領津貼者，他們在自己的身後留下一些帝國的政治殘渣，例如在恆河流域的奧德（Oudh）行政官（Nawabs）和德干地區海德拉巴的尼札姆地區統治者。這些人和其他勢力更小的人維持著蒙兀兒宮廷文化的區域變體，其中也包括對王朝歷史、文學和藝術的贊助。細密畫的製作隨著他們的收入下降而減少，但長期以來，作為波斯文化獨特象徵的詩歌傳統卻得以保留。然而，在十八和十九世紀，波斯語被烏爾都語取代，烏爾都語是一種使用阿拉伯字母書寫的印地語之高度波斯化形式。十八世紀時的作家米爾・穆罕默德・塔奇・米爾（Mir Muhammad Taqi 'Mir'）等人就是蒙兀兒文學文化從波斯語向烏爾都語演變的典範，他用波斯語寫自傳，但是以烏爾都語創作加札勒而聞名。[1] 北印度的穆斯林文人將波斯詩的文學傳統一直保持到了今天。

雖然蒙兀兒文化的元素在南亞倖存，但德里宮廷的崩潰和英國對次大陸的最終占領，剝奪了北印度穆斯林的文化和宗教贊助、就業，最重要的是，剝奪了穆斯林統治者的主權。蒙兀兒印度畢竟是一個穆斯林帝國，它直接或間接地支持了大量的烏里瑪和穆斯林文人、官僚和士兵，而這些人中的大多數人的繁榮程度和聲望都在下降，就像英國王室的英屬印度大君夥伴在印度獨立後被邊緣化一樣。一九一九年至一九二三年的印度

1. 見C. M. Naim ed. amd trans., Zikr-i Mir (New Delhi: Oxford University Press, 1999)。

護哈里發運動是印度穆斯林流離感受的一種表現形式，當時的英屬印度即將成為一個理論上世俗，但由印度教徒主導的民主國家。英屬印度人口中的一些人對這種情況做出不同的反應，但是，正如我們所看到的，有兩個群體特別重要，他們對穆斯林主權的喪失十分關注：烏里瑪的成員和受過英國教育的專業人士。

正如我們之前已經看到的，印度—穆斯林烏里瑪在傳統宗教方面的反應最為強烈，他們試圖透過改革宗教信仰和做法以恢復穆斯林社區，但在分治問題上沒有統一的立場。許多受英國教育的官僚和專業人士，例如阿里格爾大學的畢業生，他們既想要穆斯林社區獲得現代化，又想要為他們的問題找到政治上的解方。對於他們中的很多人而言，這個局面在最初時意謂著穆斯林在印度民主政府中獲得受到保護的地位。兩個團體的成員都為巴基斯坦建國做出了貢獻，但毫無疑問的，是世俗穆斯林、在英國受教育的律師穆罕默德．阿里．真納說服英國當局接受把帝國分割成兩個國家的分治，一個國家是明確的世俗印度民主國家，一個是巴基斯坦，是印度穆斯林的避難所。

然而，真納對巴基斯坦的要求，更多是對傳統模式下主權的追求。巴基斯坦是作為一個穆斯林國家而建立的，但它的基礎是英國的政治規範，即世俗、憲政、民主的政治規範；它當然不是伊朗什葉派模式的神權國家。在巴基斯坦，就像在伊朗，關於這個國家本質的疑問、張力和衝突持續存在。這些辯論中很少提及蒙兀兒帝國，自由主義的阿克巴和保守、樸素的奧朗則布的對比象徵也沒有什麼共鳴。在二十世紀下半葉，一些政治家以及許多烏里瑪和保守的穆斯林越來越傾向主張將巴基斯坦變成一個伊斯蘭國家，但受過西方教育的中產階級和上層階級，即真納類型的人則普遍反對這一目標。

土耳其

鄂圖曼帝國的遺產與薩法維王朝的遺產一樣特立獨行，與蒙兀兒王朝的遺產一樣複雜。第一次世界大戰為帝國留下了一個土耳其中心地帶領土、古老的政治結構、傳統上處於從屬地位和靜止狀態的遜尼派烏里瑪，以及好鬥的民族主義軍官階層。這個軍官階層的代表穆斯塔法·凱末爾（西元一八八一－一九三八年）在領袖把安納托利亞從歐洲人和希臘人手中重新征服回來的過程中獲得無人能及的軍事成功魅力。他利用自己無與倫比的權威，將他對土耳其民族國家的設想強加給所有人，這個民族國家將按照西歐模式進行現代化。在一九三五年，凱末爾正式宣布他對土耳其的政治認同承諾，放棄對伊斯蘭的政治認同，也放棄了帕夏、嘎茲的稱號，成為「土耳其人之父」（阿塔圖克）。他不會成為「伊斯蘭的偉大國王」（Padishah-i Islam），因為凱末爾·阿塔圖克，就是他以後的名字。對於宗教學者階級和作為宗教存在的伊斯蘭，凱末爾有一種發自內心的蔑視。在他眼裡，「伊斯蘭文明」這個詞是一個矛盾的說法。他有一次在談及土耳其人帶著一點諷刺口吻說：「如果可以的話，讓他們成為基督徒就好了。」[2]即使這只不過是一句隨口說說的話，也反映出他的目標。「他的國家不是信徒所期待、經過改革的伊斯蘭國家：而是一個嚴格意義上的非宗教國家，擁有一個由軍隊支持，和蘇丹政府一樣強大的中央集權政府，並由他自己的知識分子官僚機構管理。」[3]

從一九二三年土耳其共和國成立到一九三八年離世，凱末爾用盡各種辦法企圖將土耳其轉變成一個西歐國家。土耳其人被強迫放棄他們當時常見的帽子——菲茲帽（fez），代之以歐洲風格的帽子：這是一個對傳統社會發起的重大變化，在這個社會中，蘇丹曾經透過奢華的排場和禮儀申明土耳其穆斯林的優越性，並阻止社會中的非穆斯林人口想入非非。如今，土耳其人還被命令要採用姓氏，放棄他們通常使用單名的傳統，造成有時候會出現為了尋找合適名字而產生的滑稽恐慌。土耳其語的字母系統被改成拉丁字母，這項變化誠實地反映出阿拉伯字母不能完全表現突厥語發音的情形，但這麼做也切斷了共和國的土耳其人與鄂圖曼文化遺產的聯繫，因此在二十一世紀，大多數土耳其人無法閱讀清真寺或其他建築物上的銘文，無論它們是阿拉伯文、波斯文還是突厥文。更為深刻而激進的是，從一九二〇年代中期開始，女性得以解放（除了阿塔圖克自己的妻子），她們被邀請與丈夫一起參加舞會和晚宴，獲得投票權，並被鼓勵進入職場工作。土耳其還採納了一部世俗、以瑞士法典為基礎的法典，並開設法律學校，以培養真正獨立的司法機構成員。法學院只是教育系統表現形式之一，現在的教育系統已經以十九世紀的一些模式為基礎，完全世俗化了。

這些改革的另一面是烏里瑪群體在法律上完全屈從於一個由政府部門監督的機構，毫無疑問，它仍然支持哈奈菲教學學派的遜尼派伊斯蘭教，但不被允許在社會或政治生活中有任何宗教人士的影響力。該宗教部門被稱為宗教事務主席團（Diyanet Isleri Bashkanlı ı），其成立是為了確保烏里瑪的活動限制在精神領域，避免在社會生活或政治中強加任何宗教規範。人們通常說的宗教事務局（Diyanet）會以國家預算的資金支付宗教教育及宗教出版物，因為共和國政府廢除了曾經資助帝國宗教教育的傳統宗教機構——義產和伊斯蘭學院（瑪德拉沙）。[4] 然而，儘管凱末爾主義者的世俗主

2. Balfour, *Atatürk: A Biography of Mustafa Kemal*, 497.

3. 同上，497。

4. Seyfettin Er ahin, "The Ottoman Foundation of the Turkish Republic's *Diyanet: Ziya Golkalp' s Diyanet Ishları Nazâratı,*" *The Muslim World* 98, Nos. 2–3 (April 2008), 182–98. 整整兩期《穆斯林世界》的內容都是專門介紹宗教事務局的政策和實際做法。

義大行其道，伊斯蘭教不僅得以生存，還有一些土耳其穆斯林在努力振興，其中最有影響力的是來自土耳其庫德斯坦、早慧、自學成才的貝迪烏茲札曼・賽義德・努爾西（Bediuzzaman Said Nursi）。努爾西建立了一個名為「光明預言」（Risale-i Nur）的組織，致力在基層恢復伊斯蘭教的虔誠和個人精神的完善，避免在國家世俗主義時代進行宗教性的政治活動。[5]

努爾西的計畫與十九世紀末印度的迪奧班德宗教學院（Deoband Madrasa）有某種程度的相似之處，這兩個運動都是在世俗環境中運作，強調個人的精神性復甦，並避免參與政治活動。二十一世紀初，宗教政黨在民主選舉中獲勝，顯示在土耳其和巴基斯坦，宗教和政府之間的關係仍然沒有得到解決，事實上，這個問題可能永遠不會得到明確的解決，在一定程度上而言，世界上最大的兩個世俗民主國家——印度和美國的情形也是如此。

5. Şükran Vahide, *Islam in Modern Turkey: An Intellectual Biography of Bediuzzaman Said Nursi* (Albany: State University of New York Press, 2005).

鄂圖曼

- Ágoston, Gabór, *Guns for the Sultan: Military Power and the Weapons Industry in the Ottoman Empire* (Cambridge University Press, 2005).
- Andrews, Walter G., Black, Najaat and Kalpaklı, Mehmet, ed. and trans., *Ottoman Lyric Poetry* (Austin: University of Texas Press, 1997).
- Antonius, George, *The Arab Awakening* (Philadelphia: J. B. Lippincott, 1939).
- Atıl, Esin, "The Art of the Book," in Esin Atıl, ed., *Turkish Art* (New York: Henry Abrams, 1980), 137–239. "Levni and the Surname: The Story of an Eighteenth-Century Ottoman Festival," *Muqarnas* 10 (1993), 181–200.
- Babinger, Franz, *Mehmed the Conqueror and His Time*, ed. William C. Hickman, trans. Ralph Manheim (Princeton: Bollingen Press, 1978).
- Bagci, Serpil, "From Translated Word to Translated Image: The Illustrated ehnâme-i Türki Copies," *Muqarnas* 17 (2000), 162–76.
- Balfour, Patrick (Lord Kinross), *Atatürk: A Biography of Mustafa Kemal, Father of Modern Turkey* (New York: Morrow, 1965).
- Barkay, Karen, *Empire of Difference: The Ottomans in Comparative Perspective* (Cambridge University Press, 2008).
- Ben-Zaken, Avner, "The Heavens of the Sky and the Heavens of the Heart: The Ottoman Cultural Context for Post-Copernican Astronomy," *British Journal for the History of Science* 37, No. 1 (March 2004), 1–28.
- Berkes, Niyazi, "Ibrâhîm Mütaferrika," *Encyclopaedia of Islam* II, Brill Online.
- Börekçi,Gunhan, "AContribution to the Military RevolutionDebate:The Janisssaries' Use of Volley Fire during

The Long Ottoman–Habsburg War of 1593–1606 and the Problem of Origins," *Acta Orientalia* 59, No. 4 (2006), 407–38.

- Casale, Giancarlo, "The Ottoman Administration of the Spice Trade in the Sixteenth Century Red Sea and Persian Gulf," *Journal of the Economic and Social History of the Orient* 49, No. 2 (2006), 170–98.
- Çizakça, Murat, "A Short History of the Bursa Silk Industry," *Journal of the Economic and Social History of the Orient* 23, Nos. 1–2 (April 1980), 142–52.

"Cash Waqfs of Bursa, 1555–1823," *Journal of the Economic and Social History of the Orient* 38, No. 2, 313–54.

- Crane, Howard, *The Garden of Mosques: Hafiz Hüseyin Al-Ayvansarayi's Guide to the Muslim Monuments of Ottoman Istanbul* (Leiden: Brill, 2000).
- Curry, John Joseph IV, "Transforming Muslim Mystical Thought in the Ottoman Empire: The Case of the Shabaniyye Order in Kastamonu and Beyond," Unpublished PhD dissertation, Ohio State University, 2005.
- Dankoff, Robert, *An Ottoman Mentality: The World of Evliya Çelebi* (Leiden: Brill, 2004).
- Darling, Linda, *Revenue-Raising and Legitimacy: Tax Collection and Finance Administration in the Ottoman Empire, 1560–1660* (Leiden: Brill, 1996).
- Denny, W. B., "Dating Ottoman Turkish Works in the Saz style," *Muqarnas* 1 (1983), 103–21.
- Ergene, Bogˇac A., "On Ottoman Justice: Interpretations in Conflict (1600–1800)," Islamic Law and Society (2001), 52–87.
- Erşahin, Seyfettin, "The Ottoman Foundation of the Turkish Republic's *Diyanet:* Ziya Golkalp's *Diyanet Ishları*
- *Nazâratı,*" *The Muslim World* 98, Nos. 2–3 (April 2008), 82–98.

Faroqhi, Suraiya N., ed., The Cambridge History of Turkey (Cambridge University Press, 2006), 3 vols.

The Ottoman Empire and the World Around It (London and New York: I. B. Tauris, 2004).

Pilgrims and Sultans: The Hajj Under the Ottomans 1517–1683 (London and New York: I. B.Tauris, 1994).

Towns and Townsmen in Ottoman Anatolia: Trade, Crafts and Food Production in an Urban Setting, 1520–1650 (Cambridge University Press, 1984).

"*Vakif* Administration in Sixteenth Century Konya. The Zaviye of Sadreddin-i Konevi," *Journal of the Economic and Social History of The Orient* 17, No. 2 (May 1974), 145–72.

- Feldman, Walter, "The Celestial Sphere, the Wheel of Fortune, and Fate in the Gazels of Naili and Baki," *International Journal of Middle East Studies* 28, No. 2 (May 1996), 193–215.
- Findley, Carter V., *Bureaucratic Reform in the Ottoman Empire: The Sublime Porte 1789–1922* (Princeton University Press, 1980).
- Fleischer, Cornell H., *Bureaucrat and Intellectual in the Ottoman Empire: The Historian Mustafa Âli (1541–1600)* (Princeton University Press, 1986).

  "Royal Authority, Dynastic Cyclism and 'Ibn Khaldunism' in Sixteenth Century Ottoman Letters," in Bruce Lawrence, ed., *Ibn Khaldun and Islamic Ideology* (Leiden: Brill, 1984), 198–220.
- Gerber, Haim, *Economy and Society in an Ottoman City: Bursa, 1600–1700* (Jerusalem: The Hebrew University, 1988).
- Gibb, E. J. W., *A History of Ottoman Poetry* (London: Luzac, 1902–58), 6 vols.
- Gökyay, Orhon ai'k, "Kâtib Çelebi," *Encyclopaedia of Islam* II, Brill Online.
- Goodwin, Godfrey, *A History of Ottoman Architecture* (New York: Thames & Hudson, 1987).
- Grabar, Oleg, "An Exhibition of High Ottoman Art," *Muqarnas* 6 (1989), 1–11.
- Halman, Talat S., trans., *Süleyman The Magnificent: Poet* (Istanbul: Dost Yayinları, 1987).
- Halman, Talat S., and Jayne L. Warner, *Nightingales and Pleasure Gardens: Turkish Love Poems* (Syracuse

University Press, 1987).
- Haniog˘lu,M. ükrü, *The Young Turks in Opposition* (OxfordUniversity Press, 1995).
- Hathaway, Jane, *The Chief Eunuch of the Ottoman Imperial Harem* (Oxford: One World Publications, 2005).

The Politics of Households in Ottoman Egypt: The Rise of the Qazdag˘ lis (Cambridge University Press, repr. 2002).

"Rewriting Eighteenth-Century Ottoman History," *Mediterranean Historical Review* 19, No. 1 (June 2004), 29–53.
- Hattox, Ralph, *Coffee and Coffeehouses: The Origins of a Social Beverage in the Medieval Near East* (Seattle: University of Washington Press, 1985).
- Imber, Colin, "Koçi Beg/Gördidjeli Kodja Mustafa Beg," *Encyclopaedia of Islam* II, Brill Online.

The Ottoman Empire 1300–1650: The Structure of Power (Basingstoke and New York: Palgrave Macmillan, 2002).
- Inalcık, Halil, Bursa I: "Asir Sanayi ve Ticaret Tarihine Dair Vesikalar," in *Osmanlı Imperatorug˘ lu*, 203–58.

"Capital Formation in the Ottoman Empire," *Journal of Economic History* 39, No. 1 (March 1969), 97–140.

Essays in Ottoman History (Istanbul: EREN, 1998).

"Imtiyâzât," *Encyclopaedia of Islam* II, Brill online.

"The India Trade," in Inalcık and Quataert, eds., *An Economic and Social History of the Ottoman Empire*, 315–63.

"Mehemmed II," *Encyclopaedia of Islam* II, Brill Online.

"Osman Ghazi's Seige of Nicea and the Battle of Bapheus," in *Essays in Ottoman History*, 55–84.

Osmanli'da Devlet, Hukuk, Adâlet (Istanbul: EREN, 2000).

Osmanli Imparatorugˇ lu (Istanbul: EREN, 2nd edn. 1996).

"Osmanli'larda Saltanat Verâseti Usûlû ve Turk Hakimiyet Telakkisiyle Ilgisi," *Siyasal Bilgiler Fakultesi Dergisi* 14 (1959), 69–94.

The Ottoman Empire: The Classical Age 1300–1600, trans. Norman Itzkowitz and Colin Imber (London: Phoenix Press, repr. 1988).

- Inalcık, Halil and Kafadar, Cemal, eds., *Süleyman the Second and His Time* (Istanbul: Isis Press, 1993).
- Inalcık, Halil and Donald Quataert, eds., *An Economic and Social History of the Ottoman Empire 1300–1914* (Cambridge University Press, 1994).
- Isanogˇ lu, Ekmeleddin, *Science, Technology and Learning in the Ottoman Empire* (Aldershot: Ashgate, 2004.)
- Îz, Fahir, "Bâkî, Mahmûd 'Abd al-," *Encyclopaedia of Islam* II, Brill Online.
- Kafadar, Cemal, *Between Two Worlds: The Construction of the Ottoman State* (Berkeley: University of California Press, 1995).
- Karamustafa, Ahmet T., "Origins of Anatolian Sufism," in Ahmet Ya ar Ocak, ed., *Sufism and Sufis in Ottoman Society* (Ankara: Turkish Historical Society, 2005), 67–95.
- Karpat, Kemal, "The Transformation of the Ottoman State, 1789–1908," *International Journal of Middle East Studies* 3, No. 3 (July 1972), 243–81.
- Köprülü, Mehmet Fuat, *Islam in Anatolia after the Turkish Invasion*, trans. and ed. Gary Leister (Salt Lake City: University of Utah Press, 1993).

"Literature: The Eighteenth Century," in "'Othmânli," *Encyclopaedia of Islam* II, Brill Online.

The Seljuks of Anatolia: Their History and Culture According to Local Muslim Sources, ed. and trans. Gary Leister (Salt Lake City: University of Utah Press, 1992).

- Kuran, Aptullah, *The Mosque in Early Islamic Architecture* (Chicago: The University of Chicago Press, 1968).
- Kürkçüogˇ lu, Kemâl Edîb, *Sülemaniye Vakfiyese* (Istanbul: Vakiflar Umum Müdürlügˇ u, 1962).

Lewis, Bernard, *The Emergence of Modern Turkey* (Oxford University Press, 2nd edn. 1961).

Istanbul and the Civilization of the Ottoman Empire (Norman: University of Oklahoma Press, 1963).

- Lifchez, Raymond, ed., *The Dervish Lodge: Architecture, Art and Sufism in Ottoman Turkey* (Berkeley and London: University of California Press, 1992).
- Menzel, Th., "Nedjâtî Bey," *Encyclopaedia of Islam* II, Brill Online.
- Mordtmann, J. H., "Derebey," *Encyclopaedia of Islam* II, Brill Online.
- Necipogˇ lu, Gülru, *The Age of Sinan: Architectural Culture in the Ottoman Empire* (Princeton University Press, 2005).

Architecture, Ceremonial and Power: The Topkapi Palace in the Fifteenth and Sixteenth Centuries (Cambridge, Mass: MIT Press, 1991).

"Challenging the Past: Sinan and the Comparative Discourse of Early Modern Islamic Architecture," *Muqarnas* 10 (1993), 169–80.

"Framing the Gaze in Ottoman, Safavid and Mughal Palaces," *Ars Orientalis* 23 (1993), 303–42.

"From International Timurid to Ottoman: A Change in Taste in Sixteenth-Century Ceramic Tiles," *Muqarnas* 7 (1990), 136–70.

"The Serial Portraits of Ottoman Sultans in Comparative Perspective," in Julian Raby et al., *The Sultan's Portrait* (Istanbul: I Bank, 2000), 22–61.

"The Süleymaniye Complex in Istanbul: An Interpretation," *Muqarnas* 3 (1985), 92–117.

The Topkapı Scroll: Geometry and Ornament in Islamic Architecture (Santa Monica, Ca.: Getty Center for the

History of Art and the Humanities, 1995).

- Ocak, Ahmed Ya ar, ed., *Sufism and Sufis in Ottoman Society* (Ankara: Atatürk Kültür, 2005).
- Oren, Michael, "The Mass Murder They Still Deny," *New York Review of Books*, 10 May 2007, 37–9.
- Özkoçak, Selma Akyazıçı, "Coffeehouses: Rethinking the Public and Private in Early Modern Istanbul," *Journal of Urban History* 33, No. 6 (September 2007), 965–86.
- Pamuk, Şevkat, *A Monetary History of the Ottoman Empire* (Cambridge University Press, 2000).
  "Money in the Ottoman Empire, 1326–1914," in Inalcık and Quataert, eds., *Economic and Social History of the Ottoman Empire*, 947–81.
  "The Price Revolution in the Ottoman Empire Reconsidered," *International Journal of Middle East Studies* 33, No. 1 (February 2001), 69–89.
- Papas, Alexandre, "Towards a New History of Sufism: The Turkish Case," *History of Religions* 46, No. 1 (2006), 81–90.
- Peirce, Leslie, *The Imperial Harem Women and Sovereignty in the Ottoman Empire* (Oxford University Press, 1993).
  "Changing Perceptions of the Ottoman Empire: The Early Centuries," *Mediterranean Historical Review* 19, No. 1 (June 2004), 6–28.
- Piterberg, Gabriel, "The Formation of an Ottoman–Egyptian Elite in the 18th Century," *International Journal of Middle East Studies* 22, No. 3 (August 1990), 275–89.
- Quataert, Donald, *The Ottoman Empire 1700–1922* (Cambridge University Press, 2nd edn., 2005).
- Rogers, S. M., *Empire of the Sultans* (London: Nour Foundation, 2000).
  Sinan (London and New Delhi: I. B. Tauris and Oxford University Press, 2006).

- Roxburgh, D. J., ed., *The Turks, A Journey of a Thousand Years* (London: Royal Academy of Arts, 2005).
- Runciman, Steven, *The Fall of Constantinople 1453* (Cambridge University Press, repr. 1953).
- Shaw, Stanford, "The Origins of Ottoman Military Reform: The *Nizam-i Cedid* Army of Sultan Selim III (1709–1807)," *Journal of Modern History* 37 (1965), 291–306.
- Silay, Kemal, *Nedim and the Poetics of the Ottoman Court* (Bloomington, Ind.: Indiana University Turkish Studies Series, 1994).
- Stavrides, *Theoharis, The Sultan of Vezirs: the Life and Times of the Ottoman Grand Vezir Mahmud Pasha Angeloviç* (1453–1474) (Leiden: Brill, 2001).
- Stierlin, Henri, *Turkey from the Selçuks to the Ottomans* (Cologne: Taschen, 1998).
- Stierlin, Henri and Anne Stierlin, *Islamic Art and Architecture* (New York: Thames and Hudson, 2002).
- Tanman, M. Baha, "Ottoman Architecture and Sufi Orders," in Ahmed Ya ar Ocak, ed., *Sufism and Sufis in Ottoman Society* (Ankara: Atatürk Kültür, 2005).
- Tansel, F. A., "Kemâl, Mehmed Nâmik," *Encyclopaedia of Islam* II, Brill Online.
- Tekin, Gönül Alpay, "Classical Ottoman Literature during the Sixteenth Century," *Encyclopaedia of Islam* II, Brill Online.
- Tezcan, Baki, "Ethics as a Domain to Discuss the Political: Kınalzâde Ali Efendi's Akhlak-i Alâî," in Ali Çasku, ed., *International Congress on Learning and ducation in the Ottoman World* (Istanbul: Research Center for Islamic History, Art and Culture, 2001), 109–20.
- Türer, Osman, "General Distribution of Sufi Orders in Ottoman Anatolia," in Ahmet Ya ar Ocak, ed., *Sufism and Sufis in Ottoman Society* (Ankara: Turkish Historical Society, 2005), 220–56.
- Uluç, Lâle, "Selling to the Court: Late Sixteenth-Century Manuscript Production in Shiraz," *Muqarnas* 17 (2000),

73–96.
- Ünsal, Behçet, *Turkish Islamic Architecture in Seljuk and Ottoman Times 1071–1923* (London and New York: St Martin's Press, 1973).
- Vahide, ükran, *Islam in Modern Turkey: An Intellectual Biography of Bediuzzaman Said Nursi* (Albany: State University of New York Press, 2005).
- Veinstein, G., "Süleymân (926-74/1520-66)," Encyclopaedia of Islam II, Brill Online.
- Wittek, Paul, *The Rise of the Ottoman Empire* (London: School of Oriental And African Studies, 1938).
- Wolper, Ethel Sara. *Cities and Saints: Sufism and the Transformation of Urban Space in Anatolia* (University Park, PA: Pennsylvania State University Press, 2003).
- Zilfi, C. Madeline, "The Kadizadelis: Discordant Revivalism in Seventeenth Century Istanbul," *Journal of Near Eastern Studies* 45, No. 4 (October 1986), 251–69.

薩法維

- Abisaab, Rula Jurdi, "The Ulama of Jabal 'Amil in Safavid Iran, 1501–1736: Marginality, Migration and Social Change," *Iranian Studies* 27, No. 1–4 (1994), 103–22.
- Algar, Hamid., *Mîrzâ Malkum Khân: A Study in the History of Iranian Modernism* (Berkeley: University of California Press, 1973).
  "Nakshbandiyya," *Encyclopaedia of Islam* II, Brill Online.
  "Nuqtawiyya," *Encyclopaedia of Islam* II, Brill Online.
  Religion and State in Iran, 1785–1906: The Role of the Ulama in the Qajar Period (Berkeley: University of

California Press, 1969).

- Amanat, Abbas, *Pivot of the Universe: Nasir al-Din Shah Qajar and the Iranian Monarchy 1831–1896* (Berkeley: University of California Press, 1997).
- Arberry, A. J., *Classical Persian Literature* (London: George, Allen & Unwin, 1967).
- Arjomand, Said Amir, *The Shadow of God and the Hidden Imam* (Chicago University Press, 1984).
- *The Turban for the Crown: The Islamic Revolution in Iran* (Oxford University Press, 1988).
- Babaie, Sussan, "Shah 'Abbas II, the Conquest of Qandahar, the Chihil Sutun, and its Wall Paintings," *Muqarnas* 11 (1994), 125–42.
- Babayan, Kathryn, "The Safavid Synthesis: From Qizilbash Islam to Imamite Shi'ism," *Iranian Studies* 27, No. 1/4 (1994), 135–61.
- Bashir, Shazad, "After the Messiah: The Nurbakhshiyya in Late Timurid and Early Safavid Times," in Newman, ed., *Society and Culture in The Early Modern Middle East*, 295–314.
  "Shah Ismai'il and the Qizilbash: Cannibalism in the Religious History of Early Safavid Iran," *History of Religions* 45, No. 3 (2006), 234–56.
- Beaumont, Peter, "Âb," *Encyclopaedia Iranica*, ed. Ehsan Yarshater, I (London: Routledge & Keegan Paul, 1985), 27–39.
- Behnan, J., "Population," *The Cambridge History of Iran*, vol. I, *The Land* (Cambridge University Press, 1968), 468–88.
- Blair, Sheila, "The Octagonal Pavilion at Natanz: A Reexamination of Early Islamic Architecture in Iran," *Muqarnas* 1 (1983), 69–94.
- Blake, Stephen, *Half the World: The Social Architecture of Safavid Isfahan 1590–1722* (Costa Mesa, Ca.: Mazda,

1999).

- Boyle, John Andrew, ed., *The Cambridge History of Iran*, vol. V, *The Saljuq and Mongol Periods* (Cambridge University Press, 1968).
- Browne, E. G., *The Persian Revolution of 1905–1909* (New York: Barnes and Noble, repr. 1906).
- Canby, Sheila, *Persian Painting* (New York: Thames and Hudson, 1993).
- Chardin, (Sir) John (Jean), *Travels in Persia 1673–1677* (Mineola, N.Y.: Dover Books, repr. 1988).
- Dabashi, Hamid, "Khwâjah Nasîr al-Dîn Tûsî: The Philosopher Vizier and the Intellectual Climate of His Times," in Seyyed Hossein Nasr and Oliver Leaman, eds., *A History of Islamic Philosophy* (London and New York: Routledge, 2001), 527–96.
- "Mîr Dâmâd and the Founding of the 'School of Isfahan,'" in Nasr and Leaman, eds., *A History of Islamic Philosophy*, 597–634.
- Dale, Stephen Frederic, "A Safavid Poet in the Heart of Darkness: The Indian Poems of Ashraf Mazandarani," *Iranian Studies* 36, No. 2 (2003), 197–212.
- Davis, Dick, *Shahnameh: The Persian Book of Kings* (New York: Viking Penguin, 2006).

De Bruijn, J. T. P., *Of Piety and Poetry: The Interaction of Religion and Literature in the Life and Works of Hakîm Sanâ'î of Ghazna* (Leiden: Brill, 1983).

Persian Sufi Poetry (Richmond, Surrey: Curzon Press, 1997).

- Della Valle, Pietro, The Pilgrim: *The Journeys of Pietro della Valle, trans. And abridged George Bull* (London: The Folio Society, 1989).
- Diba, Layla and Maryam Ekhtiar, eds., *Royal Persian Paintings: The Qajar Period 1785–1925* (London: I. B. Tauris for the Brooklyn Museum of Art, 1998).

- Elias, Jamal J., "The Sufi Lords of Bahrabad: Sa'd al-Din and Sadr al-Din Hamuwayi," *Iranian Studies* 27, Nos. 1–4 (1994), 53–75.
- Eskander Beg Monshi, *History of Shah 'Abbas the Great (Tarik-e 'Âlamârâ-ye 'Abbâsî)*, trans. Roger Savory (Boulder, CO.: Westview Press, 1978), 3 vols.
- Fernea, Elizabeth Warnock, *The Guests of the Sheik: An Ethnography of an Iraqi Village* (New York: Doubleday, repr. 1989).
- Ferrier, R. W., "An English View of Persian Trade in 1618: Reports from the Merchants Edward Pettus and Thomas Barker," *Journal of the Economic and Social History of the Orient* 19, No. 2 (May 1976), 182–214.
- Fischer, Michael, *Iran: From Religious Dispute to Revolution* (Cambridge, Mass.: Harvard University Press, 1980).
- Floor, Willem, *The Economy of Safavid Persia* (Wiesbaden: Reichert Verlag, 2000).
- Floor, Willem, and Patrick Clawson, "Safavid Iran's Search for Silver and Gold," *International Journal of Middle East Studies* 32 (2000), 345–68.
- Fragner, Bert, "Social and Economic Affairs," in Jackson and Lockhart, eds., *The Cambridge History of Iran*, VI, 491–567.
- Garthwaite, Gene R., *The Persians* (Oxford: Blackwell, 2005).
- Golombek, Lisa, "The Safavid Ceramic Industry at Kirman," *Iran* 41 (2003), 253–69.
- Golombek, Lisa, and Donald Wilber, *The Timurid Architecture of Iran and Turan* (Princeton University Press, 1988), 2 vols.
- Gordon, Stewart, *The Marathas 1600–1818* (Cambridge University Press, 1993).
- Grube, Heinz, *Iranian Cities* (New York University Press, 1979).

- Gurney, J. D., "Pietro della Valle: The Limits of Perception," *Bulletin of the School of Oriental and African Studies* 49, No. 1 (1986), 103–16.
- Hillenbrand, Robert, "The Iconography of the *Shah-nama-yi Shahi*," in Melville, ed., *Safavid Persia*, 53–78.
- Hourani, Albert, "From Jabal 'Âmil to Persia," *Bulletin of the School of Oriental and African Studies* 49, No. 1 (1986), 133–40.
- Hunahgani, Khusrau Ihtishami, *Dar Kuchih Bagh-i Zulf Isfahan dar Sh'ir-i Sa'ib* (Tehran: Sara, 1368/1989).
- Jackson, Peter and Laurence Lockhart, eds., *The Cambridge History of Iran*, vol. VI, *The Timurid and Safavid Periods* (Cambridge University Press, 1986).
- Johnson, Rosemary Stanfield, "Sunni Survival in Safavid Iran: Anti-Sunni Activities during the Reign of Shah Tahmasp I," *Iranian Studies* 27, No. 1/4 (1994), 123–33.
- Kazemi, Ranin, "Morality and Idealism: Abu'l-Fazl Bahaqi's Historical Thought in Tarikh-i Bayhaqi," unpublished MA dissertation, Ohio State University, 2005.
- Keyvani, Mehdi, *Artisans and Guild Life in the Later Iranian Period* (Berlin: Klaus Schwartz, 1982).
- Khanbaghi, Aptin, *The Fire, the Stone and the Cross: Minority Religions in Early Modern Iran* (London and New York: I. B. Tauris, 2006).
- Kheirabadi, Masoud, Iranian Cities: F*ormation and Development* (Austin: University of Texas Press, 1991).
- Khonsari, Mehdi and Minouch Yavari, *The Persian Bazaar: Veiled Space of Desire* (Washington: Mage, 1993).
- Koch, Ebba, *The Complete Taj Mahal* (London: Thames and Hudson, 2006).
  Mughal Architecture: An Outline of its History and Development, 1526–1858 (Munich: Prestel, 1991).
- Lambton, A. K. S., "Quis Custodiet Custodes? Some Reflections on the Persian Theory of Government," in A. K. S. Lambton, *Theory and Practice in Medieval Persian Government* (London: Variorum Reprints, 1980), II,

126–46.

- Lentz, Thomas V., and Glenn D. Lowry, *Timur and the Princely Vision: Persian Art and Culture in the Fifteenth Century* (Los Angeles and Washington: Los Angeles County Museum of Art and the Arthur M. Sackler Gallery, 1989).
- Losensky, Paul E., "Sa'eb of Tabriz," *Enclopaedia Iranica* online, 1–13.

  Welcoming Fighânî: Imitation and Poetic Individuality in the Safavid–Mughal Ghazal (Costa Mesa, Ca.: Mazda, 1998).
- Luschey-Schmeisser, Ingeborg, "Cehel Sotûn, Isfahan," *Encyclopaedia of Islam* II, Brill Online.
- McChesney, Robert D., "Four Sources on Shah 'Abbas's Building of Isfahan," *Muqarnas* 5 (1988), 103–34.

  "Waqf and Public Policy: The Waqfs of Shah 'Abbas, 1011–1023/1602–1614," *Asian and African Studies* 15 (1981), 165–90.
- Manz, Beatrice Forbes, *Power, Politics and Religion in Timurid Iran* (Cambridge University Press, 2007).

  "Women in Timurid Dynastic Politics," in Guity Nashat and Lois Beck, eds., *Women in Iran from the Rise of Islam to 1800* (Urbana and Chicago: University of Illinois Press, 2003), 121–39.
- Matthee, Rudi, "Administrative Stability and Change in Late-17th Century Iran: The Case of Shaykh 'Ali Khan Zanganah (1669–89)," *International Journal of Middle East Studies* 26 (1994), 77–98.

  "Anti-Ottoman Politics and Transit Rights: The Seventeenth Century Trade in Silk between Safavid Iran and Muscovy," *Cahiers du Monde Russe* 35, No. 4 (2003), 739–61.

  "The Career of Mohammad Beg, Grand Vizier of Shah 'Abbas II (r. 1642–1666)," *Iranian Studies* 24, No. 1/4 (1991), 17–36.

  "Iran's Ottoman Diplomacy during the Reign of Shâh Suleyman I (1077–1105/ 1666–1694)," in Kambiz Eslami, ed. *Iran and Iranian Studies* (Princeton University Press, 1998), 148–77.

"Merchants in Safavid Iran: Participants and Perceptions," *Journal of Early Modern History* 4, Nos. 3–4 (2000), 233–68.

"Mint Consolidation and the Worsening of the Late Safavid Coinage: The Mint of Huwayza," *Journal of the Economic and Social History of the Orient* 44, No. 4 (2001), 506–39.

The Politics of Trade in Safavid Iran: Silk for Silver 1600–1730 (Cambridge University Press, 1999).

The Pursuit of Pleasure: Drugs and Stimulants in Iranian History, 1500–1900 (Princeton University Press, 2005).

"The Safavid, Afshar, and Zand Periods," *Iranian Studies 31*, Nos. 3–4 (Summer/Fall 1998), 483–93.

"Unwalled Cities and Restless Nomads: Firearms and Artillery in Safavid Iran," in Melville, ed., *Safavid Persia*, 389–416.

- Meisami, Julie Scott, Medieval Persian Court Poetry (Princeton University Press, 1987).
- Melville, Charles, ed., Safavid Persia: The History and Politics of an Islamic Society (London and New York: I. B. Tauris, 1996).
- "New Light on the Reign of Shah 'Abbas: Volume III of the Avdal al-Tavarikh," in Newman, ed., *Society and Culture in the Early Modern Middle East*, 63–96.
- Minorsky, Vladimir, "The Aq Qoyunlu and Land Reforms," *Bulletin of the School of Oriental and African Studies* 17, No. 3 (1955), 449–62.

La domination des Dailamites, Publications de la Société des Etudes Iraniennes, no. 3 (Paris, 1932).

"The Poetry of Shâh Ismâ'îl I," Bulletin of the School of Oriental and African Studies 10, No. 4 (1942), 1006a–1053a.

- Minorsky, Vladimir, ed. and trans., *Tadhkirat al-Mulûk: A Manual of Safavid Administration* c. 1137/1725

(Cambridge University Press for the E. J. W. Gibb Memorial Series, repr. 1980).

- Morgan, David M., "The Grea Yasa of Chingiz Khan and Mongol Law in the Il-Khanate," *Bulletin of the School of Oriental and African Studies* 49 (1986), 163–76.
- *Medieval Persia 1040–1797* (London: Longman, 1988).
- Moussavi, Ahmad Kazemi, "Shi'ite Culture," *Iranian Studies* 31, Nos. 3/4 (Summer/Autumn 1998), 639–59.
- Moynihan, Elizabeth B., *The Moonlight Garden* (Washington, DC and Seattle: The Arthur M Sackler Gallery and the University of Washington Press, 1999).
- Naim, C. M., ed. and trans., *Zikr-i Mir* (New Delhi: Oxford University Press, 1999).
- Nakash, Yitzhak, "An Attempt to Trace the Origin of the Rituals of Âshûrâ," *Die Welt des Islams* 33, No. 2 (1993), 161–81.
- Nashat, Guity and Lois Beck, eds., *Women in Iran from the Rise of Islam to 1800* (Urbana: University of Illinois Press, 2003).
- Nasr, Seyyid Hossein, "Findriskî, Mîr Abu'l Kâsim b. Mirza Husaynî Astarâbâdî," *Encyclopaedia of Islam* II, Brill Online.

  "Mullâ Sadrâ: his teachings," in Nasr and Leaman, eds., *A History of Islamic Philosophy*, 643–62.
- Nasr, Seyyid Hossein and Oliver Leaman, eds., *A History of Islamic Philosophy* (London: Routledge, 2001).
- Newman, Andrew J., *Safavid Iran* (London and New York: I. B. Tauris, 2006).

  "Philosophy in the Safavid Period," *Encyclopaedia of Islam* II, Brill Online.
- Newman, Andrew J., ed., *Society and Culture in the Early Modern Middle East* (Leiden: Brill, 2003).
- Nizam al-Mulk, *The Book of Government or Rules for Kings: The Siyar al-Muluk or Siyâsat-nâma of Nizâm al-Mulk*, trans. Hubert Drake (London: Routledge and Keegan Paul, 1969).

- Planhol, X. de, "Ardebil," in Ehsan Yarshater, ed., *Encyclopaedia Iranica* (London and New York: Routledge and Keegan Paul, 1987), II, 357–61.
- Potter, Lawrence G., "Sufis and Sultans in Post-Mongol *Iran,*" *Iranian Studies* 27, No. 1/4 (1994), 77–102.
- Quinn, Sholeh, "Notes on Timurid Legitimacy in Three Safavid Chronicles," *Iranian Studies*, 31, No. 2 (Spring 1998), 149–58.
- Rahman, Fazlur, *The Philosophy of Mulla Sadr (Sadr al-Din Shirazi)* (Albany: State University of New York Press, 1975).
- Rashîd al-Dîn ibn Talib, *The History of the Seljuq Turks from the Jâmi' al-tawârikh: An Il-Khanid Adaptation of the Saljûq-nâma of Zâhir*, trans. Kenneth A. Luther and Clifford Edmund Bosworth (Richmond, Surrey: Curzon, 2001).

  The Successors of Genghis Khan (New York: Columbia University Press, 1971).
- Rizvi, Kishwar, "Transformations in Early Safavid Architecture: The Shrine of Shaykh Safi al-din Ishaq Ardebili in Iran (1501–1629)," unpublished PhD dissertation, Department of Architecture, Massachusetts Institute of Technology, 2000.
- Roxburgh, David J., *The Persian Album 1400–1600* (New Haven and London: Yale University Press, 2005).
- Savory, R. M., "Economic and Commercial History: Trade Relations with Europe," in "Safawids," *Encyclopaedia of Islam* II, Brill Online.
- Shah Tamasp, *Tazkirah-i Shah Tamasp*, ed. Imralah Safari, (Tehran, 2nd edn., 1363 (1984)).
- Shuster, Morgan, *The Strangling of Persia* (New York: The Century Company, 1912).
- Siegel, Jennifer, *Britain, Russia and the Final Struggle for Central Asia* (London and New York: I. B. Tauris, 2002).

- Simpson, Marianna Shreve, "*Shahnama* as Text and *Shahnahma* as Image: A Brief Overview of Recent Studies, 1975–2000," in Robert Hillenbrand, ed., *Shahnama: The Visual Language of the Persian Book of Kings* (Aldershot: Ashgate, 2004).
- Sims, Eleanor, with Boris I. Marshak and Ernst J. Grube, *Peerless Images: Persian Painting and its Sources* (New Haven and London: Yale University Press, 2002).
- Smith, John Masson, Jr., *The History of the Sarbadâr Dynasty and Its Sources* (The Hague: Mouton, 1970).
- Soucek, Priscilla, "Âlî Qâpû," *Encyclopaedia Iranica online*, 871.
- Stewart, Devin J., "The Lost Biography of Baha' al-Din 'Amili and the Reign of Shah Ismai'il II in Safavid Historiography," *Iranian Studies* 31, No. 2 (Spring 1998), 177–205.

  "Notes on the Migration of 'Âmilî Scholars to Safavid Iran," *Journal of Near Eastern Studies* 55, No. 2 (April 1996), 81–103.
- Subtelny, Maria E., *Timurids in Transition* (Leiden: Brill, 2007).
- Szuppe, Maria, "Kinship Ties between the Safavids and the Qizilbash Amirs in Late-Sixteenth Century Iran: A Case Study of the Political Career of Members of the Sharaf al-Din Oghli Tekelu Family," in Melville, ed., *Safavid Persia*, 79–104.

  "Status, Knowledge, and Politics: Women in Sixteenth-Century Safavid Iran," in Nashat and Beck, eds., *Women in Iran*, 140–69.
- Thackson, Wheeler M., The Baburnama (New York: Modern Library, 2002). *A Millennium of Classical Persian Poetry* (Bethesda, Md.: Iran Books, 1994).
- Thompson, D., "Silk Textiles in Iran," in "Abrî am, Silk," *Encyclopaedia of Islam* II, Brill Online.
- Thompson, Jon and Sheila R. Canby, eds., *Hunt for Paradise: Court Arts of Safavid Iran 1501–1576* (New York:

Asia Society, 2003).

- Welch, Anthony, *The King's Book of Kings: The Shah-Nameh of Shah Tamasp* (London: Thames and Hudson, 1972).

  "Safavi Iran as Seen through Venetian Eyes," in Newman, ed., *Society and Culture in the Early Modern Middle East*, 97–123.
- Werner, Christoph, *An Iranian Town in Transition: A Social, and Economic History of the Elites of Tabriz, 1747–1848* (Wiesbaden: Harrassowitz, 2000).
- Winter, H. J. J., "Persian Science in Safavid Times," in Jackson and Lockhart, eds., *The Cambridge History of Iran*, VI, 581–609.
- Woods, John E., *The Aqquyunlu: Clan, Confederation, Empire* (Minneapolis and Chicago: Biblioteca Islamica, 1976).
- Yarshater, Ehsan, "Persian Poetry in the Timurid and Safavid Periods," in Jackson and Lockhart, eds., *The Cambridge History of Iran*, VI, 965–94.
- Zarinebaf-Shahr, Fariba, "Economic Activities of Safavid Women in the Shrine City of Ardabil," *Iranian Studies* 31, No. 2 (Spring 1998), 247–61.
- Ziai, Hossein, "Mullâ Sadrâ: His Life and Works," in Nasr and Leaman, eds., *A History of Islamic Philosophy*, 635–42.

  "Shihâb al-Dîn Suhrawardrî: founder of the Illuminationist School," in Nasr and Leaman, eds., *A History of Islamic Philosophy*, 434–64.

蒙兀兒

- Ahmad, *Aziz, Islamic Culture in the Indian Environment* (Oxford: Clarendon Press, 1964).
  “Safawid Poets and India,” *Iran* 14 (1976), 117–32.
- Alam, Muzaffar, *The Crises of Empire in Mughal North India: Awadh and the Punjab 1707–1748* (Delhi: Oxford University Press, 1986).
  A European Experience of the Mughal Orient, translated with an Introduction by Seema Alavi (New Delhi: Oxford University Press, 2001).
  The Languages of Political Islam: India 1200–1800 (Chicago: University Of Chicago Press, 2004).
  “The Pursuit of Persian: Language in Mughal Politics,” Modern Asian Studies 32, No. 2 (May 1998), 317–49.
- Alam, Muzaffar, François ‘Nalini’ Delvoye, and Marc Gaborieau, eds., *The Making of Indo-Persian Culture* (New Delhi: Manohar for the Centre des Sciences Humaines, 2000).
- Ali, M. Athar, *The Mughal Nobility Under Aurungzeb* (Delhi: Oxford University Press, repr. 1997).
  “The Mughal Polity – A Critique of Revisionist Approaches,” *Modern Asian Studies* 27, No. 4 (1993), 699–710.
  “The Passing of Empire: The Mughal Case,” *Modern Asian Studies* 9, No. 3 (1975), 385–96.
  “Recent Theories of Eighteenth Century India,” *Indian Historical Review* 13, No. 1–2 (1986–1987), 103–10.
  “Towards an Interpretation of the Mughal Empire,” in Hermann Kulke, ed., *The State in India* (Oxford University Press, 1995), 263–77.
- ‘Allâmî, Abû’l Fazl, *The Â‘în-i Akbarî*, trans. H. Blochmann, ed. D. C. Phillott (New Delhi: Crown Publications, repr. 1988), 3 vols.
- Alvi, Sajida S., “Religion and State During the Reign of the Mughal Emperor Jahângîr (1605–1627), *Studia*

Islamica 69 (1989), 95–119.

- Ansasri, A. S. Bazmee, "Bîdil, Mîrzâ 'Abd al Kâdir b. Abd al-Khâlik Arlâs (or Barlâs)," *Encyclopaedia of Islam* II, Brill Online.
- Antonova, K. A., *Russko-Indiiskie Otnosheniia v. XVII Veke: Sbornik Dokumentov* (Moscow: Nauka, 1958).
- Aquil, Raziuddin, "Conversion in Chishtî Literature: (13th–14th Centuries)," *Indian Historical Review*, 24, Nos. 1–2 (1997–8), 70–94.

  "Miracles, Authority and Benevolence: Stories of Karamat in Sufi Literature of the Delhi Sultanate," in Anup Taneja, ed., Sufi *Cults and the Evolution of Medieval Indian Culture*, ICHR Monograph Series No. 9 (Delhi: ICHR & Northern Book Centre, 2003), 109–38.

  "Sufi Cults, Politics and Conversion: The Chishtîs of the Sultanate Period," *Indian Historical Review* 22, Nos. 1–2 (1995–6), 190–7.
- Asher, Catherine B., *Architecture of Mughal India* (Cambridge University Press, 1992).
- Asimov, M. S. and C. E. Bosworth, eds., *History of Civilizations of Central Asia: Age of Achievement, 875 A.D. to the End of the 15th Century* (UNESCO, 1998).
- Al-Badâonî, 'Abdu-l Qâdir Ibn-i-Mulûk Shâh, *Muntakhabu-T-Tawârîkh*, trans. George S. A. Ranking, Introduction by Brahmadeva Prasad Ambashthya (Patna: Academica Asiatica, repr. 1973), 3 vols.
- Bailey, Gavin Alexander, "The Indian Conquest of Catholic Art: The Mughals, the Jesuits, and Imperial Painting," *Art Journal* 57, No. 1 (Spring 1998), 24–30.
- Balabanlilar, Lisa, "Lords of the Auspicious Conjunction: Turco-Mongol Imperial Identity on the Subcontinent," *Journal of World History* 18, No. 1 (2007), 1–39.
- Beach, Milo Cleveland, *Mughal and Rajput Painting* (Cambridge University Press, 1992).

- Begley, W. E. and Z. A. Desai, eds., *The Shah Jahan Nama of 'Inayat Khan'* (New Delhi: Oxford University Press, 1990).
- Al-Biruni, Muhammad ibn Ahmad, *Tarikh al-Hind*, ed. Ainslee Embree (New York: Norton, 1971).
- Blake, Stephen P., "The Patrimonial-Bureaucratic Empire of the Mughals," *Journal of Asian Studies* 39, No. 1 (November 1979), 77–94.
- Bosworth, C. E., The Ghaznavids: *Their Empire in Afghanistan and Eastern Iran 994–1040* (Edinburgh University Press, 1963).

  The Islamic Dynasties (Edinburgh University Press, 1967).

  The Later Ghaznavids. Splendour and Decay: The Dynasty in Afghanistan and Northern India 1040–1166 (Edinburgh University Press, 1977).
- Brand, Michael, and Glenn D. Lowry, eds., *Fatehpur-Sikri* (Bombay: Marg, 1987).
- Brown, K. Butler, "Did Aurangzeb Ban Music?" *Modern Asian Studies* 41, No. 19 (January 2007), 77–120.
- Calkins, Philip B., "The Formation of a Regionally Oriented Ruling Group in Bengal, 1700–1740," *The Journal of Asian Studies* 29, No. 4 (August 1970), 799–806.
- Canby, Sheila, ed., *Humayun's Garden Party* (Bombay: Marg, 1994).

  Chandra, Satish, "Commercial Activities of the Mughal Emperors during the Seventeenth Century," in Satish Chandra, ed., *Essays in Medieval Indian Economic History* (New Delhi: Munshiram Manoharlal, 1987), 163–9.

  "Jizya and the State in India during the Seventeenth Century," in Eaton, ed., *India's Islamic Traditions*, 133–49.
- Cole, J. R. I., *Roots of North Indian Shi'ism in Iran and Iraq: Religion and State in Awadh* (Berkeley: University of California Press, 1988).
- Currie, P. M., The Shrine and Cult of Mu'in al-din Chishti of Ajmer (New Delhi: Oxford University Press, 1989).

- Dale, Stephen F., *The Garden of the Eight Paradises: Bâbur and the Culture of Empire in Central Asia, Afghanistan and India* (1483–1530) (Leiden: Brill, 2004).
  Indian Merchants and Eurasian Trade 1600–1750 (Cambridge University Press, 1994).
  Islamic Society on the South Asian Frontier: The Mappilas of Malabar 1498–1922 (Oxford: Clarendon Press, 1980).
- Dale, Stephen F. and M. Gangadhara Menon, "Nerccas: Saint-Martyr Worship Among the Muslims of Kerala," *Bulletin of the School of Oriental and African Studies* 51, No. 3 (1978), 523–38.
- Dalrymple, William, *The Last Mughal* (New York: Vintage Books, repr. 2006).
- De Bruijn, J. T. P., *Of Piety and Poetry: The Interaction of Religion and Literature in the Life and Works of Hakîm Sana'î of Ghazna* (Leiden: Brill, 1983).
- Delvoye, Françoise 'Nalini', in *Confluence of Cultures: French Contributions to Indo-Persian Studies* (New Delhi: Manohar, 1995).
- Digby, Simon, "The Naqshbandis in the Deccan in the Late Seventeenth and Early Eighteenth Century A.D.: Bâbâ Palangposh, Bâbâ Musâfir and Their Adherents," in Marc Gaborieau, Alexandre Popovich, and Thierry Zarcone, eds., *Naqshbandis* (ISIS: Istanbul and Paris, 1990), 167–207.
- Du Jarric, Father Pierre, *Akbar and the Jesuits: An Account of the Jesuit Missions to the Court of Akbar* (London: Routledge, 1926).
- Eaton, Richard M., *India's Islamic Traditions* (New Delhi: Oxford University Press, 2003).
- Ehlers, Eckhart and Thomas Krafft, eds., *Shâhjahânâbâd / Old Delhi* (Delhi: Manohar, repr. 2003).
- Elias, Jamal J., *Death before Dying: The Sufi Poems of Sultan Bahu* (Berkeley: University of California Press, 1998).

- Embree, Ainslee, ed., *Târikh al-Hind* (Muhammad ibn Ahmad Biruni) (New York: Norton, 1971).
- Faruqi, Shamsur Rahman, "A Stranger in the City: The Poetics of *Sabk-e-Hindi*," pdf file, Google Scholar, online.
- Friedmann, Yohanan, *Shaykh Ahmad Sirhindi: An Outline of his Thought and a study of his Image in the Eyes of Posterity* (Montreal: McGill Institute of Islamic Studies, 1971).
- Ghaffar Khan, Hafiz A., "India," in Nasr and Leaman, eds., *A History of Islamic Philosophy*, 1051–75.
- Ghani, Muhammad 'Abdul, *A History of Persian Language and Literature at the Mughal Court* (Allahabad: Indian Press, 1929), 3 vols.
- Gibb, H. A. R., The *Travels of Ibn Battuta A.D. 1325–1354* (Cambridge University Press for the Hakluyt Society, 1971).
- Gopal, Surendra, "The Coffee Trade of Western India in the Seventeenth Century," Institut Français d'Archéologie Orientale, *Cahiers des Annales Islamologiques* 20 (2001), 298–318.
- Gordon, Stewart, The *Marathas 1600–1818* (Cambridge University Press, 1993).
- Grewal, J. S., *The Sikhs of the Punjab* (New Delhi: Cambridge University Press, 2005).
- Guenther, Alan M., "Hanafî Fiqf in Mughal India: the Fatâwa-i Âlamgîrî," in Eaton, ed., *India's Islamic Traditions*, 209–33.
- Gulbadan, Begim, *The History of Humâyûn (Humâyûn-Nâma)*, trans and ed.
  Annette Beveridge (Delhi: Idarah-i Adabiyât-i Delli, repr. 1972).
- Habib, Irfan, ed. Akbar and His India (New Delhi: Oxford University Press, 1997).
  An Atlas of the Mughal Empire (Delhi: Oxford University Press, 1982).
  "The Systems of Agricultural Production: Mughal India," *The Cambridge Economic History of India*, I, c. 1200–c. 1750 (Cambridge University Press, 1982), 214–25.

- Habib, Mohammed, *The Political Theory of the Delhi Sultanate* (including a translation of Ziauddin Barani's Fatawa-i Jahandari of c. 1358–9 AD) (Allahabad:Kitab Mahal, 1961).
- Haider, Najaf, "Precious Metal Flows and Currency Circulation in the Mughal Empire," *Journal of the Economic and Social History of the Orient* 39, No. 3 (1996), 298–364.
- Hardy, Peter, *Historians of Medieval India* (London: Luzac, 1966).
- Hillenbrand, Robert, "Political Symbolism in Early Indo-Islamic Mosque Architecture: The Case of Ajmir," *Iran* 26 (1988), 105–17.
- Hope, Laurence (Adela Florence Nicolson), *The Garden of Kama and Other Love Lyrics from India*, 3rd edn. (London: William Heinemann, 1927).

Jackson, Peter, *The Delhi Sultanate: A Political and Military History* (Cambridge University Press, 1999).

"The Mongols and the Delhi Sultanate in the Reign of Muhammad Tughluq (1325–1351)," *Central Asiatic Journal* 19, Nos. 1–2 (1975), 118–57.

- Jahangir [Mughal emperor], *The Tûzuk-i Jahângîrî or Memoirs of Jahângîr*, trans. Alexander Rogers, ed. Henry Beveridge (Delhi: Munshiram Manoharlal, repr. 1978).
- Kazemi, Ranin, "Morality and Idealism: Abu'l Fazl Baihaqi's Historical Thought in *Tarikh-i Bayhaqi*," unpublished MA dissertation, The Ohio State University, 2005.
- Keay, John, *India: A History* (New York: Grove Press, 2001).
- Khan, Iqtidar Alam, "State inMughal India: Re-Examining theMyths of a Counter-Vision," *Social Scientist* 29 No. 1/2 (January–February 2001), 16–45.
- Khwaja Nizam al-Din Ahmad, The *Tabaqat-i-Akbari*, trans. Brajendranath De, ed. Baini Prashad (Calcutta: Asiatic Society of Bengal, 1937).

- Khwând Shah, Mu‘in al-Dîn b. Sirâj al-Dîn, *Ganj-i sa‘adat* (a 1663 Naqshbandi treatise dedicated to Aurangzib), cited in D. N. Marshall, *Mughals in India: A Biographical Survey* (New York: Asia Publishing House, 1967), I, No. 1297a.
- Koch, Ebba, *The Complete Taj Mahal* (London: Thames and Hudson, 2006).
  Mughal Architecture (Munich: Prestel, 1991).
  Mughal Art and Imperial Ideology (New Delhi: Oxford University Press, 2001).
- Kozlowski, Gregory C., "Imperial Authority, Benefactions and Endowments (Awqaf) in Mughal India," *Journal of the Economic and Social History of the Orient* 38, No. 3 (1995), 355–70.
- Lal, Ruby, *Domesticity and Power in the Early Mughal World* (Cambridge University Press, 2006).
- Laoust, Henri, "Ibn Taymiyya, Taki al-Din Ahmad Ibn Taymiyya," *Encyclopaedia of Islam* II, Brill Online.
- Lawrence, Bruce, trans. and ed., *Nizam al-Din Awliya: Morals for the Heart* (New York: Paulist Press, 1992).
- Leach, Linda, "A Dynastic Line from Timur to Aurangzeb," in Canby, ed., *Humayun's Garden Party*, 82–96.
- Lelyveld, David, *Aligarh's First Generation: Muslim Solidarity in British India* (Princeton University Press, 1978).
- Le Strange, G., *Lands of the Eastern Caliphate* (Cambridge University Press, 1905).
- Lowry, Glenn D., "Humayun's Tomb: Form, Function and Meaning in Early Mughal Architecture," *Muqarnas* 4 (1987), 133–48.
- Marshall, D. N., "Bidil, Mîrzâ, ‘Abd al-Qadir," in *Mughals in India: A Bibliographical Survey* (New York: Asia Publishing House, 1967), I, 114–15.
  Mughals in India: A Biographical Survey, Vol. I (New York: Asia Publishing House, 1967).
- McLeod, W. H., ed. and trans., *Textual Sources for the Study of Sikhism* (Chicago: University of Chicago Press,

1984).

- Metcalf, Barbara Daly, *Islamic Revival in British India: Deoband 1860–1900* (Princeton University Press, 1982).
- Minault, Gail, *The Khilafat Movement: Religious Symbolism and Political Mobilization in India* (New York: Columbia University Press, 1982).
- Mirza, Muhammad Wazid, *The Life and Works of Amir Khusrau* (Delhi: Idarah-I Adabiyat-i Delli, repr. 1974).
- Moosvi, Shireen, "The Silver Influx, Money Supply, Prices and Revenue Extraction in Mughal India," *Journal of the Economic and Social History of the Orient* 30, No. 1 (1987), 47–94.
- Moynihan, Elizabeth B., ed., *Paradise as a Garden In Persia and Mughal India* (New York: Braziller, 1979).
- O'Hanlon, Rosalind, "Manliness and Imperial Service in Mughal North India," *Journal of the Economic and Social History of the Orient* 42, No. 1 (1999), 47–93.
- Okada, Amina, "Kesu Das: The Impact of Western Art on Mughal Painting," in Ashok Kumar Das, ed., *Mughal Masters* (Mumbai: Marg Publications, 1998), 84–95.

  Indian Miniatures of the Mughal Court (New York: Harry N. Abrams, 1992).
- Pal, Pratapaditya, *Indian Painting* (Los Angeles: Los Angeles County Museum of Art, 1993).
- Parihar, Suhbash, "A Little-Known Mughal College in India: The Madrasa of Shaykh Chillie at Thanesar," *Muqarnas* 9 (1992), 175–85.
- Pearson, M. N., "Shivaji and the Decline of the Mughal Empire," *Journal of Asian Studies* 35, No. 2 (February 1976), 221–35.
- Pinto, Desidero, "The Mystery of the Nizamuddin Dargah: The Accounts of Pilgrims," in Troll, ed., *Muslim Shrines in India* (New Delhi: Oxford University Press, 1989), 112–24.
- Pottinger, Henry, *Travels in Beeloochistan and Sinde* (London: Longman, 1816).

- Pradhan, Mahesh Chandra, *The Political System of the Jats in Northern India* (Bombay: Oxford University Press, 1966).
- Quereshi, Regula Burkhardt, *Sufi Music in India and Pakistan* (Cambridge University Press, 1986).
- Rahman, Munibur, "Tâlib Âmulî," *Encyclopaedia of Islam* II, Brill Online.
- Rana, R. P., *Rebels to Rulers: The Rise of Jat Power in Medieval India*, c. 1665–1735 (New Delhi: Manohar, 2006).
- Rashdi, S. Hussamuddin and Muhammad Sabir, eds., *Diwan of Bayram Khan. Introduction by Mahmudul Hasan Siddiqi* (Karachi: The Institute of Central and West Asian Studies, 1971).
- Raychaudhuri, Tapan and Irfan Habib, eds., *The Cambridge Economic History of India*, I: *c. 1200–c. 1750* (Cambridge University Press, 1982).

  "The State and the Economy: The Mughal Empire," in *The Cambridge Economic History of India*, I, 172–93.
- Richards, John F., *The Mughal Empire* (Cambridge University Press, 1994).

  "Mughal State Finance and the Premodern World Economy," *Comparative Studies in Society and History* 23, No. 2 (1981), 285–308.
- Robinson, Francis, ed., *The Cambridge Illustrated History of the Islamic World* (Cambridge University Press, 1996).

  "Ottomans–Safavids–Mughals: Shared Knowledge and Connective Systems," *Journal of Islamic Studies* 8, No. 2 (1997), 151–84.

  The 'Ulama of the Farangi Mahall and Islamic Culture in South Asia (London: Hurst & Co., 2001).
- Schimmel, Annemarie, *The Empire of the Great Mughals*, trans. Corinne Atwood (London: Reaktion Books, 2004).

- Seyller, John, "The Inspection and Valuation of Manuscripts in the Imperial Mughal Library," *Artibus Asiae* 57, No. 3/4 (1997), 243–9.
- Sharma, Sunil, *Amir Khusrau: The Poet of Saints and Sufis* (Oxford: Oneworld, 2005).
  Persian Poetry at the Indian Frontier: Mas ʿûd Sa'd Salmân of Lahore (Delhi: Permanent Black, 2000).
- Shokoohy, Mehrdad, "Architecture of the Sultanate of Maʻbar in Madura and Other Muslim Monuments in South India," *Journal of the Royal Asiatic Society*, 3rd Series, I, Pt. I (April 1991), 75–92.
- Singh, Khushwant, *A History of the Sikhs* (Princeton University Press, 1984).
- Steel, Richard, and John Crowther, "Journey of Richard Steel and John Crowther, from Ajmeer in India to Isfahan in Persia, in the Years 1615 and 1616," in Robert Kerr, ed., *A General Collection of Voyages and Travels* (Edinburgh: Blackwood, 1824), 206–19.
- Taknet, D. K., *Industrial Entrepreneurship of the Shekawati Marwaris* (Jaipur: Taknet, 1986).
- Thackston, Wheeler M. (trans.), *The Baburnama* (New York: Modern Library, 2002).
- Thapar, Romila, *Somanatha* (London and New York: Verso, 2005).
- Troll, Christian W., *Muslim Shrines in India* (Oxford University Press, 1989).
- Verma, Som Prakash, *Mughal Painters and Their Work: A Biographical Survey and Comprehensive* Catalogue (Delhi: Oxford University Press, 1994).
- Welch, Anthony, and Howard Crane, "The Tughluqs: Master Builders of the Delhi Sultanate," *Muqarnas* 1 1983), 123–66.

GENERAL

- Allsen, Thomas T., *Culture and Conquest in Mongol Eurasia* (Cambridge University Press, 2001).
  "Mongolian Princes and their Merchant Partners, 1200–1260," *Asia Major*, 3rd Series II/2 (1989), 83–125.
- Baer, Gabriel, "The Waqf as a Prop for the Social System (Sixteenth to Twentieth Centuries)," *Islamic Law and Society* 4, No. 3 (1997), 264–97.
- Blair, Sheila S., and Jonathan Bloom, *The Art and Architecture of Islam 1250–1800* (New Haven and London: Yale University Press, 1994).
- Chittick, William C., *Sufism* (Oxford: One World Publications, 2000).
  Ibn Arabi Heir to the Prophets (Oxford: One World Publications, 2007).
- Coulson, Noel J., *A History of Islamic Law* (Edinburgh University Press, repr. 2006).
- Daftary, Farhad, *Ismailis in Medieval Muslim Societies* (London and New York: I. B. Tauris, 2005).
- Dale, Stephen F., "Ibn Khaldun, the Last Greek and First Annaliste Historian," *International Journal of Middle East Studies* 38 (2006), 431–51.
- Ernst, Carl, *Teachings of Sufism* (Boston: Shambala Publications, 1999).
- Fakhry, Majid, *A History of Islamic Philosophy* (New York: Columbia University Press, 3rd edn. 2004).
- Farooqi, N. R., "Six Ottoman Documents on Mughal–Ottoman Relations during the Reign of Akbar," *Journal of Islamic Studies* 7, No.1 (January 1996), 49–61.
- Fletcher, Joseph F., "Integrative History: Parallels and Interconnections in the Early Modern Period 1500–1800," in Beatrice Manz, ed., *Studies on Chinese and Islamic Central Asia: Collected Articles of Joseph Fletcher* (Aldershot: Variorum, 1995), 1–35.

- Goldstone, Jack, "The Problem of the Early Modern World," *Journal of the Economic and Social History of the Orient* 41, No. 3 (1998), 249–84.
- Gross, Jo-Ann, "Multiple Roles and Perceptions of a Sufi Shaikh: Symbolic Statements of Political and Religious Authority," in Marc Gaborieau, Alexandre Popovich, and Thierry Zarcone, *Naqshbandis* (Istanbul and Paris: ISIS, 1990), 109–21.
- Gulchin-i Maʻani, Ahmad, *Karvan-i Hind* (Tehran: Intisharat-i quds-i razavi 1369/1970), 2 vols.
- Halm, Heinz and Angelika Schefter, "The Islamic Law Schools up to the End of the Samanid Dynasty," in *Tübinger Atlas des Vorderen Orients* (TAVO)(Wiesbaden: Dr. Ludwig Reichert Verlag, 1977).
- Hillenbrand, Robert, *Islamic Art and Architecture* (London: Thames and Hudson, 1999).
- Hitti, Phillip H., trans., *An Arab-Syrian Gentleman and Warrior in the Period of The Crusades: The Memoirs of Usamah Ibn Munqidh* (New York: Columbia University Press, 2000).
- Hoexter, Miriam, "Waqf Studies in the Twentieth Century: the State of the Art," *Journal of the Economic and Social History of the Orient* 41,No. 4 (1998), 474–95.
- Ibn Khaldun, The *Muqaddimah*, trans. and ed. Franz Rosenthal (Princeton University Press, 1980), 3 vols.
- Joseph, Suad *et al., Encyclopaedia of Women in Islamic Cultures* (Leiden: Brill, 2003–06), 6 v.
- Lapidus, Ira, *A History of Islamic Societies* (Cambridge University Press, 2nd edn. 2002).
- Lewis, Franklin, *Rumi Past and Present, East and West* (Oxford: One World Publications, 2005).
- McNeill, William H., *The Age of the Gunpowder Empires 1450–1800* (Washington DC: American Historical Association, 1989).
- Mahdi, Muhsin, *Ibn Khaldun's Philosophy of History* (London: George Allen and Unwin, 1957).
- Nasr, Seyyed Hossein, and Oliver Leaman, eds., *A History of Islamic Philosophy* (London: Routledge, 2001).

- Necipogˇ lu, Gülru, "Framing the Gaze in Ottoman, Safavid, and Mughal Palaces," *Ars Orientalis* 23 (1993), 303–42.
- Nicholson, Reynold Alleyne, *The Kashf al-Mahjûb: The Oldest Persian Treatise on Sufism* (London: Luzac, 1976).
  Studies in Islamic Mysticism (Cambridge University Press, repr. 1967).
- Peters, R. et al., "Wakf (A)," *Encyclopaedia of Islam* II, Brill Online.
- Preiss, Reuven Amitai, and David Morgan, *The Mongol Empire and Its Legacy* (Leiden: Brill, 1999).
- Rachewiltz, Igor de, "Personnel and Personalities in North China in the Early Mongol Period," *Journal of the Economic and Social History of the Orient* 9, No. 1/2 (November 1966), 88–104.
  "Yeh-lü Ch'u-Ts'ai (1189–1243): Buddhist Idealist and Confucian Statesman," in Arthur C. Wright and Denis Twitchett, eds., *Confucian Personalities (Stanford* University Press, 1962), 189–216.
- Rashîd al-Dîn ibn Tabîb, *The Successors of Genghis Khan* (New York: Columbia University Press, 1971).
- Rosenthal, Erwin J., *Political Thought in Medieval Islam* (Cambridge University Press, 1968).
- Saliba, George, *Islamic Science and the Making of the European Renaissance* (Cambridge, Mass. and London: MIT Press, 2007).
- Schimmel, Annemarie, *Mystical Dimensions of Islam* (Chapel Hill: University of North Carolina Press, 1975).
- Stierlin, Anne, and Henri Stierlin, *Islamic Art and Architecture* (New York: Thames and Hudson, 2002).
- Tibi, Amin T., ed. and trans., *The Tibyan (Leiden*: Brill, 1986).
- Van Der Veer, Peter, "The Global History of Modernity," *Journal of the Economic and Social History of the Orient* 41, No. 3 (1998), 285–94.

【Historia歷史學堂】MU0058

穆斯林帝國：

從十四世紀到二十世紀初，鄂圖曼、薩法維、蒙兀兒帝國稱霸歐亞大陸的百年盛事

The Muslim Empires of the Ottomans, Safavids and Mughals

作　　者／史蒂芬・戴歐（Stephen F. Dale）
封面設計／兒日設計
內頁排版／簡至成
總編輯　／郭寶秀
特約編輯／沈如瑩
責任編輯／洪郁萱

發 行 人／涂玉雲
出　　版／馬可孛羅文化
　　　　　104 台北市民生東路2 段141 號5 樓
　　　　　電話：（886）2-25007696
發　　行／英屬蓋曼群島商家庭傳媒股份有限公司城邦分公司
　　　　　10483台北市中山區民生東路二段141 號2 樓
　　　　　客服服務專線：（886）2-25007718; 25007719
　　　　　24 小時傳真專線：（886）2-25001990; 25001991
　　　　　服務時間：週一至週五9:00 ～ 12:00；13:00 ～ 17:00
　　　　　劃撥帳號：19863813 戶名：書虫股份有限公司
　　　　　讀者服務信箱：service@readingclub.com.tw
　　　　　香港發行所 城邦（香港）出版集團有限公司
　　　　　香港灣仔駱克道193 號東超商業中心1 樓
　　　　　電話：（852）25086231 傳真：（852）25789337
　　　　　E-mail：hkcite@biznetvigator.com
　　　　　馬新發行所 城邦（馬新）出版集團 Cite (M) Sdn Bhd
　　　　　41, Jalan Radin Anum, Bandar Baru Sri Petaling, 57000 Kuala Lumpur, Malaysia.
　　　　　Tel:(603)90563833 Fax:(603)90576622 Email:services@cite.my
輸出印刷／中原造像有限公司
初版一刷／2023 年12月
定　　價／800元（紙書）
ISBN／978-626-7356-27-2

城邦讀書花園
www.cite.com.tw

國家圖書館出版品預行編目(CIP)資料

穆斯林帝國 / 史蒂芬.戴歐(Stephen F. Dale). -- 初版. -- 臺北市 : 馬可孛羅文化出版 : 英屬蓋曼群島商家庭傳媒股份有限公司城邦分公司發行, 2023.11
　面； 公分. -- (Historia歷史學堂 ; MU0058)
譯自 : The Muslim empires of the Ottomans, Safavids and Mughals.
ISBN 978-626-7356-27-2(平裝)

1.CST: 中古史 2.CST: 伊斯蘭教 3.CST: 歐亞大陸

712.3　　　　112017604